Dr L. PORCHERON

Les Villes d'Eaux
Les Stations Climatiques
Françaises

Fons, aer, mons et mare,
Vita......

MALOINE, Editeur
25, 27, Rue de l'École-de-Médecine
PARIS

Dr L. PORCHERON

Les Villes d'Eaux
Les Stations Climatiques
Françaises

Fons, aer, mons et mare,
Vita......

MALOINE, Editeur
25, 27, Rue de l'École-de-Médecine
PARIS

PAGES LIMINAIRES

Sous l'ardente impulsion d'admirables protagonistes : H. Huchard, Landouzy, A. Robin, Bardet, Armand Gautier, Durand-Fardel, Garrigou, Moureu, Carron de la Carrière, etc., l'enseignement et la pratique de l'Hydrologie (crénothérapie, thalassothérapie) *et de la climatologie ont fait de rapides progrès dans notre pays.*

Les voyages d'Etudes Médicales, organisés depuis 1899, ont permis à un grand nombre de médecins de compléter leurs connaissances très restreintes sur ce sujet, mais bien excusables. C'est qu'en effet, les Facultés ou Ecoles de médecine françaises (à part la Faculté de Toulouse qui possède une chaire d'hydrologie, où professe le Dr Garrigou), ne dispensent pas cet enseignement aux futurs docteurs. Dès lors, la question des stations hydro-minérales et climatiques laisse complétement indifférent le jeune praticien qui s'installe. On ne peut nier que 50 % au moins des médecins ne sont pas en état de conseiller, ex abrupto, *une station à leurs clients désireux de faire une cure d'eau ou une cure d'air. Il est vrai que ceux-ci, négligent le plus souvent de demander un avis médical, et qu'ils se dirigent de leur propre gré, ou sous l'impulsion d'amis zélés ou intéressés, vers une station quelconque. Parfois même, ils vont en pays étranger, parce qu'ils ont entendu vanter (par une bouche* doublement *profane) telle ou telle ville d'eaux très bien organisée au point de vue :* confort.

Cependant, aucune nation ne peut égaler la France en ressources hydro-minérales et climatiques. L'Allemagne, qui paraît être la nation concurrente et rivale le plus qualifiée pour un parallèle, possède des eaux minérales d'une composition chimique très monotone et presque uniforme, à type chloruré-sodique ou ferrugineux prédominant, *avec assez grande quantité d'acide carbonique. Mais, comme l'a écrit le Dr Bardet, à la suite de son voyage d'études aux stations minérales d'Allemagne et de Bohème « les eaux sulfurées sont rares (en Allemagne) et de minéralisation assez médiocre. Aucune eau de ce genre ne peut être comparée aux types si remarquables des Pyrénées. De même, les sources de la famille des bicarbonatées sodiques manquent. Il n'existe que de très rares eaux du type bicarbonaté-mixte et encore presque toujours avec association sulfatée et chlorurée... ».*

Mais les Allemands sont gens pratiques. Si leurs ressources hydro-minérales et climatiques sont naturellement *inférieures, l'exploitation de leurs stations est* artificiellement *supérieure. En effet, écrit le Pr. A. Robin « ils ont fait d'énormes sacrifices pour améliorer l'outillage de leurs villes d'eaux, créer un enseignement de l'hydrologie et donner à leurs Thermes la publicité nécessaire... Aussi, les stations allemandes ont-elles progressé dans des proportions invraisemblables, puisque le nombre des baigneurs a augmenté à Wiesbaden de 250 % ; à Kissingen, de 274 % ; et à Nauheim, de 664 % !.. »*

Si les médecins français voulaient s'occuper sérieusement de la question thermale et climatique, ils rendraient à la France la place prépondérante qu'elle doit occuper dans le monde, grâce à ses richesses naturelles.

Le Parlement français s'est intéressé à cette question primordiale en votant, en 1910, la taxe de séjour ou cure-taxe. *A la suite de ce vote, un groupe de sénateurs et de députés, s'est constitué sous la présidence de M. Astier, sénateur de l'Ardèche, pour continuer l'œuvre patriotique du Parlement. Ce groupe, dont le but est de défendre les stations françaises, et de favoriser leur expansion, s'est déjà réuni plusieurs fois au début de 1911, et a élaboré le programme suivant :*

1°. — Recherche des moyens de donner son maximum d'effets, à la loi sur la taxe de séjour et sur les Chambres d'Industrie thermale, loi votée par le Parlement en 1910.

2°. — Création d'une chaire d'hydrologie et de climatologie, à la Faculté de Médecine de Paris.

3°. — Création d'un grand Institut d'hydrologie et de climatologie.

Le Pr. Robin a commenté en ces termes, les trois articles du programme du groupe interparlementaire : « La loi sur la taxe de séjour *ne peut être appliquée, sans qu'il ait été fait un réglement d'administration publique, dont l'étude est confiée à M. Maringier, directeur des affaires départementales, au Ministère de l'Intérieur. Il s'agit de bien définir les droits des municipalités, et ceux des Chambres d'Industrie thermale que crée la nouvelle loi. Il faut que les ressources qui proviendront de l'application de la loi, ne soient pas détournées de leur but, pour servir des intérêts purement municipaux, sinon électoraux. Il faut que les Chambres d'Industrie thermale aient, sur l'emploi de ces fonds, un contrôle effectif, et que la Commission permanente des Eaux minérales, instituée près du Ministère de l'Intérieur, ait non seulement le pouvoir de contrôle que la loi lui accorde, mais encore celui de s'opposer à un emploi de fonds ne répondant pas à l'esprit de la loi, qui est de ne consacrer les revenus de la taxe de séjour, qu'à ce qui peut concourir à l'hygiène, à l'embellissement, et au développement des stations thermales et climatiques* ».

« *La création d'une* chaire d'hydrologie et de climatologie, *à la Faculté de Médecine de Paris est réclamée, on le sait, depuis vingt ans, par tous les congrès d'hydrologie, par les Syndicats de médecins des stations balnéaires et climatiques, et même par les grandes compagnies de chemin de fer. Les Conseils municipaux de plus de soixante stations ont exprimé le même vœu, et ils ont chargé leurs sénateurs et leurs députés de l'appuyer...* ».

... « *Quant à la question de* l'Institut d'hydrologie et de climatologie, *cet Institut comprendra un chimiste, un physicien, un géologue, le professeur d'hydrologie, et les professeurs de la Faculté, dont l'enseignement pourrait être utile aux médecins que l'Institut aura pour mission de former. L'Institut aura pour programme de refaire avec les modernes procédés de recherche, les analyses complètes de toutes les sources thermales de France... L'Institut hydrologique sera le centre de toutes les recherches chimiques, physiques, minéralogiques et géologiques dont nos stations ont besoin, pour se maintenir à la hauteur des progrès de la science...* ».

« *Le rôle du nouveau groupe parlementaire est donc considérable. Ce groupe saura accomplir son programme. Et il aura bien mérité du pays, puisqu'en donnant un essor de telle envergure à nos stations hydro-minérales et climatiques, non seulement il fera progresser ces branches si intéressantes de la science et de la pratique, mais encore il contribuera à accroître la fortune publique, et par conséquent les ressources du budget national* ». (*Albert Robin,*

Journal des Praticiens, *28 janvier 1911, et journal* Le Temps, *1er février 1911).*

Ainsi donc, l'essor est donné à ce projet superbe. Et comme il part de haut et que la visée est bonne, il a toutes les chances d'atteindre le but. C'est l'effort d'en haut.

L'effort d'en bas, *c'est-à-dire : l'effort du praticien de la ville ou de la campagne qui entraînera la foule des éclopés de la vie, vers les stations hydro-minérales et climatiques, sera plus pénible parce qu'il exige de la persévérance, et que la persévérance dans l'effort n'est pas la meilleure des qualités françaises. Aussi, faudra-t-il quelquefois stimuler l'ardeur des néophytes par des articles, des conférences, des notices, des ouvrages de vulgarisation.*

Le livre que voici, sans prétention littéraire ou scientifique, intitulé « Les Villes d'eaux, les stations climatiques françaises », *fera peut-être l'office de la mouche du coche, en piquant de-ci, de-là, la curiosité. Mais si l'attelage déhale, et arrive à la station thermale ou climatique, l'auteur ne s'en attribuera pas le mérite.*

Ce livre est un fruit qui a mûri à la chaleur douce de la lampe, pendant les deux hivers 1910-1911. Il a pris une grande partie de son suc et développé sa pulpe en puisant à la sève vigoureuse de quelques centaines de monographies ou de livres spéciaux (1).

Ce n'est pourtant pas un fruit purement artificiel, car il a germé, il est éclos, il s'est formé auprès d'un grand nombre de stations thermales ou climatiques que l'auteur a visitées et étudiées...

---

(1) Bibliographie : Crénothérapie de Landouzy, Index des stations thermales et climatiques, Annuaire des eaux minérales de Gardette, Thérapeutique hydro-minérale de Pelon, Climatothérapie et Cures hydro-minérales de Mayer (de Karlsbad), et toutes les notices ou monographies des stations.

Le but de ce livre ?

Il est très simple. Ce Compendium *ne prétend pas remplacer les conseils des médecins consultants des villes de saison, qui seuls doivent diriger le traitement des baigneurs ou des hivernants. A ce propos, il serait sage de rappeler et d'appliquer strictement (dans les stations hydrominérales), l'ordonnance du 18 juin 1823, qui confère aux préfets le droit d'interdire l'accès des Etablissements thermaux, à tout malade dépourvu d'une autorisation délivrée par le médecin inspecteur, ou non muni d'une ordonnance médicale. On éviterait de cette façon bien des déboires...*

Ainsi donc, le but de ce livre est tout autre. Il consiste à indiquer brièvement le choix d'une station spéciale convenant à un cas pathologique spécial.

Le plan de l'ouvrage fait entrevoir ce dessein. La première partie, descriptive, renseigne sur la distance horaire (1)*, la situation, la nature des sources (ou la valeur du climat), les indications, les contre-indications, les noms des médecins et le prix des hôtels, de chaque station. La deuxième partie contient un vocabulaire ou nomenclature (par lettre alphabétique) des maladies, symptômes et syndromes, avec les stations qui leur conviennent.*

Si le but recherché n'est pas atteint, du moins la sincérité et l'impartialité qui ont entouré la composition de ce livre lui serviront d'égide, et atténueront sans doute les critiques du lecteur.

Le 1er mai 1911.

Docteur L. PORCHERON.

(1) Les renseignements sur la distance horaire ont été fournis gracieusement par l'*Agence des Voyages Universels*.

AIX-LES-BAINS

(Savoie)

Station hydro-minérale. Spécialisation : arthropathies chroniques simples ou déformantes.

A 8 h. 30 de Paris (via Dijon, Mâcon, Culoz).	A 14 h. de Bordeaux (via Périgueux, Limoges, Gannat, Lyon).
A 8 h. de Marseille (via Lyon).	A 12 h. 30 de Toulouse (via Tarascon).
A 3 h. de Lyon (via Ambérieu, Culoz).	A 9 h. de Montpellier (via Tarascon-Lyon)

SITUATION ET DESCRIPTION. — Située au milieu d'une vallée verdoyante, large de 12 à 15 kilomètres, orientée du Nord-Ouest au Sud-Est, Aix-les-Bains est une jolie petite ville adossée aux derniers contreforts du *Mont-Revard*, au bord du lac du Bourget : petite mer bleue qu'encadrent au levant et au couchant deux superbes montagnes *le Nivolet* et la *Dent-du-Chat*.

POPULATION. — Aix compte 9.000 habitants résidents, et reçoit environ 50.000 visiteurs chaque année.

ALTITUDE. — Cette ville est située à 260 mètres au-dessus du niveau de la mer ; elle est entourée de hauteurs de plus de 1.600 mètres qui la dominent de tous côtés.

CLIMAT. — Climat doux et sec (*presque jamais de brouillards*). Les soirées, les nuits et les matinées sont fraîches. La température, au milieu de l'été, n'est pas excessive, grâce aux brises du lac et des Alpes. Le thermomètre se maintient à une moyenne de 14 degrés. La végétation est vraiment méridionale : on cultive en effet, en pleine terre, le magnolia, le grenadier, le figuier, la vigne, l'olivier.

SAISON. — La douceur du climat permet de faire, outre la saison d'été proprement dite, des saisons de *printemps*, depuis les premiers jours d'avril ; et *d'automne*, jusqu'aux derniers jours d'octobre.

L'Etablissement thermal, propriété de l'Etat, reste ouvert toute l'année.

HYGIENE. — Les eaux usées sont drainées par le système du tout-à-l'égout. L'eau potable est fournie par les sources de Saint-Ours, de Mouxy, de Pugny et de

Clarafond (4.320.000 litres en 24 heures) et par les eaux du lac du Bourget (en projet). Il existe un service complet d'isolement et de désinfection.

Aix possède trois hôpitaux : *un hôpital général* pour les gens du pays ; *l'hospice de la reine Hortense*, et *l'asile évangélique* pour les baigneurs indigents.

SOURCES. — *Composition.* — On compte deux sources thermales : la source de *Soufre* (46°), et la source *d'Alun* (47°). Elles jaillissent de terre, à 80 mètres environ l'une de l'autre et s'unissent pour alimenter l'Etablissement thermal. Elles débitent, en 24 heures, *quatre millions* de litres. L'eau des deux sources a des carac tères physiques et chimiques presque identiques. Elle est claire, d'odeur légèrement sulfureuse, de réaction alcaline. Elle contient en suspension des flocons et des filaments blanchâtres de *barégine*, matière onctueuse et grasse qui facilite le massage.

La minéralisation totale est faible (0 gr. 44 et 0 gr. 49). Elle contient de l'*hydrogène sulfuré libre* (0 gr. 0033 et 0 gr. 0037) ; du soufre à l'état d'*hyposulfite* (0 gr. 0038 et 0 gr. 0036) ; des sels de chaux, de magnésie, de soude, d'alumine ; de la silice, des traces de lithine. Moureu a dosé les gaz : 85 pour cent d'azote ; 9,4 d'oxygène ; 4,38 d'acide carbonique ; 1.19 de gaz rares : hélium, argon, etc. Curie et Laborde ont constaté la *radio-activité* dans l'eau (0,27) et dans les gaz (1,76). Cette radio-activité est double à la source : 0,54 pour l'eau et 3,52 pour les gaz.

ETABLISSEMENT THERMAL. — Bâti en amphithéâtre, sur trois étages, l'Etablissement comprend : quarante-six salles pour *douche-massage générale ;* sept salles pour *douche-massage locale ;* six salles *de bains de vapeur : Berthollet ; six piscines* ; quarante-huit baignoires ; deux salles d'hydrothérapie, et plusieurs salles de pulvérisations, inhalations, humage, douches vaginales, entéroclyses, pédiluves, etc.

TRAITEMENT. — Le traitement d'Aix est essentiellement EXTERNE. Il comporte : la DOUCHE D'AIX OU DOUCHE-MASSAGE, exécutée par un ou deux masseurs qui, tout en dirigeant un jet d'eau sur une partie du corps, massent aussi cette partie. La pression de l'eau est de 14, 9, ou 6 mètres, suivant l'indication médicale. La douche-massage est *générale ou locale.* L'eau est à la température de 35° à 40°. Pour le massage des muscles lombaires, la planche d'appui a été remplacée par des lits spéciaux. Une douche chaude ou écossaise d'une minute ou d'une demi-minute termine le massage.

On utilise aussi l'ETUVE GÉNÉRALE DE VAPEUR : BOUILLON, qui consiste en une salle close remplie de la vapeur que dégage l'eau thermale tombant en pluie, à une température de 40° à 45°. Le malade y séjourne de 3 à 10 minutes, avant ou après la douche-massage. Il y a douze salles semblables. On emploie aussi le BAIN DE VAPEUR BERTHOLLET, qui n'est qu'une étuve locale de vapeur. Ce bain de vapeur dure environ vingt minutes. Il est suivi d'un massage *à sec.* Les appareils Berthollet reçoivent la vapeur provenant de la chute du réservoir d'*Alun*, et recueillie dans des caissons à la température de 43°.

Les pratiques complémentaires, employées à Aix, sont : *les bains sulfureux* en baignoires ou en piscines ; les *pulvérisations* (par brisement d'un jet d'eau à 44° sous pression de 19 mètres) ; les *humages* (la vapeur d'Alun arrive jusqu'à la gorge du malade par des tuyaux flexibles) ; les *douches intestinales*, *vaginales*, *nasales* ; les *gargarismes*, les *pédiluves*, etc., etc.

La cure de BOISSON ou de DIURÈSE est de plus en plus employée à Aix. On se sert, dans ce but, soit de l'eau *Massonat* (bicarbonatée calcique) ; soit de l'eau de *Saint-Simon* (19°5) alcaline, magnésienne ; soit plutôt de la source des *Deux-Reines* (12°), bicarbonatée calcique et magnésienne, faiblement minéralisée (0 gr. 17 par litre). L'eau des *Deux-Reines*, se boit à jeun (2 à 3 verres) avant la douche-massage, et (1 verre) avant les deux principaux repas.

ACTION PHYSIOLOGIQUE. — La *douche-massage*, par la thermalité, la minéralisation, l'état électrique de l'eau, et par la percussion physique, produit localement une congestion de la peau et des régions profondes ; et consécutivement, des modifications des échanges intracellulaires. Elle aide à la résorption des déchets accumulés dans les tissus, et à la résolution progressive des nodosités et des épaississements fibreux.

La douche-massage, unie à la *cure de boisson* des *Deux Reines*, provoque une augmentation momentanée de l'urée, une élévation du rapport azoturique, un abaissement progressif de l'acide urique (*endogène* formé aux dépens des purines de l'organisme) et un abaissement régulier de la pression artérielle (Forestier, Berthier).

INDICATIONS PRINCIPALES. — Seront rapidement améliorés ou guéris, les malades atteints :

1° De RHUMATISME, *sous toutes ses formes : subaigü, chronique simple ou déformant* (déformations fusiformes des doigts et des orteils au début) ; *musculaire, articulaire* (hydarthroses, arthropathies chroniques, arthrite sèche de la hanche, synovites, périarthrites) ; *névralgique* (sciatiques, douleurs erratiques) ; *infectieux* (blennorrhagique), etc.

2° De GOUTTE, articulaire chronique, atonique ; de rhumatisme goutteux avec *tophi*.

3° De SYPHILIS, douche-massage, boisson sulfureuse et traitement intensif. Les paraplégiques ont leurs spasmes rapidement améliorés par cette triade thérapeutique.

4° De MANIFESTATIONS DE L'ARTHRITISME : diabète, obésité, dermatoses (eczémas).

5° D'ATROPHIES MUSCULAIRES, de cause *nerveuse* (névrites périphériques, polynévrites à la période de réparation, Prof. Raymond), ou *traumatique* (entorse, luxation, fracture).

INDICATIONS SECONDAIRES. — Ce sont :

1° *Les affections gynécologiques* : métrites cervicales ; inflammations péri-annexielles anciennes.

2° *Les affections intestinales* : constipation, diarrhées chroniques.

CONTRE-INDICATIONS. — N'useront pas du traitement d'Aix-les-Bains, les malades atteints :

1° De poussées aiguës de rhumatisme ou de goutte.

2° De tuberculose, sous toutes ses formes : pulmonaire, articulaire, etc.

3° De cardiopathies non compensées, ou d'affections cardio-rénales avec insuffisance urinaire.

4° D'affections chroniques des voies respiratoires : asthme, emphysème, etc.

5° De tendance à la congestion encéphalique, et à l'apoplexie.

6° De lithiase biliaire.

COMPLEMENTS DE CURE. — Aix possède comme adjuvances thérapeutiques :

1° L'ÉTABLISSEMENT DE MARLIOZ, situé à 2 kilomètres d'Aix.

L'eau de Marlioz est froide (14°), *sulfureuse forte*, (monosulfure de sodium : 0 gr. 0268), alcaline, iodurée.

La minéralisation totale est de 0 gr. 639. Le débit est de 20.000 litres par jour. Cette eau est utilisée, dans le petit établissement de Marlioz, en *inhalations* froides (par brisement de l'eau en cascades), en *pulvérisations* froides ou tièdes, en *douches locales* (nez, oreilles, gorge), en *bains généraux* et en *gargarismes*.

On y traite les *maladies des voies respiratoires* : asthme, emphysème, catarrhe bronchique ; *le lymphatisme*, la *scrofule*, et leurs manifestations adénopathiques : végétations adénoïdes, principalement après l'ablation.

2° L'INSTITUT ZANDER, ou établissement de *mécanothérapie* pour le traitement des maladies articulaires. A cet institut, sont adjoints : un pavillon pour *les bains effervescents*, dits de *Nauheim* (bains carbo-gazeux artificiels) ; un cabinet de radioscopie et de radiographie, un cabinet d'*électrothérapie* (bains de lumière électrique Dowsing donnant une chaleur sèche de 100° à 150°).

3° Des STATIONS POUR CURES d'air et de montagne, dont les principales sont : la *station climatique des Corbières*, à 700 mètres d'altitude, où l'on arrive en 20 minutes par le chemin de fer à crémaillère d'Aix au Mont-Revard ; la *station climatique du Col du Mont-du-Chat* à 800 mètres d'altitude ; la *station climatique du Pla-*

teau du Revard à 1.545 mètres d'altitude, immense plateau (de 15 kilomètres, sur 5 kilomètres), couvert de forêts et de prairies, d'où l'on jouit d'un panorama splendide. Climat tonique et excitant.

DISTRACTIONS. — Les principales distractions d'Aix-les-Bains sont : *Le Grand Cercle* qui comporte un théâtre de *mille* places ; *le Casino de la Villa des Fleurs ; les sports* : tennis, golf (dans l'hippodrome de Marlioz), tir au pigeon, canotage, pêche, chasse ; *les fêtes* : fête anglaise, fête des roses, bataille de fleurs, bal d'enfants costumés, courses, concours hippiques, régates internationales, exposition horticole, fête des cyclamens, etc.

EXCURSIONS. — Sur les rives du lac du Bourget, sur les flancs des montagnes, au Col du Chat, au Col du Frêne, à la Roche du Roi, au côteau de Corsuet d'où l'on voit les glaciers de la Maurienne, à l'abbaye d'Hautecombe, aux Corbières, au Mont-Revard par le chemin de fer à crémaillière, etc. Les excursions sont innombrables et variées à l'infini.

MEDECINS. — MM. Bernardbeig, Berthier, Blanc Léon, Blanc Louis, Bleicher, Carra, Chaboud, Coze, Dardel, Duvernay, Mme Duvernay, Fiquet, Forestier, Françon, Gaillard, Gaston, Goddard, Gubb, Guilland, Guyenot, Hort, Kent-Gazet, Klefstad-Sillonville, Laban, Macé, Marty, Monard, Petit, Rendall, Voisin.

HOTELS. — De 6 à 25 francs par jour.

AJACCIO
(Corse)

Station climatique. Cure de séjour pour les arthritiques, les bronchitiques, les bacillaires, les anémiques, les convalescents.

A 24 h. de Paris (via Marseille).	A 24 h. de Bordeaux (via Marseille).
A 12 h. de Marseille (via paquebot).	A 20 h. de Toulouse (via Marseille).
A 17 h. de Lyon (via Marseille).	A 16 h. de Montpellier (via Marseille)

SITUATION ET DESCRIPTION. — En arrivant directement par mer, dès qu'on a doublé les îles Sanguinaires, on est émerveillé par le panorama splendide qu'offre Ajaccio. A l'Ouest, apparaissent les jardins de *Barbicaja* couverts d'orangers ; à l'Est, se profilent *l'isola Piana*, la pointe des *Sette-Nave* (ou des sept galères), et la pointe de *Porticchio* ; et dans le fond, on aperçoit la tour de *Capitello*, les plaines de *Campo dell'Oro*, et par dessus tout, la masse imposante du *Monte d'Oro*, aux cimes couvertes de neige tout l'hiver.

Ajaccio, ville superbe, bâtie en hémicycle au pied de collines boisées, s'étend au Nord-Ouest du vaste golfe d'Ajaccio, en face des embouchures de la Gravona et du Prunelli.

POPULATION. — Ajaccio compte environ 21.800 habitants.

CONSTITUTION DU SOL. — Sol exclusivement granitique, présentant une légère inclinaison.

SAISON. — Du 1er novembre au 30 mai. Mais on peut compléter cette cure d'hiver par une cure estivale sans sortir de l'île, en gagnant les stations forestières de Vizzavona, de Bocognano, etc.

HYGIENE. — L'eau potable, issue des massifs granitiques, n'est pas chargée de sels calcaires qui rendent souvent l'eau indigeste. Elle est de plus, fraîche, limpide et pure (exempte de micro-organismes). L'inclinaison du sol et sa constitution s'opposent à la stagnation des eaux de pluie.

CLIMAT. — Ajaccio possède le véritable climat *insulaire* ou *marin*, résultant de sa topographie.

En effet, cette ville est protégée contre les *vents froids du nord* par une ceinture de montagnes. Le *mistral* ou vent du Nord-Ouest n'arrive à Ajaccio que très affaibli. Les *vents du Sud* sont tièdes et humides. Les *vents d'Est* sont chauds et les *vents d'Ouest* pluvieux. En réumé, les vents sont rares et faibles.

La *poussière* est inconnue dans cette station au sol granitique.

Les *pluies* sont peu fréquentes. On compte à peine 15 à 20 jours de pluies, par saison d'hiver. Du reste, même pendant ces jours pluvieux, le soleil brille quelques heures.

Au point de vue *hygrométrique*, le climat est modérément humide. La moyenne hygrométrique est, en effet, de 69,2.

La *pression barométrique* est aux environs de 760 millimètres, avec des oscillations journalières, légères, de un millimètre, se manifestant par une pression minimum vers 6 ou 7 heures du matin, avec augmentation jusqu'à 1 heure, baisse vers 4 heures, et hausse nouvelle dans la soirée.

La moyenne de la *température hivernale* est de 13°. Le thermomètre descend vers 3 ou 4 heures du soir (sans que cet abaissement thermique dépasse deux degrés), puis il remonte et s'égalise dans la soirée.

L'air est pur ; l'atmosphère, limpide ; l'insolation, merveilleuse.

Sur ce sol privilégié se développe naturellement une végétation luxuriante : le bananier, le palmier, l'ananas, le pêcher, le caroubier, le figuier, l'amandier, l'oranger, le citronnier, le prunier croissent en pleine terre. Les collines sont imprégnées des effluves aromatiques exhalés des cistes, des myrtes, des bruyères et des lentisques, unis aux senteurs des fucus que leur envoie le golfe.

ACTION PHYSIOLOGIQUE DU CLIMAT. — Le climat est *tonique* et *sédatif*.

1° *Tonique*, par son air marin vif et stimulant, par son ensoleillement continuel, par sa pression barométrique élevée qui augmente l'oxygénation des tissus. (Dr Pompéani.)

2° *Sédatif*, par l'hygrométricité moyenne de l'atmosphère qui atteint à peu près le degré fixé par Jaccoud et Weber pour l'humidité modérée et utile.

INDICATIONS THÉRAPEUTIQUES. — Le climat d'Ajaccio convient :

1° Aux *tuberculeux* : tuberculeux pulmonaires au début, torpides, et même fébriles ou congestifs (cessation de la fièvre et de l'hémoptysie) ; aux sujets atteints de tuberculoses locales (ganglionnaires, osseuses, ostéo-articulaires).

2° Aux *bronchitiques chroniques*, avec ou sans emphysème.

3° Aux *arthritiques* : rhumatisants, goutteux, diabétiques.

4° Aux *cardiopathes* valvulaires ou artériels ; à certains albuminuriques.

5° Aux *anémiés*, aux *débilités* et *névropathes* (neurasthéniques anémiés).

6° A tous les *convalescents* d'affections médicales ou chirurgicales.

CONTRE-INDICATIONS. — Les malades atteints d'affections chroniques du foie et du tube digestif ne retireront aucun avantage d'un séjour à Ajaccio.

DISTRACTIONS. — Théâtre municipal. Concerts de la musique municipale. Fêtes du Carnaval et de la Mi-Carême. Courses de chevaux à l'hippodrome de Vignetta. Régates dans le port. Canotage. Pêche maritime et fluviale (truite). Chasse au lièvre, au sanglier, à la perdrix rouge, à la caille, à la bécasse, à la grive, etc.

EXCURSIONS. — A la fontaine du Salario, à la promenade des Pins jusqu'au sommet de la Serra (295 mètres) ; aux Crêtes, aux Milelli, à la Tour de Capitello ; à la Chapelle des Grecs, Ariadne, Barbicaja (orangerie) et Tour génoise de la Parata ; de la Parata à la Grande Sanguinaire (par mer) ; aux bains de Caldaniccia (eaux sulfurées sodiques se rapprochant des Eaux-Bonnes) ; au château de la Punta, et mont Pozzo-di-Borgo ; à Alata, cols de Carbinica et de Listincone ;

à Appieto, Bastelica, Calcatoggio ; au Pénitencier agricole de Chiavari. Excursions par mer aux Sanguinaires (par le golfe), à l'Isolella, à Portigliolo, aux Scoglietti, à Porticchio, etc.

MEDECINS. — MM. Desanti, Del Pellegrino, Giocanti, Giustiniani, Giordani, Guérin, Guiderdoni, Marietti, Pietrini, Pompeani, Vico, Vincenti, Cuttoli, Alexandroff (oculiste).

HOTELS. — De 7 à 20 francs par jour.

ALET
(Aude)

Station hydro-minérale. Spécialisation : Affections gastro-intestinales.

A 13 h. 30 de Paris (via Orléans, Cahors, Toulouse).	A 7 h. de Bordeaux (via Toulouse).
A 8 h. de Marseille (via Tarascon, Carcassonne).	A 2 h. 30 de Toulouse (via Carcassonne).
A 9 h. de Lyon (via Tarascon).	A 4 h. de Montpellier (via Cette, Carcassonne).

SITUATION ET DESCRIPTION. — Petit bourg situé sur la rive droite de l'Aude, Alet est dans un jardin de verdure, ce qui l'a fait surnommer le *Jardin de l'Aude*. Alet est sur la ligne de Carcassonne à Quillian, à 9 kilomètres de Limoux.

POPULATION. — Alet compte environ 850 habitants.

ALTITUDE. — Cette station est à 200 mètres au-dessus du niveau de la mer.

CLIMAT. — Doux, égal et tempéré, grâce aux côteaux qui l'abritent contre les vents du Nord. La température moyenne de l'hiver est de 10° à 12°.

SAISON. — Du 1er juin au 1er novembre, mais on peut faire la cure toute l'année.

SOURCES. — *Composition.* — Il y a cinq sources. La plus importante et la plus connue est la source *Communale* (25°) dont le débit est de 150.000 hectolitres par jour. Les autres sources sont : *Orientale* (19°), *Rocher* (29°) affectée aux bains, *Buvette* (32°) et la source *ferrugineuse* ou eau rouge. Les eaux d'Alet sont claires, limpides, peu gazeuses, sans odeur, très agréables à boire, onctueuses au toucher, peu minéralisées. Elles contiennent de 0 gr. 20 à 0 gr. 32 de bicarbonate de chaux ; 0 gr. 12 de bicarbonate de magnésie ; des traces d'arsenic, de phosphates, d'iodures, de matières organiques.

On les classe : *Eaux bicarbonatées calciques, tièdes et froides.*

MODES D'EMPLOI ET ACTION PHYSIOLOGIQUE. — On utilise l'eau surtout *en boisson* ; accessoirement, en *bains* et *douches.*

L'eau absorbée à jeun, (un verre de demi-heure en demi-heure jusqu'à 4 ou 5 verres), est légère, apéritive, digestive et diurétique. Elle agit *spécialement* sur *l'estomac pathologique* et produit une sédation marquée sur cet organe en calmant l'éréthisme gastrique et les spasmes pyloriques.

INDICATIONS SPECIALES. — L'eau d'Alet est efficace tout particulièrement :

1° Dans CERTAINES AFFECTIONS DE L'ESTOMAC : *gastralgie pure ; dyspepsie hypersthénique* (hyperchlorhydrie, hyperacidité) avec distention, fermentation, *pylorisme* ; *ulcère simple*, en dehors de l'hématémèse.

2° Dans CERTAINES AFFECTIONS DE L'INTESTIN : entérite aiguë et chronique simple, dyspepsie intestinale (mucomembraneuse), gastro-entérite des nourrissons, diarrhée coloniale ; congestion du foie consécutive à ces troubles.

INDICATIONS SECONDAIRES. — Ce sont :

1° Les *asthénies*, suites de longues maladies ; les *anémies.*

2° Le *nervosisme*, les névropathies (neurasthéniques hypertendus).

CONTRE-INDICATIONS. — A part les *affections aiguës ou fébriles*, *les cachexies*, il y a peu de contre-indications des eaux d'Alet.

DISTRACTIONS-EXCURSIONS. — Visites aux ruines de l'antique abbaye d'Alet, aux vieux remparts. Excursions dans les forêts de Camplong et des Fanges ; dans les gorges d'Alet, de la Pierre Lys, de Saint-Georges, etc.

MEDECIN. — M. Chaubet.

HOTELS. — De 5 à 12 francs par jour.

ALLEVARD

(Isère)

Station hydro-minérale. Spécialisation : Affections des voies respiratoires (*surtout catarrhales*).

A 10 h. de Paris (via Mâcon, Culoz).
A 7 h. de Marseille (via Valence, Grenoble).
A 5 h. de Lyon (via Culoz, Chambéry).
A 16 h. de Bordeaux (via Montluçon, Périgueux).
A 12 h. 30 de Toulouse (via Tarascon, Valence).
A 8 h. de Montpellier (via Tarascon, Valence).

SITUATION ET DESCRIPTION. — Sur les limites de la Savoie, à l'extrémité *Est* du département de l'Isère, Allevard est située sur les bords du Bréda, dans une vallée dont l'entrée est superbe et qui communique avec les vallées de la Maurienne et de l'Oisans. Cette station est à 40 kilomètres de Grenoble ; elle est reliée par un tramway à vapeur à un embranchement du P.-L.-M. Allevard, par la diversité et la splendeur de ses sites, est vraiment *le joyau des Alpes françaises*, *la perle du Dauphiné* (A. Daudet).

POPULATION. — Allevard compte environ 2.900 habitants.

ALTITUDE. — Cette ville est à 475 mètres au-dessus du niveau de la mer ; mais elle est entourée de montagnes (*massif d'Allevard*), dont les plus hauts sommets atteignent 3.000 mètres.

CLIMAT. — Tempéré, de demi-montagne, exempt d'orages, de pluies persistantes, et de vents violents (grâce au massif qui abrite Allevard). Pression barométrique 722m/m ; température moyenne 18° ; humidité moyenne 63°7 ; jours de pluie 25 à 28 (*saison d'été*).

CONSTITUTION DU SOL. — Terrain d'alluvions recouvrant les calcaires argileux noirs du lias. Sol en pente douce et perméable, très fertile.

HYGIENE. — L'eau potable est captée en amont d'Allevard, dans le torrent du Veyton. L'eau est fraîche, abondante et d'une pureté parfaite. Le tout-à-l'égout fonctionne naturellement, sur un terrain en pente et perméable, par l'écoulement des eaux usées superficielles ou souterraines, vers le torrent du Bréda, en aval d'Allevard. Un service de désinfection est parfaitement organisé au moyen d'étuves à vapeur, et d'un autoclave portatif.

SAISON. — Du 1er juin au 1er octobre. La cure en juin et septembre est préférable, parce qu'on évite l'encombrement de juillet et août. La cure est de trois à quatre semaines.

SOURCE. — *Composition.* — Une seule source captée en 1840, alimente l'Etablissement thermal. Elle débite par jour 130.000 litres. L'eau est *froide* (16°9), *gazeuse* par l'acide carbonique (97 centimètres cubes), par l'acide sulfhydrique (24 centimètres cubes 7) et l'azote (41 centimètres cubes). A la source, l'eau est d'une blancheur opaline ; elle a une odeur d'œufs pourris très prononcée (l'eau d'Allevard est la plus sulfureuse du monde entier). Acide à la sortie du griffon, elle devient alcaline après l'évaporation des gaz. Sa minéralisation totale est faible (2 g. 24). Elle contient des sulfates, des carbonates, des chlorures, des traces d'iode et d'arsenic.

On classe les eaux d'Allevard : *sulfurées calciques, froides, riches en hydrogène sulfuré.*

MODES D'EMPLOI. — L'eau d'Allevard est utilisée :

1° En BOISSON, soit à la source avec ses propriétés natives ; soit à l'Etablissement, après un parcours de 300 mètres en conduites ; soit encore à domicile (en bouteilles exportées). On la boit froide ou tiédie, naturelle ou avec addition de lait ou de sirop, à la dose de un à trois verres par jour, avant les repas.

2° En TRAITEMENT EXTERNE qui constitue le mode le plus important de la médication d'Allevard. On emploie les *bains* d'eau minérale pure ou coupée d'eau douce, à la température de 36° ; les *gargarismes* tiédis, dont on doit user modérément pour éviter l'irritation pharyngée ; les *reniflements*, *les douches nasales et pharyngées*, les INHALATIONS FROIDES qui se font dans sept salles aménagées dans ce but. Par un dispositif spécial (vasques superposées de différentes grandeurs) l'eau d'Allevard abandonne dans ces salles, ses gaz : *azote*, *acide carbonique*, *hydrogène sulfuré* que viennent respirer les malades pendant une séance de trois à dix minutes, renouvelable quatre, six fois ou plus par jour, à distance des repas. Dans quatre autres salles, on emploie les INHALATIONS CHAUDES obtenues par le mélange des gaz précipités avec les vapeurs de l'eau minérale surchauffée. Les malades séjournent trente ou cinquante minutes dans ces salles dont la température moyenne est de 28°. On utilise aussi les *pulvérisations tièdes*, *les bains de pieds très chauds* (45°) *les douches de pieds* (45°), *les douches générales*, *les douches ascendantes*, etc.

ACTION PHYSIOLOGIQUE. — Au point de vue *général* (cure interne et externe combinée) l'eau d'Allevard est stimulante au début, sans excitation ni congestion ; elle produit une *sédation générale et locale*, vers la fin du traitement.

Au point de vue *spécial* (CURE DE BOISSON), l'eau absorbée à dose modérée augmente l'appétit, diminue l'acidité gastrique, et produit un peu de constipation. A doses plus fortes, elle provoque de l'embarras gastrique et de la diarrhée.

En TRAITEMENT EXTERNE : les *inhalations froides* surexcitent d'abord la toux, et la calment ensuite ; ralentissent le pouls et la respiration, diminuent la dyspnée et l'expectoration, augmentent les sulfates urinaires. Les *inhalations tièdes* et les *pulvérisations tièdes*, moins actives, servent de préambule aux inhalations froides.

INDICATIONS GENERALES. — « On peut envoyer avec succès à Allevard, les malades catarrheux, à expectoration muco-purulente abondante, et aussi les irritables qui ont, le soir, un léger mouvement fébrile, ainsi que les sujets atteints d'affections pulmonaires à forme éréthique, à tendance congestive, avec toux quinteuse, phénomènes spasmodiques. Allevard possède des propriétés qui lui sont bien spéciales : *modificatrices et calmantes* tout à la fois, pour toutes les affections des voies respiratoires » (Carron de la Carrière).

INDICATIONS PRINCIPALES. — Ce sont toutes les maladies de l'arbre respiratoire, *inflammatoires et catarrhales*, surtout au premier degré, entre autres :

1° Les AFFECTIONS DU NEZ : rhinites atrophique et hypertrophique ; coryza chronique avec sécrétion muco-purulente abondante.

2° Les AFFECTIONS DU PHARYNX : hypertrophie amygdalienne, pharyngite chronique, amygdalite lacunaire, végétations adénoïdes.

3° Les AFFECTIONS DU LARYNX : laryngite chronique simple, laryngite à répétition, laryngite striduleuse, spasmes de la glotte (inhalations tièdes pour les spasmes).

4° Les AFFECTIONS BRONCHO-PULMONAIRES : trachéite chronique, bronchite à répétition, emphysème avec catarrhe, asthme humide, asthme des foins, bronchite simple catarrhale, toux persistante consécutive à la rougeole ou à la coqueluche, adénopathie trachéo-bronchique, pneumonie et pleurésie mal résolues ; *prétuberculose*, *tuberculose confirmée* fermée ou bien ouverte, pourvu qu'elle soit apyrétique (même hémoptoïque) si l'état général est bon ; *tuberculose fibreuse* des vieillards.

INDICATIONS SECONDAIRES. — Ce sont :

1° Les *affections de la peau* : eczéma, acné de la face, impetigo, les manifestations cutanées de la syphilis (période secondaire et tertiaire).

2° Les *affections gynécologiques* : la leucorrhée, certaines métrites.

3° Les *anémies, les convalescences* ; quelques formes de *rhumatisme.*

4° Les *intoxications par le plomb.*

CONTRE-INDICATIONS. — Les unes sont *formelles* telles que :

1° Les maladies aiguës ou fébriles.

2° Les affections du cœur non compensées ; l'artériosclérose avec hypertension.

3° Les affections des centres nerveux ou de la moelle.

4° Les maladies du foie (hépatite, cirrhose) et des reins (néphrite).

5° Les cachexies : cancer, tuberculose trop avancée.

Les autres sont *relatives*, ce sont :

1° Les lithiases hépatique et rénale.

2° Les troubles gastro-intestinaux : diarrhée des tuberculeux.

3° La fièvre des bronchitiques (si elle est légère), l'hémoptysie quand elle n'est ni importante ni fréquente.

4° La céphalalgie, le vertige, l'âge avancé du malade.

COMPLEMENT DE CURE. — Cure d'air à la Ferrière, au Curtillard. Cure de petit lait. Hydrothérapie complète : bains aromatiques, bains de vapeur.

DISTRACTIONS-EXCURSIONS. — Splendide et nouveau Casino. Théâtre. Orchestre dans le Parc. Tennis. Jeux divers. Guignol. Excursions au Bout-du-Monde, au chemin de la Tour du Treuil, à la route du Moutaret, au chemin du Bréda, à la Cascade du Buisson, au Château-Perrier, aux Grottes de la Jeannotte, à la Chevrette, au village de Pinsot, à la Ferrière, le Curtillard et Cascade du Pissou, à la Chartreuse de Saint-Hugon, au Pont du Diable, à la Rochette, aux Tours Mont mayeur. Ascensions à Brame-Farine (avec descente en traîneaux), au Grand-Charnier, aux Sept-Laux, etc.

MEDECINS. — MM. Boël, Chataing père, Chataing fils, Didier, Niepce, Revillet-Laure.

HOTELS. — De 8 à 20 francs par jour. Villas très nombreuses.

AMÉLIE-LES-BAINS

(Pyrénées Orientales)

Station hydro-minérale et climatique. Spécialisation : Affections rhumatismales, maladies des voies respiratoires.

A 15 h. de Paris (via Orléans, Toulouse).

A 9 h. de Marseille (via Tarascon).

A 10 h. de Lyon (via Tarascon, Cette)

A 9 h. 30 de Bordeaux (via Narbonne).

A 4 h. 30 de Toulouse (via Narbonne).

A 4 h. de Montpellier (via Cette, Narbonne).

SITUATION ET DESCRIPTION. — Au pied de la chaîne des Pyrénées (dans sa partie la plus orientale), Amélie est la station la plus méridionale de la France. Elle est située entre les *Albères* et le *Canigou*, au fond de la vallée du Tech, dans le vallon de Mondony.

Amélie est à 35 kilomètres de la côte Méditerranéenne. On arrive à Amélie par un embranchement du chemin de fer qui part d'Elne, sur la ligne *Narbonne-Barcelone.*

ALTITUDE. — Amélie est à 230 mètres au-dessus du niveau de la mer. Cette station est entourée de très hautes montagnes.

CLIMAT. — Climat chaud, sec et constant. Jours de pluie presque inconnus, sauf au printemps. Les vents du Nord ne passent pas, grâce au Mont Canigou qui abrite Amélie. La température moyenne annuelle est de 14°5 ; la température hivernale est de 7°4. Aussi a-t-on surnommé *Petite Provence* le quartier d'Amélie situé sur la rive gauche du Tech.

SAISON. — La cure *thermale* et *climatique* se fait toute l'année, à raison du climat spécial de cette station.

SOURCES. — *Composition.* — Il y a 22 sources dont la thermalité varie de 20 à 62 degrés. Elles débitent environ 2.200.000 litres d'eau par jour, véritable fleuve sulfureux.

Ces eaux sont claires, mais de couleurs altérables : bleuâtres au contact de l'air, puis blanches par dépôt de soufre. Elles sont onctueuses au toucher ; leur odeur est franchement hépatique. Elles contiennent 0 gr. 011 à 0 gr. 013 de *sulfure de sodium*, du chlorure de sodium, du carbonate et du sulfate de soude, du *silicate de soude* (0 gr. 12) et des matières organiques : barégine ou glairine. Un caractère important des eaux d'Amélie, consiste dans leur altérabilité au contact de l'air, le monosulfure de sodium s'oxydant pour former des sulfites et des hyposulfites, qui confèrent à certaines sources une alcalinité prononcée et de précieuses propriétés sédatives.

On les classe : *Eaux sulfurées sodiques*, *douces*, *thermales et hyperthermales.*

ETABLISSEMENTS THERMAUX. — Les eaux d'Amélie alimentent trois Etablissements Thermaux :

1° Les THERMES PUJADE, avec les sources *Amélie* (51°), *Anglada* (60° 2), *Arago* (60°5), *Chomel* (47°), *Pascalone* (51°2), etc.

2° Les THERMES ROMAINS avec les sources *Alcaline* (60°), *Fanny* (62°), *Petit Escaldadou* (62°5), etc .

3° L'HOPITAL MILITAIRE avec la source du *Grand Escaldadou* (62°) qui est la plus abondante.

Les Etablissements civils sont chauffés, l'hiver, par une circulation d'eau thermale, pour permettre le traitement en cette saison.

MODES D'EMPLOI. — On utilise l'eau d'Amélie-les-Bains :

1° En *boisson*, aux buvettes *Chomel*, *Fanny*, *Manjolet*, *Pascalone*, etc.

2° En *traitement externe* : bains à eau courante dans des piscines de différentes grandeurs ; bains de baignoires ; bains de vapeur ; bains de pieds ; douches massantes, douches *sous-marines*, pulvérisations, humage ; *inhalations* des gaz et des vapeurs qui se dégagent de l'eau thermale.

En général, on obtient la température désirée, au moyen du serpentinage.

ACTION PHYSIOLOGIQUE. — Les eaux d'Amélie-les-Bains ont une action d'abord *excitante*, qui peut se transformer, suivant les indications médicales, en action *altérante* ou *sédative*.

INDICATIONS GENERALES. — La richesse *sulfureuse* d'Amélie-les-Bains s'adresse aux affections justiciables des eaux sulfureuses (rhumatisme chronique, syphilis, etc.). Son climat spécial (surtout en *automne*) sera favorable aux maladies des voies respiratoires (catarrhe, asthme, emphysème, etc.). L'association thérapeutique des deux éléments : *climat et soufre*, sera très utile aux *prétuberculeux*, aux *tuberculeux arthritiques*.

INDICATIONS SPECIALES. — Ce sont :

1° Le RHUMATISME SUBAIGU ET CHRONIQUE, à localisations articulaires ou musculaires persistantes ; les névralgies d'origine rhumatismale, et tout particulièrement la névralgie sciatique.

2° Les RAIDEURS ARTICULAIRES ou les ATROPHIES MUSCULAIRES consécutives à des traumatismes.

3° Les AFFECTIONS CHRONIQUES DES VOIES RESPIRATOIRES, développées sur fond arthritique ou lymphatique : *coryza chronique*, *amygdalite à répétition*, *pharyngite granuleuse*, *laryngite* et *bronchite chroniques*. Peuvent également bénéficier de la cure d'Amélie : les cas de tuberculose pulmonaire torpide, à marche lente, des lymphatiques et des scrofuleux.

4° La SYPHILIS contre laquelle agira efficacement la cure sulfureuse combinée à un traitement mercuriel intensif, que fait aisément supporter la teneur élevée des eaux en sulfites et hyposulfites.

INDICATIONS SECONDAIRES. — Sont également appelés à bénéficier de la cure d'Amélie, les malades atteints :

1° D'*affections gynécologiques* et de *catarrhe chronique des voies urinaires*, auxquelles s'adressent les sources à alcalinité prononcée et riches en glairine.

2° De *certaines dermatoses* telles que : l'eczéma chronique sec, à poussées subaiguës, si fréquent chez les arthritiques ; l'urticaire chronique ; l'acné, etc.

CONTRE-INDICATIONS. — Eviteront les eaux de la station, tous les malades atteints d'*affections aiguës ou fébriles*, de maladies du cœur et des gros vaisseaux ; *les congestifs*.

DISTRACTIONS-EXCURSIONS. — Casino municipal. Excursions aux Gorges de Mondony (Cascade d'Annibal et Rocher Castellane) ; au Fort, à Palalda, à Montbolo, au Serrat-d'En-Merle d'où l'on a une jolie vue sur la Méditerranée ; à la Batterie de Santa-Engracia ; à Corsavy ; au Gouffre de la Fou ; aux ruines de Bellpuig, au Roc de France, à Tapias (Espagne), à la Tour de Batère, au Canigou (2.785 mètres), etc.

MEDECINS. — MM. Bouix, Carcassonne, Forgemol de Bostquénard, Garnier, Leuc, Schwabel, Vinsac.

HOTELS. — De 5 à 10 francs par jour.

ARCACHON
(Gironde)

Plage marine convenant aux scrofulo-tuberculeux, et station climatique spéciale aux débilités nerveux et aux tuberculeux pulmonaires.

A 8 h. 30 de Paris (via Orléans).	A 1 h. de Bordeaux.
A 13 h. de Marseille (via Cette, Bordeaux.	A 5 h. de Toulouse (via Bordeaux).
A 13 h. de Lyon (via Gannat, Guéret).	A 10 h. de Montpellier (via Cette, Toulouse).

SITUATION ET DESCRIPTION. — Commune du département de la Gironde, édifiée au milieu d'une forêt de pins et placée sur la rive sud d'un admirable bassin qui ne mesure pas moins de 80 kilomètres de périmètre et qui communique avec l'Océan, Arcachon est en même temps une *station climatique* et une *plage marine* (bains de mer).

La ville est divisée en quatre quartiers : la ville d'hiver, la ville d'été, la ville d'automne et le nouveau quartier Moulleau.

Dans la VILLE D'HIVER, chaque habitation est établie sur la dune, entourée d'arbustes verts ou fleuris : mimosas, camélias. Aucune industrie, aucune usine ne peut s'installer dans la ville d'hiver. Aucun mur de séparation ne distingue les villas. Les principales promenades sont : *le jardin du Casino*, *la Promenade des Anglais et la Grande Dune*, *la Forêt des Abatilles*.

La VILLE D'ÉTÉ, située sur les bords du Bassin, a cinq kilomètres au moins de façade avec accès direct à la plage. Pendant la saison estivale, cette plage devient le *séjour des enfants*. Le grand commerce d'Arcachon est dans la ville d'été.

La VILLE D'AUTOMNE, située à l'Est de l'avenue de la Gare, bénéficie du climat forestier et du climat marin.

Le MOULLEAU est situé à l'Ouest de la ville, sur les bords du Bassin. Ce quartier possède deux *sanatoria* pour enfants.

POPULATION. — Arcachon compte 9.000 habitants résidents, mais plus de 200.000 étrangers visitent chaque année cette ville.

CONSTITUTION DU SOL. — Uniquement constitué par du sable qui monte dans la forêt, à une hauteur de 20 à 60 mètres. C'est un sable quartzeux, hyalin, ténu, blanc, avec légère teinte jaunâtre. Il contient du fer, du mica et des débris de coquilles. *Très perméable*, il est aussi mauvais conducteur du calorique.

HYGIENE. — Le sol étant perméable, l'eau pluviale ne stagne pas, mais est rapidement absorbée. L'eau potable est excellente et très pure ; elle provient du lac de Cazaux. Les denrées alimentaires sont surveillées ; les maladies contagieuses, déclarées ; et les maisons désinfectées rigoureusement sous le contrôle du corps médical.

CLIMAT. — Le climat résulte des différents facteurs suivants :

L'*air* d'Arcachon contient de l'*ozone*, du chlorure de sodium, de l'iode, du brome, provenant de l'Océan ; de plus, les effluves forestiers sont imprégnés d'*ozone* et d'*essence de térébenthine*, principalement au printemps et par les temps chauds et humides. Cette grande quantité d'ozone purifie l'atmosphère.

La *température* moyenne annuelle est de 13 degrés ; soit : en automne, 14 degrés ; en hiver, 6 degrés ; au printemps, 12 degrés ; en été, 20 degrés.

Arcachon a une *pression barométrique* fort élevée : 762 millimètres, pouvant osciller avec les troubles atmosphériques de 755 à 775 millimètres, sans variations trop brusques.

Les *pluies* sont abondantes mais rapides à Arcachon (averses torrentielles, la nuit) .Du reste, l'eau est aussitôt absorbée par le sol (sable et végétation). Le pluviomètre mesure 857$^{m}/_{m}$ par an.

L'état *hygrométrique* n'est pas très élevé. Et cette humidité moyenne (77°5) devient une humidité favorable, désirable, *thérapeutique* même.

Les *vents* qui soufflent du large : Sud-Ouest, Ouest, ou Nord-Ouest ne sont pas très froids parce qu'ils sont réchauffés par le *Gulf-Stream*. Les vents d'Est, du Nord-

Est, et Sud-Est ont leur violence atténuée par les dunes et la forêt de pins.

D'après la description précédente, on comprend qu'Arcachon située au milieu d'une forêt de pins (100.000 hectares) toujours verts, à proximité de l'Océan Atlantique, possédant un sol et un sous-sol perméables, jouisse d'un *climat* tempéré, toni-sédatif. Ces qualités naturelles font d'Arcachon une station d'été admirable pour bains de mer, et une station d'hiver incomparable avec sa double gamme forestière et marine.

INDICATIONS. — 1° ARCACHON STATION MARINE, convient aux *enfants débiles nerveux* qui ne peuvent supporter le vent vif de la Manche ou de l'Océan, les plages excitantes de la Méditerranée, ou les lames de la pleine mer (la lame du Bassin est douce et caressante), aux *rachitiques*, *aux scrofuleux*, aux malades atteints de *tuberculose osseuse*, *péritonéale*, *ou ganglionnaire*. La température de l'eau étant élevée (18° à 24° pendant le semestre d'été), le bain peut se prolonger. « *Le bain de mer d'Arcachon est une cure minérale*, *ailleurs il est une cure d'hydrothérapie* » (Durand-Fardel).

2° ARCACHON STATION CLIMATIQUE, AVEC FORÊT ET PLAGE, convient à tous les *débilités* : anémiques, chloro-anémiques, convalescents, surmenés, neurasthéniques ; aux malades atteints *d'adénopathies trachéo-bronchiques*, de reliquats bronchiques, pulmonaires ou pleuraux ; d'indurations pulmonaires post-infectieuses (rougeole, grippe,fièvre typhoïde) ; aux *prétuberculeux*, aux *tuberculeux hémoptoïques ou fébriles*, *ou chroniques ;* aux *scrofulo-tuberculeux*, aux *tuberculeux arthritiques*, *éréthiques*, *sujets aux insomnies*. La COQUELUCHE est rapidement améliorée et guérie. Les asthmatiques, les cardiopathes, les hystériques et les névrosés, en général, sont toujours soulagés.

CONTRE-INDICATIONS. — Eviteront Arcachon, les malades atteints :

1° De tuberculose miliaire aiguë, sous toutes ses formes.

2° De tuberculose à forme pneumonique, pendant la période aiguë.

DISTRACTIONS. — Casino. Théâtre. Palais d'hiver. Théâtre de la Nature. Fêtes et concerts. Sports divers : yachting (voile, aviron, régates) ; pêche, chasse, tir aux pigeons ; golf, country-club, tennis, croquet, pelote basque, gymkhanas, concours hippiques, courses de chevaux, etc.

EXCURSIONS. — Promenades sur le bassin d'Arcachon, à bord du vapeur qui dessert les localités riveraines. Visites aux étangs d'Hourtin et de Lacanau. Excursions au lac de Cazaux, lac de 5.000 hectares, encadré de collines boisées, etc. Promenades en forêt.

MEDECINS. — MM. Aubert, Bonnal, Bourdier, Cazaban, Chauveau, Déchamp, Doche, Dhourdin, Festal, Hameau, Lalesque, Lefebre, Paillé, Philippot, Testut.

HOTELS. — De 6 à 25 francs par jour.

ARGELES-GAZOST
(Hautes-Pyrénées)

Station hydro-minérale et climatique. Spécialisation : Affections de la peau et des voies respiratoires, névroses, troubles de la nutrition.

A 15 h. de Paris (via Bordeaux).
A 13 h. de Marseille (via Cette, Toulouse).
A 16 h. de Lyon (via Tarascon, Cette, Toulouse).
A 6 h. de Bordeaux (via Dax).
A 4 h. de Toulouse (via Tarbes).
A 9 h. de Montpellier (via Cette, Toulouse).

SITUATION ET DESCRIPTION. — Dans une sorte de cirque formé par le *Pibeste*, la montagne de *Gez* et les hauteurs boisées du *Davantaygue*, ouvert du côté du Nord vers Lourdes, par une tranchée au fond de laquelle coule le *Gave de Pau*, et dont l'extrémité est fermée par le pic du *Ger*. Argelès est divisée en deux parties : en bas, la *station thermale ;* en haut, *la cité d'Argelès*, petite sous-préfecture qui s'adosse à la montagne de

Gez. On arrive dans cette ville par l'embranchement de Lourdes à Pierrefitte. Du 15 juillet au 15 septembre, Argelès est desservi par les rapides Paris-Pyrénées.

POPULATION. — Argelès compte environ 1.800 habitants.

ALTITUDE. — Cette station est à 450 mètres au-dessus du niveau de la mer.

CLIMAT. — Climat de montagne moyen ; climat dit *girondin* avec pluies peu fréquentes. L'état hygrométrique est entretenu par l'humidité qui se dégage de nombreux torrents. La pression barométrique est de 715 m/m, sans variations brusques. Les vents du nord sont arrêtés par le Mont du Gez et la chaîne du Pibeste. Chaleur de l'été supportable, quoique s'élevant parfois jusqu'à 26 degrés, en juillet et en août (pendant quelques heures seulement). Le matin et le soir, la température est rafraîchie par les brises de la montagne qui rendent les matinées et les soirées agréables.

CONSTITUTION DU SOL. — Le sol est formé de moraines et d'alluvions qui lui assurent une grande perméabilité.

SAISON. — Du 15 juin au 30 septembre pour la cure hydro-minérale. Quelques étrangers, notamment les Anglais, y font une *cure climatique* de printemps et d'automne.

SOURCES. *Composition.* — L'établissement thermal d'Argelès est alimenté par deux sources qui émergent dans la petite commune de *Gazost* : la *Source Principale*, la plus importante, est canalisée jusqu'à Argelès ; l'autre, la *Source Noire*, est mise en bouteilles à Gazost et transportée à Argelès. Ces eaux ont une température de 13° à 15°. Elles renferment du *chlorure de sodium* (0 gr. 16 et 0 gr. 38), *du sulfure de sodium* (0 gr. 0117 et 0 gr. 02), du *sulfure de calcium, de l'hyposulfite de soude* (0 gr. 006). Après son parcours, la *Source Principale* n'a plus de sulfure, mais seulement 0 gr. 0057 d'hyposulfite de soude. Ces deux sources dégagent aussi de l'hydrogène sulfuré, et contiennent de la *barégine* (en suspension), de la sulfuraire, et des traces d'iode, de brome.

On les classe : *Eaux chloro-sulfurées sodiques, froides.*

Argelès-Gazost est un *Luchon froid* (Dr Landouzy).

MODES D'EMPLOI. — Les eaux d'Argelès-Gazost sont utilisées en *boisson et en traitement externe* qui comporte : les gargarismes, les bains entiers et les bains de pieds à eau courante ; les bains de siège, les douches générales et locales (nasales, pharyngiennes, rénales, ascendantes), les pulvérisations, les humages, etc. Ces divers traitements sont appliqués dans l'*Etablissement thermal*, qui est très coquet et très confortable, au milieu d'un beau parc.

ACTION PHYSIOLOGIQUE. — Les eaux d'Argelès ont une double action : action *excitante* sur toutes les cellules de l'organisme dont les fonctions physiologiques d'absorption et d'élimination sont déviées ; et une action *anti-zymotique*.

INDICATIONS. — Sont justiciables des eaux d'Argelès-Gazost :

1° Les MALADIES CUTANÉES : *dermatoses* (eczémas), plaies suppurantes et anciennes, *ulcères* traités par l'Eau Noire).

2° Les AFFECTIONS DES VOIES RESPIRATOIRES : coryza, laryngites, angines franches ou granuleuses, bronchites chroniques, emphysème pulmonaire seul ou lié à des crises d'asthme.

3° La DIATHÈSE RHUMATISMALE, la SYPHILIS.

4° La SCROFULO-TUBERCULOSE DES ENFANTS. Traitement et climat salutaires.

5° Les INTOXICATIONS par l'alcool, la morphine, le plomb.

6° Les MALADIES NERVEUSES : hystérie, neurasthénie, épilepsie, maladie des tics, hémiplégie, paralysie.

7° Les AFFECTIONS GYNÉCOLOGIQUES : périmétrites, métrites, ovarites, salpingites, etc.

CONTRE-INDICATIONS. — N'useront pas des eaux d'Argelès-Gazost, les sujets atteints :

1° D'états aigus ou fébriles.

2° De maladies de cœur (non compensées), ou des gros vaisseaux.

3° D'affections du foie, de la rate ou du rein.

4° De tuberculose avancée, ou hémoptoïque.

5° D'endométrites, d'endocervites chroniques, arthritiques franches.

COMPLEMENT DE CURE. — Cure d'air, de climat, de terrain, de régime. Argelès se spécialise de plus en plus comme *station climatique*, *toni-sédative* qui s'adresse aux nerveux, aux enfants et adolescents troublés dans leur développement et dans leur nutrition. La cure climatique trouve une adjuvance remarquable dans l'Institut de Thérapeutique physique et d'orthopédie, ouvert de mai à novembre.

DISTRACTIONS-EXCURSIONS. — Casino. Théâtre. Golf. Tennis. Excursions aux ruines si curieuses du Château du Prince Noir à Arcizon-Avant, à la Roche des Fées, aux Grottes d'Ouzous, à l'Abbaye de Saint-Savin, aux ruines de Beaucens, à la vallée d'Arrens ou d'Azun, au pic du Ger, à Pierrefitte, Gavarnie, aux lacs d'Isaby et d'Estaing, etc., et toutes les grandes excursions pyrénéennes.

MEDECINS. — MM. Abadie, Bergugnat, Fraikin, Grenier de Cardenal, Pérus, Paul Trelaün.

HOTELS. — De 5 à 12 francs par jour. Villas meublées autour du Parc. Tous renseignements sont fournis par M. le Directeur de l'Etablissement thermal.

AULUS-LES-BAINS
(Ariège)

Station hydro-minérale. Spécialisation : Déviations de la nutrition, toxi-infections.

A 13 h. de Paris (via Toulouse).
A 10 h. de Marseille (via Cette, Toulouse).
A 12 h. de Lyon (via Tarascon, Toulouse).
A 6 h. 30 de Bordeaux (via Toulouse).
A 2 h. 15 de Toulouse (via Boussens).
A 6 h. 30 de Montpellier (via Cette, Toulouse).

SITUATION ET DESCRIPTION. — En plein massif des Pyrénées, à la limite extrême de la France, Aulus qui signifie en langue du pays *haut village*, est adossée au Kaïzardé (montagne des izards) et traversée par le Gave impétueux du *Garbet*. C'est une station entourée de tous côtés de hautes montagnes, et située à 32 kilomètres de Saint-Girons, terminus d'un embranchement de la ligne Toulouse-Bayonne.

POPULATION. — Aulus compte 900 habitants environ.

ALTITUDE. — Cette ville d'eaux (qui peut être aussi considérée comme station climatique) est à 800 mètres au-dessus du niveau de la mer.

CLIMAT. — Climat printanier pendant la belle saison. Au moment des plus fortes chaleurs de l'été, la température est toujours modérée, grâce aux brises des montagnes qui rafraîchissent l'atmosphère.

SAISON. — Du 1er juin au 1er octobre. Cure de trois à quatre semaines.

SOURCES. — *Composition.* — Aulus possède cinq sources : la source *Darmagnac* (19°, arsenicale et mercurielle) ; la source *Bacque* (17°, lithinée) ; la source des *Trois Césars*, (18°, le Vichy d'Aulus) ; la source *Nouvelle* (15°), et la source *Ferrugineuse* (12°), ces deux dernières ferrugineuses.

Elles débitent 400.000 litres d'eau en 24 heures. L'eau est limpide, sans saveur, mais avec arrière-goût styptique. Elle est *électrogène*. Elle contient 2 gr. 50 de minéralisation totale : chaux, magnésie, soude, acide sulfurique, fer, arsenic, traces d'iode, de mercure, de lithine. On classe ces eaux : *sulfatées calciques*, *froides*.

MODES D'EMPLOI. — L'eau d'Aulus est surtout utilisée en *boisson ;* on l'emploie aussi en *bains*, en *douches générales* ou *locales*. Comme complément de cure, il y a une installation complète d'hydrothérapie et massage.

ACTION PHYSIOLOGIQUE. — En *boisson*, à la dose de six à huit verres absorbés toutes les cinq minutes, l'eau est purgative ; à intervalles plus espacés (de 15 en 15 minutes), l'eau est laxative et très diurétique.

En *bains*, l'eau d'Aulus a une action topique remarquable sur la peau.

INDICATIONS PRINCIPALES. — Ce sont :

1° Les MALADIES GÉNÉRALES : *l'arthritisme* et ses manifestations ; les *lithiases* rénale, hépatique, intestinale ; la *goutte*, le *diabète*, *l'obésité*, le *rhumatisme* chronique. Cure au moyen de la source *Bacque* qui est, d'après le Pr Landouzy, l'homologue de la source *Pavillon* de Contrexeville. L'*anémie et la chloro-anémie* sont profondément modifiées par les sources *Nouvelle et Ferrugineuse*.

2° Certaines MALADIES TOXI-INFECTIEUSES : la *syphilis*, le *paludisme*, l'*intoxication saturnine* (cure par l'eau de la source Darmagnac).

3° Quelques AFFECTIONS CARDIAQUES : *l'artério-sclérose* au début, les *cardiopathies* d'origine dyspeptique, les *cardiopathies rénales* avec crises dyspnéiques, la *surcharge graisseuse du cœur*, le *pouls nerveux*.

4° Les AFFECTIONS SUIVANTES DU TUBE DIGESTIF : dyspepsie hyperchlorhydrique, gastro-entérite chronique, diarrhée, dysentérie, atonie gastro-intestinale (source des *Trois Césars*).

5° Certaines DERMATOSES : eczéma, furonculose, éruptions spécifiques.

CONTRE-INDICATIONS. — N'useront pas des eaux d'Aulus, les sujets atteints :

1° De maladies inflammatoires aiguës ou chroniques de l'appareil respiratoire.

2° D'affections cancéreuses du tube digestif.

3° D'affections cardiaques non compensées.

4° De néphrite aiguë, ou d'insuffisance urinaire.

DISTRACTIONS-EXCURSIONS. — Casino. Théâtre. Fêtes. Excursions au Pic de Bertrône, au Pic de Montbeas, à la Cascade d'Arsse, aux lacs de Garbet et de Guzet, à l'Etang de l'Hers, au col de la Trappe, à la vallée et au village d'Ustou (*éleveurs d'ours*), à Vicdessos par le port de Salleix, à Andorre, en Espagne, etc.

MEDECINS. — MM. Caussou, Mouly.

HOTELS. — De 5 à 20 francs par jour.

AX-les-THERMES
(Ariège)

Station hydro-minérale. Spécialisation : manifestations arthropathiques, névralgiques, cutanées, respiratoires.

A 14 h de Paris (via Cahors, Toulouse).	A 7 h. de Bordeaux (via Toulouse).
A 10 h. de Marseille (via Cette, Toulouse).	A 3 h. de Toulouse.
A 13 h. 30 de Lyon (via Tarascon, Toulouse).	A 7 h. 30 de Montpellier (via Cette, Toulouse.)

SITUATION ET DESCRIPTION. — Au confluent de trois vallées, la *Lauze*, l'*Oriège*, et l'*Ariège*, au fond d'un vaste cirque de montagnes, Ax est aussi bien une station climatique qu'une station thermale, située sur la voie ferrée transpyrénéenne de Toulouse à Barcelone par le col de Puymorens.

POPULATION. — Cette ville compte 1.500 habitants.

ALTITUDE. — Ax est à 720 mètres au-dessus du niveau de la mer ; mais les montagnes qui l'entourent, atteignent ou dépassent 2.000 mètres.

CLIMAT. — Ax jouit d'un climat de montagne, tonisédatif ; les soirées et les matinées sont fraîches, même au plus fort de l'été. L'air est pur, chargé d'ozone et imprégné de vapeurs sulfureuses, et d'émanations balsamiques provenant de la région des sapins. Il y a peu de vent, peu d'orages et pas de brouillards.

SAISON. — Du 1er juin au 15 octobre ; mais elle peut se prolonger jusqu'en automne, époque où le temps est souvent merveilleux.

SOURCES. — *Composition.* — On compte plus de soixante sources *sulfurées sodiques*, *alcalines*, *carbonatées et silicatées* avec traces de lithine, *alcalines hyposulfitées*, etc. Le débit est de 2.500.000 litres par 24 heures, susceptible d'augmentation par des travaux de captage bien conduits. La température de l'eau varie de 18° à 77°. La sulfuration suit une progression de 0 gr. 003 à 0 gr. 028 et consiste en monosulfure, polysulfure et sulfhydrate de sulfure de sodium ; en sulfite et hyposulfite de soude. L'alcalinité va de 0 gr. 0095 à 0 gr. 1225 par litre. L'eau est limpide au griffon, avec odeur et saveur hépatiques. Plusieurs sources présentent les phénomènes connus du *bleuissement* (Eau bleue) et du *blanchiment* (Fontan, Mystère). Quelques-unes produisent un abondant dégagement de gaz azote comme *Viguerie*, appelée « source à bouillon ». Enfin, de récentes analyses ont permis de déceler de l'*argon*, *de l'hélium*, et de classer la source Viguerie parmi les plus *radio-actives de France* (1,55).

MODES D'EMPLOI. — De nombreuses sources coulent sur la voie publique et servent aux usages ménagers. Les autres sont utilisées (au moyen d'un ingénieux système de serpentinage qui ramène les eaux à un équilibre de température optima) dans quatre Etablissements thermaux : le *Couloubret*, le *Teich*, le *Breilh*, le *Modèle*, et alimentent quinze sections de bains à sulfuration et alcalinité variées (134 baignoires), vingt-cinq douches à forte et moyenne pression. Il existe aussi de nombreux appareils de humage et de pulvérisations, un *vaporigène*, quatre buvettes comprenant dix-huit sources, des étuves, etc.

ACTION PHYSIOLOGIQUE. — Elle varie avec chaque source. Grâce à l'extrême variété des eaux et à la diversité de leurs propriétés physico-chimiques, on obtient des résultats diamétralement opposés.

Certaines sources sont *excitantes ;* d'autres *sédatives ;* quelques-unes provoquent de l'*hypertension ;* certaines sont *hypotensives*, etc. D'une façon générale, elles impriment à tous les organes et tissus une suractivité fonctionnelle très notable. Il en est qui sont nettement *diurétiques.* L'altérabilité de quelques-unes les fait classer en sources thermales simples, indifférentes, indéterminées, et leur donne une grande analogie avec celles d'Ussat, de Néris, etc.

INDICATIONS GENERALES. — Ax réclame toutes les manifestations *arthropathiques et névralgiques.* C'est la station des douleurs.

INDICATIONS PRINCIPALES. — Ce sont :

1° Toutes les affections RHUMATISMALES, OU RHUMATOIDES, articulaires, juxta-articulaires, péri-articulaires, tendineuses ou musculaires : *rhumatisme nerveux*, *rhumatisme musculaire*, *rhumatisme chronique progressif* sérofibreux ; *lumbago* seul ou compliqué de névralgies sciatiques ou crurales ; rhumatisme compliquant des maladies infectieuses (puerpéralité, blennorrhagie, grippe, etc.) ; rhumatisme compliqué d'*endocardite* pourvu que les lésions soient compensées.

2° Certaines formes de GOUTTE : *goutte rhumatismale* (Eau Bleue en boisson).

3° Certaines DERMATOSES : eczéma séborrhéique, sycosis, psoriasis, impetigo, lichen, pityriasis, urticaire chronique, prurigo, prurit génital (ano-scrotal).

4° Le LYMPHATISME, la SCROFULE, soit dans leurs manifestations *cutanées*, soit dans leurs manifestations *muqueuses* (rhino-pharyngite, kératite ulcéreuse, otite, etc.) ; la *scrofulo-tuberculose* (adénites, tumeurs blanches au début) ; les *dystrophies* de l'enfance et de l'adolescence.

5° Les AFFECTIONS CHRONIQUES DES VOIES RESPIRATOIRES : *rhinites*, *pharyngites*, *laryngites* chroniques sèches ou catarrhales, *catarrhe tubo-tympanique* qu'un appareil spécial (*Vaporigène* des Drs Lajaunie et Bousquet) permet de traiter avec précision et méthode ; *catarrhes bronchiques*, *tuberculose pulmonaire* au début, torpide et localisée.

6° La SYPHILIS. Traitement *intensif* ou de *post-cure* mercurielle.

7° Les AFFECTIONS UTÉRINES OU UTÉRO-ANNEXIELLES : métrites du col, métrites hémorrhagiques, exsudats péri-utérins, etc. (Installations spéciales pour le traitement).

INDICATIONS SECONDAIRES. — Trouveront une amélioration, dans la cure axéenne :

1° Les *chlorotiques*, les *anémiques* ; que l'anémie soit dûe au surmenage ou à l'intoxication (paludisme, syphilis).

2° Certains *urinaires* (catarrheux vésicaux non bacillaires), lithiasiques rénaux (Eau Bleue).

3° Les malades atteints de *troubles gastro-intestinaux* (sources *Pâtissier* et *Petite-Sulfureuse*).

4° Les malades atteints de *traumatismes* osseux ou articulaires.

CONTRE-INDICATIONS. — Eviteront le traitement axéen, les sujets affectés :

1° De néoplasme.

2° D'affections hépatiques, d'affections cardiaques non compensées.

3° De tuberculose laryngée, de tuberculose pulmonaire fébrile ou hémoptoïque.

DISTRACTIONS, EXCURSIONS. — Casino. Théâtre. Concerts symphoniques. Soirées dansantes. Promenades nombreuses et variées. Excursions aux Cascades de Saliens, d'Orlu, de Savignac, aux Gorges de la Frau et de Mérens, aux lacs du Comté, de Naguilles, de Beys, de Lanoux, de Fontargente ; aux plateaux des Gouttines, de Bonasère ; à la forêt de Manseille ; aux cols de Joux, de Puymaurens, à l'Hospitalet ; l'Andorre, la Cerdagne, Mont-Louis, Puigcerda, etc.

MEDECINS. — MM. Bousquet, Boyer, Dresch G., Dresch J., Fugairon, Gomma, Mazoyer.

HOTELS. — De 7 à 15 francs par jour.

BAGNÈRES-DE-BIGORRE [1]
(Hautes-Pyrénées)

Station hydro-minérale. Spécialisation : algies des névropathes et des nevro-arthritiques.

A 13 h. 30 de Paris (via Bordeaux).	A 6 h. 30 de Bordeaux (via Mont-de-Marsan).
A 13 h. de Marseille (via Cette, Toulouse).	A 4 h. de Toulouse (via Tarbes).
A 15 h. de Lyon (via Tarascon, Cette, Toulouse).	A 9 h. de Montpellier (via Cette, Toulouse).

SITUATION ET DESCRIPTION. — Coquette sous-préfecture située au point où la vallée de Campan vient déboucher dans la plaine de Tarbes. Les dérivations de l'Adour en font un coin de fraîcheur et de verdure qui donnent au nouvel arrivant l'impression d'être descendu dans un parc. Cette ville est le point terminus d'un embranchement partant de Tarbes.

POPULATION. — Bagnères-de-Bigorre compte 8.800 habitants.

ALTITUDE. — Cette station est située à 550 mètres au-dessus du niveau de la mer.

CONSTITUTION DU SOL. — Sol poreux, en pente, jurassique.

---

(1) Cette notice a été rédigée par le Dr Vial, de Marseille, ancien médecin consultant de Bagnères-de-Bigorre.

CLIMAT. — Climat de montagne tempéré. La pression barométrique est de 715. La moyenne thermique : 11°37 (*hiver*, 5°21 ; *printemps*, 10°48 ; *été*, 17°70 ; *automne*, 10°20). La température de la journée médicale varie de 2 à 3 degrés. Les vents sont faibles grâce aux contreforts du Pic du Midi qui abritent Bagnères-de-Bigorre.

SAISON. — Du 15 juin au 1er octobre ; l'époque de choix est du 1er juillet au 20 septembre. Cure de trois à quatre semaines.

SOURCES. — *Composition.* — Les sources très nombreuses se divisent en trois groupes :

1° *Les sources sulfatées calciques, magnésiennes* (groupe le plus important et qui caractérise la station), *chaudes.*

2° *Deux sources crénatées ferrugineuses, froides.*

3° *Une source sulfurée sodique froide : Labassère.*

Les SULFATÉES CALCIQUES sont au nombre de trente-huit, et débitent chaque jour 2.500 mètres cubes d'eau limpide, transparente, sans odeur. Elles ont chacune une composition particulière et une température variant de 19° à 52°.

Cette double gamme minérale et thermale permet les plus heureuses combinaisons pour l'application des traitements.

Le résidu total est de 2 gr. 50 environ par litre. Le sulfate de calcium en forme les deux tiers. L'eau contient 0 gr. 30 de sulfate de magnésium ; 0 gr. 20 de chlorure de sodium, d'autres sulfates et carbonates en petites proportions. Traces de métaux et de métalloïdes : fer, arsenic, zinc, plomb, cuivre à dose pondérable.

Ces eaux offrent une grande analogie avec celles de Saint-Laurent de Louèche.

Les principales sources sulfatées calciques sont : *Salut* (32°), *Foulon* (35°), *Salies* (la plus chaude, 51°, et la plus minéralisée 2 gr. 63), la *Reine* (46°), le *Dauphin* (49°), *Saint-Roch* (41°), la *Rampe*, la *Peyrie* (21°), le *Grand-Pré* (35°), etc.

La source SULFURÉE SODIQUE FROIDE, *Labassère* (12°), contient 0 gr. 046 de sulfure de sodium et 0 gr. 20 de chlorure de sodium.

Les sources FERRUGINEUSES ont un goût atramentaire.

Les trois groupes de sources fournissent un débit de *trois millions* de litres par jour.

MODES D'EMPLOI. — On utilise les eaux de Bagnères de Bigorre :

1° En *boisson* (buvettes de *Salies*, la *Rampe*, la *Peyrie*, *Salut* ; buvettes ferrugineuses de la *Ville*, du *Grand-Pré* ; buvette sulfureuse de *Labassère*).

2° En *bains* (de baignoire à eau courante, ou de piscine).

3° En *douches* générales et locales.

4° En *pulvérisations* et *humage* (Labassère, Salies).

Tous ces traitements se font dans une douzaine d'établissements dont les principaux sont : *Le Grand Etablissement thermal*, les *Néothermes*, les *Thermes de Salut* (à un kilomètre de la ville).

ACTION PHYSIOLOGIQUE. — Il est difficile de limiter dans une formule précise et concise le mode d'action de ces eaux qui comprennent des *eaux salines* à température et minéralisation variées pouvant, les unes calmer, les autres exciter l'organisme ; une eau *sulfureuse* et des eaux *crénatées ferrugineuses* froides.

Cependant, en BOISSON, les eaux sont diurétiques et laxatives. *Salut* régularise la fonction nerveuse, car elle ramène la sensibilité chez les hystériques.

En TRAITEMENT EXTERNE, elles ont une action sédative, stimulante, ou intermédiaire : toni-sédative. Les plus chaudes sont les plus excitantes. D'autre part, les sources *sédatives* sont dépourvues de fer, tandis que les stimulantes ou les excitantes sont franchement ferrugineuses.

INDICATIONS GENERALES. — Bagnères-de-Bigorre réclame tous les sujets atteints de *nervosisme*, que ce nervosisme soit sous la dépendance d'un état local ou général.

INDICATIONS PRINCIPALES. — Ce sont :

1° Les MALADIES NERVEUSES organiques ou fonctionnelles : *myélites chroniques* d'origine rhumatismale, *neurasthénie*, *hystérie*, *tics*, *névralgies*, *algies* diverses. La *chorée*, le *goître exophtalmique*, *l'hypocondrie* sont améliorés rapidement par Salut.

2° Le NEURO-ARTHRITISME et ses manifestations : *rhumatisme viscéral et nerveux* (Foulon).

3° Certaines MALADIES du TUBE DIGESTIF : gastralgie, dyspepsie douloureuse, entéralgie, entéro-colite muco-membraneuse (Source Salut).

4° Certaines AFFECTIONS GYNÉCOLOGIQUES, des neuro-arthritiques : métrite, aménorrhée, dysménorrhée douloureuse, prurit vulvaire, névralgies utéro-ovariennes.

5° Les DERMATONEUROSES : eczémas prurigineux, prurigo (la Reine, Salies, Foulon).

6° Les AFFECTIONS CHRONIQUES des VOIES RESPIRATOIRES : catarrhe bronchique, tuberculose (Source Salies et Labassère).

INDICATIONS SECONDAIRES. — Seront favorablement influencées les affections suivantes :

1° L'anémie et l'affaiblissement général (cure sulfureuse, ferrugineuse, arsenicale).

2° Certaines cardiopathies (influence du climat et des eaux sédatives).

3° Certaines maladies des os et des articulations (*Fontaine-Nouvelle*).

CONTRE-INDICATIONS. — Eviteront Bagnères-de-Bigorre, les malades atteints :

1° De cardiopathies mal compensées ;

2° De lésions récentes du système nerveux ;

3° De rhumatisme à la période fébrile.

DISTRACTIONS. EXCURSIONS. — Casino. Théâtre. Fêtes. Sports : chasse, pêche, football, tir, lawn-tennis. En hiver, concours de skis, luges, toboggans. Excursions *vers le sud*, à la vallée de Campan, aux Cascades de Gripp, à la vallée de Lesponne ; *vers le nord*, à Labassère, à la vallée de Gailleste, au Pont de Neuilh, Trébons ; *vers l'est*, à la Côte de Toulouse, à la Gorge d'Asté, à Lhéris, aux Palomières ; *vers l'ouest*, au Mont-Olivet, au Bédat. Grandes excursions : au lac Bleu, au Pic du Midi de Bigorre, à Arreau, Barèges, au lac de Peyralade, etc.

MEDECINS. — MM. Bassal, Cazalas, Chayé, Cougombles, Gandy, Lafforgue, de Larbès, Pédeprade, Porte, de Villegente.

HOTELS. — De 7 à 15 francs et plus par jour. Pensions de famille. Maisons particulières.

BAGNOLES-DE-L'ORNE
(Orne)

Station hydro-minérale. Spécialisation : phlébites, varices.

A 5 h. de Paris.	A 12 h. de Bordeaux (via Paris).
A 17 h. de Marseille (via Lyon-Paris).	A 16 h. de Toulouse (via Limoges, Paris).
A 12 h. de Lyon (via Paris).	A 17 h. 30 de Montpellier (via Lyon, Paris).

SITUATION ET DESCRIPTION. — Dans une pittoresque vallée, entre les forêts d'Andaine et de la Ferté Macé, sur les confins de la Normandie, de la Bretagne et du Maine, Bagnoles est la seule station hydro-thermale du Nord-Ouest de la France. L'*établissement* est bâti sur les deux bords de la Vée, ruisseau paisible et limpide pendant l'été, torrentueux l'hiver. Le *parc* est d'une contenance de 40 hectares environ, planté d'arbres d'essences variées.

ALTITUDE. — Cette station est à 235 mètres au-dessus du niveau de la mer.

CLIMAT. — Climat tempéré, dû au voisinage de la mer.

HYGIENE. — La disposition de la vallée s'ouvrant du Nord-Ouest au Sud-Est, l'altitude, l'imprégnation du parc et des forêts environnantes par les émanations balsamiques des pins et des bruyères, procurent à Bagnoles un *air si pur* et *si sain* que *jamais aucune maladie épidémique infectieuse ou contagieuse n'y a été constatée.*

SAISON. — Du 15 mai au 1er octobre. La cure est d'environ trois à quatre semaines.

SOURCES. — *Composition.* — Bagnoles possède deux sources : une source *ferro-manganésienne*, arsenicale, froide (13°) dite *source des Fées*, qui n'est utilisée qu'en boisson, et la *Source thermale* ou Grande Source, qui *spécialise* la station. C'est de celle-ci qu'il s'agit dans la description suivante.

Elle débite environ 25.000 litres par heure (600 mètres cubes par jour). Sa température est constante : 26°, malgré les perturbations atmosphériques. L'eau est limpide, avec une légère teinte azurée, onctueuse, de saveur indifférente, avec arrière-goût légèrement styptique. Très peu minéralisée (0 gr. 0715 par litre), elle contient de la *silice* (0 gr. 012), du *chlorure de sodium* (0 gr. 014), du *bicarbonate de chaux* (0 gr. 011), du sulfate de soude, des traces de métaux rares, des gaz : 5 pour 100 d'acide carbonique, 25 pour cent d'azote, 4 pour 100 d'argon et une petite quantité d'hélium. Moureu a noté 0,36 de *radio-activité* pour les gaz.

MODES D'EMPLOI. — L'eau de la Grande-Source est utilisée accessoirement *en boisson*, et principalement en TRAITEMENT EXTERNE qui comporte : les *douches*, les *arrosages* en pluie fine et surtout les *bains prolongés* à 35° (d'une demi-heure à une heure), soit en baignoire, soit en piscine à eau courante. Ce traitement hydro-thermal est complété par différentes pratiques d'hydrothérapie et de massage telles que : la *mobilisation*, l'*effleurage*, le *massage simple*, le *massage sous l'eau*; les *grandes irrigations vaginales chaudes et prolongées*, les *douches anales*, *périnéales*, *lombaires* ; les *inhalations*, les *pulvérisations*, etc.

ACTION PHYSIOLOGIQUE. — L'eau de Bagnoles a une double action :

1° Une action excitante *générale* qui produit un surcroit d'activité organique, et qui donne la sensation de remontement général.

2° Une action excitante *spéciale*, sur les extrémités sensitives cutanées, qui détermine, par action réflexe, la contraction des fibres musculaires lisses des petits vaisseaux, et le resserrement des capillaires. Elle régularise ainsi la circulation capillaire superficielle et profonde, et soulage le cœur. En un mot, elle est décongestionnante et régulatrice de la circulation périphérique.

INDICATIONS PRINCIPALES. — Sont justiciables de Bagnoles-de-l'Orne :

1° Les CONVALESCENTS de PHLÉBITE, pourvu que la température soit redevenue normale depuis trente jours (au moins), et même depuis soixante jours, quand la phlébite aura procédé par poussées fébriles multiples. Le bain de Bagnoles rétablit la circulation veineuse en favorisant la formation de voies de suppléance nouvelles et en facilitant la résorption de l'œdème. La balnéation jointe à l'*effleurage des veines*, *au massage des muscles*, et à la *mobilisation*, produit des effets excellents dans les phlébites puerpérales, post-typhiques ou post-pneumoniques, mais moins bons dans les phlébites goutteuses ou variqueuses, et quand il existe une zone enflammée autour de la veine, sous forme de tuméfaction rouge et indurée (Quiserne).

2° LES VARIQUEUX atteints : de *varices internes et externes*, de *varicocèles*, de *troubles circulatoires périphériques* veineux ou capillaires : marbrures, veinosités, varicosités, rougeurs passagères ou durables ; d'états *congestifs inflammatoires ou douloureux* des veines : périphlébite rhumatismale ou goutteuse, phlébalgie, sciatique variqueuse ; de *dermites* (eczéma, ulcère) liées aux varices ; d'*hémorrhoïdes* (disparition des hémorrhagies, des phénomènes inflammatoires, de la procidence ; guérison des excoriations et des fissures).

3° Certaines UTÉRINES présentant différents états de subinvolution utérine consécutive à des grossesses rapprochées ; ou atteintes de congestion utérine (*neuro-arthritiques*) avec règles douloureuses, de métrite chronique avec prédominance de lésions parenchymateuses (gros utérus congestionnés, mous, douloureux).

INDICATIONS SECONDAIRES. — Trouveront une amélioration rapide à Bagnoles :

1° Les sujets atteints de certaines formes de *rhumatisme chronique* (simple, partiel, d'Héberden, noueux), coïncidant avec une *lésion veineuse*. On dépiste l'altération veineuse, en exerçant une légère pression au niveau des saphènes. S'il se produit de la douleur, Bagnoles est indiquée.

2° Quelques *prostatiques*, variqueux ou hémorrhoïdaires.

CONTRE-INDICATIONS. — S'abstiendront du traitement de Bagnoles, les malades atteints :

1° De poussées aiguës de phlébite, de métrite ou de rhumatisme.

2° De phlébite cancéreuse, tuberculeuse, ou consécutive à des états cachectiques.

3° De cardiopathie non compensée ; d'artério-sclérose avec hypertension.

COMPLEMENT DE CURE. — Cure d'air. Station de villégiature et de repos pour les enfants, les convalescents, les surmenés, les névropathes, les neurasthéniques.

DISTRACTIONS. EXCURSIONS. — Casino. Théâtre. Courses de chevaux. Concerts. Fêtes de nuit. Excursions aux forêts d'Andaine et de la Ferté Macé ; au Roc au chien, à Magny le Désert, aux Gorges d'Orgères ; à la vallée d'Antoigny, aux Gorges de Villiers, au Lys des Vallées, à la Bermondière, à Chantepie, etc.

MEDECINS. — MM. Censier, Joly, Le Muet, Peyré, Poulain, Quiserne, Vaucher.

HOTELS. — De 7 à 25 francs par jour.

BAINS-LES-BAINS
(Vosges)

Station hydro-minérale. Spécialisation : manifestations douloureuses des arthritiques et des artério-scléreux.

A 7 h. de Paris (via Chaumont).
A 13 h. 30 de Marseille (via Dijon, Epinal).
A 9 h. 30 de Lyon (via Dijon, Epinal).

A 22 h de Bordeaux (via, Cette, Lyon)
A 18 h. de Toulouse (via Cette, Lyon).
A 13 h. 30 de Montpellier (via Tarascon, Lyon).

SITUATION ET DESCRIPTION. — Chef-lieu de canton de l'arrondissement d'Epinal, situé au fond d'une large vallée, entouré de forêts magnifiques, de côteaux chargés de cerisiers, et de vastes prairies qui forment un parc de plusieurs centaines d'hectares, Bains-les-Bains se trouve sur la ligne de Nancy à Vesoul.

ALTITUDE. — Cette station est à 400 mètres au-dessus du niveau de la mer.

CLIMAT. — Climat délicieux et tempéré, en été. La vallée est orientée dans le sens des vents dominants venus de la chaîne des Vosges. L'air est pur, ozonisé, tonique (et frais le soir).

SAISON. — Du 15 mai au 1er octobre. La vie, à Bains, est à bon marché, sans exclure le confort. Cure de trois à quatre semaines.

SOURCES. — *Composition.* — Elles sont très nombreuses. On les divise en deux groupes :

1° Les *sources chaudes du Bain Romain*, variant comme température de 38° à 51°.

2° Les *sources tempérées* du *Bain de la Promenade*, variant de 32° à 40°. Leur onctuosité les a fait dénommer SAVONNEUSES. Elles débitent 680 mètres cubes par jour et alimentent les deux établissements thermaux des Bains Romains et de la Promenade.

L'eau est incolore, inodore, de saveur légèrement alcaline, et faiblement minéralisée. Elle contient du *sulfate de soude* (0 gr. 16), du *chlorure de sodium* (0 gr. 163), du *carbonate de chaux* (0 gr. 045), de la *silice* (0 gr. 12), de *l'oxyde de fer* et des traces d'arsenic.

On la classe : Eau *sulfatée sodique*, *silicatée*, *ferrugineuse*, *arsenicale*, et *hyperthermale*.

Les gaz qui se dégagent de l'eau des sources thermales sont très *radio-actifs* (1,76. Curie, Laborde). M. Moureu a trouvé aussi des gaz rares : (1,24 pour 100), *argon*, *néon*, *hélium*, (0, 198). Parmi ces sources, il en est une exploitée plus particulièrement soit à la station, soit pour la cure à domicile. C'est la source Saint-Colomban, dont l'eau très pure, à faible minéralisation (0 gr. 50), alcaline sodique, est très *radio-active*.

MODES D'EMPLOI. — Les eaux de Bains-les-Bains sont utilisées :

1° En *boisson* (source *Saint-Colomban*).

2° En *traitement externe* : bains de baignoires, de piscines (six vastes piscines à *eau courante*) ; douches générales, locales, horizontales, massage sous l'eau, etc.

ACTION PHYSIOLOGIQUE. — En *boisson*, les sources tempérées sont *eupeptiques* ; les sources froides (surtout Saint-Colomban) sont *diurétiques* et provoquent une débâcle de sable uratique.

En *bains* ou *douches*, l'eau a une double action : *sédative*, *calmante*, et *tonique puissante*.

INDICATIONS SPECIALES. — Sont justiciables particulièrement de Bains-les-Bains, les malades atteints :

1° *D'affections gastro-intestinales* : entéro-colite muco-membraneuse, diarrhées chroniques, appendicite, atonie intestinale, entéralgies, dyspepsies hypersthéniques.

2° *D'arthritisme et de ses manifestations* : rhumatisme subaigu et chronique (articulaire, musculaire, viscéral) ; sciatique ; goutte.

3° *D'atrophies musculaires réflexes*, raideurs articulaires, tendance à l'ankylose ; déformations consécutives aux fractures, luxations et entorses (source du Robinet de fer).

4° *D'affections gynécologiques douloureuses* : métrites, névralgies utéro-ovariennes, abdominales ; accidents congestifs de la ménopause.

5° *D'artério-sclérose*, surtout à la phase de présclérose (cure de diurèse de Saint-Colomban) ; de sclérose cardio-rénale.

6° *D'affections nerveuses* : neurasthénie, hystérie, éréthisme nerveux, névralgies rebelles.

COMPLEMENT DE CURE. — Cure d'air. Cure de repos dans une véritable station tranquille, dans un pays très pittoresque.

EXCURSIONS. DISTRACTIONS. — Casino. Jeux divers. Tennis. Pêche dans les nombreux petits lacs environnants. Promenades faciles dans le parc. Excursions au Noirmont, au Haut-Domprey, d'où l'œil aperçoit toute la chaîne des Vosges ; à l'étang de Tremeurs, à la vallée du Coney jusqu'à Fontenoy-le-Château ; à la Chaudeau, à la route de Plombières, au Clairjus, etc. — A proximité de Gérardmer et de la chaîne des Vosges.

MEDECINS. — MM. A. Mathieu, médecin directeur de l'Etablissement thermal, F. d'Arcier, et Rose.

HOTELS. — De 5 à 15 francs par jour.

BALARUC-LES-BAINS
(Hérault)

Station hydro-minérale. Spécialisation : paralysies, ataxie, lymphatisme.

A 14 h. de Paris (via Lyon, Tarascon)
A 4 h. de Marseille (via Tarascon, Cette).
A 8 h. de Lyon (via Tarascon, Cette).

A 8 h. de Bordeaux (via Toulouse).
A 4 h. de Toulouse (via Cette).
A 45 minutes de Montpellier (via Cette).

SITUATION ET DESCRIPTION. — Au sud du département de l'Hérault, à l'est de Frontignan, à l'extrémité nord-est de l'étang de Thau, Balaruc présente la forme d'une presqu'île dont l'isthme a un écartement de 1.250 mètres du Nord-Ouest au Sud-Est. Le nom latin de Balaruc est *Bellicanum*. Le nom français dériverait de deux mots celtes : *boyl* (chaud) et *ru* (ruisseau).

De Balaruc, on a une vue superbe sur Cette. On arrive à Cette en 6 minutes par voie ferrée (ligne Cette à Montbazin-Midi), ou en 15 minutes par les bateaux à vapeur qui traversent l'étang.

POPULATION. — Cette station compte environ 1.100 habitants.

ALTITUDE. — Balaruc est à 3 m. 75 au-dessus du niveau de la mer.

CLIMAT. — Doux et sec. En *hiver*, la température moyenne est de 9°. La pluie est rare (le pluviomètre accuse 520 millimètres, par an). La station est protégée contre les vents froids par les monts de la Mourre et de la Gardiole. En *été*, les chaleurs sont tempérées par les brises régulières qui soufflent de la mer et par l'ombrage des pins séculaires qui ornent la station.

SAISON. — Du 1er mai au 15 octobre. Cure de trois à quatre semaines, au minimum.

RESSOURCES THERAPEUTIQUES. — On utilise à Balaruc une double ressource thérapeutique : les *eaux thermales*, les *boues thermales*.

I. — Les Eaux de Balaruc.

SOURCES. — *Composition*. — Les eaux sont fournies par deux sources de composition chimique à peu près identique, mais de thermalité différente : la *Source Ancienne* et la *Source Bidon*. Une troisième, la Source Communale, tempérée, est inexploitée.

La *Source Ancienne*, la plus importante, débite par jour 300.000 litres d'eau chaude (48°), très limpide, de saveur salée, piquante et un peu amère. Sa minéralisation totale est de 10 gr. 267, comprenant : 7 gr. 045 de *chlorure de sodium* ; et des *chlorures de lithium* (0 gr. 0072), de cuivre, de magnésium ; des sulfates de potasse et de chaux ; des bicarbonates de chaux et de magnésie, des traces de *bromure de sodium*, des gaz : acide carbonique, azote, oxygène. C'est l'eau chlorurée sodique *thermale* la plus minéralisée de France. Elle est isotonique au sérum sanguin. Son point cryoscopique est le même : 0, 55.

La *Source Bidon* (20°) fournit une eau salée très limpide qui sert à diminuer la température de la Source Ancienne, pour le traitement externe. Elle est de même composition, mais contient un peu moins de chlorure de sodium (6 gr. 191) et un peu plus de bromure de sodium (0 gr. 008).

On classe les eaux de Balaruc : *Chlorurées sodiques, magnésiennes, cuivreuses, lithinées, bromurées, thermales.*

MODES D'EMPLOI. — On utilise l'eau de Balaruc :

1° En BOISSON, avec l'eau de la Source Ancienne seulement, qu'on boit chaude le matin à jeun, à dose variable, suivant l'effet cherché.

2° En TRAITEMENT EXTERNE qui comporte : les *bains entiers* de baignoire, les *bains locaux* : pédiluves et bains de siège à eau courante ; les *douches* générales et spéciales (irrigations vaginales continues et douches intestinales) ; les gargarismes, les lavages du conduit auditif externe, les irrigations nasales, les applications locales (compresses, lotions), etc.

ACTION PHYSIOLOGIQUE. — 1° En BOISSON, à faible dose (50 à 300 grammes par prises fractionnées) l'eau de Balaruc modifie les échanges nutritifs, accroît les oxydations, augmente l'hématopoièse et l'hématose ; en un mot, son action est altérante, reconstituante et tonique. A dose élevée (400 à 1.000 grammes par prises de 150 à 200 grammes) l'eau est purgative, diurétique et dérivative.

2° En TRAITEMENT EXTERNE, l'eau de Balaruc stimule le système nerveux, produit une dérivation énergique sur les membres inférieurs et allège la circulation centrale, et par suite elle favorise la résolution progressive et rapide des divers exsudats inflammatoires.

II. — Les Boues de Balaruc.

DEFINITION. — Les boues sont constituées par des vases extraites de l'étang de Thau et déposées dans des bassins clos, constamment traversés, pendant plusieurs mois par l'eau thermale qui leur communique ses propriétés thermales et dynamiques. Ces boues forment une pâte molle, malléable, onctueuse et douce au toucher, de couleur bleu noirâtre, d'odeur légèrement sulfureuse. Leur température est de 40° à 45°.

COMPOSITION. — Ces boues sont composées d'un *limon végétal* (algues, conferves) et d'un *limon minéral* (silice, argile, chaux, alumine, oxyde de fer, chlorures de sodium et de potassium, acide phosphorique, sulfures minéraux, traces de bromures et d'iodures, etc.).

MODES D'EMPLOI. — Les boues sont utilisées en *applications locales*. Le malade reçoit sur les parties désignées, une épaisse couche de boues qu'on recouvre avec un drap épais et une couverture, pendant une demi-heure environ. On enlève alors la boue par un lavage à l'eau thermale.

ACTION PHYSIOLOGIQUE. — Au niveau de la région traitée, la boue produit de la *rubéfaction cutanée*, une *accélération de la circulation* et une *exagération de la sécrétion sudorale*. Ces diverses actions déterminent une suractivité cellulaire, et la résolution progressive des exsudats inflammatoires.

III. — Les indications thérapeutiques.

INDICATIONS GENERALES. — Balaruc réclame les lymphatiques, tous les arthritiques, surtout quand ils sont atteints dans leur système nerveux locomoteur.

INDICATIONS PRINCIPALES. — Ce sont :

1° Les affections générales diathésiques : LYMPHATISME, ARTHRITISME.

Lymphatisme, caractérisé par les engorgements ganglionnaires (adénites), par l'hypertrophie des amygdales, le coryza chronique, la blépharite, etc. (Cure en juillet et août, de préférence).

Arthritisme avec son cortège : obésité (obèses pléthoriques ; cure en mai, juin, septembre, et octobre) ; diabète gras ou arthritique (cure aux mêmes mois) ; goutte chronique avec raideurs articulaires (rhumatisme goutteux).

2° Les affections du système nerveux : PARALYSIES, ATAXIE.

Les PARALYSIES (indication primordiale et spéciale de la station) : *hémiplégies organiques*, consécutives à une congestion ou à une hémorrhagie cérébrale (cure en mai, juin, septembre, octobre, trois mois au moins après l'ictus) ; *paralysies d'origine médullaire*, chez l'enfant (paralysie infantile), chez l'adulte, chez le vieillard.

L'ATAXIE LOCOMOTRICE PROGRESSIVE, c'est-à-dire quand dominent les troubles moteurs (plutôt que les troubles sensitifs) ; l'*ataxie* des lymphatiques, des scrofuleux, surtout quand elle est accompagnée de parésie intestinale.

3° Les affections de l'APPAREIL LOCOMOTEUR ; *affections des muscles* : amyotrophies, myosites, myalgies ; *affections du squelette* : fractures anciennes avec cals volumineux et douloureux, ostéites bacillaires (spina ventosa, mal de Pott, etc.) ; *rachitisme* dû à des tares héréditaires ou à une auto-intoxication gastro-intestinale ; *affections articulaires* : entorses, suites de luxations, hydartroses, arthrites chroniques bacillaires (ostéo-arthrites fongueuses, tumeurs blanches du poignet, du coude, du pied, du genou, de la hanche — coxalgies —) ; *rhumatismes articulaires chroniques* : rhumatisme secondaire, noueux, chronique partiel (arthrite sèche), rhumatisme fibreux douloureux (saison en juillet et août) ; *ankyloses*, suites de rhumatismes chroniques ou de lésions articulaires.

CONTRE-INDICATIONS. — S'abstiendront de la cure de Balaruc, les malades atteints :

1° De tuberculose pulmonaire.

2° De cardiopathie mitrale ou artérielle non compensée.

3° De mal de Bright (néphrite confirmée : albuminurie, cylindres, œdèmes).

4° De tendance à la congestion cérébrale, ou de poussée congestive récente (la cure ne doit commencer que trois mois après l'ictus).

5° D'excitabilité extrême du système nerveux, ou de névrose accentuée, de paralysie hystérique.

EXCURSIONS. DISTRACTIONS. — Casino. Promenades sur le lac de Thau. Excursions au Mont Saint-Clair, à l'abbaye de Valmagne, à Balaruc-le-Vieux, aux Monts de la Gardiole, au Parc d'Issanka, à Agde, à Cette, à Frontignan, à Gigean, à Loupian, à Montbazin (ruines romaines), à Montpellier, à Villeneuve-lès-Maguelonne. Excursions en mer, du Grau du Roi au Grau d'Agde, etc.

MEDECINS. — MM. Borde, Calas.

HOTELS. — De 5 à 10 francs par jour.

BARBOTAN-les-THERMES

(Gers)

Station hydro-minérale. Spécialisation : rhumatismes, phlébites.

A 12 h. de Paris (via Bordeaux).
A 11 h. 30 de Marseille (via Cette, Agen).
A 16 h. de Lyon (via Cette, Agen).
A 4 h. de Bordeaux (via Port Sainte-Marie, Nérac)
A 4 h. 30 de Toulouse (via Agen).
A 8 h. 45 de Montpellier (via Cette, Agen).

SITUATION ET DESCRIPTION. — Village situé sur les confins des départements des Landes et du Lot-et-Garonne, dans une des plus jolies parties du Bas-Armagnac, Barbotan dépend du canton de Cazaubon. La station présente l'aspect d'une large cuvette entourée de tous côtés, sauf au midi, de côteaux complantés de bois. Ligne de Mont-de-Marsan à Nérac.

ALTITUDE. — Cette station est à 137 mètres au-dessus du niveau de la mer.

CLIMAT. — Très sédatif. Abrité des vents froids du Nord et de l'Est. L'air est nettement chargé d'émanations *radio-actives*.

SAISON. — Du 15 mai au 15 octobre. Cure de trois à quatre semaines, au minimum.

RESSOURCES THERAPEUTIQUES. — Barbotan est disposée pour une double cure : traitement par les boues végéto-minérales, et cure hydro-minérale par les eaux sulfureuses chaudes, et ferro-manganiques froides (18°).

SOURCES. — *Composition.* — Les eaux de Barbotan sont fournies par neuf griffons débitant plus de deux millions de litres par jour.

L'eau SULFUREUSE est chaude (35° à 37°), limpide, extrêmement pure, de saveur douceâtre non désagréable, d'odeur légèrement sulfureuse. La minéralisation totale est faible (0 gr. 736), comprenant des carbonates de chaux (0 gr. 096) et de magnésie (0 gr. 16) ; du sulfate de chaux (0 gr. 026), du chlorure de sodium (0 gr. 294) ; du fer, de la silice (0 gr. 03) ; des gaz : *hydrogène sulfuré* libre (0 gr. 02), acide carbonique libre (0 gr. 096).

La *radio-activité* des sources sulfureuses est très prononcée : 0,35 pour l'*eau* des Templiers ; 0,22 pour l'*eau* du Roy-Henry ; 0,31 pour les *gaz* du Roy-Henry.

On classe ces eaux : *Sulfurées sodiques*, *calciques faibles*, *très radio-actives*, *carbo-gazeuses*, *thermales*.

La source FERRUGINEUSE de l'Esplanade est la plus radio-active de la station (0,50) d'après Jacques et Gaston Danne (laboratoire de Mme Curie, 1907).

BOUES. — *Composition.* — Il existe à Barbotan un gisement naturel de boues appartenant au type des *tourbes minérales sulfurées*. Elles sont denses, de couleur rouge de rouille, onctueuses au toucher. Employées comme elles sont extraites, et placées, après un simple tamisage, dans des bassins étanches de 1m50 de profondeur, de longueur et de largeur, les boues sont traversées du fond à la surface par l'eau sulfureuse naturelle thermale (35° à 36°). Sous l'influence de ce mélange (eau et boues), il se produit des dégagements de gaz considérables (*bains carbo-gazeux*). Les boues contiennent des algues sulfuraires : les *barégines*, et sont très *radioactives*.

MODES D'EMPLOI. — 1° Les EAUX de Barbotan s'emploient en *boisson*, *en bains* à eau courante et renouvelée, à une température oscillant entre 35°4 et 35°8, en *douches* générales ou locales, en *bains de vapeurs sulfureuses*. Aux Petits Bains, un dispositif spécial permet de prendre le bain général, avec irrigation vaginale à eau sulfureuse chaude ou à eau ferrugineuse froide.

2° Les BOUES s'emploient en *bains carbo-gazeux*, à eau courante, où les malades se plongent pendant une demi-heure environ. C'est la SPÉCIALISATION DE LA STATION.

ACTION PHYSIOLOGIQUE. — 1° Les EAUX de Barbotan, en *boisson*, ont une double action : diurétique, sans augmenter la pression artérielle ; et laxative, à faible dose (200 à 400 grammes).

En *traitement externe*, elles ont encore une action diurétique, et une action excitante de la circulation cutanée ; elles provoquent souvent des sueurs abondantes et une subsinapisation avec suractivité de la circulation périphérique qui peut, chez les personnes délicates, amener des érythèmes passagers. Dans tous les cas, les eaux de Barbotan *abaissent la tension artérielle*.

2° Les BOUES de Barbotan ont la même action, *exagérée*.

INDICATIONS PRINCIPALES. — Ce sont :

1° Les PHLÉBITES et leurs suites : œdèmes, lymphangites chroniques, raideurs articulaires. Le bain carbogazeux de Barbotan ne *rétablit pas la perméabilité du vaisseau oblitéré*, mais en amenant une vaso-dilatation intense des petits vaisseaux restés perméables, il permet à la circulation de retour de se faire par ces voies de dérivation.

2° Les AFFECTIONS ARTICULAIRES : *le rhumatisme articulaire aigu franc* (loin de la crise aiguë) ayant laissé raideurs articulaires, craquements osseux, arthrite sèche, empâtement et rougeur articulaires et péri-articulaires ; le *rhumatisme fibreux* ou plutôt : les *polyarthrites* et *polypériarthrites ankylosantes progressives*, au début ; les *arthrites infectieuses sèches non suppurées*, arthrites infectieuses consécutives à la fièvre typhoïde, aux fièvres éruptives, à la blennorrhagie, à la syphilis ; les *ankyloses* suites d'arthrites tuberculeuses guéries ; les *entorses*, le *rhumatisme goutteux*, le *rhumatisme chronique déformant.*

Dans tous ces cas, l'action du traitement est *ankylolitique.*

3° Les NÉVRALGIES : *la sciatique*, les névralgies lombaires (*lumbago*), les névralgies du plexus crural, les névralgies faciales, intercostales, la migraine, les *douleurs fulgurantes du tabès* (soulagées).

INDICATIONS SECONDAIRES. — Seront favorablement influencées par la cure :

1° Les *métrites douloureuses subaiguës* avec névralgies du bassin et des plexus sacrés et cruraux.

2° Les *anémies et les chloroses* (eau ferrugineuse en boisson).

EFFETS DE LA CURE. — La cure de Barbotan est *débilitante* (même guidée par le médecin), ce qui nécessite l'absorption d'un peu d'alcool. De plus, elle produit un effet *hypotensif* qui permet aux cardiaques en état d'équilibre circulatoire, aux malades atteints d'affections aortiques ou cardiaques mal compensées, aux artério-scléreux à tendance congestive (Dr Leuret), incapables de supporter les bains de boues hyperthermaux (*hypertensifs en général*), d'aller se soigner sans danger à Barbotan.

CONTRE-INDICATIONS. — S'abstiendront de la cure de Barbotan :

Tous les *débiles et cachectiques* : tuberculeux pulmonaires, cancéreux, leucémiques, neurasthéniques déprimés ; tous les rhumatisants ou phlébitiques *en crise aiguë.*

DISTRACTIONS-EXCURSIONS. — A la vallée du Sablé, de la Douze, de la Hite, au plateau de Maupas, aux châteaux de Lacaze et de Briac (où résida Henri IV) à Nérac, à Mont-de-Marsan, etc.

Centre d'automobilisme. L'automobile, en effet, permet dans les intervalles du traitement, de rayonner dans toutes les villes de la Côte d'Argent (Biarritz, Bayonne, Saint-Jean-de-Luz) et dans les principales stations pyrénéennes (Pau, Lourdes, Tarbes, etc.)

MEDECINS. — MM. Leuret, médecin des hôpitaux, directeur scientifique ; de Raquine, directeur médical de la station.

HOTELS. De 5 à 15 francs par jour. Chambres Touring-Club. Garage.

BARÈGES

(Hautes-Pyrénées)

Station hydro-minérale. Spécialisation : Lésions articulaires, osseuses, cutanées des lymphatiques, scrofuleux et rhumatisants

A 15 h. de Paris (via Bordeaux, Dax).

A 13 h. 30 de Marseille (via Cette, Pau).

A 15 h. de Lyon (via Cette, Toulouse).

A 7 h. de Bordeaux (via Dax).

A 5 h. de Toulouse (via Lourdes).

A 9 h. 30 de Montpellier (via Toulouse, Lourdes).

SITUATION ET DESCRIPTION. — Dans le canton de Luz, arrondissement d'Argelès, au voisinage de Luz et de Saint-Sauveur, entre le cirque de Gavarnie et le Pic-du-Midi de Bigorre, Barèges est située sur la rive gauche du torrent du Bastan et entourée de sommets très élevés. Barèges dépend de la commune de Betpouey. Chemin de fer du Midi jusqu'à Pierrefitte. De Pierrefitte à Luz, 12 kilomètres en tramway électrique ; trajet en 30 minutes. De Luz à Barèges 6 kilomètres, en voitures particulières ou correspondances du chemin de fer, sur une route magnifique.

ALTITUDE. — Barèges est à 1.232 mètres au-dessus du niveau de la mer.

CLIMAT. — Climat de montagne très froid l'hiver, mais délicieux l'été. En juin, la moyenne de la température est de 14° ; en juillet de 17° ; en août de 16° ; en septembre de 14°. Néanmoins, l'altitude prédisposant à des variations brusques de température, il est prudent d'avoir des vêtements chauds. Ce climat est essentiellement tonique et stimulant. *Pression barométrique* : 650m/m.

SAISON. — Du 15 mai au 1er novembre. Cure de trois à quatre semaines.

SOURCES. — *Composition*. — Il y a quinze sources, dont quatorze à l'Etablissement thermal : *Tambour* (44°5) ; *Entrée* (43°5) ; *Bain-neuf* (38°5) ; *Gency* (37°1) ; *Polard* (38°) ; *Dassieu* (36°5) ; *Nouvelle* (36°) ; *Saint-Roch* (32°) ; *Le Fond* (37°5) ; *Chapelle* (29°7) ; *Bordeu* (27°) ; *Ramond* (28°6) ; *Louvois* (24°6) ; *Troy* (21°) ; et une quinzième, la source de *Barzun* (30°) qui alimente l'Etablissement de Barzun-Barèges. Ces sources débitent 300.000 litres en 24 heures.

L'eau de Barèges a une grande *stabilité de composition*, c'est-à-dire qu'elle ne se décompose ni au contact de l'air, ni par le transport.

Limpide et incolore, elle a une odeur d'œufs durs ; sa saveur n'est pas désagréable, avec arrière-goût sucré. Elle contient du *monosulfure de sodium* (0 gr. 02 à 0 gr. 04)-, du chlorure de sodium (0 gr. 09, environ), des silicates alcalins (soude, chaux, magnésie), du fer, de l'iode, du bore, du phosphore, de la lithine, de l'arsenic, des gaz : azote, argon. Elle renferme aussi une notable quantité de *barégine* (ainsi appelée parce qu'elle fut signalée tout d'abord dans cette station), substance organique, végéto-animale, composée d'une gangue gélatineuse où vivent et se multiplient des plantes microscopiques et des infusoires. Cette *barégine* donne à l'eau une onctuosité remarquable.

On peut classer l'eau de Barèges : *sulfurée sodique*, *chlorurée*, *alcaline*, *arsenicale*, *thermale et hyperthermale.*

MODES D'EMPLOI. — L'eau de Barèges est utilisée, soit à l'Etablissement thermal, soit à l'Etablissement de Barzun-Barèges :

1° En *boisson*, une heure avant les repas, précédée ou non de gargarismes.

2° En *traitement externe* (le plus important) qui comporte : les bains de baignoires ou de piscines (vastes baignoires à eau courante à 36°), bains prolongés, dans une atmosphère chaude (32°) ; les douches à pression, ascendantes.Les *douches de Tambour* sont les plus employées (irrigation d'eau minérale et bain de vapeur à 45° dans un espace clos). On utilise aussi les pulvérisations, les gargarismes, les pédiluves, les inhalations, etc...

ACTION PHYSIOLOGIQUE. — L'action est multiple, grâce à la minéralisation et à la thermalité variées des sources.

En traitement externe et interne combiné, l'eau de Barèges excite vivement le sytème nerveux, provoque une phagocytose très active et ravive la nutrition cellulaire. Après quelques phénomènes d'excitation, il se produit une sensation de bien-être et de *remontement général.*

L'action de la source *Barzun* est plus douce et plus sédative, elle tempère l'action excitante des autres sources.

INDICATIONS DE BARÈGES. — Les indications principales de BARÈGES sont :

1° Le LYMPHATISME, la SCROFULE et ses manifestations : adénites, abcès froids, tuberculides cutanés.

2° Les LÉSIONS OSSEUSES ET ARTICULAIRES : ostéomyélites, fistules, nécroses, séquestres, carie ; tumeurs blanches, coxalgies, corps étrangers, déviations du squelette, arthrites de toute nature, raideurs articulaires, ankyloses (suites d'entorses, de fractures, ou d'interventions opératoires).

3° Le RHUMATISME CHRONIQUE, quand il s'est fixé sur une *articulation* ; le rhumatisme noueux, infectieux (gonococcique).

4° Les MALADIES DE LA PEAU *sans prurit* : eczémas, psoriasis, ecthyma, pytiriasis, acné, ichthyose, sclérodermie, et les dermatoses torpides.

5° La SYPHILIS, dans toutes ses manifestations les plus graves.

6° Les MYÉLITES : *paralysie infantile* (essentielle) ; paralysie saturnine, tabes au début, syringo-myélie, paralysie traumatique.

INDICATIONS DE BARZUN. — Ce sont à peu près les mêmes indications ; mais comme l'eau de Barzun est plus sédative, on la réserve pour *les états nerveux, excitables, les rhumatismes nerveux* ; les maladies du *nez*, de la *gorge*, des *bronches* ; les affections de la *peau trop aiguës*, les affections *gynécologiques*.

CONTRE-INDICATIONS. — Eviteront Barèges, les sujets atteints :

1° D'états aigus ou fébriles.

2° De goutte, sous toutes ses formes.

3° De lésions graves du cœur et des gros vaisseaux.

4° De maladies cérébrales organiques ou fonctionnelles.

5° De maladies des reins et du foie ; de tuberculose pulmonaire.

6° De nervosisme exagéré, d'asthme.

COMPLEMENT DE CURE. — Cure d'*air* et de *climat d'altitude forte*. Augmentation des globules rouges et de l'hémoglobine, et de l'amplitude respiratoire.

DISTRACTIONS-EXCURSIONS. — Casino. Théâtre. Concerts. Excursions à l'Allée Horizontale, aux Lacets de la Forêt, à l'Héritage à Colas, à la Vallée de Lienz, à Saint-Justin, aux lacs d'Escoubous, de Tracens et Nègre, au Cirque de Gavarnie, au Pic de Néré, au lac d'Aigue-Cluse, aux lacs Bleu et d'Orrédon, au Pic du Midi de Bigorre, au col de Rabiet, etc...

MEDECINS. — MM. Bétous, Gorsse.

HOTELS. — De 6 à 12 francs par jour. Nombreux restaurants. Maisons, chambres, appartements meublés à des prix modérés, pour toutes conditions. Hôpital militaire de 370 lits. Hospice civil pouvant recevoir 400 malades.

BEAULIEU

(Alpes-Maritimes)

Station climatique. Cure de séjour pour les bronchitiques, bacillaires arthritiques, convalescents, pour les enfants rachitiques et scrofulo-lymphatiques.

A 14 h. de Paris (via Marseille).
A 3 h. de Marseille (via Toulon, Nice).
A 8 h. de Lyon (via Marseille).

A 15 h. de Bordeaux (via Cette.)
A 11 h. de Toulouse (via Cette, Marseille).
A 7 h de Montpellier (via Tarascon, Marseille).

SITUATION ET DESCRIPTION. — Beaulieu (*beau site*) est une jolie petite ville à 6 kilomètres de Nice, constituée par une agglomération de villas et d'hôtels entourés d'une végétation splendide, au bord de deux baies merveilleuses : l'anse de Formi à l'ouest, et l'anse de Beaulieu à l'est. Le territoire médical comprend surtout les quartiers de la *Barbiera* et de la *Petite Afrique*, sur le versant sud des rochers Saint-Michel.

POPULATION. — La population fixe est de 1.600 habitants. Pendant la saison, dix mille étrangers environ résident plus ou moins longtemps à Beaulieu, et un très grand nombre de voyageurs visitent cette station, chaque année.

ALTITUDE. — Nulle sur la plage, elle s'élève insensiblement avec le terrain qui monte en pente douce jusqu'au pied des rochers, des collines et des monts qui abritent Beaulieu.

CONSTITUTION DU SOL. — Terrains jurassiques et crétacés. Vers l'ouest, terrains marneux et sablonneux ; au centre (gorge de la Murta), alluvions. En résumé, sol en pente et très perméable, s'opposant à la stagnation des eaux pluviales.

SAISON. — Du 1er novembre au 1er juin. La durée de la cure dépend de l'affection en cours.

CLIMAT. — Beaulieu jouit d'un climat d'une douceur remarquable, grâce à sa situation privilégiée.

En effet, cette station est abritée contre les *vents du nord* par les rochers Saint-Michel (376 mètres) jusqu'à la gorge de la Murta, et par les monts Pacanaglia (577 mètres) et Fourche (575 mètres) ; contre les *vents d'ouest*, par la chaîne du Soleyal qui comprend le mont Vinaigrier (369 mètres) et le Soleyal (130 mètres), et plus à l'ouest par les Monts Gros (372 mètres), Alban (212 mètres) et Boron (113 mètres) ; contre les *vents du sud-ouest*, par le cap Ferrat et la pointe Saint-Hospice ; contre les *vents du nord-est*, par le cap Roux (375 mètres). Seuls les vents marins, peu froids, du sud et sud-est atteignent Beaulieu.

L'orientation particulière en espalier donne un *ensoleillement* et une *luminosité remarquables* à toutes les parties de la ville, sauf peut-être à la région située au pied des collines *ouest* où l'ombre arrive plus vite le soir (au déclin du soleil), et qui sera pour cette raison recherchée, l'été.

La *température* moyenne, pendant la saison d'hiver est de 10°5. L'écart entre la température diurne et nocturne n'est pas excessif, mais le thermomètre baisse assez rapidement (comme d'ailleurs sur tous les points de la Côte d'Azur) au moment du coucher du soleil;

ce qui nécessite des précautions dans le vêtement. Du reste, il est prudent de consulter un médecin de la station sur le choix du quartier et sur la durée de la journée médicale (qui commence d'ordinaire deux heures après le lever du soleil et qui finit une demi-heure avant son coucher).

La *pluie* est rare. Il pleut environ 30 à 40 fois pendant la saison d'hiver. L'hygromètre oscille entre 60° et 70°.

Les jours couverts sont exceptionnels et les brouillards inconnus. Cet ensemble de qualités climatériques produit une végétation merveilleuse : là, croissent facilement l'oranger, le mandarinier, le citronnier, le palmier, l'olivier, le bananier ; là, fleurissent l'héliotrope, le bougainvillée, le mimosa, etc...

ACTION PHYSIOLOGIQUE DU CLIMAT. — Le climat est plutôt *tonique* qu'excitant. Il produit la stimulation du tube digestif (augmentation d'appétit, amélioration de la digestion) et provoque la suractivité des échanges. Cette action est due à l'ensoleillement, à la luminosité et aux brises marines.

INDICATIONS DU CLIMAT. — Le climat de Beaulieu convient :

1° Aux sujets atteints d'*affections chroniques des voies respiratoires* : prétuberculose, tuberculose torpide (sans fièvre, sans hémoptysie), asthme catarrhal (non nerveux), emphysème, bronchite chronique ; aux convalescents d'affections pulmonaires aiguës : pneumonie, broncho-pneumonie, pleurésie, etc....

2° Aux *arthritiques* : goutteux, diabétiques, rhumatisants, obèses, qui alternent la cure climatique d'hiver avec la cure hydro-minérale d'été.

3° A certains *cardiopathes*, à la période de compensation ; à certains *brightiques* à perméabilité rénale suffisante.

4° Aux *débiles*, en général : anémiques, chlorotiques, surmenés, neurasthéniques (sans excitation), convalescents d'opérations ou de maladies graves, vieillards affaiblis.

5° Aux enfants *rachitiques*, *lymphatiques*, *scrofuleux*, porteurs d'adénites, d'adénopathies trachéo-bronchiques, d'arthropathies ou d'ostéites bacillaires (cure de bains de mer associée à la cure climatique).

CONTRE-INDICATIONS. — Ne séjourneront pas à Beaulieu :

1° Les tuberculeux éréthiques, fébriles, congestifs, prédisposés aux hémoptysies, ou atteints d'ulcérations laryngées.

2° Les nerveux hyperexcités.

3° Les asthmatiques nerveux purs.

4° Les cardiopathes qui ont des phénomènes d'hypersystolie ou d'éréthisme cardiaque avec palpitations fréquentes, ou qui sont atteints d'asystolie, de tachycardie paroxystique, d'anévrysme, d'angine de poitrine vraie ou fausse.

DISTRACTIONS-EXCURSIONS. — Beaulieu est le séjour idéal des personnes qui, tout en aimant le calme habituel, désirent à certains moments, jouir d'agréables distractions. En effet, Nice avec ses fêtes, est à 10 minutes de Beaulieu ; Monte-Carlo avec son théâtre, où figurent les premiers artistes de l'Europe, est à 15 minutes.

De plus, les excursions sont innombrables et variées par terre et par mer. Par mer, avec les bateaux de plaisance qui sillonnent tout le golfe de Saint-Jean. Par terre, où l'on fait d'admirables promenades : à la presqu'île de Saint-Jean, véritable parc complanté de pins et d'eucalyptus, et exempt de vent et de poussière ; au cap Ferrat, au cap Saint-Hospice ; au vallon de la Murta. Excursions aux rochers Saint-Michel, aux collines du Soleyal, à la crête de Serres ; à Eze, à Villefranche et sur toute la Rivièra : Cannes, Menton, etc...

MEDECINS. — MM. Bernardbeig, Coste, Hérard de Bessé, Jays, Johnston-Lavis, Ricoux.

HOTELS. — De 8 à 25 francs par jour.

BIARRITZ

(Basses-Pyrénées)

Station climatique et plage marine favorables à l'anémie, au rachitisme, à la scrofulo-tuberculose.
Station hydro-minérale (Thermes-Salins). Spécialisation : Arthritisme, lymphatisme, affections gynécologiques.

A 11 h. de Paris (via Bordeaux).
A 14 h. de Marseille (via Toulouse).
A 15 h. 3) de Lyon (via Toulouse).
A 3 h. 30 de Bordeaux (via Dax).
A 6 h. de Toulouse (via Tarbes, Bayonne).
A 10 h. 30 de Montpellier (via Toulouse, Tarbes).

SITUATION ET DESCRIPTION. — Biarritz, chef-lieu de canton du département des Basses-Pyrénées, est dans une situation admirable au bord de l'Océan. Cette ville étage ses villas et ses hôtels, au-dessus de plages superbes : *la Plage de la Chambre d'Amour*, *la Grande Plage*, *la Côte des Basques*. Si on s'éloigne de la côte, on se trouve en pleine forêt, et les *piñadars* (bois de pins), longent la mer sur des étendues immenses. Biarritz possède aussi des Thermes Salins. Par suite, cette station jouit d'une triple ressource thérapeutique : le *climat*, *les bains de mer*, *les bains chlorurés sodiques forts*.

POPULATION. — Biarritz, la *perle de l'Océan*, compte 15.000 habitants environ.

I. — Biarritz, Station climatique.

CLIMAT. — Biarritz possède un climat *marin très pur*, ou plutôt *océanien*, grâce à sa large exposition au golfe de Gascogne vers l'ouest et vers le nord-ouest.

L'*air marin* comprend une proportion un peu plus grande d'oxygène, et une quantité très appréciable d'ozone. Cet air se caractérise par l'absence complète de *poussière terrestre*, et par la présence de *poussière marine* constituée par de fines gouttelettes provenant de la pulvérisation des vagues qui se brisent l'une contre l'autre ou contre les falaises. Cette *poussière marine* est entraînée à l'intérieur jusqu'à 300 mètres et plus des côtes.

La *température* moyenne est en hiver de 8° ; au printemps de 12° ; en été de 20° ; en automne de 13°. Les gelées sont rares, et seulement pendant la nuit (8 à 10 fois en hiver). Il y a peu de différence entre la température au soleil et à l'ombre ; le coucher du soleil n'entraîne pas une chute brusque thermométrique.

La *pression barométrique* est en moyenne de 764m/m avec quelques oscillations. Souvent les bourrasques passent au large, sans atteindre Biarritz.

L'*état hygrométrique* varie entre 70 et 80 %. Il est dû à l'immense évaporation de l'Océan, à la buée marine, et aux *pluies*. Il tombe annuellement 1.100 millimètres d'eau, dans un laps de 150 jours environ (en moyenne : 75 pluies nocturnes et 75 diurnes).

La *luminosité* est considérable ; la nébulosité, très rare ; les brouillards nuls, pour ainsi dire.

L'*agitation atmosphérique* caractérise le climat de Biarritz. Cette agitation est modérée et varie souvent plusieurs fois par jour.

Les *vents* changent suivant les saisons. Au printemps et en été, soufflent les vents du large et du Nord toujours frais ; en automne et en hiver au contraire, ce sont les vents chauds du Sud, qui réchauffent l'atmosphère.

ACTION PHYSIOLOGIQUE DU CLIMAT. — Elle est multiple :

1° *Action antiseptique*, due à la luminosité intense, à l'excès d'oxygène et d'ozone de l'atmosphère, à l'iode et aux sels de la buée marine.

2° Action *sédative* procurant le sommeil, grâce à la désintoxication produite par l'augmentation des échanges.

3° Action *tonique*, se manifestant par l'accroissement de l'appétit, du poids, des forces, par l'amélioration de l'état général, sous l'influence des éléments climatiques précités. Ces *effets toniques* sont augmentés par les alternances de calme et d'agitation atmosphériques. Cette agitation, par ses heurts répétés exerce un véritable *massage* de tout le corps.

INDICATIONS DU CLIMAT. — Les *anémies* des paludéens, des syphilitiques, des convalescents ; certaines *affections gynécologiques* (utérines, salpingiennes, ovariques) ; le *rachitisme*, la *prétuberculose*, la *tuberculose osseuse*, *articulaire*, *ganglionnaire* (séjour prolongé) ; la *scrofulo-tuberculose*, (altérations oculaires, auriculaires, cutanées ; hypertrophie des amygdales, végétations adénoïdes, adénopathies multiples), se trouvent admirablement bien du climat de Biarritz.

CONTRE-INDICATIONS DU CLIMAT. — Eviteront Biarritz, les malades atteints de *tuberculose pulmonaire*, de *neurasthénie grave*, de *chlorose grave*, *d'artério-sclérose*, de *cardiopathies mal compensées*, *d'angine de poitrine*, *d'emphysème*, *d'asthme*.

II. — **Biarritz, Ville de bains de mer.**

DESCRIPTION. — Biarritz compte cinq plages, dont trois plus importantes : la *Grande Plage*, la *Plage des Basques* et celle du *Port-Vieux*. Toutes ces plages ont un sable fin, uni, ferme, sans gros galets. On peut prendre le bain de mer en toute saison, mais de préférence, de mai à novembre.

A la *Grande Plage*, à la *Plage des Basques*, le bain de mer est le plus souvent, vu l'état de l'Océan, un *bain à la lame*, véritable douche plus ou moins forte qui fouette les différentes parties du corps. Au Port-Vieux, c'est d'habitude le *calme plat*, le véritable *bain de natation* qui fait la joie des femmes et des enfants. Ainsi, par sa double gamme de bains, par la beauté de ses plages, et la douceur de son climat, Biarritz se place à la tête des villes où l'on recherche la cure de *thalassothérapie*.

III. — **Les thermes salins de Biarritz.**

SITUATION ET DESCRIPTION. — Les *Thermes Salins* s'élèvent à environ 500 mètres de l'Océan, au milieu d'un parc orné de fleurs et d'ombrages. Construits et aménagés en vue du traitement chloruré-sodique fort, ils comportent 100 cabines et 6 salles de douches également outillées pour l'eau salée et pour l'eau douce, et munies des appareils les plus modernes. L'établissement est ouvert toute l'année. Il est alimenté par les eaux salées de *Briscous* (à 18 kilomètres) qui arrivent à Biarritz par une conduite souterraine.

SOURCES. — *Composition.* — Les sources de *Briscous* débitent environ 1.000.000 de litres par 24 heures. L'eau de Briscous renferme 307 gr. 79 de sels minéraux par litre, dont 295 gr. de chlorure de sodium et 0 gr. 167 de bromures alcalins. L'iode n'y existe qu'à l'état de traces. L'eau contient une certaine quantité de matières organiques (0,015 par litre) « *qui lui communique une onctuosité spéciale et témoigne de sa nature organisée et vivante* » (Pr. Landouzy). L'eau marque 24 degrés Baumé. On peut la classer : *Eau chlorurée sodique forte, bromo-iodurée*, dans laquelle on retrouve toutes les caractéristiques physiques et chimiques de Salies-de-Béarn.

EAUX-MERES. — Les *Eaux-Mères* sont les eaux résiduelles de la fabrication du sel aux Salines de la Compagnie. Elles sont privées de la majeure partie du sel extrait par évaporation ; mais elles contiennent, en proportions plus grandes, toutes les autres substances qui entrent dans la composition de l'eau de Briscous, soit : plus de 10 grammes par litre de *bromures divers*, et 0 gr. 013 d'*iodures divers*. Les *Eaux-Mères* sont de trois types : simples, pour additions aux bains salins ; concentrées à 30 degrés pour compresses ; concentrées à 35 degrés pour bains à domicile.

MODES D'EMPLOI. — On utilise l'eau de Briscous, en *traitement externe* qui comporte :

1° Les bains mitigés, c'est-à-dire, mélangés à l'eau douce, aux eaux-mères, à de l'amidon, ou à de la gélatine.

2° Les douches générales ou locales, sous diverses pressions (*filiforme, de robinet*).

De plus, on emploie en applications locales, des compresses imbibées d'eaux-mères.

Enfin, on utilise aussi des appareils à inhalations qui poudroient de l'eau salée très étendue.

ACTION PHYSIOLOGIQUE. — 1° Le *bain salé ordinaire*, type Briscous-Biarritz, formé d'un mélange variable d'eau douce et d'eau minérale est, au *point de vue général*, un stimulant de toutes les fonctions, un tonique ; et, par ses effets sur la nutrition et sur les échanges azotés qu'il augmente, c'est un altérant de premier ordre, un grand modificateur du terrain. Au *point de vue local*, c'est un résolutif, un régulateur des fonctions menstruelles, un emménagogue.

2° Le *bain additionné d'eaux-mères*, a des propriétés *sédatives* remarquables, dues sans doute au chlorure de magnésium et aux bromures.

INDICATIONS. — Les principales indications des eaux de Briscous, sont :

1° Parmi les MALADIES GÉNÉRALES, certains états diathésiques, modalités diverses de la nutrition déviée ou ralentie : le *lymphatisme*, la *scrofule*, *l'arthritisme*, la *polysarcie* ; ou bien encore, certaines *anémies* dont les échanges sont diminués ; la *chlorose*, la *neurasthénie*.

2° Les AFFECTIONS GYNÉCOLOGIQUES suivantes : l'*endométrite* catarrhale des lymphatiques, due à un trouble fonctionnel plutôt qu'à une lésion de la muqueuse ; *l'endométrite hémorragique* de la puberté et de la ménopause ; la *salpingite*, quand il s'agit d'obtenir la résorption de vieux exsudats, des adhérences, des reliquats de pelvi-péritonites, des noyaux de paramétrites ; les *fibromes mous*, sans hémorragie abondante, mais saignant facilement, à l'époque de la ménopause ; les *fibromes inopérables* ; les *troubles fonctionnels* de l'utérus (aménorrhée, dysménorrhée, ménorragie) relevant plutôt d'un état général défectieux (lymphatisme, obésité, anémie) que d'une lésion utérine.

3° Plus spécialement, certaines MALADIES DE L'ENFANCE et de L'ADOLESCENCE : le *rachitisme*, le *lymphatisme*, la *scrofule* fruste ou confirmée, et leurs manifestations : adénites, adénopathies trachéo-bronchiques, tuberculoses externes, ostéoarthrites (coxalgie, mal de Pott) ; les déviations du rachis (scoliose, lordose) ; les atrophies musculaires, les myopathies, etc.

La cure de Briscous est très utile avant ou après les interventions chirurgicales (végétations adénoïdes, etc.).

CONTRE-INDICATIONS DES EAUX SALINES. — Eviteront le traitement chloruré sodique fort de Briscous, les malades atteints :

1° D'affections organiques du cœur.

2° De phtisie tuberculeuse, d'asthme, d'emphysème.

3° De mal de Bright.

4° D'herpétisme, de rhumatisme (sauf les manifestations torpides).

ATTRACTIONS-DISTRACTIONS. — Grand Casino municipal. Casino Bellevue. Courses de chevaux. Concours hippiques, courses de taureaux, tir aux pigeons, pelotte basque. Golf, chasse au renard, pêche en mer et en rivière, etc...

EXCURSIONS. — Au lac et Bois Mouriscot ; à Bayonne par la barre de l'Adour ; à Saint-Jean-de-Luz ; à Cambo ; au lac d'Irieu ; au cap Breton ; à Hendaye ; à Saint-Sébastien ; à Pau, etc...

MEDECINS. — MM. Augey, Bernard, Bastide, Berne, Blazy, Bohdanowicz, Borsch, Bret, Claisse, Gallard, Guttierrez, Iribarne, Jousset, Laborde, Larüe de Charlus, Lavergne, Legrand, Le Piez, Labit, Long-Savigny, Lostalot-Bachoué, Malpas, Mestre de Laroque, Orgogozo, Peytoureau, Roques, Sudaka, Teissier, Thomas-Bret, Toussaint.

HOTELS. — De 7 à 25 francs, et plus par jour.

BOURBON-LANCY

(Saône-et-Loire)

Station hydro-minérale.
Spécialisation : goutte, rhumatisme, cardiopathies.

A 7 h. 30 de Paris (via Moulins).	A 10 h. de Bordeaux (via Limoges, Montluçon).
A 9 h. 45 de Marseille (via Lyon).	A 10 h. 30 de Toulouse (via Limoges, Moulins).
A 4 h. 45 de Lyon (via Lamure).	A 10 h. de Montpellier (via Tarascon, Lyon).

SITUATION ET DESCRIPTION. — A l'extrémité occidentale du département, sur les confins de la Nièvre et de l'Allier. Edifiée sur le penchant d'une colline élevée, premier échelon de la chaîne de montagnes du Morvan qui s'abaisse graduellement jusqu'à la Loire, cette ville se trouve sur un embranchement de la ligne du Bourbonnais (P.-L.-M.).

POPULATION. — Bourbon-Lancy compte 4.200 habitants.

ALTITUDE. — La partie basse de la ville, le faubourg Saint-Léger où se trouvent les Thermes, les sources et les hôtels, est à 240 mètres au-dessus du niveau de la mer.

CLIMAT. — Le climat est doux, grâce à l'absence de variations brusques atmosphériques. Du reste, le vallon qui abrite Bourbon-Lancy, la protège contre l'air froid, pluvieux et venteux. La chaleur, au milieu du jour, sans être excessive, est assez forte vers la fin juillet et au commencement d'août.

CONSTITUTION DU SOL. — Le sol est uniformément granitique et perméable, ne conservant pas l'humidité, même après de fortes pluies. Les sources émergent entre les rochers de grauwache dévonienne et la plaine pliocène.

SAISON. — Du 15 mai au 15 octobre. Le mois le plus favorable pour la cure est celui de juin. Cure de trois à quatre semaines.

SOURCES. — *Composition.* — Les sources sont au nombre de cinq, situées sur une ligne parallèle à la muraille granitique. Ce sont : *Valois* ou *Marguerite* (46°3) ; *Saint-Léger* (48°8) ; *La Reine* (49°3) ; *Descures* ou *Cardinale* (54°), débitant ensemble 100.000 litres par jour.

La cinquième, de beaucoup la plus importante : LE LYMBE (58° au griffon), débite 300.000 litres par jour. Sa surface est constamment agitée par d'énormes bulles de gaz qui viennent crever à intervalles variables.

L'eau de Bourbon-Lancy, examinée en masse, a une teinte verte ; mais elle est claire et transparente dans un verre. Les vapeurs qui émanent des sources ont une odeur de *bouillon de veau.* L'eau est à peu près insipide, mais elle laisse, après dégustation, un goût de saumure qui n'est pas désagréable. Elle est onctueuse au toucher. Sa minéralisation est faible : 1 gr. 755 par litre. Elle contient du *chlorure de sodium* (1 gr. 17), un mélange de bicarbonates de chaux, de magnésie, de soude et de fer ; des sulfates, de l'iode, de l'arsenic, du lithium, du fluor. On peut donc classer ces eaux : *hyperthermales*, *chlorurées sodiques*, *bicarbonatées mixtes*, *fluorées*, *iodurées*, *arsenicales* (Glénard).

De plus, l'eau de Bourbon-Lancy a des propriétés *radio-actives* très importantes dans les gaz émanés des sources. Moureu a dosé pour 100 volumes du dégagement gazeux : 91.96 d'azote, 2.8 d'acide carbonique, 2.22 d'oxygène, 3.04 d'*argon*, *hélium*, *néon*, *crypton*, *xénon* (dont 1.84 d'*hélium*). La source du Lymbe, véritable mine d'*hélium*, débite annuellement plus de 16.000 litres de gaz rares, dont 10.000 litres d'*hélium*. Mais la *radioactivité* mesurée par Curie et Laborde n'est pas proportionnelle à cette énorme quantité d'*hélium* ; elle est de 1.69 pour les gaz ; 0.099 pour l'eau.

MODES D'EMPLOI. — On utilise l'eau de Bourbon-Lancy :

1° En TRAITEMENT EXTERNE, le plus important de la station. Il consiste en BAINS (mélange d'eau minérale chaude et d'eau minérale refroidie à ciel ouvert dans deux grands bassins) de 35° à 40°, dans des baignoires à eau dormante, d'une durée de 15 à 25 minutes. On termine le bain par la DOUCHE SOUS-MARINE, dans la baignoire même en promenant sur le corps du malade, un jet de lance à la pression de 10 mètres. C'est la *spécialisation de Bourbon-Lancy.*

On emploie aussi les DOUCHES-MASSAGES sous l'eau, en position couchée ; les ÉTUVES à vapeurs spontanées, telles qu'elles se dégagent de la source du *Lymbe* (étuves en caisse et locales de 40 à 48 degrés) ; les BAINS DOUCHES GYNÉCOLOGIQUES, avec installations nouvelles (bain-piscine, douche locale vaginale à eau courante, lit gynécologique) ; les *douches ascendantes*, les *inhalations*, les *pulvérisations*, etc...

2° En BOISSON. On absorbe trois à quatre verres d'eau de la *Reine* ou de *Descures*, chaque jour ; soit avant, soit après les repas, suivant indication médicale.

ACTION PHYSIOLOGIQUE. — En BOISSON, l'eau de la *Reine* est apéritive, digestive, légèrement constipante, et possède une action éliminatrice de l'acide urique et des urates. L'eau de *Descures* est laxative.

En TRAITEMENT EXTERNE ET INTERNE combiné, l'eau de Bourbon-Lancy produit une action *sédative* sur le système nerveux et sur la circulation ; une action modérément *stimulante* sur l'état général ; une action *antiarthritique*, *antiuricémique*, *décongestive.*

INDICATIONS GENERALES. — On peut les résumer ainsi :

Arthritisme, neuro-arthritisme, maladies par ralentissement de la nutrition.

INDICATIONS SPECIALES. — Ce sont :

1° La GOUTTE, la GOUTTE ARTICULAIRE CHRONIQUE, en dehors de toute acuité, quand le malade s'anémie, quand les jointures se déforment, quand l'urine est pâle, aqueuse, pauvre en urée et en acide phosphorique, mais relativement riche en acide urique ; on emploie alors la cure de boisson avec la *Reine*, les bains tièdes (36°, 37°), et prolongés (25 à 30 minutes), avec douches sous-marines de plus en plus chaudes, jusqu'à 41°. Pas de massage sur la jointure douloureuse, mais de l'effleurage général avec pétrissage musculaire.

Les NÉVRALGIES et MYALGIES GOUTTEUSES sont traitées par les douches chaudes de 35° à 40° ou 41°, en lame brisée ou avec la pomme d'arrosoir, et suivies de massages et de mouvements méthodiques. La PRÉSCLÉROSE GOUTTEUSE caractérisée par des troubles fonctionnels d'hypertension artérielle est traitée par un bain quotidien de 35° ou 36°, suivi de douche sous-marine, d'enveloppement, de sudation et de friction, et absorption chaque jour de 700 à 800 grammes d'eau de la *Reine*.

2° Le RHUMATISME ARTICULAIRE ; les CONVALESCENTS DE RHUMATISME ARTICULAIRE AIGU (dès la chute de la fièvre), qui ont encore des articulations tuméfiées, douloureuses, de l'atrophie musculaire, de l'anémie ; les *rhumatisants* qui ont fait du rhumatisme articulaire subaigü, névropathes, excitables, surtout avec *lésions cardiaques*, seront très vite améliorés par les bains prolongés quotidiens (25 à 30 minutes), et chauds (37° à 40°), suivis d'une douche sous-marine sur les articulations malades. Chez les rhumatisants *non cardiaques*, on emploie les étuves à vapeurs spontanées du Lymbe, et les douches chaudes de 36° à 42°, pendant 5 à 10 minutes, en lame, en jet brisé ou avec la pomme d'arrosoir. Le RHUMATISME CHRONIQUE est amélioré par les étuves locales ou générales, les douches, les massages, les manœuvres mécanothérapiques (surtout dans la forme atrophique et ankylosante). Les formes ABARTICULAIRES du rhumatisme : *sciatiques* et *névralgies rhumatismales* récentes, douloureuses, sont favorablement influencées par les douches de haute thermalité. Les formes *déformantes progressives* sont aussi peu améliorées à Bourbon-Lancy qu'ailleurs.

3° Les CARDIOPATHIES : L'ENDOCARDITE RÉCENTE RHUMATISMALE (surtout chez les enfants), dès le troisième mois après la fin de la crise aiguë d'endocardite, même si les articulations sont encore douloureuses (le traitement hydro-minéral seul, sans massage, est indiqué dans ce cas) ; les CARDIOPATHIES VALVULAIRES BIEN COMPENSÉES (*lésions d'orifice* et *non maladies de cœur*, Huchard) ;

les CARDIOPATHIES VALVULAIRES AU DÉBUT DE LA DÉCOMPENSATION ou en HYPOSYSTOLIE qui se manifestent par de l'essoufflement, de la gêne précordiale, l'accélération du pouls, l'œdème prétibial, etc., telles que l'*insuffisance mitrale avec hyposystolie arythmique*, récente, et produite par une attaque de rhumatisme aigu (bains, douches sous-marines, boisson de la *Reine*, massages, promenades, régime lacto-végétarien) ; les CARDIOPATHIES FONCTIONNELLES : surcharge graisseuse du cœur, pseudo-hypertrophie cardiaque de croissance, tachycardie paroxystique, goître exophtalmique, angine de poitrine névrosique et angine vaso-motrice.

La *cure de Bourbon-Lancy ne guérit pas les lésions cardiaques* (sauf dans les endocardites récentes, exsudatives), *mais elle améliore l'état général.* Aussi, les malades porteurs d'anciennes affections valvulaires d'origine rhumatismale, ont-ils tout intérêt à renouveler leurs cures pour maintenir en équilibre leur système cardio-vasculaire.

INDICATIONS SECONDAIRES. — Ce sont :

1° Les *affections gynécologiques* : congestions utérines douloureuses, troubles de la ménopause, névrites post-puerpérales, stérilité.

2° Les *troubles gastro-intestinaux* : anachlorhydrie, diarrhées chroniques.

3° Les *maladies nerveuses* : nervosisme, psycho-névrose, hystérie hystéro-traumatisme, etc...

CONTRE-INDICATIONS. — N'useront pas des eaux de *Bourbon-Lancy*, les malades atteints :

1° D'*affections cardiaques ou cardio-artérielles suivantes* : endocardite, péricardite, myocardite, à la *phase aiguë* ; asystolie confirmée ; thrombose cardiaque ; dégénérescence du myocarde ; pancardite des enfants ; mitralisation des lésions aortiques ; cardio-sclérose ; néphro-sclérose ; angine de poitrine vraie, anévrysme de l'aorte.

2° D'albuminurie ou de foie cardiaque.

3° De lymphatisme ou de scrofule.

Dans tous les cas, la cure de Bourbon-Lancy n'est profitable qu'aux cardiaques précités dont la lésion valvulaire aura été produite directement par le rhumatisme.

COMPLEMENT DE CURE. — Installation moderne pour le massage, la gymnastique suédoise, la mécanothérapie avec les appareils du Dr *Max Herz*, perfectionnement de ceux de *Zander*. Cure de terrain. Cure d'air à la *Chaumière*. Tables et menus de régimes, sous la surveillance des médecins.

DISTRACTIONS-EXCURSIONS. — Concerts. Jeux divers : tennis, croquet, cible. Excursions à la forêt de Germiny, aux ruines du Château d'Arcy, au Pont du Fourneau, au Château de la Serre ; à Lesme (tombeau de Jean de l'Hôpital), aux Châteaux de Balorre et de la Beaume, à l'abbaye de Sept-Fons ; au Creusot, à Paray-le-Monial, à Cluny (célèbre abbaye), etc...

MEDECINS. — MM. Bellœuf, Bonjean, Compin, Gruzu, Pain, Piatot.

HOTELS. — De 6 à 15 francs par jour.

BOURBON-L'ARCHAMBAULT

(Allier)

Station hydro-minérale

Spécialisation : Rhumatismes chroniques et paralysies

A 5 h. de Paris (via Nevers, Moulins).

A 9 h. 30 de Marseille (via Lyon, Moulins).

A 4 h. 30 de Lyon (via Lamure, Paray).

A 9 h. de Bordeaux (via Périgueux, Montluçon).

A 14 h. 45 de Toulouse (via Lyon, Moulins).

A 10 h. 15 de Montpellier (via Lyon, Moulins).

SITUATION ET DESCRIPTION. — Chef-lieu de canton, à 22 kilomètres de Moulins, auquel il est relié par le chemin de fer économique de Moulins à Cosne-sur-l'Oil, Bourbon-l'Archambault est bâti au pied des collines de la Sainte-Chapelle, de Sept-Fonds, de la

Paroisse et de Villefranche. Tout près, s'étend un lac poissonneux de 35 hectares.

POPULATION. — Cette station thermale compte environ 4.000 habitants.

ALTITUDE. — Elle est située à 245 mètres au-dessus du niveau de la mer.

CLIMAT. — Très sain, doux, tempéré, sédatif.

CONSTITUTION DU SOL. — Le sol est formé de gneiss granitoïde et de gneiss. Tout autour sont des grès arkoses recouverts par des argiles, des marnes bigarrées, et des couches minces de calcaire.

SAISON. — Du 15 mai au 1er octobre. Cure de trois à quatre semaines.

SOURCES. — *Composition.* — Il y a quatre sources :

1° La source *Thermale*, chlorurée sodique, ou *Grande Source.*

2° La source *Jonas*, froide, carbonatée, ferrugineuse et magnésienne, employée en boisson.

3° La source *Saint-Pardoux*, froide, acidulée, gazeuse, légèrement ferrugineuse (*excellente eau de table*).

4° La source *La Trollière*, froide, bicarbonatée et silicatée.

Dans la description qui suit, il ne s'agit que de la *Source Thermale.*

Cette source débite, par jour, 1.200.000 litres. Sa température constante est de 52°. L'eau est dans un état de bouillonnement continuel dû aux bulles d'acide carbonique et d'azote qui crèvent à la surface. Elle est claire, limpide, quand elle est chaude ; et louche, quand elle se refroidit. Onctueuse au toucher, elle est de saveur légèrement salée quand on la boit très chaude.

Sa minéralisation totale est de 4 gr. 357, comprenant : 0 gr. 367 d'acide carbonique libre ; 2 gr. 24 de *chlorure de sodium ;* d'autres chlorures de magnésium et de calcium ; 1 gr. 33 de bicarbonates de soude, de chaux et de magnésie ; des bromures alcalins, des sulfates ; des silicates de chaux, d'alumine, de soude ; du crénate de fer ; des traces d'iode, d'arsenic, de lithine, de phosphore, etc...

On la classe : *Chlorurée sodique*, *bicarbonatée mixte*, *bromo-iodurée*, *hyperthermale*.

MODES D'EMPLOI. — L'eau de Bourbon-l'Archambault est utilisée :

1° En BOISSON (mode le moins important), soit *chaude* avec l'eau de la *Grande Source* (52°), à la dose de 2 à 4 verres, avant et après le bain, ou même un verre avant les repas ; soit, avec les *sources froides*.

2° En TRAITEMENT EXTERNE (mode essentiel), qui comporte : les *bains* de baignoires ou de piscines individuelles, à 36° ou 38° (par mélange d'eau minérale chaude et d'eau minérale refroidie), d'une durée de 15 à 20 minutes, et suivis d'une douche très chaude (40° à 45°) de 5 à 10 minutes de durée. On emploie aussi quelquefois, avant le bain, les *étuves générales ou partielles* de 5 à 15 minutes, et suivies d'un long repos au lit. On se sert encore *des douches sous-marines*, *douches-massages*, *irrigations vaginales*, *pulvérisations*, etc...

ACTION PHYSIOLOGIQUE. — En BOISSON, l'eau des sources froides est *diurétique* et *reconstituante* ; l'eau de la Grande Source est *diaphorétique*.

Les CURES EXTERNE et INTERNE combinées, produisent une action *tonique*, *excitante* de toutes les fonctions de nutrition (par le fer et les éléments chlorurés sodiques) ; une action *sédative* et *décongestionnante* des centres nerveux et circulatoire (par les éléments bromo-iodurés contenus dans l'eau).

INDICATIONS SPECIALES. — Il y en a deux : le *rhumatisme chronique*, les *paralysies*.

1° Les PARALYSIES : les *hémiplégies*, suites d'hémorragies cérébrales (malades traités à Bourbon quelques mois après l'ictus). Cure de boisson avec la Grande Source, irrigations froides sur la tête, bains de pieds très chauds (45°), bains et douches tièdes, à faible pression. On y soigne aussi : les *paraplégies*, *paralysies* (d'origine médullaire) *organiques*, par commotion de la moëlle, par maladie infectieuse (grippe, syphilis, fièvre typhoïde), ou *fonctionnelles* (hystériques) ; les *paralysies infantiles*, dès que toute irritation spinale est éteinte.

2° Les RHUMATISMES : toutes les variétés, toutes les formes du RHUMATISME CHRONIQUE, mais spécialement le *rhumatisme* des AFFAIBLIS, des LYMPHATIQUES, des ANÉMIQUES ; les *suites du rhumatisme articulaire aigu* (raideurs, hydartroses) ; le *rhumatisme infectieux* (blennorrhagique) ; le *rhumatisme noueux, déformant* ; le *rhumatisme chronique polyarticulaire progressif* ; les *arthrites* s'accompagnant *d'œdème ; l'atrophie musculaire périarticulaire*, au début *: la talalgie.*

INDICATIONS SECONDAIRES. — Elles sont multiples :

1° La *goutte*, principalement *atonique*, pourvu que la dernière crise soit éloignée d'au moins un mois. Traitement thermal à surveiller et comprenant deux périodes : dans la *première*, pas d'hydrothérapie, mais seulement boisson (3 à 6 verres par jour) pendant dix jours ; dans la *deuxième*, boisson et hydrothérapie avec *prudence* : bains courts au début, douches ensuite.

2° Les *affections chirurgicales, osseuses, articulaires* : coxalgies, ostéites, trajets fistuleux, entorses, ankyloses incomplètes, hydarthroses, suites de fractures.

3° Les *diathèses* : lymphatisme, scrofule à forme torpide.

4° Quelques *affections gynécologiques* : aménorrhée, dysménorrhée ; métrites.

5° Certaines *affections cardio-vasculaires* : présclérose, cardiopathies rhumatismales.

6° La *syphilis cérébrale* et les *affections syphilitiques*, surtout dans les formes chloro-anémiques et dépressives.

CONTRE-INDICATIONS. — Eviteront Bourbon-l'Archambault, les malades atteints :

1° D'affections aiguëes ou fébriles (surtout rhumatisme et goutte aigus).

2° D'hypertension artérielle ; de cardiopathie décompensée.

3° De tuberculose à marche rapide, de cancer.

Les variqueux pourront user des eaux avec prudence: bains courts, tièdes, non suivis de douches et d'étuves.

DISTRACTIONS-EXCURSIONS. — Casino. Théâtre. Concerts. Excursions à la Forêt de Gros-Bois, à l'étang de Meillers, à Franchèse, à l'abbaye de Saint-Menoux, à la basilique de Souvigny, à la forêt de Civray, à l'étang et au bois de Vesvres, au Camp de César, aux futaies de Grosbois, au Plateau de Beauvoir, etc...

MEDECINS. — MM. Bernard, Desché, Lejeune, Le Rouvillois, Malley, Maricot, Regnault, Triger.

HOTELS. — De 7 à 15 francs et plus par jour.

BOURBONNE-LES-BAINS

(Haute-Marne)

Station hydro-minérale. Spécialisation : lymphatisme, scrofule ; arthropathies rhumatismales, goutteuses, traumatiques.

A 6 h. 20 de Paris (via Chaumont, Langres).

A 13 h. de Marseille (via Lyon, Dijon).

A 8 h. de Lyon (via Dijon).

A 16 h. de Bordeaux (via Paris).

A 18 h. de Toulouse (via Cette, Lyon).

A 4 h. 30 de Montpellier (via Tarascon, Lyon).

SITUATION ET DESCRIPTION. — Construite sur un mamelon des Monts Faucilles, au centre d'un grand cirque, entouré de collines dont les sommets sont recouverts de superbes forêts et les versants plantés de vignes, Bourbonne s'ouvre au Sud-Est par une large brèche, sur la vallée de l'Apance, affluent de la Saône, et se trouve à l'extrémité Sud-Ouest du plateau de Lorraine. Bourbonne est à peu de distance des stations vosgiennes : Vittel, Contrexeville, Martigny.

ALTITUDE. — Cette station thermale est située à 270 mètres au-dessus du niveau de la mer.

POPULATION. — Bourbonne compte environ 4.500 habitants.

CLIMAT. — Climat tempéré, grâce aux Monts Faucilles qui l'abritent contre les vents du nord, de l'est et de l'ouest. Ce climat doux l'a fait surnommer : la *Petite Provence.*

SAISON. — Du 15 avril au 15 octobre. Cure de trois à quatre semaines.

SOURCES. — *Composition.* — Les eaux thermales émanent d'une nappe souterraine épanchée entre le grès bigarré et les argiles bariolées, et arrivent par une série de six sondages, tubés en cuivre, dans une chambre voûtée et étanche où les établissements s'approvisionnent. Le sondage n° 13 alimente directement la buvette, et sert à la préparation des *eaux concentrées* de Bourbonne.
Les sources débitent environ 340 mètres cubes par jour.

L'eau de Bourbonne est claire, limpide, sans odeur ; son goût rappelle celui du bouillon de veau. Elle sort, à la température de 66° (hyperthermale), sous la pression de gaz radio-actifs, qui s'unissent à une masse d'éléments minéraux importants, pour émettre des ondes électriques sensibles au galvanomètre, véritables énergies naissantes.

L'eau (du *puisard romain*) contient 7 gr. 33 de minéralisation totale, dont : 5 gr. 20 de *chlorure de sodium ;* 1 gr. 39 de *sulfate de calcium* ; 0 gr. 064 de *bromure de sodium ;* 0 gr. 088 de *chlorure de lithium* ; de la silice, du fer, des traces d'iode et d'arsenic, etc.

On classe l'eau de Bourbonne : *Chlorurée sodique, sulfatée calcique, bromo-iodée, hyperthermale.*

MODES D'EMPLOI. —L'eau de Bourbonne est utilisée :

1° En *boisson*, à la dose de 250 gr. à 1.000 gr. par jour, suivant avis médical.

2° En *traitement externe* (le plus important) qui comporte : les *bains suivis de douches*. Le bain, de 15 à 30 minutes, est tiède (35°), ou chaud (37° à 38°), ou très chaud (40° à 42°). On renforce, *ad libitum*, l'action du bain au moyen d'*eaux-mères*. Immédiatement après le bain, on administre une *douche* plus chaude que le bain (*spécialisation* de Bourbonne), prise en position couchée ; c'est une colonne d'eau à la pression de 10 ou 20 mètres, divisée en un faisceau de jets multiples, parallèles, indépendants, qui exercent une douce et puissante action de massage. On emploie aussi, pour les femmes, des *irrigations vaginales* abondantes dans le bain, sans pression et à une température progressive, au moyen d'appareils gynécologiques perfectionnés. On utilise encore, les *gargarismes*, les *inhalations*, les *pulvérisations*, les *étuves*. etc.

ACTION PHYSIOLOGIQUE. — L'eau de Bourbonne, en *boisson*, stimule l'estomac, augmente la sécrétion de la bile et favorise les fonctions antitoxiques du foie. Elle est diurétique et produit des décharges uratiques.

En *traitement externe* (bains et douches) l'eau stimule les centres nerveux ; il se produit une suractivité de la vie cellulaire qui se traduit par une augmentation des échanges : oxygène, acide carbonique, urée. Quelques éléments modérateurs contenus dans l'eau : brome, gaz radioactifs, tempérent l'action trop excitante de la cure.

Ces actions *stimulantes* et *modératrices* s'exercent au moyen de la circulation capillaire. Il s'établit des hypérémies locales très actives qui soulagent le cœur, augmentent la capacité respiratoire, facilitent les phénomènes d'exosmose et d'endosmose, et qui peuvent arrêter certains processus pathologiques évoluant dans les tissus, par la résorption des exsudats et des inflammations conjonctives.

INDICATIONS GENERALES. — Bourbonne réclame :

1° Les FAIBLESSES CONSTITUTIONNELLES : *faiblesses congénitales* (hérédo-syphilis, hérédo-tuberculose) ; le *lymphatisme* à forme ganglionnaire ; les *anémies*, *chloro-anémies* ; les *cachexies* liées à des auto-intoxications ; la *scrofule*.

2° Les MALADIES DE LA NUTRITION : *goutte* à poussées subaiguës avec fléchissement des forces ; *diabète arthritique*, quand il s'agit de réveiller la vitalité de l'organisme.

3° Les RHUMATISMES : *le rhumatisme articulaire subaigu*, le *rhumatisme chronique simple ;* le *rhumatisme goutteux ; le rhumatisme avec nodosités d'Heberden ;* ou avec *arthrites, synovites sèches ;* le *pseudo-rhumatisme infectieux* lié à la blennorrhagie, aux fièvres éruptives ; le *rhumatisme tuberculeux* de Poncet ; le *rhumatisme noueux déformant ;* les *spondyloses rhizoméliques* ; les *arthrites* sèches (morbus coxæ senilis).

INDICATIONS SPECIALES. — Ce sont :

1° Les LÉSIONS OSSEUSES : *suites de fractures* entre le deuxième et le troisième mois ; les *périostites* avec sequestres, fistules ; les *ostéomyélites* à petits foyers persistants, à trajets fistulisés.

2° Les LÉSIONS ARTICULAIRES et PÉRIARTICULAIRES : dans les *traumatismes* (hydarthroses, arthrites, synovites, entorses) ; dans la *goutte* et le *rhumatisme*, après la crise aiguë ; dans la *tuberculose* : coxalgie, tumeurs blanches, quand les foyers sont éteints ; dans les *infections*, le plus tôt possible ; dans les *troubles névrotrophiques*, dès le début.

3° Les ATROPHIES MUSCULAIRES, consécutives aux traumatismes, aux fractures, aux lésions articulaires ou à une affection nerveuse.

4° Les NÉVRALGIES, les NÉVRITES et surtout la *sciatique*, la *talalgie*.

5° Les PARALYSIES : *paraplégies*, *hémiplégies*, *paralysie infantile ; paralysies syphilitiques*, *tabétiques*.

6° Les PHLÉBITES, compliquées de lésions articulaires, ou d'atrophie musculaire.

7° Les AFFECTIONS GYNÉCOLOGIQUES : *métrites chroniques*, *utérus fibromateux*, *empâtements*, *adhérences*, *déviations utérines*.

CONTRE-INDICATIONS. — Bourbonne est contre-indiqué :

1° Dans tous les états *aigüs* des arthropathiques et des traumatisés.

2° Dans les anévrysmes ; les cardiopathies décompensées ; l'artério-sclérose avancée.

3° Au cas de tuberculose pulmonaire ouverte ; ou de cancer.

4° Dans les prédispositions congestives marquées des centres nerveux.

5° Chez les sujets trop impressionnables (grands nerveux) et polyalgiques.

COMPLEMENT DE CURE. — Post-cure, à domicile, dans tous les cas pathologiques décrits, au moyen des *Eaux concentrées* de Bourbonne, chlorurées, alcalines, (brome, iode, fluor, arsenic, lithium, cœsium, rubidium, etc.), en bains généraux ou locaux ; en compresses ; en irrigations vaginales, buccales, nasales ; en pulvérisations du larynx et du pharynx, etc.

DISTRACTIONS. EXCURSIONS. — Casino. Théâtre. Concerts. Excursions à la Bannie, aux Epinêts, au bois du Seigneur, à l'Echelette, à Genrupt, à Coiffy-le-Haut, à Aigremont, à Châtillon-sur-Saône, à Martigny, Contrexeville, Vittel, etc.

MEDECINS. — MM. Bridant, Frumerie, Gray, Joyeux, Molly, Testevuide.

HOTELS. — De 6 à 15 francs et plus par jour.

BRIDES ET SALINS-MOUTIERS

(Savoie)

A 11 h. de Paris (via Dijon, Culoz).	A 15 h. 30 de Bordeaux (via Périgueux).
A 9 h. 30 de Marseille (via Grenoble).	A 15 h. 30 de Toulouse (via Cette, Lyon).
A 4 h. de Lyon (via Culoz, Montmélian).	A 10 h. de Montpellier (via Tarascon, Lyon).

On a l'habitude de décrire ensemble Brides et Salins-Moutiers. La proximité des deux stations et la thérapeutique thermale militent en faveur de cet usage : Brides et Salins se complètent mutuellement. Voilà pourquoi cette notice contiendra la description et les indications de ces deux stations hydro-minérales.

I. — BRIDES-LES-BAINS.

Station hydro-minérale. Spécialisation : obésité, hépatopathies.

SITUATION ET DESCRIPTION. — Modeste petit village de 300 habitants, situé au fond d'une vallée, au confluent de deux torrents : le Doron de Bozel et le Doron des Allues, Brides est entouré du côté Sud, de montagnes couvertes de belles forêts de sapins et de hêtres. A 4 kilomètres 500 en amont de Salins-Moutiers.

ALTITUDE. — Brides est à 600 mètres au-dessus du niveau de la mer.

CLIMAT. — Climat moyen de montagne, sans variations brusques, grâce à la disposition de la vallée, ouverte de l'Est à l'Ouest, et abritée des vents du Nord et du Midi. En été, les torrents qui descendent des glaciers, tempèrent les fortes chaleurs. Les matinées, les soirées et les nuits sont fraîches. La température varie de 18 à 22 degrés.

SAISON. — Du 15 mai au 1er octobre. Cure favorable en juin et septembre, époques où il y a moins d'encombrement et moins de chaleur. Durée : trois à quatre semaines.

SOURCE. — *Composition.* — Une seule source est exploitée à Brides, sur la rive gauche du Doron de Bozel. Elle débite 400.000 litres par jour. L'eau est incolore, limpide sous une petite quantité, de coloration ocreuse sous un plus grand volume ; de saveur fade, légèrement styptique (goût d'encre) un peu masquée par l'acide carbonique. Sa densité est 1250 et sa température 34° au griffon. Sa minéralisation totale qui est de 5 gr. 718, la rend presque *isotonique* du sérum sanguin. Elle contient des sulfates de soude (1 gr. 160), de magnésie (0 gr. 528), de chaux (1 gr. 714), de lithium (0 gr. 0095) ; du chlorure de sodium (1 gr. 831) ; de la silice (0 gr. 04), du fer, de l'acide carbonique libre et combiné.

On la classe : *eau sulfatée, sodique et magnésienne, chlorurée faible sodique et calcique, légèrement ferrugineuse et gazeuse, thermale.*

Les SELS de Brides sont obtenus par évaporation de l'eau de Brides.

MODES D'EMPLOI. — L'eau de Brides est utilisée :

1° En BOISSON (mode le plus important), par dose fractionnée, une heure avant les repas, à la dose de 200 à 1.500 grammes et plus, suivant l'effet recherché.

2° Accessoirement en TRAITEMENT EXTERNE qui comporte : des *bains* de baignoires et de piscines à eau courante ; des *douches* chaudes, froides, générales ou spéciales (*entéroclyses, douches ascendantes*) ; des pulvérisations et inhalations, etc.

Comme médication adjuvante, il existe une installation complète d'hydrothérapie : massage, bains de vapeur avec appareils Berthe ; bains électriques, etc., dans l'Etablissement thermal qui s'élève au milieu d'un beau parc.

ACTION PHYSIOLOGIQUE. — La cure de BOISSON agit sur différents organes :

1° Sur le *foie*, dont elle active les fonctions : augmentation de la sécrétion biliaire, relèvement de l'urée urinaire et du pouvoir glycogénique (réduction de la glycosurie alimentaire), diminution de l'urobiline et de l'hypertension portale ; réduction de volume du foie.

2° Sur l'*estomac*. A dose modérée (200 à 300 grammes), l'eau est eupeptique, apéritive ; elle active la sécrétion et la motilité gastriques.

3° Sur l'*intestin*. Laxative, à petites doses (500 à 800 gr.), l'eau de Brides est purgative à fortes doses (800 à 1.500 gr.), sans constipation consécutive.

4° Sur le *rein*. L'eau produit une diurèse abondante (à dose élevée) qui se manifeste par des décharges uratiques, par l'augmentation du rapport azoturique, du soufre total et du soufre entièrement oxydé, et de l'acide urique.

5° Sur l'*appareil circulatoire*. A faible dose, l'eau relève la tension artérielle ; et la fait baisser à haute dose.

En résumé, la caractéristique de l'eau de Brides, c'est de relever la nutrition générale et de *tonifier l'organisme, tout en le purgeant*, double effet qui paraît *contradictoire* parce qu'il est pharmaceutiquement irréalisable.

Enfin, les SELS de Brides ont une action purgative, analogue à celle des sels de Carlsbad, et viennent renforcer, au besoin, l'action de l'eau.

INDICATIONS SPECIALES. — Ce sont :

1° L'OBÉSITÉ, traitée au moyen de la diététique, de l'entraînement graduel par la marche, du massage et de la médication hydro-minérale. La cure est surtout efficace pour les *obèses atones* (hypofonctionnants) à figure pâle et bouffie, au cœur surchargé et promptement dyspnéique, avec troubles génitaux (frigidité sexuelle), avec œdème prétibial ; pour les *obèses florides, pléthoriques*, gros mangeurs et gros buveurs, aux artères hypertendues, au foie généralement hypertrophié.

2° Les HÉPATOPATHIES : *lithiase biliaire* (coliques hépatiques) ; *congestions du foie* (dyspeptique, toxique, infectieuse) ; *angiocholites chroniques* (cholémie, ictère catarrhal prolongé) ; *cirrhoses* au début, d'origine impaludique ou alcoolique.

INDICATIONS SECONDAIRES. — Ce sont :

1° L'ARTHRITISME, sous forme de *goutte, gravelle, dia-*

bète (sucré ou azoturique) par insuffisance hépatique (anhépatie de Gilbert).

2° Les AFFECTIONS GASTRO-INTESTINALES : *hypopepsies, dyspepsies* hypochlorydriques, flatulentes ; *atonie gastrique, entéro-colite muco-membraneuse, constipation* par atonie, *appendicite chronique, entérite des pays chauds, hémorroïdes.*

3° Les MALADIES DES REINS : *néphrite* des graveleux, *albuminurie* des dyspeptiques et des goutteux (par irritation du rein, et non par lésion rénale).

4° Certaines MALADIES DES VAISSEAUX et de la NUTRITION : présclérose, chloro-anémie, bradytrophie.

II. — SALINS-MOUTIERS.

Station hydro-minérale. Spécialisation : lymphatisme, scrofule.

SITUATION ET DESCRIPTION. — Située dans une partie resserrée de la vallée, sur les bords des Dorons réunis, à 1 kilomètres 500 de Moutiers, *Salins-Moutiers* qui doit son nom à d'anciennes salines exploitées par les Romains, est à 4 kilomètres 500 de Brides, avec laquelle elle est reliée par un tramway électrique.

ALTITUDE. — Salins-Moutiers est à 492 mètres au-dessus du niveau de la mer.

CLIMAT ET SAISON. — Ce sont les mêmes qu'à Brides.

SOURCES. — *Composition.* — Il y a deux sources à Salins-Moutiers : La *Grande-Source* (33°) et la *Petite-Source* (36° 5) qui débitent *cinq millions* de litres par jour. L'eau est limpide, à l'émergence, onctueuse au toucher, de saveur salée, avec arrière goût styptique. Elle laisse déposer au contact de l'air, une boue ocreuse, abondante, riche en sels de fer et en arsenic, *radio-active* (0,33 d'après Laborde). L'eau, dont la densité est 2 à l'aréomètre de Baumé, a une minéralisation totale de 16 gr. 691 (les deux sources ont une minéralisation semblable, sans être identique) comprenant 12 gr. 488 de *chlorure de sodium* (14 gr. pour la petite Source) ; des *carbonates de fer* (0 gr. 0136), de *chaux* et de *magnésie ;* de l'*arséniate* de *soude* (0 gr. 0007) ; des gaz : *azote*, ACIDE CARBONIQUE LIBRE (0 gr. 3854), et des gaz rares : 0,77 pour 100, dont 0,21 d'*hélium* (d'après Moureu).

On classe ces eaux : *Thermales*, *chlorurées sodiques fortes* (véritable mer thermale dans les Alpes), *ferrugineuses*, *arsenicales*, *carbo-gazeuses* *et* *radio-actives* (Landouzy).

Les EAUX-MÈRES tirées des sources de Salins, contiennent 75 grammes de sels par litre.

MODES D'EMPLOI. — L'eau de Salins-Moutiers est utilisée :

1° En TRAITEMENT EXTERNE (le plus important), qui comporte : les *bains à eau courante*, de piscines ou de baignoires, véritables bains *carbo-gazeux ;* les *douches* générales ou spéciales (*vaginales* à eau courante à thermalité et à pression variables) ; les *pulvérisations pharyngées ;* les *irrigations nasales*, etc.

Les *boues* s'emploient en applications locales ; les *eaux-mères* servent à additionner l'eau du bain, quand l'utilité s'en fait sentir.

Comme adjuvance de cure externe, on use aussi du massage et de la gymnastique suédoise.

2° En BOISSON (mode moins important), à la dose de 300 à 400 grammes, l'eau est bien supportée, grâce à sa thermalité et à ses qualités gazeuses.

ACTION PHYSIOLOGIQUE. — A l'*intérieur*, l'eau de Salins, à faible dose est tonique (par le chlorure de sodium, l'iode et l'arsenic) ; à haute dose, elle devient purgative.

A l'*extérieur*, le traitement de Salins stimule la nutrition générale, augmente la diurèse, relève le taux de l'urée, le rapport azoturique et l'activité de réduction de l'oxyhémoglobine (Landouzy). Cette action générale est complétée par une action spéciale sur la circulation cardio-vasculaire. Le bain à eau courante avec la *Grande-Source* produit une action fortement stimulante ; le bain des deux sources (*Grande et Petite*) mélangées, détermine une action modérément stimulante ; l'eau de la *Petite-Source*, employée seule, est très utile chez les sujets hypertendus dont il faut surveiller le système cardio-vasculaire. Si l'on veut encore atténuer l'effet excitant (de l'acide carbonique), on donne le bain mitigé d'eau naturelle ou à eau dormante.

En général, après une série de bains, la tension artérielle se relève chez les hypotendus ; elle s'abaisse chez les hypertendus, après une élévation transitoire.

Les applications de *boues* de Salins-Moutiers sont résolutives.

INDICATIONS PRINCIPALES. — Salins-Moutiers réclame :

1° Tous les ENFANTS DÉBILES, que cette débilité soit due au RACHITISME avec troubles intestinaux ; au LYMPHATISME et à la SCROFULE avec leurs manifestations : *adénopathies*, *végétations adénoïdes*, *rhinites*, *blépharites*, *conjonctivites* ; à la SCROFULO-TUBERCULOSE et à la TUBERCULOSE EXTERNE non ouverte, osseuse, tendineuse, synoviale : *synovites*, *mal de Pott*, *coxalgie*, etc. ; à la PARALYSIE INFANTILE, à la DÉVIATION simple des vertèbres.

2° Les UTÉRINES, atteintes de *métrites chroniques parenchymateuses*, de *périmétrites ;* de *fibromatose ;* de *salpingo-ovarites congestives* ; de *déviations*, d'*aménorrhée*, de *dysménorrhée*, de *stérilité*.

3° Les sujets atteints de TRAUMATISMES ANCIENS : fractures consolidées et douloureuses, blessures anciennes, etc.

INDICATIONS SECONDAIRES. — Ce sont :

1° Certaines *affections cardiaques* (à l'instar de NAUHEIM), dont Salins-Moutiers se rapproche par sa minéralisation, mais que Salins surpasse par sa thermalité d'élection (36°5), tandis que Nauheim a 39°. Ces affections sont : les lésions mitrales, les myocardites chroniques, la surcharge graisseuse du cœur.

2° Quelques *affections génito-urinaires* (de l'homme) : spermatorrhée, frigidité, impuissance, certains écoulements muqueux asthéniques de l'urèthre.

CONTRE-INDICATIONS. — S'abstiendront des cures de Brides et Salins-Moutiers :

1° Les cardiopathes décompensés ; les artério-scléreux trop avancés ; les aortiques.

2° Les porteurs de néphrite subaiguë ou chronique (avec lésions rénales).

3° Les sujets atteints d'irritation cérébrale ou spinale.

4° Les diabétiques tuberculeux ; les tuberculeux polysarciques.

COMPLEMENT DE CURE. — Cure de terrain ou de côte. Cure spéciale de régime alimentaire.

Post-Cure. Après le traitement de Brides ou de Salins-Moutiers, ou des deux réunis, un séjour de post-cure à *Pralognan* est quelquefois indiqué. C'est le *triumvirat de Tarentaise* (Landouzy).

Pralognan est à 1425 mètres d'altitude, à 21 kilomètres de Brides, au milieu d'un cirque de hautes montagnes, abrité des vents du nord et du sud. La radiation solaire est intense ; l'air est ozonisé par les bois de sapins environnants.

DISTRACTIONS. — EXCURSIONS. — Casino. Théâtre à Brides. Concerts. Law-tennis. Croquet. Excursions au plateau de Melphes, à la Vallée de Belleville, au Détroit du Siaix, à la Gorge aux Pigeons, au Bois de Cythère, au Bois Champion, au village de Saint-Bon, à la Cascade de la Rosière, à la Cascade de Ballandaz, aux Gorges de Champagny, au Mont-Jovet par Feyssons-sur-Salins (righi savoyard, 2563 mètres), au Petit-Saint-Bernard, etc.

MEDECINS. — MM. Arbois de Jubainville (d'), Desprez, Furet, Gonthier, Guilbert, Laissus père et fils, Rayne.

HOTELS. — De 6 à 15 francs par jour.

BUSSANG

(Vosges)

Station hydro-minérale. Spécialisation :
Anémie, chlorose, chloro-anémie.

A 8 h. de Paris (via Nancy).

A 16 h de Marseille (via Lyon, Besançon).

A 11 h. de Lyon (via Besançon).

A 18 h. 30 de Bordeaux (via Paris).

A 21 h. 30 de Toulouse (via Lyon).

A 15 h. 30 de Montpellier (via Lyon).

SITUATION ET DESCRIPTION. — Située sur la *Moselle*, à peu près au centre des Vosges, dans la pointe sud de la Lorraine qui, par son côté oriental, touche à l'Alsace et par son côté méridional à la Franche-Comté.

POPULATION. — Cette ville compte 2.600 habitants.

ALTITUDE. — Bussang est à 670 mètres au-dessus du niveau de la mer ; mais elle est entourée de hauteurs (1.100 et 1.200 mètres) couvertes de forêts de sapins.

CLIMAT. — Climat tempéré. Atmosphère vivifiante et fraîche. L'air pur des montagnes environnantes est *ozonisé* et chargé de senteurs balsamiques.

SAISON. — Du 15 juin au 15 septembre. Cure de trois à quatre semaines.

SOURCES. — *Composition.* — Il y a trois sources à Bussang : la *source Salmade*, la *source Marie*, et la *source des Demoiselles.*

Ces sources jaillissent du roc et sont embouteillées directement sans le secours d'aucune canalisation. Elles débitent par jour environ 4.500 litres d'eaux *bicarbonatées*, *alcalines froides* (11°), *légèrement ferrugineuses*, *manganésées*, *lithinées* et *arséniées*.

Cette minéralisation, faible, équivaut à 1 gr. 54 par litre. Moureu a dosé les gaz qui se dégagent : 82,71 pour 100 d'acide carbonique ; 16, 72 d'azote ; 0, 242 d'argon, crypton, xénon ; 0,329 d'*hélium* et *néon* ; des traces d'hydrocarbures et d'oxygène. Laborde a mesuré la quantité d'émanations *radio-actives*, dans dix litres d'eau de Bussang, évaluée au moyen du milligramme-minute, laquelle unité représente l'émanation produite par un milligramme de bromure de radium pendant une minute. Soit, la *Grande Salmade* : 1,278 ; la *Petite Salmade* : 0, 664 ; *Demoiselles* : 0, 731 ; *Marie* : 0, 496. L'eau de Bussang est donc une eau *fortement radio-active.*

Point cryoscopique de Salmade : 0°,102.

MODES D'EMPLOI. — L'eau de Bussang est utilisée principalement en BOISSON, à la dose de trois à quatre verres par jour, soit à la station, soit à domicile. C'est une eau très agréable à boire.

ACTION PHYSIOLOGIQUE. — L'action de l'eau en boisson est multiple : elle est *apéritive* et *digestive ; diurétique* faible par la silice et la lithine qu'elle renferme ; mais surtout *reconstituante* par son fer, son manganèse et son arsenic. Il se produit une stimulation de l'*hématopoïèse* (augmentation du nombre des hématies et du taux hémoglobinique).

INDICATIONS SPECIALES. — Ce sont :

1° L'ANÉMIE essentielle ou consécutive aux maladies aiguës ou chroniques ; *l'anémie des pays chauds* ; *l'anémie de croissance.* Bussang est la *providence des anémiques.*

2° La CHLOROSE, la CHLORO-ANÉMIE, la débilité générale due au surmenage physique ou moral.

3° Le LYMPHATISME, *la scrofule* et leurs manifestations.

INDICATIONS SECONDAIRES. — Elles comprennent les *dyspepsies* des anémiques, des chlorotiques, des surmenés, des débilités.

CONTRE-INDICATIONS. — Tous les états congestifs sont contre-indiqués pour la cure de Bussang.

COMPLEMENT DE CURE. — Etablissement hydrothérapique avec douches, bains simples ou médicinaux, bains de vapeur, térébenthinés.

Cure de terrain, par des chemins en pente douce sur le flanc du *Charat.*

DISTRACTIONS. — EXCURSIONS. — Le *Théâtre du Peuple*, construit sur le versant d'une colline contient plus de 2.000 places : véritable théâtre de la Nature. Excursions variées à la Maison forestière, au Vallon du Séchenat, au Col de la Fontaine des Allemands, à l'Etang Jean, au ballon d'Alsace, à la chaume du Drumont, à la Colline et à la Vallée de la Hutte, à la Fontaine du Sotré et des Rouges-Gorges, à la Roche du Sabbat, au village alsacien d'Urbès, etc.

MEDECINS. — MM. Baros, Lapara.

HOTELS. — De 7 à 15 francs par jour avec tout le confort moderne.

CAMBO-LES-BAINS
(Basses-Pyrénées)

A 12 h. 30 de Paris (via Bordeaux).
A 15 h. de Marseille (via Toulouse).
A 18 h. de Lyon (via Tarascon, Toulouse).
A 4 heures de Bordeaux (via Bayonne).
A 7 h. 30 de Toulouse (via Tarbes, Pau).
A 12 h. de Montpellier (via Cette, Toulouse).

SITUATION ET DESCRIPTION. — Cambo est une commune de 2.330 habitants, située au centre de la pittoresque vallée de la Nive qui s'étend de Bayonne à Saint-Jean-Pied-de-Port. La station sanitaire est bâtie sur un plateau, à 60 mètres au-dessus du niveau de la mer. Cambo peut être considérée comme *station climatique d'été et d'hiver*, et comme *ville d'eaux*.

I. — Cambo station climatique d'été et d'hiver.

Cure de séjour favorable aux neuro-arthritiques, anémiques, convalescents, bacillaires.

CLIMAT. — Le climat est doux et tempéré. Ces qualités sont dues à la topographie spéciale de Cambo. En effet, le haut plateau de Cambo, d'une superficie de cent hectares environ, est ouvert seulement à l'Ouest, du côté de l'Océan qui est à 15 kilomètres à vol d'oiseau. Les vents d'Ouest passent donc, mais comme ils sont tièdes en toute saison, grâce aux courants chauds du Gulf-Stream, ils ne refroidissent pas l'atmosphère. Les vents du Sud et du Sud-Ouest, les seuls violents de la contrée, sont arrêtés par les Monts Choporro et de la Rhune. L'*atmosphère* est donc habituellement calme.

L'*air est très pur*, soit qu'il arrive de la mer, tamisé par de hautes futaies de chênes, soit qu'il vienne du nord, imprégné de senteurs balsamiques qu'il a puisées dans les Landes.

La *pluie* est assez fréquente et entretient dans l'atmosphère un état d'hygrométricité moyenne et d'ozonisation qui imprime à la station sa qualité dominante : la TONI-SÉDATION.

Le *sol*, composé de cailloux et de galets reposant sur du calcaire, absorbe rapidement les eaux pluviales et s'oppose ainsi à la stagnation et aux brouillards consécutifs.

La *température* moyenne de la station est de 8° en hiver ; de 12° au printemps ; de 20° en été et de 14° en automne.

INDICATIONS DU CLIMAT. — Le climat de Cambo convient parfaitement aux *nerveux*, aux *neuro-arthritiques* qui redoutent le bord de la mer ; aux *chloro-anémiques*, *lymphatiques*, *convalescents*, *surmenés ;* aux *dyspeptiques*, aux *paludéens cachectiques ;* aux *asthmatiques*, aux *prétuberculeux*, aux *tuberculeux* (tuberculose à la première période des sujets nerveux, éréthiques : cure préférable en avril, mai, septembre, octobre, et même en hiver). Sanatorium de *Beaulieu* (Dr Hamant).

II. — Cambo station hydro-minérale.

Spécialisation : Manifestations dyspeptiques, respiratoires, cutanées, des arthritiques.

SOURCES. — Cambo possède deux sources : une source *sulfureuse* (la plus importante) et une autre *ferrugineuse*.

L'EAU FERRUGINEUSE *est froide* (16°). Elle contient des carbonates de fer (0 gr. 0084) et de manganèse ; des traces de phosphore et d'arsenic. C'est un médicament martial parfait n'occasionnant ni dyspepsie, ni constipation. On l'absorbe principalement aux repas, dans les cas d'anémie et de chlorose.

COMPOSITION DE L'EAU SULFUREUSE. L'eau est limpide, onctueuse au toucher, d'odeur et de saveur sulfureuses. Température : 22°8 ; débit : 43.000 litres par jour. Elle contient des gaz libres : *hydrogène sulfuré*, acide carbonique, azote. Sa minéralisation totale est de 2 gr. 368 par litre, dont 1 gr. 57 de sulfate de calcium ; 0 gr. 54 de sulfate de magnésie, des carbonates terreux, du chlorure de sodium ; des silicates ; des traces de fer, de lithine, d'arsenic, de cuivre, de phosphore, etc. On la classe : *Eau froide, sulfatée calcique et magnésienne, sulfhydriquée.*

MODES D'EMPLOI. — Cette eau sulfureuse est utilisée, du 1er mai au 1er novembre, à l'Etablissement thermal (récemment reconstitué sur les bords de la Nive), en *boisson*, *gargarismes*, *humage*, *pulvérisations*, *bains* de baignoires et de piscines à eau courante, *douches de vapeurs*, *douches générales et locales* (ascendantes).

ACTION PHYSIOLOGIQUE. — 1° En BOISSON, l'eau sulfureuse de Cambo (à la dose de 2 à 6 verres) provoque une *stimulation générale* de l'organisme, favorise la *diurèse*, et la déplétion du système veineux abdominal, réveille la tonicité de l'estomac et de l'intestin, excite les fonctions du foie et des reins.

2° En TRAITEMENT EXTERNE, la *balnéation* modifie la peau et les muqueuses des organes génito-urinaires, et produit une sédation remarquable ; *les inhalations* et *pulvérisations* ont une action élective et modificatrice (par l'hydrogène sulfuré) sur les voies respiratoires.

INDICATIONS GENERALES. — L'*eau sulfureuse* de Cambo convient aux manifestations cutanées et catarrhales des arthritiques et des neuro-arthritiques.

INDICATIONS PRINCIPALES. — Ce sont :

1° Les AFFECTIONS DES VOIES RESPIRATOIRES : *la pharyngo-laryngite granuleuse*, les *bronchites à répétition*, la *forme catarrhale* de la *tuberculose pulmonaire ;* l'*asthme*, l'*emphysème*, etc.

2° Les MALADIES DU TUBE DIGESTIF : *gastralgie*, *dyspepsies nervo-motrices*, *gastro-entérite* avec atonie intestinale, alternance de constipation et de diarrhée ; et les *affections du foie :* lithiase biliaire, congestion hépatique, etc.

3° Les DERMATOSES : *l'eczéma* (surtout l'eczéma sec), le *lichen*, le *psoriasis*, l'*urticaire*, etc.

4° Certaines AFFECTIONS DES VOIES URINAIRES : *lithiases urique et phosphatique ; catarrhe de la vessie ; hypertrophie de la prostate.*

5° Le RHUMATISME et la GOUTTE, dans les formes atoniques.

CONTRE-INDICATIONS. — S'abstiendront de la cure hydro-minérale de Cambo :

1° Les sujets atteints d'affections aiguës ou fébriles.

2° Les cardiaques décompensés ; les artério-scléreux avancés.

3° Les malades affectés d'ulcérations intestinales ou gastriques.

DISTRACTIONS. — EXCURSIONS. — Jeu de Paume. Trinquet. Pêche à la truite, au saumon. Chasse à la caille, à la tourterelle, à la palombe, à la bécasse, au lièvre, au sanglier. Excursions à la vallée de la Nive (*Pas de Roland*, *Roncevaux*) ; à Saint-Jean-Pied-de-Port, à Hendaye, Biarritz, Saint-Jean-de-Luz, etc.

Descente, en chalands, des rapides de la Nive.

MEDECINS. — MM. Ansibure, Dotézac père et fils, Hamant, Juanchito, Lissar.

HOTELS. — De 6 à 20 francs par jour.

CANNES
(Alpes-Maritimes)

Station climatique. Cure de séjour favorable aux anémiques arthritiques, convalescents, bacillaires chroniques.

A 13 h. 30 de Paris (via Marseille).
A 2 h. 30 de Marseille (via Toulon).
A 7 h. 30 de Lyon (via Marseille).

A 14 h. 30 de Bordeaux (via Marseille).
A 10 h. 30 de Toulouse (via Marseille).
A 6 h. 30 de Montpellier (via Marseille).

SITUATION ET DESCRIPTION. — Chef-lieu de canton, Cannes *ville nouvelle* s'étend le long des golfes de la Croisette et de la Bocca sur une longueur d'environ six kilomètres. La partie la plus importante de la ville est resserrée entre la voie ferrée et la mer, mais Cannes se prolonge jusqu'au pied de collines boisées parsemées de superbes villas et de parcs magnifiques. La *vieille ville*, ou *Suquet*, est située sur une colline escarpée, le Mont-Chevalier.

Sous le nom de « *Cannes médical* », on comprend un territoire fort étendu qui englobe : la *cité de Cannes*, une partie du *Cannet*, une portion de la commune de *Vallauris et d'Antibes*, *Juan-les-Pins*, *Théoule*, *la Napoule*. Une grande partie de ce territoire est baignée par le golfe de la Napoule et le golfe Juan. Ces deux golfes sont séparés par un promontoire constitué par les hauteurs de la Californie qui, s'abaissant progressivement, forment la pente de la Croisette (dont les îles de Lérins sont probablement des fragments, séparés par les siècles ou par un cataclysme).

POPULATION. — Cannes compte environ 35.000 habitants résidents ; mais pendant la saison, 15 à 20.000 étrangers y séjournent chaque année.

SAISON. — Du 1er novembre au 15 mai. La durée du séjour varie avec l'affection en cours, et suivant les indications médicales.

HYGIENE. — La ville est alimentée en eau potable très pure. Il existe un réseau d'égouts qui draine et jette au loin dans la mer, les eaux résiduelles. La municipalité assure l'inspection des denrées alimentaires (viande, lait), la désinfection des hôtels et des appartements meublés (formolisation, étuves), etc.

CONSTITUTION DU SOL. Le sol est granitique, sec et perméable. La plupart des rues de Cannes sont empierrées avec du porphyre de l'Estérel, ce qui réduit au minimum la boue et la poussière.

CLIMAT. — Le climat privilégié de Cannes tient à sa situation topographique.

Les *vents* d'Ouest, du Nord-Ouest et du Nord arrêtés par le massif de l'Estérel n'atteignent pas Cannes, ou y arrivent très atténués (mistral). Les hauteurs de la Californie et les pentes de la Croisette brisent le vent d'Est. Les îles de Lérins abritent Cannes contre les vents de la haute mer. Seul, le vent du Sud-Est qui amène les pluies, se fait assez sentir.

Les *pluies*, du reste, sont rares ; mais elles sont soudaines, abondantes et de courte durée. Il pleut, en moyenne, 70 jours par an (30 à 40 jours pendant la saison) et le pluviomètre accuse annuellement 900 millimètres. La *moyenne hygrométrique* est inférieure à 70 %.

La *température* moyenne de l'année est de 15°5, se classant ainsi par saison : *été*, 22°5 ; *automne*, 16° ; *printemps*, 14° ; *hiver*, 9°8. On note une différence sensible de température au soleil et à l'ombre, et surtout au coucher du soleil (écart thermique dont se méfieront les malades).

Les *brouillards* sont inconnus à Cannes, si l'on excepte quelques brumes ou buées légères qui s'élèvent sur la mer, au moment du lever du soleil. Par suite, la *luminosité* et l'*insolation* sont intenses de 10 heures du matin à 4 heures du soir, pendant la saison.

L'*air* est pur et sec. L'atmosphère se charge quelquefois de particules salines, mais dans un rayon peu étendu, et seulement au moment des grandes tempêtes.

Cet ensemble de qualités climatériques produit une végétation merveilleuse : mimosas, citronniers, orangers, palmiers, eucalyptus, oliviers, jujubiers, cistes et bruyères arborescentes, croissent facilement sur ce sol fertile.

ACTION PHYSIOLOGIQUE DU CLIMAT. — L'étendue du territoire médical cannois l'a fait diviser en deux zones assez distinctes : *la zone maritime et la zone terrestre.*

La première, qui comprend le littoral baigné par le golfe de la Napoule : plages de Théoule, de la Napoule et plages de Cannes ; plage de Juan-les-Pins baignée par le golfe Juan, et une partie d'Antibes, est une zone dont le climat est *excitant*, *stimulant* et *tonique*.

La deuxième ou zone terrestre, située dans le fond de la vallée de la Siagne, entre les hauteurs de la Californie et les collines de la Croix-des-Gardes, et qui englobe aussi une partie de Vallauris, jouit d'un climat *plus doux*, plus *sédatif*, un peu moins tonique ; en un mot, climat *toni-sédatif*.

INDICATIONS DU CLIMAT. — De l'action physiologique spéciale à chaque zone, découlent les indications thérapeutiques :

1° *Le bord de la mer ou zone maritime* réclame : les enfants dystrophiques, lymphatiques mous, scrofuleux, les anémiques, les chlorotiques, certains tuberculeux (tuberculose externe, ou tuberculose pulmonaire torpide) ; les neurasthéniques anémiés ou déprimés par fatigue et surmenage ; les convalescents d'affections médicales et chirurgicales.

2° La *zone terrestre* s'adresse plus particulièrement : aux arthritiques (rhumatisants, goutteux, diabétiques), aux brightiques, aux vieillards débiles, aux tuberculeux pulmonaires chroniques, sans fièvre, sans tendance aux hémoptysies. Les congestifs, les fébricitants séjourneront de préférence sur les hauteurs du Petit Juas, des Vallergues ou de Terrefial.

CONTRE-INDICATIONS. — Le climat de Cannes ne convient pas aux sujets atteints :

1° D'asthme essentiel (du moins en mars, pendant la période du mistral).

2° De tuberculose à marche rapide, à infection profonde, ou à poussées broncho-pneumoniques répétées.

3° De nervosisme exagéré (excitation).

DISTRACTIONS. — Concerts. Représentations théâtrales. Batailles de fleurs. Fêtes carnavalesques. Kermesses. Bals au Cercle Nautique. Expositions florales. Régates internationales. Courses hippiques (hippodrome de la Napoule). Courses vélocipédiques. Sports : Golf, croquet, law-tennis, tir aux pigeons, canotage, etc.

EXCURSIONS. — Excursions à la Californie, au Cannet, à la Croix-des-Gardes, à Vallauris, à Mougins, à Castellaras, à la Napoule, Théoule, l'Estérel, aux îles de Lérins (Sainte-Marguerite et Saint-Honorat), à l'Ermitage de Saint-Cassien, au Golfe Juan, à Antibes, aux Gorges de la Siagne, au massif du Tanneron, à Grasse, et toute la Riviera.

MEDECINS. — MM. Abadie, Ardisson, Baradat, Bayle, Bernard-Dubar, Bernard M., Bienfait, Blanc, Boffart, Bonnefoy, Bourcart, Bright, Carr, Castelbou, Charasse, Christine, Chuquet, Cochot, Comoy, Courchet, Douty, Dupaigne, Duponnois, Escarras, Faure, Fournier, Galippe, Gimbert, Ginner, Girard, Guilloz, Guiter, Guizol, Hugues-Amouretti, Hugues A., Josserand, Jouffray, Kentgazet, Lairac, Lafferère, Lalou, Laurent, Lhuillier, Loew, Macdougal, Mantoux, Mme Marshalt, Oudaille, Pascal, Pascault, Philip, Pouzet, Revillet, Roques, Roux, Sanders, Sassani, Sauvage, Seytre, Thibonneau, Thomas, Triaire, Vaudremer, Veragut, Verdalle, Vernet, Westerman.

HOTELS. — De 6 à 30 francs par jour.

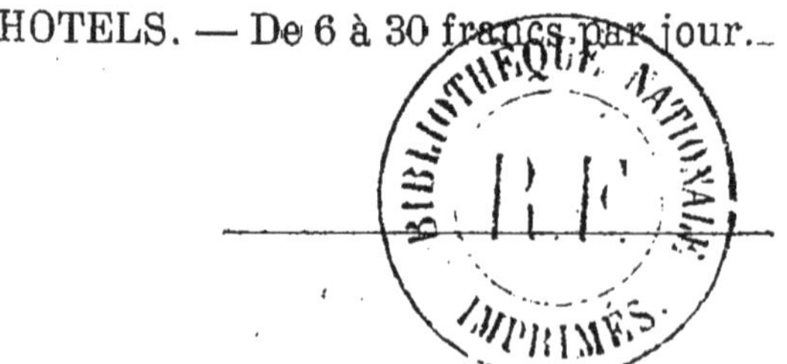

CAPVERN-LES-BAINS

(Hautes-Pyrénées)

Station hydro-minérale. Spécialisation : Lithiase rénale, troubles vésicaux.

A 14 h. de Paris (viâ Orléans, Cahors, Toulouse).

A 10 h. 30 de Marseille (viâ Cette, Toulouse).

A 13 h. de Lyon (viâ Tarascon, Cette, Toulouse).

A 6 h. de Bordeaux (viâ Mont-de-Marsan).

A 3 h. de Toulouse (viâ Montrejeau).

A 7 h. 30 de Montpellier (viâ Cette, Toulouse).

SITUATION ET DESCRIPTION. — Capvern est située à quelques kilomètres des Pyrénées centrales, dans une échancrure du plateau de Lannemezan, sur la grande ligne de Toulouse à Bayonne, à 30 kilomètres de Tarbes.

ALTITUDE. — Cette station est à 450 mètres au-dessus du niveau de la mer.

POPULATION. — La population fixe de *Capvern village* est de 1500 habitants ; de *Capvern station* : de 600 pendant l'hiver, et de 5.000 environ pendant la saison thermale.

CLIMAT. — Abritée des grands vents par la montagne et le plateau, Capvern jouit d'un climat tempéré. Ses nombreux parcs et la riche végétation de cette région protègent la station contre les fortes chaleurs de l'été.

HYGIENE. — Le sous-sol spongieux absorbe rapidement l'eau de pluie et préserve Capvern de l'humidité.

SAISON. — De mai à novembre. Mais on peut faire le traitement toute l'année.

SOURCES. — *Composition.* — Avec ses deux sources principales : *Hount-Caoute* et *Bouridé*, et ses eaux abondantes sulfatées calciques, Capvern est le vrai type (comme Vittel et Contrexeville) des stations dites diurétiques. Elle est dans le Midi ce que sont ses deux grandes sœurs dans l'Est.

Les sources sont tempérées (de 20° à 24°) et très abondantes : 4.000 mètres cubes d'eau par jour ; elles alimentent facilement deux buvettes et deux services de bains et de douches.

Les eaux du *Bouridé* chargées de barégine et de conferves contiennent 0 gr. 95 de minéralisation totale, dont : 0 gr. 54 *de sulfate de calcium* ; 0 gr. 21 de *sulfate de magnésium;* des *bicarbonates*, des *silicates*, des *traces de lithine*, etc. *Hount-Caoute* renferme 1 gr. 70 de minéralisation totale, dont : 1 gr. 12 de *sulfate de calcium* ; 0 gr. 35 de *sulfate de magnésie ; des bicarbonates*, des *silicates*, etc.

On classe les eaux de Capvern : *sulfatées calciques* et *légèrement magnésiennes*, *lithinées* et *silicatées*.

MODES D'EMPLOI. — On utilise l'eau de Capvern surtout en BOISSON (avec la *Hount-Caoute*). C'est un véritable traitement interne : *Capvern cure de buvette* Cette cure se pratique le matin à jeûn, à raison de un litre ou un litre et demi d'eau, par doses de 100 à 300 grammes. Dans certaines affections, on boit aussi le soir.

Les BAINS et les DOUCHES (principalement au Bouridé), avec ou sans massage, sont simplement des adjuvants de la cure de boisson.

Ces divers traitements sont administrés dans deux établissements bien distincts.

ACTION PHYSIOLOGIQUE. — L'eau absorbée à jeûn produit une véritable crise de *diurèse*, avec urines aqueuses, abondantes et rapides ; selles plus fréquentes et plus copieuses sans diarrhée. Ce torrent d'urines entraîne toutes les formations uriques concrètes rencontrées sur son passage. En même temps, le sang est débarrassé de tous les éléments étrangers propres à donner naissance à l'acide urique. De ce fait, le rein et ses éléments nobles sont améliorés et recouvrent leur activité ; le système circulatoire (système porte) se trouve soulagé ; l'organisme est débarrassé de son acide urique, soit dissous, soit concrété sous forme de calculs ou de graviers.

La *cure externe* (Bouridé) produit une sédation très marquée.

INDICATIONS GENERALES. — La cure de Capvern s'adresse en général, aux *arthritiques*, aux *hypertendus*, aux *artério-scléreux* peu atteints, aux *goutteux*, à certains *diabétiques* et *albuminuriques*, aux *obèses*, aux porteurs d'*hémorrhoïdes*, ou de *foies congestionnés* (congestion active).

INDICATIONS SPECIALES. — Avant tout, Capvern donne des résultats surprenants :

1° Dans la LITHIASE HÉPATIQUE.

2° Dans la LITHIASE RÉNALE (principalement). La cure est vraiment spécifique dans la gravelle rouge, sous toutes ses formes et à tous ses degrés, provoquant l'expulsion du sable, des graviers et des calculs. Elle améliore aussi les gravelles oxalique et phosphatique.

3° Dans les CYSTITES, les PYÉLITES, les PYÉLO-NÉPHRITES, les NÉPHRITES LÉGÈRES, les congestions du rein, où l'arthritisme a joué un certain rôle. L'adage de Capvern est bien connu : *Si ta vessie est menacée, Capvern sera ta panacée.*

INDICATIONS SECONDAIRES. — Ce sont :

1° Certaines affections gynécologiques : congestions de l'utérus, troubles menstruels (soulagés par les bains du Bouridé).

2° L'anémie, le nervosisme, la syphilis, le rhumatisme.

CONTRE-INDICATIONS. — N'useront pas du traitement de Capvern :

1° Les cardiopathes décompensés.

2° Les cancéreux (tumeurs du foie, du rein, de la vessie, du tube digestif).

3° Les tuberculeux pulmonaires ou rénaux.

4° Les sujets atteints de rétrécissement serré de l'urèthre, d'hypertrophie de la prostate ; ou porteurs d'un gros calcul vésical (après l'intervention chirurgicale, la cure de Capvern est indiquée).

DISTRACTIONS-EXCURSIONS. — Casino. Théâtre.

Fêtes. Concerts. Excursions dans les bois des environs ; aux ruines du château de Mauvezin, à l'ancienne abbaye de l'Escaldieu ; et en chemin de fer, à Tarbes, à Lourdes, à Bagnères-de-Bigorre, à Luchon, etc.

MEDECINS. — MM. Carcy, Claverie, Grand, Passebosc.

HOTELS. — De 5 à 15 francs par jour.

CAUTERETS

(Hautes-Pyrénées)

Station hydro-minérale. Spécialisation : Catarrhes chroniques de la gorge et des voies respiratoires.

A 15 h. de Paris (viâ Bordeaux).	A 7 h. 45 de Bordeaux (viâ Dax).
A 13 h. 30 de Marseille (viâ Cette, Pau).	A 4 h. 30 de Toulouse (viâ Lourdes).
A 15 h. 30 de Lyon (viâ Cette, Toulouse).	A 9 h. 30 de Montpellier (viâ Cette, Toulouse).

SITUATION ET DESCRIPTION. — Cauterets est une commune de l'arrondissement d'Argelès, située dans la vallée de Saint-Savin et entourée d'un cirque de hautes montagnes qui l'abritent contre les vents ; à 11 kilomètres de Pierrefitte (ligne de Lourdes à Pierrefitte) à laquelle elle est reliée par un tramway électrique.

POPULATION. — Cauterets compte environ 1.800 habitants.

ALTITUDE. — Cette station est à 930 mètres audessus du niveau de la mer (centre de la ville). L'établissement de la Raillère est à 1.050 mètres d'altitude.

CONSTITUTION DU SOL. — Terrain granitique au Sud et au Sud-Ouest. Schistes plissés et contournés du Nord-Est et Ouest. Le sol généralement incliné ne garde pas l'humidité.

CLIMAT. — Très sédatif pour les éréthiques. Nuits, soirées, et matinées fraîches. Pluies relativement fréquentes. La température moyenne de l'été est de 20 degrés au milieu du jour.

HYGIENE. — L'eau d'alimentation est d'une pureté absolue. Elle provient des sources du *Pradet*, à deux kilomètres en amont, qui sont captées dans la roche même et amenées à l'abri de toute infiltration extérieure. Les eaux usées sont drainées par le système du tout à l'égout, ce qui assure à Cauterets une hygiène parfaite.

SAISON. — Le traitement balnéaire commence le 1er mai et finit le 1er novembre. La meilleure époque au point de vue climatérique est la période du 15 juin au 20 septembre.

SOURCES. — *Composition.* — Les sources sont au nombre de vingt-deux. Elles débitent environ 1.500 mètres cubes par jour. Les principales sont par degré de sulfuration (*sulfure de sodium*) décroissante : *César* (0 gr. 023) ; *Espagnols* (0 gr. 018) ; *La Raillère* (0 gr. 017) ; *Pauze-Vieux* (0 gr. 013) ; *Pré* (0 gr. 013) ; *Petit Saint-Sauveur* (0 gr. 011) ; *Bois* (0 gr. 010) ; *Œufs* (0 gr. 010) ; *Mauhourat* (0 gr. 009) ; *Rocher* (0 gr. 004), etc.

En plus du sulfure de sodium, ces sources contiennent des chlorures de sodium et de potassium ; des carbonates de soude et de chaux ; des silicates ; de la silice ; des traces de bore, de fluor, d'iode, de la *barégine* ; des gaz : azote, *argon*, *hélium* (La Raillière, César, Mauhourat). La *radio-activité* est de 0,66 à l'émergence, pour César et Mauhourat (d'après Curie et Moureu).

Les eaux sont limpides, mais de couleur plus ou moins verte à l'air ; agréables au goût, quoique styptiques et d'odeur sulfhydriquée faible. Elles sont onctueuses au toucher, et varient comme température de 32° à 54°.

On les classe : *Eaux sulfurées sodiques, thermales et hyperthermales.*

MODES D'EMPLOI ET ACTION PHYSIOLOGIQUE. — Les eaux de Cauterets sont utilisées :

1° En BOISSON, mode le plus important de la cure. L'eau est absorbée au moins une heure avant les repas, à dose variable et suivant avis médical pour le choix de la source, la quantité d'eau et le moment de l'ingestion. Parmi les sources, les unes sont *apéritives* et *digestives* (principalement l'eau silicatée sulfureuse dégénérée de Mauhourat qui exerce une action excito-motrice sur le tube digestif) ; les autres sont *diurétiques*, *diaphorétiques* ; la plupart agissent sur les *voies respiratoires* dont elles modifient les sécrétions.

2° En TRAITEMENT EXTERNE qui comporte : le *humage*, les *gargarismes*, les *pulvérisations*, les *douches* générales ou locales, les *bains* de baignoire ou de piscine (piscine à eau courante de 160 mètres carrés), etc.

La cure externe produit une action puissante *toni-sédative*, et *modératrice* de la circulation.

Les cures interne et externe s'administrent dans dix *Etablissements thermaux* dont la description suit, avec les indications thérapeutiques qui conviennent à leurs sources respectives.

Les Etablissements Thermaux.

1° THERMES DE LA RAILLÈRE. — Adossé aux escarpements du Péguère, sur la rive gauche du gave de Cauterets, cet Etablissement possède une buvette au griffon, 38 baignoires, un hall de gargarisoirs pour 300 personnes à la fois. L'eau (39°) se caractérise par sa forte teneur en sulfure de sodium (0 gr. 017), en fer, et en phosphates. Transportée, elle garde ses propriétés.

Indications. — Tonique et reconstituante par le fer et les phosphates, la Raillère est indiquée avec succès dans l'*anémie*, la *chlorose*, les *cachexies*, le *lymphatisme*. Par sa sulfuration, elle agit avec efficacité dans toutes les AFFECTIONS DES VOIES RESPIRATOIRES, principalement les *voies supérieures* : *catarrhes chroniques* de la gorge (naso-pharyngiens) avec complications sur l'appareil auditif ; *pharyngites granuleuses* ; *laryngites* liées au surmenage professionnel (orateurs, chanteurs), ou à la constitution lymphatique. En un mot, c'est la source des *tousseurs* et *des enroués*. Traitement par la boisson et les gargarismes.

2° MAUHOURAT. — Mauhourat possède deux buvettes, dont l'une est au griffon. L'eau (48°) est peu sulfurée, mais très riche en silicates alcalins (silicate de soude), et contient aussi de la lithine, de l'azote, de l'*argon*, de *l'hélium*, etc. Transportée, elle garde ses propriétés. Désulfurée au moyen de procédés spéciaux, elle devient très agréable au goût (excellente eau de table).

Indications. — Par son action stimulante et régulatrice sur la fonction digestive, l'eau de Mauhourat est très efficace dans *l'atonie digestive*, dans les *gastralgies* et les *dyspepsies* des anémiques et des chlorotiques, et dans certaines formes d'*entérite muco-membraneuse*.

3° CÉSAR ET LES ESPAGNOLS. — Cet établissement monumental possède deux sources, au centre de la ville, avec buvettes (buvette de César au griffon), bains, douches, humages, pulvérisations ; douches nasales, ascendantes ; gargarismes, pédiluves à eau courante.

L'eau (48°) de César, est un peu *plus sulfureuse* (0 gr. 023) que celle de la Raillère et contient davantage de silicate de soude. En raison de sa fixité, elle est transportable. On l'emploie en boisson, gargarismes, pulvérisations pharyngées, laryngées ; en irrigations nasales, humage, etc.

Indications. — Par son action spéciale sur les voies respiratoires (grâce à sa sulfuration), l'eau de César produit des effets remarquables, dans les affections suivantes localisées surtout dans le larynx et au-dessous de cet organe : *laryngites*, *bronchites*, *asthme humide*, *emphysème pulmonaire*, *catarrhe bronchique* lié à l'emphysème ; reliquats de pneumonie, de broncho-pneumonie ou de pleurésie anciennes, des arthritiques, des herpétiques, des sujets sanguins. L'eau convient aussi à certaines formes de *rhumatisme* et aux accidents secondaires et tertiaires de la *syphilis*.

4° LES ŒUFS. — Véritable monument moderne (élevé sur l'esplanade du Casino), qui possède une buvette, des bains, des douches et une grande piscine de natation à eau courante sulfureuse (600.000 litres par jour). Cet établissement est alimenté par les dix sources des Œufs qui jaillissent à 2 kilomètres de Cauterets. L'eau est hyperthermale (53°). On la refroidit, à l'abri de l'air et sans mélange d'eau froide.

Indications. — Ce sont : les *plaies atones* ; les *rhumatismes* : articulaire, musculaire, nerveux, sans goutte ni gravelle ; le *lymphatisme*, la *scrofule ;* les *catarrhes utérins.*

5° Les néothermes de César, Rocher et Rieumiset. — Etablissement moderne avec installation complète d'hydrothérapie sulfureuse : buvettes, douches, bains, humages, pulvérisations, pédiluves, douches ascendantes, massages sous la douche. Ces Thermes sont alimentés par les sources de *Rocher*, de *Rieumiset* et par une dérivation de la source de *César.*

L'eau de *Rieumiset*, silicatée sodique, en boisson, est une eau de table très appréciée et stimule les fonctions d'assimilation et de nutrition. En traitement externe, l'eau chauffée, administrée en bains et en douches, est toni-sédative.

L'eau de *Rocher* (43° au griffon) peu sulfureuse (0 gr. 004) a une action sédative utilisée dans les cas où les autres sources sont trop excitantes. L'eau de *César* a eu ses indications décrites plus haut.

Indications de Rocher. — Cette eau est très efficace : dans les *pharyngo-laryngites chroniques*, de nature arthritique ; *dans les bronchites chroniques irritables*, *dans l'asthme*, et dans certaines *dermatoses.*

Indications de Rieumiset. — Cette eau s'adresse spécialement aux *utérines*, *aux névropathes* (neurasthéniques), aux débiles irritables.

6° et 7° Pré et Pré nouveau. — Ces Thermes qui reçoivent 300.000 litres par jour, possèdent une installation complète d'hydrothérapie avec buvette au griffon. Au *Pré Nouveau*, se trouve un aménagement perfectionné pour l'entéroclyse sulfureuse et le massage sous l'eau. L'eau est chaude (45°) et moyennement sulfureuse (0 gr. 013).

Indications. — Ces eaux agissent efficacement dans le *rhumatisme*, le *lymphatisme*, l'*atonie*, les *névropathies*. Beaucoup d'Espagnols viennent y faire, chaque année, « *une neuvaine de bains* ».

8° PAUZE-VIEUX. — Situé à l'Est de Cauterets (Thermes de l'Est), cet établissement possède une buvette, des bains et des douches. L'eau de Pauze-Vieux est chaude (40°) et sulfureuse moyenne (0 gr. 013).

Indications. — L'eau de Pauze réclame *les dermatoses torpides : l'eczéma sec* modérément prurigineux des herpétiques ; le *pityriasis versicolor ;* l'*impetigo* ; l'*urticaire ;* l'*acné ;* certaines formes de *psoriasis* ou de *lupus*.

9° BOIS. — Très éloignés, ces Thermes, de renommée ancienne, ont des piscines, des bains et des douches. L'eau est chaude (42°) et sulfureuse (0 gr. 010).

Indications. — L'eau de Bois produit des effets merveilleux chez les *rhumatisants*, les *névropathes*, les *névralgiques* ou *algiques viscéraux*.

10° PETIT-SAINT-SAUVEUR. — Thermes avec hydrothérapie complète : buvette, bains, douches générales et locales (vaginales). L'eau est chaude (34°) et sulfureuse (0 gr. 011).

Indications. — Ce sont *les affections gynécologiques :* inflammations utéro-ovariennes, et certaines névropathies.

CONTRE-INDICATIONS. — S'abstiendront de la cure de Cauterets, les sujets atteints :

1° D'états congestifs bronchitiques ou pulmonaires.

2° De cardiopathie mal compensée : d'artério-sclérose avancée.

3° De goutte ; de lithiase hépatique ou rénale.

4° De complications prurigineuses excessives de la peau.

Les enfants très jeunes ou trop nerveux, les adultes trop irritables, éviteront le traitement de Cauterets.

DISTRACTIONS. — Grand Casino des Œufs. Théâtre. Théâtre de la Nature. Concerts. Kermesses. Batailes de fleurs. Tir aux pigeons. Sports d'été : law-tennis, hasse à l'izard, au coq de bruyère, à la perdrix blanche. ports d'hiver (du 15 novembre au 15 mars) : skis, luges, toboggans, bobs-leigs, vaste patinoire sur l'Esplanade, tc.

PROMENADES ET EXCURSIONS. — A Campbasque, les Lacets, Mamelon Vert, la Reine Hortense, la Grotte de Calypso, les Eboulis de Lisey. Excursions à la Cascade de Cerisey, au lac de Gaube, au lac d'Estom, au ac d'Ileou, au Péguère, au Monné, au Cabaliros, au Pic d'Ardiden, au Col de Riou, au Val et au Port de Marcadaou, aux bains de Panticosa (Espagne). Ascensions du iscos, du Grand-Barbat, des Pics d'Enfer (3.200 m.) de a Fâche (3.105 m.), des Glaciers de Vignemale (3.298 m.), du Balaïtous (3.200 m.), etc.

MEDECINS. — MM. Bordenave, Bouyer père et fils, Depierris, Domer, Flurin, Guinier, Julia de Roig, Kowler, Labayle, Lamarque, Malibran, Mallebay, Mary, Meillon, Miquel-Dalton, Pégot, Rozier, Sénac-Lagrange, Sentein-Sipière.

HOTELS. — De 7 à 25 francs par jour.

CHALLES
(Savoie)

Station hydro-minérale. Spécialisation : Manifestations rhino-pharyngées et cutanées des lymphatiques et scrofuleux.

A 9 h. de Paris (vià Mâcon, Culoz).
A 7 h. de Marseille (vià Lyon).
A 2 h. de Lyon (vià Culoz).
A 12 h. de Bordeaux (vià Limoges, Lyon).
A 10 h. 30 de Toulouse (vià Tarascon, Valence, Lyon).
A 7 h. 30 de Montpellier (vià Tarascon, Lyon).

SITUATION ET DESCRIPTION. — Située à 5 kilomètres de Chambéry, dans la vallée de Challes, au pied de la colline de Saint-Michel. Un tramway à vapeur relie Challes à Chambéry. C'est une station familiale composée de plusieurs villas et hôtels et de l'établissement thermal.

ALTITUDE. — Cette station hydro-minérale est à 270 mètres au-dessus du niveau de la mer.

CLIMAT. — Climat tempéré et tonique. Orientée du Nord au Sud, protégée des vents d'Est par la colline de Saint-Michel, Challes jouit d'une température très agréable. Elle est préservée des grandes chaleurs, par les glaciers voisins.

SAISON. — Du 15 mai au 15 octobre. Cure de trois à quatre semaines.

SOURCES. — *Composition.* — Il y a deux sources à Challes, mais une seule est utilisée : la *Grande-Source*, dont la température est de 10°5. Elle débite 4.800 litres en 24 heures. L'eau est limpide, transparente ; de saveur sulfureuse et légèrement amère ; d'odeur faible. Elle a une grande *fixité*, à condition qu'elle soit à l'abri du contact de l'air. Elle est donc transportable. Sa minéralisation totale est de 0 gr. 99, comprenant : 0 gr. 513 de *monosulfure de sodium ;* 0 gr. 001 de *sulfure de fer ;* 0 gr. 155 de *chlorure de sodium ;* 0 gr. 012 *d'iodure de sodium ;* 0 gr. 010 de *bromure de sodium* ; du bicarbonate de soude, des silicates, etc.

On la classe : *Eau sulfurée, bromurée, iodurée, sodique, froide.*

MODES D'EMPLOI. — On fait usage de l'eau de Challes :

1° En *boisson*, froide ou tiédie à 30°, à dose plus ou moins forte (200 gr. à 800 gr. par jour).

2° En *traitement externe* qui comporte : les inhalations, les pulvérisations (froides ou tièdes), les irrigations nasales, les gargarismes, les grands bains sulfureux mitigés d'eau douce, les bains de pieds, le humage, les insufflations de vapeurs sulfureuses dans l'oreille moyenne.

ACTION PHYSIOLOGIQUE. — En *boisson*, elle suractive toutes les fonctions de l'organisme : excitation de l'appétit, de la digestion ; accélération de la circulation ; facilité de la respiration ; augmentation de la diurèse et des excrétions d'acide urique et d'urates.

En *traitement externe* (et interne) l'eau de Challes est reconstituante, antidiathésique, résolutive, et ne produit pas la fièvre thermale (pourvu qu'on soit guidé médicalement pendant la cure).

INDICATIONS GENERALES. — Les indications peuvent se résumer dans cette triade : *Lymphatisme*, *scrofulo-tuberculose*, *herpetico-arthritisme*.

INDICATIONS SPECIALES. — Ce sont :

1° Les SCROFULIDES BÉNIGNES et MALIGNES : gommes scrofuleuses ; engorgements ganglionnaires cervicaux et trachéo-bronchiques.

2° Les MALADIES CHRONIQUES des VOIES RESPIRATOIRES : rhinites catarrhales, atrophiques (*ozène*), syphilose nasale, poussées d'otites, végétations adénoïdes, pharyngites et laryngites catarrhales ou hypertrophiques ; catarrhe bronchique ; tuberculose au début, et à marche lente, torpide.

3° Les DERMATOSES : tous les *eczémas ;* toutes les catégories d'*acnés ;* le *prurigo*, l'*impetigo*, le *lupus érythémateux*, etc.

4° Les AFFECTIONS GYNÉCOLOGIQUES : métrites et périmétrites, leucorrhée.

5° La SYPHILIS héréditaire ou acquise. Possibilité d'un traitement mercuriel intensif.

CONTRE-INDICATIONS. — S'abstiendront du traitement de Challes :

1° Les artério-scléreux hyper ou hypotendus ; les cardiopathes à décompensation cardiaque.

2° Les éréthiques nerveux, accentués.

3° Les prédisposés aux congestions encéphaliques.

4° Les tuberculeux hémoptoïques, ou porteurs de lésions ulcéreuses du larynx.

DISTRACTIONS-EXCURSIONS. — Casino. Théâtre. Concerts. Excursions à la Cascade du Bout-du-Monde, aux ruines de Chignin-les-Marches, à Notre-Dame-de-Myans (pélerinage célèbre), aux Charmettes (maison de Jean-Jacques Rousseau) ; au lac du Bourget ; au lac d'Annecy, etc.

MEDECINS. — MM. Mathieu, Pethellaz, Raugé, Vincent.

HOTELS. — De 7 à 15 francs par jour.

CHATEL-GUYON

(Puy-de-Dôme)

Station hydro-minérale. Spécialisation : Entéro-colite muco-membraneuse des constipés, des intoxiqués.

A 6 h. 15 de Paris (vià Nevers, Moulins).
A 12 h. 45 de Marseille (vià Nîmes, Clermont).
A 5 h. de Lyon (vià St-Germain-des-Fossés).

A 11 h. 30 de Bordeaux (vià Limoges, Clermont).
A 11 h. 15 de Toulouse (vià Montluçon).
A 9 h. 30 de Montpellier (vià Nîmes).

SITUATION ET DESCRIPTION. — Châtel-Guyon est située dans un repli très pittoresque des premiers contreforts des Monts-Dômes, à 20 kilomètres de *Clermont-Ferrand*, à 5 kilomètres de *Riom*, sa gare d'arrivée. (Un tronçon de ligne à voie normale reliant directement *Riom à Châtel-Guyon* est en construction. On doit prolonger cette ligne jusqu'à Vichy, 50 kilomètres).

Châtel-Guyon comprend deux parties : la vieille ville bâtie autour d'une colline isolée, le *Calvaire*, au sommet de laquelle s'élevait autrefois le *Châtel* (château fort) de Guy II (Guyon).

A ses pieds, sur les deux rives du *Sardon*, dans un nid de verdure s'est élevée rapidement la nouvelle ville, la station thermale.

POPULATION. — Châtel-Guyon compte environ 2.000 habitants résidents. Mais le nombre des baigneurs s'élève à 25.000 en moyenne, par an.

ALTITUDE. — Cette ville d'eaux est à 400 mètres au-dessus du niveau de la mer.

CLIMAT. — Doux et sec, stimulant et tonique. La situation topographique de cette station dans une vallée ouverte seulement au levant, et protégée au Nord, au Sud, à l'Ouest, par des côteaux et des montagnes de sapins, la met à l'abri des vents violents. L'eau des pluies est drainée dans un sol granitique et perméable.

HYGIENE. — Eau potable vive, limpide et pure, amenée à grands frais de la montagne de Volvic. Réseau d'égouts parfait, avec *septic-tanks* et champ d'épandage. Régime alimentaire surveillé avec cartes de régime dans les hôtels.

SAISON. — Du 1er mai au 1er novembre. La cure est de trois à quatre semaines.

SOURCES. — *Composition.* — Jusqu'en 1902, on ne comptait que 26 sources qui fournissaient 1.600.000 litres par jour. Depuis lors, on a découvert deux grandes sources : *Germaine* (900.000 litres) et *Suzanne* (600.000 litres) ; ce qui fait 28 sources. De plus, on a procédé à des forages partiels et à de nouveaux captages pour les anciennes sources. C'est ainsi que la source *Marguerite* produit 1.200.000 litres (au lieu de 60.000) ; *Gubler* : 500.000 litres (au lieu de 150.000) ; *Gargouilloux* : 1.100.000 litres (au lieu de quelques centaines de litres).

Le débit total actuel des 28 sources est de 5 *millions* de litres par jour.

Les eaux de Châtel-Guyon sont limpides, incolores, sans odeur et légèrement salées. Leur température varie entre 20 et 38 degrés. Leur minéralisation totale, très complexe, atteint 8 gr. 39 par litre. On peut les classer : *Eaux chaudes*, *carbo-gazeuses* (acide carbonique libre : 1 gr. 112), *chlorurées sodiques* (1 gr. 633 de chlorure de sodium), *chlorurées magnésiennes* (1 gr. 563), et *bicarbonatées mixtes ;* accessoirement, *sulfatées sodiques*, *silicatées*, *lithinées et ferrugineuses*. Traces de fluor, d'arsenic, de soufre.

La caractéristique de l'eau de Châtel-Guyon, c'est sa forte teneur en CHLORURE DE MAGNÉSIUM. La *radio-activité*, *faible*, est égale à 0,1.

MODES D'EMPLOI. — L'eau de Châtel-Guyon est utilisée :

1° En BOISSON (qui constitue l'élément essentiel de la cure), soit exportée, avec *Gubler I* ; soit, aux buvettes de la station qui sont au nombre de cinq : trois buvettes chaudes, *Germaine* (36°), *Yvonne* (34°), *Deval* (33°) ; et deux buvettes tièdes, *Louise* (28°, ex-Gubler IV) et *Marguerite* (30°).

On boit habituellement (*sauf avis médical*) trois fois par jour, une heure au moins avant chacun des trois repas principaux, à doses faibles, progressivement croissantes (de 150 à 600 grammes par jour ; chaque dose est avalée en 2 ou 3 reprises à quelques minutes d'intervalle).

2° En TRAITEMENT EXTERNE. Le *bain carbo-gazeux à eau courante* est le *bain spécial* de Châtel-Guyon. C'est un vrai bain *champagnisant* dont l'eau sans cesse renouvelée arrive dans le fond de la baignoire, avec ses qualités natives, vivantes, à une température de 34° (bain tiède) ou de 28° (bain frais). Durée : vingt minutes.

Les *irrigations intestinales*, constituent une deuxième spécialisation de Châtel-Guyon. Elles se font à une température et une pression variables, avec une quantité d'eau minime (d'ordinaire) et au moyen des trois sondes spéciales de la station (*sigmoïde*, *médiocolique*, *bicourant*), le malade étant étendu sur un lit garni d'un matelas imperméable.

Les *douches sous-marines* consistent à donner aux malades dans la baignoire une douche-massage sur le ventre.

Accessoirement, on emploie en traitement externe, les *irrigations vaginales*, *les lavages de l'estomac*, *les bains de siège*, *les bains de pieds*, *les douches de gorge*, *les massages sous l'eau ; les bains de boues végéto-minérales*, locaux et généraux.

Comme *adjuvances de cure*, il existe des services complets d'*hydrothérapie*, de *massage*, de *mécanothérapie* (système Hertz) et d'*électrothérapie*. Tous ces traitements se font aux GRANDS THERMES et à l'ÉTABLISSEMENT HENRY, merveilleusement organisés. Le grand *Château-d'Eau* doit assurer l'alimentation en eau minérale et ordinaire de toutes les variétés d'hydrothérapie de l'Etablissement.

ACTION PHYSIOLOGIQUE. — L'eau de Châtel-Guyon *véritable sérum minéral*, a une double action : locale et générale.

1° LOCALE, *stimulante* de toutes les fonctions du tube digestif et des organes annexes, par l'action déconstipante, laxative, décongestionnante, désinfectante. Cette action est dûe surtout au *chlorure de magnésium*, à la silice, au chlorure de sodium, aux carbonates alcalins, à l'acide carbonique libre.

2° GÉNÉRALE, *tonique* et *reconstituante* de l'organisme entier par les éléments minéraux que l'eau restitue au plasma sanguin.

INDICATIONS GENERALES. — On peut les résumer dans une phrase : c'est la station désignée pour tous les *atones* et tous les *infectés du tube digestif*, et pour tous les *atones généraux*.

INDICATIONS SPECIALES. — Sont justiciables spécialement de Châtel-Guyon les malades atteints d'*affections de l'intestin* : ENTÉRO-COLITE MUCO-MEMBRANEUSE des constipés, des intoxiqués avec *digestions ralenties* et tendance à la congestion des rameaux portes (traitement par la boisson à jeun, à des doses faibles et espacées, par les bains à eau courante à 34° ou plus, par quelques irrigations intestinales ou par la galvano-faradisation de Delherm, les douches d'air chaud, le massage manuel et le régime alimentaire).

Les *suites opératoires* de l'appendicite ; *l'appendicite chronique ;* la *dyspepsie intestinale ;* la *lithiase intestinale ;* la *constipation simple* même sans fausses membranes ; les *hémorroïdes* sont rapidement améliorées à Châtel-Guyon.

INDICATIONS SECONDAIRES. — Ce sont :

1° Les *affections de l'estomac* : hypochlorhydrie, anachlorhydrie, dyspepsie nervo-motrice ou de fermentation, dilatation stomacale, dyspepsie atonique avec insuffisance sécrétoire.

2° *Certaines affections du foie* : congestion du foie des obèses, des paludéens ; diarrhée chronique consécutive à l'insuffisance ou à la congestion du foie ; acholie, ictère chronique, lithiase biliaire.

3° Les *affections de l'utérus* : métrites chroniques, congestions utérines, aménorrhée, dysménorrhée et certaines stérilités.

4° *Quelques maladies du rein et de la vessie* : la lithiase rénale, le catarrhe et l'atonie de la vessie.

5° Les *affections de l'appareil circulatoire* : congestions passives des centres nerveux, phlébites, ulcères variqueux.

6° Les *affections des pays chauds* : diarrhée de Cochinchine, dysentérie, entérites variées ; hépatites, splénites, malaria, anémie tropicale.

7° Les *maladies générales* : obésité, diabète gras, neurasthénie, chloro-anémie, lymphatisme.

8° La *débilité*, chez les enfants dyspeptiques et constipés, rachitiques et déminéralisés, fils d'arthritiques. Continuation de la cure à domicile.

CONTRE-INDICATIONS. — N'useront pas de Châtel-Guyon, les malades atteints :

1° D'états aigüs ou fébriles ; de *crises intestinales fréquentes et douloureuses.*

2° D'affections tuberculeuses ou cancéreuses du tube digestif.

3° D'affections du cœur et des gros vaisseaux ; d'athérome.

4° De constipation d'origine cérébrale ; d'hyperchlorhydrie.

5° De néphrites parenchymateuses, avec albuminurie abondante ; ou d'imperméabilité rénale.

DISTRACTIONS. — Casino. Théâtre. Concerts. Kermesses. Batailles de fleurs. Fêtes champêtres. Bals d'enfants. Festivals de nuit. Tennis. Croquet. Promenades dans le *Parc inférieur*, le long des rives du Sardon ; dans le *Parc supérieur*, (avec son annexe le *Chalusset*, petite montagne de sapins), où se trouve une petite Restauration en *loggia* gréco-romaine, une laiterie buvette et la Cité Ouvrière.

EXCURSIONS. — A la vallée de Prades, au Roc Errant, à la Vallée de Sans-Souci, au Château de Chazeron, à la Gorge d'Enval, à Riom, à Marsat et au Château de Saint-Genès, au Château de Châteaugay, à Royat, à Clermont-Ferrand, aux Carrières de Volvic, au Puy-de-Dôme (observatoire), aux mines de Pontgibaud, etc.

MEDECINS. — MM. Aubœuf, Baraduc, Bartoli, Baumann, Bayrac, Bonnet Saint-René, Chibret, Conchon, Esmonet, Foucaud, Gardette, Kolbé, Levadoux, Matignon, Mazeran, Pessez, Reboul, de Ribier.

HOTELS. — De 5 à 20 francs et plus par jour.

CONTREXEVILLE

(Vosges)

Station hydro-minérale. Spécialisation : Lithiase urinaire.

A 8 h. 30 de Paris (viâ Chaumont, Langres).

A 13 h. 30 de Marseille (viâ Lyon, Dijon).

A 8 h. de Lyon (viâ Dijon).

A 16 h. de Bordeaux (viâ Paris, Chaumont).

A 18 h. de Toulouse (viâ Tarascon, Lyon).

A 13 h. 30 de Montpellier (viâ Lyon, Dijon).

SITUATION ET DESCRIPTION. — Village entièrement caché dans une vallée ouverte du Sud au Nord, dans laquelle coule le ruisseau du Vair, Contrexeville est entourée de côteaux boisés, de forêts de chênes et de hêtres, et de prairies. Station du chemin de fer stratégique à deux voies qui relie Nancy au plateau de Langres, et met en communication les deux grandes lignes de l'Est, celle de Paris-Avricourt, avec celle de Paris-Belfort.

POPULATION. — Cette station compte environ 1.000 habitants.

ALTITUDE. — Contrexeville est à 320 mètres au-dessus du niveau de la mer.

CLIMAT. — Climat salubre de montagne, avec quelques variations brusques de température. Aussi est-il prudent de se munir de vêtements chauds et de vêtements légers, et de chaussures fortes. Absence de brouillards et de grands vents.

CONSTITUTION DU SOL. — Les eaux minérales sont séparées des eaux superficielles par une couche épaisse d'argile plastique.

HYGIENE. — Les eaux usées sont drainées par un système d'égout, composé de conduites collectrices en poterie anglaise de Doulton. Services de la voirie parfaits.

SAISON. — Du 20 mai au 20 septembre. La cure est de trois à quatre semaines.

SOURCES. — *Composition.* — Il y a six sources minérales, mais quatre sont plus spécialement utilisées : le *Pavillon* qui débite 244.800 litres par jour ; la source du *Prince* et la source du *Quai* qui débitent ensemble 110.210 litres par jour ; la *Souveraine*, qui donne 13.440 litres, en 24 heures.

Toutes les sources ont à peu près la même composition que celle du *Pavillon*, sauf le *Quai* un peu plus magnésienne, et la *Souveraine* qui se distingue, par l'absence de fer.

L'eau de Contrexeville a une température invariable, de 11°5, et une densité de 1.002. Elle est légèrement alcaline, avec une limpidité parfaite, une saveur fraîche et un arrière-goût ferrugineux. Elle est peu ou pas gazeuse.

Au point de vue minéral, elle contient par litre : 2 gr. 38 de minéralisation totale, composée de sulfates de chaux et de magnésie ; de bicarbonates de chaux, de lithine et de fer ; de silice et de traces de fluor et d'arsenic.

On peut la classer : *Eau froide sulfatée, bicarbonatée, calcique magnésienne, ferrugineuse, lithinée et silicatée.*

MODES D'EMPLOI. — L'eau de Contrexeville est utilisée *principalement* en boisson ; *accessoirement*, en traitement externe.

1° En BOISSON. On l'absorbe le matin, à jeun, froide ou tiédie, à doses progressives, en commençant les premiers jours par quelques demi-verres, pour arriver à 5 ou 6 grands verres au milieu de la cure. On boit ces verrées à intervalles d'un quart d'heure, pendant lesquels on déambule. Quelques médecins font boire le matin, au lit. Mais il est bon dans tous les cas, de consulter un médecin de la station. La cure du matin doit finir deux heures avant le premier repas qui a lieu vers dix heures et demie.

2° En TRAITEMENT EXTERNE, qui comporte les bains généraux ou locaux, les douches générales ou locales, et le massage sous l'eau.

ACTION PHYSIOLOGIQUE. — L'action de l'eau en boisson est multiple :

1° Elle a une action stimulante et tonique sur l'estomac.

2° Elle a une action laxative sur l'intestin.

3° Elle stimule et lave la glande biliaire.

4° Elle agit sur le rein, en provoquant une diurèse abondante.

5° Elle produit un amendement général de la nutrition : oxydations plus complètes donnant plus d'urée et moins d'acide urique. Sensation de remontement général.

INDICATIONS PRINCIPALES. — Ce sont :

1° La GRAVELLE qu'elle soit *urique* avec ou sans coliques néphrétiques (sables, graviers, petits calculs) ; qu'elle soit *oxalique ;* qu'elle soit *phosphatique* (*primitive*, liée à des troubles de la nutrition et de l'estomac ; ou *secondaire*, suite d'infection générale ou locale, pyélite, pyélo-néphrite), elle est toujours améliorée ; les urines, *d'alcalines deviennent acides, les douleurs disparaissent rapidement.*

2° La GOUTTE, ancienne ou récente, héréditaire au acquise, aiguë ou chronique est justiciable du traitement interne, sans bains ; et plus spécialement la *goutte atonique* avec dépôts tophacés, état cachectique, urines pauvres en couleur, en densité, en urée, en acide urique. Sont améliorées aussi, les complications goutteuses : iritis, irido-choroïdite, varices, phlébites goutteuses, rhumatisme goutteux ; l'albuminurie transitoire et secondaire au passage de cristaux d'acide urique.

3° Les MALADIES DU FOIE : *la gravelle biliaire ;* les congestions et engorgements du foie, des *dyspeptiques gros mangeurs*, des *obèses*, de certains *pléthoriques abdominaux*. Les HÉPATOPATIQUES fatigués, cachectiques, les HÉPATOPATIQUES BILIAIRES malades plus de leur foie biliaire que de leur foie sanguin, qui rendent boue, sable, gravelle et graviers biliaires, iront à Contrexeville.

4° La GLYCOSURIE d'anciens graveleux à gros calculs chez lesquels le sucre remplace le sable (petit diabète au-dessous de 60 grammes). Peu à peu le sucre diminue et l'acide urique augmente dans les urines.

5° La PYURIE, pyélite associée ou non à la gravelle. Cure douce et prolongée.

CONTRE-INDICATIONS. — Eviteront Contrexeville, les sujets atteints :

1° De lésions cancéreuses ou tuberculeuses.

2° De sténose pylorique, d'ulcus, d'hypersthénie gastrique.

3° De cardiopathies non compensées, ou d'anévrysmes.

4° D'accès de goutte récents. Laps d'un mois minimum, après la crise aiguë.

5° De néphrite, de cirrhose, ou de glycosurie trop abondante.

6° De rétrécissement uréthral serré, de pierre dans la vessie ou le bassinet, d'hypertrophie de la prostate.

COMPLEMENT DE CURE. — Hydrothérapie complète. Aérothérapie. Thermothérapie (appareils de chaleur obscure et de chaleur lumineuse, bains de lumière, douches d'air chaud, fumigations). Mécanothérapie (appareil arthromoteur du Dr Bidoux). Electrothérapie : radiographie, bain statique, d'Arsonvalisation, bains hydro-électriques, ionisation, etc.

DISTRACTIONS. — Casino. Théâtre. Concerts. Tirs au pistolet et à la carabine. Tennis, croquet, salle d'armes. Golf-links, club-house, au domaine d'Ageville (ferme des évêques). Concours hippique, fête des fleurs, etc.

EXCURSIONS. — Promenades aux côteaux boisés de la Glacière et de Bellevue, au vallon des Pâquis, à la Fontaine de Rond-Buisson, à la Fontaine de Champ-Calot. Excursions à Bulgnéville et retour par Suriauville, au Château de Houécourt, au Chêne des Partisans, au Vallon de Viviers-le-Gras, aux Forges de la Hutte, Verrerie de Clairey, à Vittel, Bourbonne-les-Bains, etc. Excursions en autobus (tous les jours) à Domrémy, Plombières, Gérardmer, etc.

MEDECINS. — MM. Aymé, Barnard, Boichox, Boucher, Boursier, Catat, Colin, Contal, Debout-d'Estrées, Etterlen, Gangloff, Graux, Jouffray.

HOTELS. — De 6 à 25 francs par jour.

DAX
(Landes)

Station hydro-minérale. Spécialisation : Modalités du rhumatisme chronique.

A 9 h. 30 de Paris (viâ Orléans, Bordeaux).

A 14 h. de Marseille (viâ Bordeaux).

A 16 h. 30 de Lyon (viâ Cette, Bordeaux).

A 2 h. 15 de Bordeaux (viâ Dax).

A 7 h. de Toulouse (viâ Tarbes).

A 11 h. 15 de Montpellier (viâ Toulouse).

SITUATION ET DESCRIPTION. — Chef-lieu d'arrondissement du département des Landes, sur la ligne de Bordeaux à Irun, la ville de Dax est bâtie sur les deux rives de l'Adour. C'est une station d'été et d'hiver, thermale et climatique.

POPULATION. — Dax compte environ 11.000 habitants.

ALTITUDE. — Cette station est à 30 mètres au-dessus du niveau de la mer.

CLIMAT. — La température est élevée, mais assez égale. La moyenne en hiver, est de 8 degrés. L'atmosphère est humide et balsamique (forêts de pins).

CONSTITUTION DU SOL. — Le sol, très perméable est formé par du sable et de l'argile.

SAISON. — La cure thermale se fait à toute époque de l'année ; mais les saisons les plus favorables sont le printemps, l'automne et l'hiver.

RESSOURCES THERAPEUTIQUES. — Dax jouit de trois ressources très importantes : les *eaux chlorurées sodiques ;* les *eaux sulfatées hyperthermales ;* les *boues végéto-minérales.*

I. — Les eaux chlorurées sodiques de Dax.

COMPOSITION. — Ces eaux proviennent des *Salines* voisines où l'on exploite le sel gemme. Elles contiennent 292 grammes 85 de chlorure de sodium, des chlorures de potassium et de magnésium, des traces de bromure. On emploie aussi les EAUX-MÈRES qui renferment 224 grammes de chlorure de sodium, et des EAUX-MÈRES CONCENTRÉES qui n'ont que 41 grammes de chlorure de sodium, mais qui contiennent 232 grammes de chlorure de magnésium et 7 grammes environ de bromure de magnésium.

MODES D'EMPLOI ET ACTION PHYSIOLOGIQUE. — Les eaux chlorurées sodiques sont utilisées, aux *Thermes Salins*, en bains de piscine ou de baignoire. L'eau salée est employée plus ou moins concentrée, coupée d'eau thermale ou additionnée d'eaux-mères. Les eaux salines activent les *mutations nutritives*, et selon le degré de concentration sont *sédatives*, *stimulantes*, *excitantes ou toniques*.

INDICATIONS. — Sont justiciables des eaux salées de Dax :

1° Les *lymphatiques*, les *scrofuleux*.

2° Les *tuberculeux à manifestations externes* : ganglionnaires, articulaires, osseuses.

3° Les *rachitiques*, les *anémiques*, les *chlorotiques*, les *utérines*.

II. — **Les eaux sulfatées mixtes hyperthermales.**

SOURCES. — *Composition*. — Il y a une douzaine de sources variant comme température de 38 à 64 degrés. Ce sont : le *Roth*, les sources *Saint-Pierre*, la *Fontaine Chaude* ou source de la *Néhe*, les *Thermes Romains*, les *Grands Thermes ; Bastion* et *Sainte-Marguerite*, le groupe du *Port*, le *Trou des Pauvres* ou *Demi-Lune*, *Séris*, le groupe des *Baignots : Pavillon*, *Manège* et *Geysers*. Elles débitent environ 10 *millions* de litres par jour. Les eaux sont limpides, incolores, inodores, onctueuses au toucher, sans saveur bien déterminée. Ce sont des sulfatées mixtes à minéralisation faible, contenant des sulfates de chaux, de soude, de magnésie, de potasse ; des carbonates de chaux et de fer ; des gaz : azote, oxygène, acide carbonique, *argon*, et *hélium*. Radio-activité très forte : (0,56 pour la *Néhe* ; 2,92 pour le *Trou des Pauvres*).

MODES D'EMPLOI. — Les eaux sulfatées mixtes de Dax sont utilisées :

1° En BOISSON, à dose variable et suivant les indications médicales.

2° En TRAITEMENT EXTERNE, dans les divers établissements de la station : bains simples de baignoire ou de piscine ; douches, étuves établies directement au-dessus des griffons.

ACTION PHYSIOLOGIQUE. — Les eaux sulfatées, en *boisson*, à petites doses et à 45° produisent une excitation légère des voies digestives ; à hautes doses, et à une température de 35° à 40°, elles provoquent une diurèse abondante, avec excrétion d'urée, de chlorure de sodium et d'acide phosphorique. Elles sont très dissolvantes de l'acide urique.

En *traitement externe*, surtout en bains, l'action des eaux sulfatées entre 33° et 36° est *sédative ;* elle est *excitante*, entre 37° et 40° ; et *révulsive* au-dessus de cette température.

INDICATIONS. — Les eaux sulfatées sont très utiles :

1° Dans la *lithiase urinaire*, le *catarrhe vésical*, la *congestion hépatique et certaines dyspepsies* (cure de boisson).

2° Dans *certaines affections nerveuses : hystérie, chorée, douleurs fulgurantes des tabétiques* (cure de bains tièdes).

III. — **Les boues végéto-minérales de Dax.**

COMPOSITION. — Les BOUES sont formées d'un double élément : *minéral et végétal*. L'élément *minéral* est constitué par le limon épais, gras, jaune que l'Adour, à chaque crue, dépose dans les bassins d'émergence des sources, et par l'eau thermale qui traverse constamment ce limon. L'élément *végétal* est constitué par la flore cryptogamique (*anabaïnées, oscillariées*) qui se développe dans ce milieu limoneux, sous l'influence de la lumière et de la chaleur. Ces algues thermales forment une masse gélatineuse, glaireuse, contenant la *Daxine* analogue à la Barégine.

Les deux éléments : *végétal et minéral*, intimément unis, constituent une boue noirâtre, douce, onctueuse au toucher, d'odeur d'hydrogène sulfuré. Cette boue contient, en plus des éléments minéraux : de l'eau thermale, de la *silice*, de l'*argile*, de la *chaux*, de l'*oxyde de fer*, du *sulfure de fer*, des *silicates d'alumine* et de *magnésie*, de l'*oxyde de manganèse*, du *brome*, de l'*iode*, des *sulfates*, et des *matières organiques*.

Les boues de Dax sont *radio-actives*, et possèdent une électricité négative considérable.

MODES D'EMPLOI. — Les BOUES sont utilisées dans les Etablissements des *Thermes*, des *Baignots*, *Séris*, *Saint-Pierre* et *Bains-Romains*.

On emploie les boues de Dax :

1° En *bains entiers*. Durée : 10 à 15 minutes. Température ordinaire : 43° à la partie inférieure, 36° à 37° à la partie supérieure.

2° En *demi-bains*, quand la maladie est localisée aux membres inférieurs.

3° En *bains partiels* : pédiluves, manuluves.

4° En *applications locales*, ou *illutations*, véritables cataplasmes de boues à la température de 35° à 45°, appliqués sur le siège du mal pendant 20 à 60 minutes. On se sert des *illutations*, quand la région malade est bien *délimitée* (région cervicale par exemple), quand le sujet est atteint d'une *cardiopathie grave* s'opposant au bain entier, quand l'application doit être très *prolongée*.

Toutes ces applications de boues générales ou locales, sont suivies soit d'un bain minéral, soit d'une douche.

ACTION PHYSIOLOGIQUE. — Les BOUES ont une triple action : *mécanique*, par la pression qu'elles exercent sur le revêtement cutané ; *électro-chimique*, par leurs éléments minéraux et leurs conferves ; *thermique*, par leur température élevée. Cette triple action produit un état fluxionnaire de la peau, réveille la vitalité des tissus, stimule l'activité des échanges nutritifs, provoque une diaphorèse abondante qui élimine une grande quantité de matières acides.

En résumé, les boues déterminent une *révulsion*, une *dérivation*, une *décongestion* et une *résolution* énergiques, tout en stimulant le système neuro-musculaire.

INDICATIONS SPECIALES DES BOUES. — Ce sont les diverses formes du rhumatisme chronique :

1° Le rhumatisme *articulaire chronique simple*.

2° Le rhumatisme *articulaire chronique, progressif* (noueux, goutteux, polyarthrite déformante).

3° Le rhumatisme *chronique partiel* (hanche, genoux).

4° Le rhumatisme *chronique fibreux péri-articulaire*, ou *abarticulaire* (synovites tendineuses).

5° Le rhumatisme *blennorrhagique* articulaire ou péri-articulaire.

6° Les *nodosités d'Héberden*.

7° Le rhumatisme *musculaire chronique*.

8° Les névralgies *sciatiques*, *intercostales*, etc.

INDICATIONS SECONDAIRES DES BOUES. — Ce sont : les hydarthroses chroniques ou à répétition, les raideurs articulaires consécutives aux fractures, luxations, entorses ; les ankyloses incomplètes, etc.

CONTRE-INDICATIONS. — N'useront pas des BOUES de Dax :

1° Les rhumatisants et les goutteux, à la période *aiguë*.

2° Les artério-scléreux avancés, les brightiques, les diabétiques.

3° Les cardiaques asystoliques ou myocarditiques.

4° Les malades atteints de phlébites.

5° Les tuberculeux pulmonaires, les cancéreux, les congestifs.

DISTRACTIONS. — Casino. Théâtre. Concerts. Courses de chevaux, de taureaux. Pêche. Chasse. Sports divers. Kermesses.

EXCURSIONS. — Au chêne de Quillacq, mesurant 9 mètres de circonférence ; dans son tronc, jaillit une source miraculeuse (pélerinage). A Saint-Paul-lès-Dax, à Saint-Vincent-de-Paul, à Tercis, à Bayonne, à Puyôo, etc.

MEDECINS. — MM. Bourretère père, Bourretère fils, Camiade, Delmas, Larauza, Lavielle, Mora, Pécastaing, Picot.

HOTELS. — De 5 à 15 francs par jour.

DIVONNE-LES-BAINS

(Ain)

Station hydro-minérale et climatique. Spécialisation : Manifestations nerveuses des arthritiques et des neuro-arthritiques.

A 11 h. de Paris (viâ Dijon, Bellegarde).

A 10 h. 15 de Marseille (viâ Lyon).

A 5 h. 15 de Lyon (viâ Culoz).

A 17 h. de Bordeaux (viâ Limoges, Gannat).

A 13 h. de Toulouse (viâ Lyon).

A 10 h. de Montpellier (viâ Tarascon, Lyon).

SITUATION ET DESCRIPTION. — Dans un site enchanteur, au beau pays de Gex, au pied du Jura, à deux kilomètres de la frontière suisse, Divonne domine le lac de Genève qui est distant de 7 kilomètres. Divonne est surtout célèbre par son établissement d'hydrothérapie complète qui s'élève au milieu d'un parc immense.

POPULATION. — Divonne compte environ 1800 habitants.

ALTITUDE. — Cette ville est située à 519 mètres au-dessus du niveau de la mer, et à 100 mètres au-dessus du niveau du lac Léman.

CLIMAT. — Climat tempéré, intermédiaire entre le climat de plaine et le climat de montagne. L'air y est très pur. Les matinées et les soirées sont fraîches, grâce au courant d'air qui s'établit entre la plaine et la montagne. La température moyenne du 1er juin au 1er octobre est de 18° à 24°. Divonne est protégée contre les vents du Nord et de l'Ouest par le Jura.

SAISON. — Toute l'année. Mais le printemps et l'automne sont préférables. En hiver, les hôtels et les passages couverts qui les réunissent à l'établissement sont maintenus à une température constante de 18 degrés.

SOURCES. — *Composition.* — Quatre sources alimentent l'Etablissement hydrothérapique de Divonne :

La source *Vidart* qui fournit l'eau pour les douches ; la source *Emma* qui fournit l'eau de la fontaine du Cygne ; la source *Ausone* et la source *Barbilaine* qui fournissent toutes deux l'eau des piscines.

Ces quatre sources débitent, *à la minute*, 85.000 litres d'eau qui jaillit de terre en bouillonnant. Sa température est constante, malgré la saison ; elle est de 7 degrés centigrades. L'eau est pure, limpide, aérée, agréable au goût et d'une digestion facile. Elle est très peu minéralisée ; elle contient des traces d'acide carbonique, de l'oxygène et de l'azote ; des bicarbonates de chaux et de magnésie, etc., etc.

ETABLISSEMENTS. — Ils comprennent :

1° Un *bâtiment spécial* qui abrite les piscines, les salles de douches et les appareils les plus perfectionnés et les plus modernes. Les salles de douches ont une superficie de 32 mètres carrés. Les douches sont alimentées par deux réservoirs au sommet d'une tour de quinze mètres, contenant l'un : 12.000 litres d'eau froide toujours nouvelle, et l'autre : 6.000 litres d'eau très chaude. Les piscines ont une eau constamment renouvelée par un courant continu de 1.200 litres à la minute.

2° Des *bâtiments réservés* aux malades dans un parc de 22 hectares. Les hôtels s'élèvent sur une terrasse orientée au midi et d'où l'on aperçoit le lac de Genève, le Mont-Blanc et les Alpes de Savoie.

Toutes les chambres du nouvel hôtel sont pourvues d'un bow-vindow ou d'un balcon couvert pour permettre la cure de repos et la cure d'air, même par mauvais temps. Le parc, immense, agrémenté de bois et de pelouses, permet les longues promenades, dans un isolement splendide, à l'abri des poussières des routes et des rayons trop chauds du soleil.

3° La *Ferme*, au centre des vergers et de grasses prairies, sur une éminence, d'où le regard embrasse tout le bassin du lac Léman, le Mont-Blanc, la chaîne des Alpes et le Jura. C'est un superbe point de vue dont on ne se lasse jamais. Un puissant télescope et une table d'orientation sont installés sur la terrasse d'une coquette salle de repos. La *Ferme* fournit d'excellents produits : lait (de vache, chèvre, anesse ou brebis), légumes, œufs et fruits nécessaires à l'Etablissement.

Le bétail de la *Ferme*, choisi parmi le plus sain du pays, bien soigné dans des écuries modèles, fait l'admiration de tous les connaisseurs.

De jolis petits ânes, sages et dociles, font la joie des promenades enfantines et des excursionnistes.

Rien n'a été négligé pour faire de cette propriété un séjour de repos et de délassement en pleine campagne dans un site admirable, d'où jaillit brusquement du rocher dans un bassin entouré de verdure, la « Divonne » qui fuit en cascades bouillonnantes à travers le Parc, en y répandant une délicieuse fraîcheur.

MODES DE TRAITEMENT. — Le traitement est surtout EXTERNE. Il consiste :

1° En DOUCHES : *douches froides en jet* (administrées par le médecin lui-même), *douches en pluie*, à pression graduée ; *douches d'appareils* (verticales, ascendantes, latérales) ; *douches tempérées* ou *chaudes*, *écossaises* ; *douche monstre de Priessnitz* ; *douches locales* (vaginales, périnéales, ascendantes).

2° En BAINS : de *piscines* d'abord tièdes, puis rapidement donnés froids à eau courante ; *bains alternants* (malade plongé dans un bain à 40°, puis à 8° ; de nouveau à 40° et enfin encore à 8°) ; *bains partiels et locaux* à température inégale, *demi-bains* refroidis, *bains de siège* à eau courante ; *bains et douches de vapeur*, *simples ou médicamenteux* (soufre, goudron, térébenthine) ; *bains d'acide carbonique* ; *bains hydro-électriques*.

3° En LOTIONS : *draps mouillés, maillots ou enveloppements humides de Priessnitz.*

On emploie aussi à Divonne le TRAITEMENT INTERNE OU CURE de DIURÈSE, en utilisant la source de *Divonne*, très pure, faiblement minéralisée, et dont les propriétés se rapprochent sensiblement de celles de l'eau d'Evian. Dose : cinq à huit demi-verres en 24 heures (graveleux, goutteux).

COMPLEMENT DE CURE. — Divonne possède d'autres ressources thérapeutiques :

1° Des *moyens physico-mécaniques* : électrothérapie, mécanothérapie, gymnastique suédoise, massage médical, massage vibratoire électrique.

2° La *cure d'isolement et de repos*. Hôtels et parc sont disposés pour cela.

3° Le *traitement moral* ou *psychothérapie*, méthode où excellent certains médecins, et qui consiste dans la *rééducation de l'attention, la rééducation de la volonté*, la lutte constante entre *le moi volontaire, la personnalité du malade et l'automatisme cérébral.*

4° *La cure d'air* (Divonne est une véritable station climatique) et la *cure de terrain* sur les sentiers en lacets et en pentes douces qui conduisent au sommet de la montagne de *Mussy* (800 mètres), par des marches et des exercices gradués.

5° Le *régime alimentaire spécial* n'intoxiquant pas les nerveux. Cartes de régime soumises à l'approbation des médecins de la station.

DUREE DU SEJOUR. — Il n'y a pas de limite bien définie. Tout dépend de la maladie en cours et de l'appréciation du médecin traitant. En général, il faut plus d'un mois pour obtenir un résultat appréciable. Quelquefois, plusieurs mois sont nécessaires dans certaines cures délicates.

INDICATIONS THERAPEUTIQUES. — On traite à Divonne :

1° Les AFFECTIONS NERVEUSES : *neurasthénie, psychasténie* (maladies de l'attention, de la volonté, aboulie, phobie, idées obsédantes). *Hystérie* et tous ses troubles ; chorée, goitre exophtalmique, paralysie agitante, épilepsie, tics, crampe des écrivains, psychoses douloureuses (mélancolie, hypocondrie).

2° Les *affections du tube digestif* : dyspepsies, entérites, constipation.

3° Les *intoxications*, les *infections* : paludisme, alcoolisme, morphinomanie, tabagisme.

4° Les *manifestations arthritiques* : obésité, diabète, goutte, asthme, migraine, névralgies.

5° Les *troubles génito-urinaires de l'homme et de la femme* : dysménorrhée, aménorrhée, métrorrhagie, pertes séminales, impuissance, incontinence nocturne d'urine des enfants.

6° La *faiblesse générale de l'organisme* : l'anémie, la chlorose, l'épuisement dû au travail intellectuel excessif, aux émotions, aux inquiétudes prolongées ; l'amaigrissement, les troubles de croissance, la convalescence de maladies graves.

DISTRACTIONS. — Dans un but thérapeutique, il n'y a pas de *Casino* et surtout pas de ROULETTE, pas de PETITS CHEVAUX. Il existe un théâtre où quelquefois se font applaudir des tournées parisiennes, mais où le plus souvent paraissent les malades qui sont tour à tour *auteurs*, *acteurs* et *spectateurs*.

Fêtes : batailles de fleurs. Sports d'été : tennis, pêche, chasse. Sports d'hiver : luge, ski, patinage.

EXCURSIONS. — 1° En ROUTE PLANE, par *la route d'Arbère* : à La Croix d'Arbère à Bellevue, Grilly, Sauverny, Mourex, Gex, Ferney ; *par la route de Nyon* : à Crassier, Celigny, Borez, Eysins, Nyon, Prangins.

2° En PENTE DOUCE *par la route de Plan* : à Plan, Villard, les Mouilles, Versenex, Recrède, la Rippe, Vendôme, Bonmont ; *par la route de Coppet* : à Tuilerie, Pont de la Divonne, Chavannes de Bogis, Châtaigneraies, Founex et le lac, Commugny, Coppet, Genève.

3° En PENTE ASSEZ FORTE, *par la route de Gex* : au Châlet de la Marguerite, au chemin de Mussy, à la Ferme de Mussy, au Signal du Mussy, à Mourex, Saint-Gix, La Toupe, Riant-Mont, Vesancy, Gex, La Faucille.

MEDECINS. — MM. Ballet, Ballivet, Bonnus, Roland, Vidart.

HOTELS. — De 7 à 30 francs par jour.

EAUX-BONNES

(Basses-Pyrénées)

Station hydro-minérale. Spécialisation : Affections catarrhales des voies respiratoires.

A 13 h. 30 de Paris (viâ Orléans, Bordeaux).

A 15 h. de Marseille (viâ Toulouse, Tarbes).

A 17 h. 30 de Lyon (viâ Tarascon, Toulouse).

A 5 h. de Bordeaux (viâ Dax, Puyôo).

A 7 h. 30 de Toulouse (viâ Tarbes).

A 12 h. de Montpellier (viâ Toulouse).

SITUATION ET DESCRIPTION. — Dans la vallée d'Ossau, à 40 kilomètres de Pau, à 4 kilomètres de Laruns (point terminus du chemin de fer du Midi, avec lequel elle est reliée par deux belles routes), la station d'Eaux-Bonnes est située sur le flanc de la montagne du Gourzy, dominée au Sud par le massif du Ger, séparée de la Montagne Verte par le torrent le *Valentin*, entourée de hêtres, de buis et de sapins avec, à l'entrée de la ville, le *jardin Darralde*, parc de 20.000 mètres complanté d'aulnes, de frênes, de platanes, de tulipiers.

POPULATION. — Eaux-Bonnes compte environ 850 habitants résidents ; mais elle reçoit, chaque année, plus de 10.000 touristes ou malades.

ALTITUDE. — Cette station est à 750 mètres au-dessus du niveau de la mer.

CLIMAT. — Climat de montagne, frais en été. La température moyenne est de 18° en juin ; 19° en juillet et août ; 16° en septembre. Par sa situation topographique, la station est abritée des vents violents. Atmosphère pure, ozonisée.

HYGIENE. — Eau potable, de source, captée à son point d'émergence. Le sol incliné assure le prompt écoulement des eaux de pluie. Un torrent, la *Sourde*, canalisé à 6 mètres sous terre, forme un égout collecteur des eaux usées. Désinfection sérieuse des locaux. Absence de poussière grâce au calme de l'atmosphère.

SAISON. — Du 15 mai au 15 octobre. Cure de trois à quatre semaines.

SOURCES. — *Composition*. — Il y a neuf sources qui fournissent 75.370 litres par jour, mais les plus connues sont : la *Source Orteig* (23°) qui alimente l'*Etablissement Orteig* ; la *Fontaine Froide* (13°) pour la buvette du *Pavillon de la Fontaine Froide*. Enfin, la *Source Vieille* qui fait la renommée des Eaux-Bonnes.

C'est de celle-ci qu'il s'agit dans la description suivante.

L'eau est chaude (33°), claire, limpide, onctueuse au toucher, de saveur douceâtre, peu odorante (odeur d'œufs cuits). La minéralisation totale est de 0 gr. 60. Elle renferme 0 gr. 0214 *de sulfure de sodium* ; 0 gr. 264 *de chlorure de sodium* ; 0 gr. 007 *de sulfure de calcium* ; une quantité notable de bromure et d'iodure de sodium ; des traces de métaux et métalloïdes, dont beaucoup sont à l'état colloïdal. La *radio-activité* est très nette : 0,66 à l'émergence. Elle contient des gaz : de l'azote, de l'oxygène et de l'hydrogène sulfuré sous forme de *sulfhydrate de sulfure*, et des gaz rares : *hélium*, *argon*. Point cryoscopique : 0,039.

On classe cette eau : *sulfurée*, *sodique*, *calcique*, *thermale*.

MODES D'EMPLOI ET ACTION PHYSIOLOGIQUE. — On utilise l'eau :

1° En BOISSON (principalement). On l'absorbe, selon

l'effet à obtenir, et suivant avis médical, à la dose de 10 à 12 cuillerées au début, jusqu'à trois ou quatre verres par jour. Elle excite l'appétit, stimule le *système nerveux* et *circulatoire* (action comparable à celle du café, provoquant l'insomnie). Elle augmente la *diurèse* avec élimination marquée d'acide urique. Mais elle agit surtout sur la muqueuse *pharyngée* et *laryngo-bronchique* (au début, exacerbation de la toux, augmentation des sécrétions bronchiques ; plus tard, arrêt des sécrétions et de la toux).

2° En TRAITEMENT EXTERNE (accessoire), avec la *source Vieille* et *Orteig*, dans le Grand Etablissement et l'Etablissement Orteig. Il consiste en bains, douches générales ou locales (*pharyngiennes*), gargarismes, pulvérisations, humage, irrigations nasales, pédiluves.

INDICATIONS PRINCIPALES. — Ce sont :

1° Les AFFECTIONS CATARRHALES DES VOIES RESPIRATOIRES : rhumes de cerveau chroniques, rhumes des foins, rhinites, pharyngo-laryngites, angines granuleuses, végétations adénoïdes (*non chirurgicales*) des enfants ; bronchites chroniques avec ou sans bronchorrée ; emphysème pulmonaire, asthme humide ou catarrhal ; pleurésies et pneumonies chroniques.

2° La PRÉTUBERCULOSE PULMONAIRE, dans la forme *apyrétique*. Conditions indispensables pour le traitement : *surveillance médicale* constante soit pour la quantité d'eau à absorber, soit pour le régime alimentaire et l'hygiène ; tuberculose *latente*, au début, ou même *confirmée* à condition que la lésion soit bien limitée, lente, sans retentissement sur l'état général, surtout quand le malade a un certain embonpoint et qu'il a des déterminations arthritiques franches (eczéma, gravelle, hémorrhoïdes).

INDICATIONS SECONDAIRES. — Trouveront une grande amélioration, à Eaux-Bonnes :

1° Les *anémiques*, les *chlorotiques*, les *neurasthéniques* (avec anémie), les *débiles*, les enfants *lymphatiques*, ou convalescents de rougeole, coqueluche, grippe, diphtérie, etc.

2° Les *utérines* (métrites du col). Cure par la source *Orteig*.

3° Certains *dyspeptiques* (atones). Cure par la source *Froide*.

4° Les sujets porteurs de *plaies* ou *d'ulcères* (eaux d'arquebusades).

CONTRE-INDICATIONS. — N'useront pas des Eaux-Bonnes les malades atteints :

1° D'états aigüs ou fébriles.

2° De cardiopathies mal compensées, de dyspnée intense et continue.

3° D'affections organiques du tube digestif.

4° D'affections congestives du cerveau, du foie et des reins.

5° De tuberculose, dans les cas suivants : tuberculose avec *hémoptysies faciles*, *répétées*, *tenaces* (un crachement de sang accidentel n'est pas une contre-indication) ; de tuberculose *laryngée* (sauf la laryngite irritative non folliculaire) ; de tuberculose *intestinale* (vomissements, diarrhée opiniâtre).

DISTRACTIONS. — Casino. Théâtre. Concerts. Fêtes. Pêche à la truite dans les gaves et lacs supérieurs. Chasse à la caille, à la grive, au coq de bruyère, à la perdrix blanche, au lièvre, au chevreuil, à l'isard, au sanglier. etc.

EXCURSIONS. — Promenades Horizontale, Eynard, Gramont et Jacqueminot, du gros Hêtre ou de l'Impératrice ; le tour des Cascades. Excursions à Eaux-Chaudes, à la Plaine de Ley, à la Cascade de Larressec, au col d'Aubisque, aux lacs d'Anglas et d'Uzious, aux Pics du Ger, de Gabizos, à la vallée d'Asson, etc.

MEDECINS. — MM. Beigbeder, Cazaux, Désirat, Menier, Rigoulet, Saint-Pé, Vidaud de Pomerait.

HOTELS. — De 5 à 15 francs par jour.

EAUX-CHAUDES

(Basses-Pyrénées)

Station hydro-minérale. Spécialisation : Affections utéro-ovariennes.

A 13 h. 30 de Paris (viâ Bordeaux).
A 15 h. de Marseille(viâ Cette, Toulouse).
A 17 h. 30 de Lyon (viâ Tarascon, Toulouse).
A 5 h. de Bordeaux (viâ Dax, Puyôo).
A 7 h. 30 de Toulouse (viâ Tarbes).
A 12 h. de Montpellier (viâ Toulouse).

SITUATION ET DESCRIPTION. — Séparé des Eaux-Bonnes, par la montagne de Gourzy, le petit village d'Eaux-Chaudes est situé dans une vallée boisée, sur le gave d'Ossau, et dépend de la commune de Laruns, qui est la station terminus d'un embranchement du chemin de fer du Midi.

POPULATION. — Cette station compte environ 700 habitants.

ALTITUDE. — Eaux-Chaudes est à 675 mètres au-dessus du niveau de la mer.

CLIMAT. — Climat tonique. La température moyenne du 15 juin au 15 septembre, est de 18°. L'orientation de la station *Nord-Sud* procure une ventilation et une fraîcheur agréables.

CONSTITUTION DU SOL. — Terrain calcaire à son point d'union avec le granit.

SAISON. — Du 15 juin au 15 octobre. L'établissement reste ouvert toute l'année.

SOURCES. — *Composition.* — Il y a sept sources exploitées : Le *Clôt* (36°), l'*Esquirette chaude* (35°), le *Rey* (33°5), l'*Esquirette tempérée* (32°) qui alimentent l'Etablissement thermal ; *Baudot* (25°), *Laressec* (24°), *Minvielle* (10°6), qui alimentent trois buvettes isolées.

Ces sources débitent en moyenne par jour 150.000 litres d'eaux limpides, incolores, douces au toucher, d'odeur sulfureuse, de saveur hépatique. Elles contiennent comme minéralisation : 8 à 9 milligrammes de sulfure de sodium ; 6 à 7 centigrammes de sels calciques ; 3 centigrammes de silicates alcalins, et de l'acide silicique. Elles renferment aussi de la barégine, des gaz : azote, *hélium*. Elles sont *radio-actives* (Moureu).

L'*Esquirette* a 0,66 à l'émergence.

On les classe : *Eaux thermales sulfurées sodiques faibles, calcaires, silicatées, radio-actives.*

MODES D'EMPLOI. — On utilise les eaux de toutes les sources en BOISSON, mais principalement en traitement EXTERNE : *bains, douches, pulvérisations*, et surtout en *irrigations vaginales* (spécialité de la station) données avec l'eau de l'*Esquirette* qui arrive directement de la source.

ACTION PHYSIOLOGIQUE. — Elle est multiple. L'eau agit :

1° En stimulant la *nutrition* (augmentation des échanges, élimination abondante de l'acide urique, des urates, des sulfates, des chlorures).

2° En activant la *circulation* (congestions actives du côté de l'appareil respiratoire et du système génital, sans réaction trop vive toutefois).

3° En modifiant l'innervation dans le sens *sédatif* (apaisement des douleurs).

INDICATIONS PRINCIPALES. — Ce sont :

1° Les AFFECTIONS GYNÉCOLOGIQUES : *troubles de la menstruation* (dysménorrhée, ménorrhagie, ménopause) ; les *vaginites*, les *métrites*, les *périmétrites*, les *congestions pelviennes* (précédées de soins médicaux ou chirurgicaux). Ces états pathologiques disparaissant, la *stérilité* qui en était la conséquence peut disparaître à son tour. (Source Esquirette).

2° Le RHUMATISME ÉRÉTHIQUE, des nerveux, des excitables. Les formes *articulaires*, *musculaires*, *névralgiques* peuvent être traitées à *l'état subaigu* sans causer de réaction nuisible, même quand les articulations ne sont pas encore dégonflées (S. du Rey).

3° Les NÉVROSES : *chorée*, *excitation*, etc. (Source du Rey).

INDICATIONS SECONDAIRES. — Trouveront du soulagement, les malades atteints :

1° D'*affections des voies respiratoires* : bronchites, laryngites *non bacillaires* (sources Baudot et du Clot).

2° De *débilitation générale*, grâce au traitement thermal et à la cure d'air, dans cette station qui est une résidence estivale de choix.

3° D'*arthritisme* (source Minvielle : *diurèse*, *lixiviation des tissus*).

CONTRE-INDICATIONS. — S'abstiendront des Eaux-Chaudes : les *brightiques*, les *diabétiques*, les *artérioscléreux*, les *cachectiques*, les femmes atteintes de *fibromes hémorrhagiques* et de *cancers utérins*.

DISTRACTIONS, EXCURSIONS. — Casino. Théâtre. Concerts. Excursions à la célèbre Grotte des Eaux-Chaudes qui a 450 mètres de profondeur avec torrent intérieur et cascade ; au gouffre de Bittet complètement aménagé avec des ponts et des passerelles ; à Goust, au-dessus du Pont d'Enfer ; au lac d'Artouste ; aux bains de Panticosa (Espagne) ; au Pic du Midi d'Ossau (2.885 mètres) ; à Gabas et Bious-Artigues, etc.

MEDECINS. — MM. Lévrier, Verdenal.

HOTELS. — De 5 à 14 francs par jour.

ENGHIEN-LES-BAINS

(Seine-et-Oise)

Station hydro-minérale. Spécialisation : Catarrhe chronique du larynx et des bronches.

A 10 minutes de Paris.
A 13 h. de Marseille (viâ Lyon)
A 6 h. 30 de Lyon (viâ Paris)
A 7 h. 30 de Bordeaux (viâ Orléans, Paris).
A 11 h. de Toulouse (viâ Limoges, Paris).
A 11 h. 30 de Montpellier (viâ Lyon).

SITUATION ET DESCRIPTION. — Situé dans une vallée, qui s'étend depuis le contrefort formé par les côteaux de Montmorency, et se continue jusqu'à la Seine au Sud et à l'Est, et jusqu'aux collines de Sannois et d'Argenteuil à l'Ouest, Enghien est à 12 kilomètres au nord de Paris, et au bord d'un lac de 50 hectares, non loin de la forêt de Montmorency.

POPULATION. — Enghien compte, en temps ordinaire, 5.000 habitants ; et pendant la saison, 8.000 habitants.

ALTITUDE. — Enghien est à 44 mètres au-dessus du niveau de la mer, et à 21 mètres au-dessus du niveau de la Seine.

CLIMAT. — Grâce à son orientation, Enghien est abrité des vents du Sud-Ouest par les buttes d'Orgemont, et des vents du nord par les côteaux de Montmorency. Température modérée. Climat doux et tempéré, très sain.

SAISON. — Du mois d'avril au mois d'octobre. Cure de trois à quatre semaines, au minimum.

SOURCES. — *Composition.* — Douze sources émergent d'un banc de calcaire, mais neuf seulement sont utilisées.

Ce sont les sources du *Roy* (anciennement *Cotte*), *Deyeux*, de *Puisaye* ou des *Roses*, *Peligot*, du *Lac*, du *Nord*, *Bouland*, *Coquil* n° 1 et *Coquil* n° 2.

Ces neuf sources débitent, par jour, 700.000 litres. L'eau est froide (10° à 13°), limpide au griffon, légèrement gazeuse, d'odeur et de saveur fortement hépatiques avec arrière goût fade. La minéralisation totale (0 gr. 90 environ) comprend du *sulfure de calcium* (0 gr. 116) ; de l'*acide sulfhydrique* (0 gr. 018), du sulfate de calcium, du chlorure de sodium, etc.

Ce qui caractérise l'eau d'Enghien, c'est sa forte teneur en principes sulfureux.

MODES D'EMPLOI. — L'eau d'Enghien est utilisée :

1° En BOISSON, soit aux buvettes (du *Roy* et *Deyeux*), soit à domicile, à la dose prescrite par le médecin traitant, avant les repas.

2° En TRAITEMENT EXTERNE qui comporte : les *gargarismes* ; les *bains sulfureux* de piscines ou de baignoires, purs ou mitigés d'eau douce, et chauffés à l'aide de serpentins ; les *inhalations*, les *pulvérisations*, les *douches nasales* et *pharyngiennes*.

ETABLISSEMENT THERMAL. — Ces diverses pratiques se font à l'*Etablissement thermal* qui contient : 80 salles de bains ; 6 salles de douches avec cabines de massage et de repos ; 4 salles d'inhalations et de pulvérisations : salles à 24° ou 25°, remplies d'une *poussière d'eau sulfureuse*, où les malades séjournent quelque temps, revêtus d'un manteau de caoutchouc ; 2 salles de douches nasales ; des piscines particulières à eau sulfureuse courante ; des bains de vapeur sulfureuse en caisse ; des pédiluves et des maniluves à eau sulfureuse courante ; des installations nouvelles, électriques, qui permettent de donner des bains hydro-électriques, hydro-sulfureux électriques, et des bains de lumière ; une annexe spécialement destinée à l'hydrothérapie simple et complète.

ACTION PHYSIOLOGIQUE. — L'eau d'Enghien produit une double action :

1° Une action *générale*, stimulante, tonique et reconstituante.

2° Une action *locale* : sur la peau et les muqueuses (principalement sur les voies respiratoires), déterminant une sédation marquée, après une première période d'excitation légère.

INDICATIONS PRINCIPALES. — Les affections traitées à Enghien, sont :

1° Les MALADIES des VOIES RESPIRATOIRES : *coryza, rhinite chronique* à forme catarrhale simple persistante, ou à récidives fréquentes, ou à forme sèche avec manifestations herpétiques (l'*ozène* est peu influencée) ; *pharyngites* catarrhales, granuleuses, rhumatismales, herpétiques ; *amygdalites* catarrhales chroniques, lacunaires caséeuses ; *hypertrophie* simple des amygdales ; *laryngites* catarrhales, chroniques, sèches, granuleuses ou tuberculeuses (à la première période et avec prudence) ; *bronchites* chroniques simples, sans diathèse, ou liées au lymphatisme et à la scrofule, ou coïncidant avec les lésions herpétiques de la peau ; *emphysème pulmonaire, asthme* (tous deux avec catarrhe bronchique prédominant) ; *tuberculose pulmonaire*, à forme lente, à marche chronique, non fébrile, jusqu'à la deuxième période.

2° Les DERMATOSES (en dehors de la période aiguë) des herpétiques, des scrofuleux : *eczéma* chronique, simple, impetigineux, fendillé ; *lichen*, *acné disseminata* et *rosacea* (couperose).

3° Les MALADIES des ORGANES GÉNITO-URINAIRES, de l'homme et de la femme : *blennorrhagie* ancienne des lymphatiques et débiles ; *aménorrhée*, *dysménorrhée*, *métrite chronique* et *leucorrée* des lymphatiques.

4° La SYPHILIS, à la période secondaire et tertiaire. Traitement mercuriel intensif, comme à Luchon et à Uriage.

INDICATIONS SECONDAIRES. — Ce sont :

1° Le *rhumatisme* articulaire, musculaire, chronique (en dehors de toute complication cardiaque) chez les débiles.

2° Le *lymphatisme*, la *scrofule* (scrofulides cutanées ou muqueuses).

3° Certaines *névroses* : asthme nerveux, neurasthénie.

4° Certaines *maladies de l'enfance* : suites de coqueluche, adénopathie trachéo-bronchique ; reliquats de rougeole sur les voies respiratoires ; post-cure de l'ablation des végétations adénoïdes.

CONTRE-INDICATIONS. — S'abstiendront des eaux d'Enghien, les malades atteints :

1° D'état fébrile continu ; de nervosité excessive.

2° De cardiopathie avancée, d'hypertension, d'artério-sclérose.

3° De goutte franche.

4° De tuberculose à marche aiguë, fébrile, hémoptoïque, ou trop avancée (deuxième et troisième période).

DISTRACTIONS. — Casino entièrement reconstruit en 1907 et 1908. Théâtre. Jardin des Roses au bord du lac. Champ de courses. Fêtes vénitiennes, feux d'artifices. Sports : tennis, pêche sur le lac ; régates à l'aviron, à la voile ; matchs de water-polo, joutes lyonnaises, etc.

EXCURSIONS. — A Saint-Gratien, château de la princesse Mathilde ; à Epinay, château du roi Dom François d'Assise ; à Argenteuil et Sannois ; à Saint-Denis (tombeaux des rois et reines de France) ; à Montmorency (ermitage de Jean-Jacques Rousseau) et dans la forêt ; à Ormesson ; à Soisy, à Saint-Leu (monument des Princes de Condé) ; à Taverny, à Pontoise, à Saint-Ouen-l'Aumône, à Paris.

MEDECINS. — Mme Delaruelle-Kowner ; MM. Beyrand, Hélary, Saury, Thibout, Weill-Spire.

HOTELS. — De 8 à 20 francs par jour.

EUGÉNIE-LES-BAINS

(Landes)

Station hydro-minérale. Spécialisation : Affections du tube digestif et des voies urinaires.

A 12 h. de Paris (viâ Orléans, Bordeaux).

A 17 h. de Marseille (viâ Toulouse).

A 19 h. de Lyon (viâ Cette, Toulouse).

A 5 h. de Bordeaux (viâ Morcenx, Tarbes).

A 9 h. de Toulouse (viâ Tarbes).

A 13 h. de Montpellier (viâ Toulouse).

SITUATION ET DESCRIPTION. — Dans l'arrondissement de Saint-Sever, près de Mont-de-Marsan, au fond de la vallée du *Bahus*, entourée de côteaux couverts de cultures (maïs, froment, vignes, prairies verdoyantes), se trouve Eugénie-les-Bains, à 14 kilomètres d'Aire-sur-l'Adour, gare sur la ligne de Morcenx à Tarbes, et sur la ligne du tramway d'Aire à Orthez.

POPULATION. — Cette station compte environ 600 habitants.

ALTITUDE. — Eugénie-les-Bains est à 80 mètres au-dessus du niveau de la mer.

CLIMAT. — Climat idéal pendant la saison ; la température est presque invariable ; les vents violents sont arrêtés par les côteaux du côté Nord. Au plus fort des chaleurs estivales, le *Bahus* petite rivière qui traverse Eugénie, apporte sur son parcours, une fraîcheur très appréciée.

SAISON. — De la fin mai au 1er novembre. Les malades qui vont dans les Pyrénées soigner leurs voies respiratoires, devraient débuter par une *cure d'introduction*, d'une quinzaine de jours, à Eugénie-les-Bains ; puis, gagner la station choisie, et revenir à Eugénie, après le traitement, pour effectuer une *cure de conclusion*.

SOURCES. — *Composition*. — On compte neuf sources, mais on en utilise quatre principales, de minéralisation à peu près analogue :

1° La source *Saint-Loubouer* (92.000 litres par jour, 19°5).

2° La source des *Boues* (2.124 litres, 13°).

3° La source des *Prés* (7.000 litres, 13°).

4° La source *Amélie* ou du *Bois* (12.000 litres, 16°).

L'eau est limpide, incolore, onctueuse, de saveur un peu sulfureuse, avec odeur légère d'œufs couvés. La température des sources varie de 16° à 20°. La densité de l'eau est de 1.001 à 1.002. La minéralisation totale est de 0 gr. 30. Ele contient du *sulfure de calcium*, du *sulfate de chaux*, des chlorures de soude et de potasse, des hyposulfites de chaux, des silicates, des carbonates, et une grande quantité de *matières organiques*. La source du *Bois* contient, en outre, des traces de sulfure de fer.

On classe l'eau d'Eugénie-les-Bains : *Sulfurée et sulfatée calcique froide*.

MODES D'EMPLOI. — On utilise les sources de cette station :

1° En TRAITEMENT EXTERNE : *bains*, *entéroclyses*, *douches* (dont la pression est fournie non par la pesanteur, mais par un générateur à vapeur).

2° En BOISSON, dans une buvette magnifique, complètement refaite en 1906, à l'entrée de l'Etablissement thermal.

ACTION PHYSIOLOGIQUE. — Les eaux d'Eugénie-les-Bains ont une triple action : elles produisent une *suractivité de l'hydrodynamique cellulaire*, une *action résolutive et reconstituante* (diurèse, désobstruction des viscères) et une *action sédative* remarquable sur le système nerveux.

INDICATIONS PRINCIPALES. — Ce sont :

1° Les MALADIES du TUBE DIGESTIF : *dyspepsies*, nerveuses, motrices, ou chimiques, surtout *hyperchlorhydriques* ; *gastralgie* ; *entéro-colites muco-membraneuses* ; *diarrhées chroniques* ; *auto-intoxication* intestinale.

2° Les NÉVROSES : hystérie, neurasthénie, excitation cérébrale par surmenage intellectuel ou moral.

3° Les AFFECTIONS CHRONIQUES DES VOIES URINAIRES : gravelle, cystalgies, catarrhes vésicaux.

4° Les DERMATOSES.

INDICATIONS SECONDAIRES. — Trouveront une amélioration à Eugénie-les-Bains :

1° Les arthritiques, les goutteux, les rhumatisants subaigus ou chroniques.

2° Les femmes atteintes de dysménorrhée, de leucorrhée.

3° Les pléthoriques atteints d'albuminurie cyclique.

4° Les catarrheux, bronchitiques,etc.

CONTRE-INDICATIONS. — Les principales contre-indications sont :

1° Les maladies trop avancées des poumons et du cœur.

2° Les états cachectiques.

EXCURSIONS. — Au château de Saint-Loubouer, à Geaune (ruines de la Collégiale), à l'ancienne abbaye de Saint-Jean de la Castelle, au plateau de Pécorade, à Saint-Sever d'où l'on domine la vallée de l'Adour, etc.

MEDECIN. — M. Labrit.

HOTEL. — De 4 à 6 fr. 50 par jour, au Grand Hôtel de l'Etablissement.

EUZET-LES-BAINS

(Gard)

Station hydro-minérale. Spécialisation: Asthme, insuffisance hépatique, gravelle.

A 13 h. de Paris (viâ Lyon, Tarascon).

A 3 h. 30 de Marseille (viâ Tarascon).

A 5 h. 30 de Lyon (viâ Tarascon).

A 12 h. 30 de Bordeaux (viâ Toulouse).

A 8 h. 30 de Toulouse (viâ Nimes).

A 4 h. de Montpellier (viâ Nimes).

SITUATION ET DESCRIPTION. — Sur la ligne *Tarascon-Martinet*, à peu de distance d'Uzès, la station d'Euzet-les-Bains est au Sud des Monts Bonquet, derniers contreforts des Cévennes. L'établissement thermal se trouve à 1.500 mètres de la gare d'Euzet-les-Bains, dans un parc de vingt hectares. On procède actuellement à la réfection des sources.

CLIMAT. — Tempéré, sans brusques variations.

ALTITUDE. — Euzet est à 130 mètres au-dessus du niveau de la mer.

SAISON. — De mai à octobre. De grandes galeries couvertes ou vitrées permettent aux malades de rester au grand air, par tous les temps.

SOURCES. — *Composition.* — Les eaux des deux sources buvettes d'Euzet : *La Valette* et *Béchamp* jaillissent d'un terrain lacustre. Elles débitent 80.000 litres par jour. Leur température va de 12°5 à 13°5. Leur minéralisation est ,en moyenne, de 3 et 2 grammes et comprend du *sulfate de chaux et de magnésie*, du BITUME, de l'hyposulfite de soude, de l'acide sulfhydrique libre, de l'acide carbonique, des gaz rares.

D'autres sources sont utilisées pour les bains et douches.

On classe cette eau : *sulfhydriquée, bitumineuse, sulfatée calcique, magnésienne froide.*

MODES D'EMPLOI. — Les eaux d'Euzet sont utilisées :

1° En BOISSON, soit à la source, soit à domicile, à la dose de 250 grammes à 500 grammes (ou plus, suivant avis médical) par quart de verre, le matin à jeun de préférence.

2° En TRAITEMENT EXTERNE : bains généraux (baignoires, piscine) ou locaux ; bains de siège à eau courante ; inhalations chaudes, étuves, pulvérisations, irrigations vaginales, douches utérines permettant d'irriguer toutes les cavités à la pression et à la température voulues (système du Dr Perrier).

ACTION PHYSIOLOGIQUE. — Ces eaux ont une action multiple :

1° Elles accélèrent les fonctions cellulaires, en général.

2° Elles activent la sécrétion du système glandulaire sous-diaphragmatique (intestin, foie, reins).

3° Elles décongestionnent les organes situés au-dessus du diaphragme (cerveau, poumons, muqueuses de la gorge, du nez, etc.).

4° Elles tonifient l'organisme par les sels de chaux et de magnésie.

5° Elles sont antiseptiques, par l'acide sulfhydrique et le bitume.

INDICATIONS GENERALES. — Euzet réclame toutes les affections *catarrhales des muqueuses* : *bronchique, digestive et urinaire*.

INDICATIONS SPECIALES. — Ce sont :

1° L'ASTHME (*spécialisation de la station*).

2° L'*insuffisance hépatique*, la congestion du foie.

3° Les *lithiases biliaire* et *rénale* (gravelle) .

4° L'*artério-sclérose* (résultats remarquables).

INDICATIONS SECONDAIRES. — Le traitement d'Euzet est encore très efficace :

1° Dans les séquelles de maladies infectieuses : scarlatine, rougeole, fièvre typhoïde, et *surtout dans les suites de grippe*.

2° Dans la neurasthénie, l'albuminurie, et l'arthritisme en général (goutte, diabète, etc.).

MEDECIN. — M. Perrier.

HOTEL. — De 5 à 12 francs par jour.

ÉVIAN-LES-BAINS

(Haute-Savoie)

Station hydro minérale. Spécialisation : Manifestations de l'arthritisme et de l'artério-sclérose.

A 10 h. de Paris (viâ Macon, Culoz).

A 12 h. de Marseille (viâ Lyon).

A 5 h. 15 de Lyon (viâ Culoz).

A 18 h. de Bordeaux (viâ Limoges, Lyon).

A 16 h. de Toulouse (viâ Cette, Lyon).

A 12 h. de Montpellier (viâ Lyon).

SITUATION ET DESCRIPTION. — Chef-lieu de canton du département de la Haute-Savoie, sur les derniers contreforts des Alpes de Savoie, Evian est située dans un site enchanteur, le long de la rive méridionale du lac Léman, et s'étage en amphithéâtre jusqu'au sommet d'un plateau boisé.

ALTITUDE. — Evian est à 385 mètres au-dessus du niveau de la mer.

POPULATION. — Cette station compte environ 3.000 habitants.

CLIMAT. — Tempéré, sans brusques variations atmosphériques. Ce climat possède une action tonique et *sédative* remarquable. L'air est exempt de poussière. Les chaleurs de l'été sont modérées grâce à la brise du lac.

SAISON. — Du 1er mai au 15 octobre. La durée de la cure est variable ; elle est habituellement de trois semaines au minimum.

SOURCES. — *Composition.* — Il y a un grand nombre de sources minérales à Evian, entre autres la source des *Cordelliers*, la source *Bonnevie*, la source de *Clermont*. Mais la plus importante est la source CACHAT universellement connue. Elle débite 596 litres à la minute. L'eau est froide (12°), bien aérée, légère, agréable au goût. Claire et limpide sous un petit volume, elle paraît bleue, en masse. Son poids spécifique est de 1.008. Sa minéralisation totale est très faible : 0 gr. 3172 par litre. Légèrement alcaline, on la classe : *Bicarbonatée calcique et magnésienne.* L'ionisation de ses éléments est totale, excepté le carbonate de chaux incomplètement ionisé.

MODES D'EMPLOI. — L'eau d'Evian est surtout utilisée en *boisson*, soit à la station, soit à domicile (on exporte *douze millions* de bouteilles par an) ; accessoirement, on l'emploie en *traitement externe*.

1° En BOISSON. On absorbe l'eau le matin, à jeun, froide ou tiédie, à doses progressives, en commençant par de petites doses pour arriver à 5 ou 6 grands verres au milieu de la cure. L'ingestion se fait soit au lit, en décubitus dorsal (méthode du Dr Cottet) ; soit en déambulant dans les galeries de cure. En tout cas, l'absorption doit être terminée une heure et demie avant le premier repas.

2° En TRAITEMENT EXTERNE, qui se fait à l'Etablissement thermal, inauguré en 1902, et qui contient des piscines communes et individuelles, de grandes salles pour les douches froides ou chaudes, des salles spéciales pour les douches ascendantes, pour les bains d'acide carbonique effervescent, pour les douches sous-marines, pour les bains-douches sous l'eau de Berthe, etc.

ACTION PHYSIOLOGIQUE. — L'action principale (*type*) de l'eau d'Evian, est une action nettement diurétique, et par suite désintoxicante. D'après l'étude du Dr Chiaïs (1910), l'eau d'Evian (Sources *Cachat* et *Cordelliers*) :

1° S'élimine totalement par les voies urinaires, quinze

à seize fois plus vite que les eaux de source non minéralisées.

2° Active les fonctions nutritives des éléments anatomiques.

3° Provoque la réduction totale des matières albuminoïdes.

4° Active, puis régularise l'élimination des chlorures urinaires.

5° Active la réduction de l'oxyhémoglobine.

6° Réduit complètement l'*indosé* urinaire : c'est-à-dire l'ensemble des corps organiques contenus dans l'urine que l'on ne dose pas directement par les procédés habituels.

INDICATIONS GENERALES. — Evian réclame les *arthritiques*, les *goutteux*, les *uricémiques*.

INDICATIONS PRINCIPALES. — Ce sont :

1° L'ARTÉRIO-SCLÉROSE, soit au début : *présclérose*, se manifestant seulement par de l'hypertension ; soit plus avancée, sous forme de *cardiopathie artérielle* ou de *néphrite interstitielle* (*sclérose cardio-rénale* de Huchard). En combinant la cure de *diurèse* (absorption, en position couchée, d'un demi- litre à un litre d'eau Cachat, le matin à jeun), avec le *régime déchloruré* suivi ou non de bains et de massages, on obtient des résultats remarquables au bout de trois semaines environ, si la sclérose viscérale n'est pas trop accentuée. Quand, par ce traitement, la polyurie de cure ne s'établit pas, le pronostic devient très réservé.

2° La GRAVELLE *urique* ou *oxalique*, avec rejet de sable fin ou de petits graviers, avec douleurs lombaires et irradiées, coliques néphrétiques ; *gravelle phosphatique* primitive, ou secondaire liée à l'infection urinaire .Cure de boisson abondante, en une seule fois le matin, suivie ou non de bains chauds ou de douches tièdes.

3° Les AFFECTIONS URINAIRES CHRONIQUES des bassinets, des uretères, de la vessie et de l'urèthre : *pyélites* associées ou non à la gravelle ; *pyélo-néphrites ; cystites chroniques* non tuberculeuses (sans cystalgie trop accentuée) ; *uréthro-cystites* avec ou sans prostatite, pourvu qu'il n'y ait pas de barrage organique ou fonctionnel trop important, s'opposant à l'évacuation de l'urine, comme le rétrécissement serré de l'urèthre, l'hypertrophie considérable de la prostate.

4° L'ALBUMINURIE liée à l'irritation du rein plutôt qu'à son inflammation, telle que l'*albuminurie* des *graveleux*. Sont aussi justiciables d'Evian : l'*albuminurie résiduelle d'infection* (grippe, pneumonie, diphtérie) ; l'*albuminurie* de *grossesse*, *intermittente* ou *orthostatique*.

Au cas de néphrite confirmée, la cure minérale prudente, en attitude couchée, unie à la cure de déchloruration concomitante (Bergouignan) peut être essayée.

5° La GOUTTE, sous toutes ses formes : goutte asthénique, goutte compliquée d'albuminurie, de polyurie avec bruit de galop et hypertension ; goutte à manifestations lithiasiques : rénales ou hépatiques ; à manifestations abarticulaires (congestions hépatiques, névralgies, etc.). Le goutteux doit s'abstenir de bains pendant la cure (*purement interne*).

6° Certaines AFFECTIONS DU FOIE : la *cholémie* simple, familiale ; la *lithiase biliaire* (surtout quand elle est associée à la lithiase urinaire) des anémiés ou des affaiblis.

7° Le DIABÈTE ARTHRITIQUE par hyperhépatie ou hyperfonctionnement du foie ; la *glycosurie* compliquée de gravelle ou d'albuminurie ; et (d'après le Dr Chiaïs) le *diabète hypoazoturique*.

8° Certains ÉTATS TOXIQUES et TOXÉMIQUES : neurasthénie, migraine ; auto-intoxication par rétention chlorurée.

INDICATIONS SECONDAIRES. — Seront améliorées les affections suivantes :

1° Les *dyspepsies gastro-intestinales* : entérites muco-membraneuses avec tendance à la diarrhée ; spasmes intestinaux ; hyperchlorhydrie.

2° L'*obésité* (par la cure d'eau associée à la cure de régime).

3° La *chlorose* dérivant de l'arthritisme ; l'anémie de croissance.

CONTRE-INDICATIONS. — Les contre-indications sont presque toutes relatives. Elles concernent les malades atteints :

1° De sténose pylorique, d'hypersthénie gastrique, d'ulcère de l'estomac.

2° De cirrhose hépatique avancée ou d'hypertension portale.

3° De cardiopathie décompensée.

4° D'artério-sclérose avancée, quand, après la cure en position couchée, l'hypertension artérielle s'accroît au lieu de diminuer.

5° De néphrite, si le taux de l'albumine a tendance à augmenter pendant le traitement.

6° D'insuffisance de perméabilité rénale ; de rétention incomplète d'urine due à un obstacle exogène ou endogène (rétrécissement de l'urèthre, grosse prostate, pierre dans le bassinet ou la vessie).

7° De tuberculose pulmonaire ou rénale ; de cancer.

COMPLEMENTS DE CURE. — Cure d'air dans un site admirable. Cures de régime (l'Ermitage), de terrain (plat et accidenté). Bains de lumière. Massage suédois. Salle système Zander. Mécanothérapie. Bains et douches statiques. Rayons X.

DISTRACTIONS. — Casino. Théâtre. Concerts. Fêtes vénitiennes ; fêtes des Roses d'Evian. Régates sur le lac ; canotage à la voile, à l'aviron. Sports divers : tennis, golf, etc.

EXCURSIONS. — Aux Gorges de la Dranse ; à la Cascade de Pissevache ; à Zermatt, vue des glaciers de Gornegrat ; à Lausanne, Vevey, Genève, au château de Chillon. Magnifique excursion, en une journée de chemin de fer électrique, par Annemasse, Chamonix, Argentière, Vallorcine, Gorges du Trient, Martigny et retour à Evian.

Tour du lac Léman en bateau. Ascension des monts

Benant (1.400 mètres), César (1.530 mètres), la Dent d'Oche (2.235 mètres), Cornettes de bise (2.439 mètres), la Dent du Midi (3.285 mètres), etc. .

MEDECINS. — MM. Arnulphy, Badin, Bataille, Bergouignan, Bordet, Chiaïs, Cottet, Dufour, Dumur, Francina, Grisel, Mme Jacobson, Lamarre, Soulier, Trombert.

HOTELS. — De 6 à 25 francs par jour.

FORGES-LES-EAUX

(Seine-Inférieure)

Station hydro-minérale. Spécialisation : Anémie, chlorose, chloro-anémie.

A 2 h. 30 de Paris.	A 1 h. de Dieppe.
A 15 h. de Marseille (vià Paris).	A 1 h. d'Amiens.
A 10 h. de Lyon (vià Paris).	A 1 h. 30 du Hâvre.
A 50 minutes de Rouen.	A 3 h. de Lille.

SITUATION ET DESCRIPTION. — Chef-lieu de canton, situé dans la partie la plus boisée du pays de Bray, Forges-les-Eaux est dans la région la plus haute et la plus belle de la Normandie communément appelée la « *Petite Suisse normande* » ,à 10 lieues de la mer. L'Etablissement se trouve dans un parc magnifique de 15 hectares, traversé par la rivière de l'Andelle. Ligne du chemin de fer Paris-Dieppe, par Pontoise.

ALTITUDE. — Forges est à 168 mètres au-dessus du niveau de la mer.

CONSTITUTION DU SOL. — Le sol est formé d'argiles bigarrées, des ables ferrugineux (grès), d'argiles fines (grises, bleues).

CLIMAT. — Bâtie sur le versant d'une colline, Forges-les-Eaux est abritée contre les vents du Nord. Son climat offre beaucoup d'analogie avec celui d'Evian qui est sédatif. La température y est toujours modérée, (en moyenne, 22° pendant la belle saison). L'air y est vif et rafraîchissant, grâce au voisinage de la mer, dont la brise se fait sentir jusque dans le parc.

SAISON. Du 1er juin au 1er octobre. Cure de trois à quatre semaines.

MODES D'EMPLOI DES EAUX. — L'eau est surtout utilisée en boisson, mais la cure trouve un précieux adjuvant dans l'emploi des bains, des douches et du massage. Le traitement est administré dans un établissement parfaitement agencé, qui contient de nombreuses cabines de bains, et deux salles de douches pour hommes et femmes.

SOURCES. — *Composition.* — Les eaux de Forges sont froides, à une température constante de 7°. Elles sont limpides, transparentes, inodores, de saveur fraîche, agréable et piquante.

Leur goût, acidulé avec la *Reinette*, devient ferrugineux avec la *Royale*, et styptique (absolument le goût d'encre) avec la *Cardinale* ce qui atteste la richesse en fer de cette dernière source. Elles contiennent le fer à l'état *colloïdal* et exercent à la fois une action *oxydasique* et une action *hématogène*. Minéralisation, en protocrénate de fer :

Cardinale	0 gr. 098	par litre
Royale	0 gr. 067	—
Reinette	0 gr. 022	—

Elles contiennent, en outre, du manganèse et sont légèrement radio-actives (Curie).

ACTION PHYSIOLOGIQUE. — Ce sont les eaux de Forges qui ont donné naissance, en France, à la thérapeutique hydro-minérale reconstituante. Elles ont été proposées comme le *modèle des eaux ferrugineuses* de premier ordre, par l'auteur du « Système des connaissances chimiques ».

M. le professeur Albert Robin les présente comme des *eaux types*. Ces eaux possèdent, dit l'éminent chimiste, l'immense avantage de renfermer les éléments essentiels de la reconstitution des globules rouges et de favoriser la nutrition, en relevant l'activité des échanges et des oxydations azotées, lorsque le coefficient d'utilisation s'abaisse au-dessous de la normale (*Traité de Thérapeutique appliquée*).

INDICATIONS PRINCIPALES. — Forges réclame :

1° Les ANÉMIES, particulièrement les *états anémiques des neuro-arthritiques* résultant des altérations humorales profondes qui ont entraîné, à leur tour, d'abord les troubles fonctionnels, puis les lésions tissulaires des organes et du sang. Dans ce cas, les eaux de Forges ont une efficacité merveilleuse. Ne constipant pas, elles possèdent le précieux avantage de ne pas augmenter la pression sanguine, chez les neuro-arthritiques anémiés, dont la tension artérielle tend à dépasser la normale.

2° Certaines NÉVROSES : principalement la *neurasthénie* avec anémie ; la chorée, l'hystérie.

3° La GRAVELLE, la GOUTTE. Les eaux de Forges ont une action diurétique manifeste grâce à leur minéralisation totale peu élevée, et à la présence de la silice qui, sous forme de silicate de soude, dissout les *productions uriques*.

4° Certaines AFFECTIONS CHRONIQUES DES VOIES URINAIRES : *cystites*, *pyélites*, *pyélo-néphrites*.

5° Les TROUBLES GASTRO-INTESTINAUX : dyspepsies, gastralgies, vomissements, diarrhées, dysenterie chronique.

6° Les AFFECTIONS GYNÉCOLOGIQUES suivantes : troubles de la menstruation soit à la puberté, soit à la ménopause ; les ménorrhagies ; les affections utérines subaiguës ; les métrites, suites de fausses couches, etc.

7° La CACHEXIE PALUDÉENNE.

CONTRE-INDICATIONS. — Il n'y a pas de contre-indication bien nette pour la *Reinette* qu'on peut boire sans inconvénient en grande quantité, même à table, comme cela se fait habituellement à Forges.

Par contre, s'abstiendront de la *Royale* et de la *Cardinale* :

1° Les cardiopathes ou cardio-artériels.

2° Les congestifs (tendance à la congestion cérébrale) ; les pléthoriques.

3° Les tuberculeux pulmonaires, sauf à la première période.

DISTRACTIONS. — Casino splendide avec salle de théâtre spacieuse. Canotage sur le lac de l'Etablissement. Pêche. Jeux variés : tennis, etc.

EXCURSIONS. — Au château du Fossé, aux ruines de l'abbaye de Beaubec, aux châteaux de Saint-Michel d'Halescourt, du Héron et d'Argueil ; au monastère de Clair-Ruissel, à la chapelle du Mesnil, à l'église des Noyers ; vers les hauteurs de La Ferté, de Sainte-Geneviève, etc.

MEDECINS. — MM. Bellon, Bouquet, Nicolas.

HOTELS. — De 7 à 20 francs par jour. Nombreuses villas.

GRÉOUX-LES-BAINS
(Basses-Alpes)

Station hydro-minérale. Spécialisation : Manifestations arthropathiques, cutanées et respiratoires.

A 16 h. 30 de Paris (via Marseille).

A 4 h. 30 de Marseille (via Manosque, Mirabeau).

A 9 h. 30 de Lyon (via Marseille).

A 16 h. 30 de Bordeaux (via Marseille).

A 12 h. 30 de Toulouse (via Marseille).

A 8 h. de Montpellier (via Marseille).

SITUATION ET DESCRIPTION. — Au centre de la Provence, sur le versant le plus méridional des Alpes, Gréoux est dans une riante vallée à la végétation luxuriante. Le pin d'Alep, le chêne vert, l'olivier, le jasmin, le grenadier à l'état sauvage, y croissent au milieu des plantes aromatiques de la zone méditerranéenne : thym, romarin, lavande, aspic, genêt, qui embaument l'atmosphère de leurs délicieuses senteurs. Le Verdon, aux *eaux vertes*, affluent de la Durance, coule au pied de l'Etablissement thermal qui est édifié dans un parc ombreux de 10 hectares, jalonné d'arbres séculaires.

ALTITUDE. — Gréoux est à 400 mètres au-dessus du niveau de la mer.

CLIMAT. — Climat tempéré ; à l'abri des vents violents du Nord-Ouest, par une longue chaîne de montagnes qui s'étalent de l'Est à l'Ouest. La chaleur n'est pas excessive l'été, grâce aux frais ombrages du Parc, et au courant d'air qu'apporte le *Verdon*. D'autre part, les brusques variations atmosphériques sont inconnues dans cette station privilégiée.

SAISON. — Du 15 mai au 15 octobre. Cure moyenne de trois à quatre semaines.

SOURCE. — *Composition.* — Gréoux possède une source qui débite *un million* 700.000 *litres par jour.* L'eau est à 36°7, et se rapproche ainsi de la température humaine. La minéralisation totale est de 2 gr. 619, comprenant *du sulfure de calcium* (0 gr. 05) ; des *chlorures de sodium* (1 gr. 541) et de *magnésium* (0 gr. 195) ; des sulfates de soude (0 gr. 150) et de chaux (0 gr. 156) ; des carbonates de chaux (0 gr. 155) et de magnésie (0 gr. 059) ; de la silice (0 gr. 010) ; de l'alumine (0 gr. 049) ; de l'*iodure et bromure de sodium* (0 gr. 064) ; des gaz : azote, et *hydrogène sulfuré* (0 gr. 00157).

L'eau de Gréoux contient encore de la barégine ou glairine, des matières gélatineuses, conforves et sulfuraires.

On classe cette eau : *sulfurée*, *chlorurée*, *bromoiodurée*, *thermale*.

MODES D'EMPLOI. — L'eau est utilisée :

1° En BOISSON, précédée ou non de gargarismes, à dose variable (suivant avis médical), une heure au moins avant les repas.

2° En TRAITEMENT EXTERNE, qui comporte : les *bains généraux* de baignoires et de piscines à eau courante et renouvelée ; les *bains locaux* ; les *douches* générales ou spéciales (irrigations vaginales, intestinales) ; les *inhalations*, les *pulvérisations*.

Comme adjuvance du traitement thermal, on emploie le massage simple et le massage sous l'eau.

ACTION PHYSIOLOGIQUE :

1° En *traitement externe*, l'eau de Gréoux grâce à sa barégine, grâce à sa thermalité idéale, possède une action lénitive manifeste sur les tissus : cutané et muqueux.

2° En *cure combinée* (boisson et pratiques externes), l'eau agit par son soufre sur les appareils : respiratoire, circulatoire, urinaire ; par son iodure de sodium, elle fond les déchets arthritiques localisés, soit dans les vaisseaux, soit dans les muscles, les articulations et les gaines synoviales. Son bromure tempère l'action trop excitante du soufre.

INDICATIONS PRINCIPALES. — Ce sont :

1° Le RHUMATISME CHRONIQUE : articulaire, musculaire, nerveux.

2° Le LYMPHATISME et ses manifestations cutanées, muqueuses, ganglionnaires : *blépharites* et *conjonctivites chroniques*, *rhinites*, *adénopathies*, *végétations adénoïdes*, etc.

3° Les DERMATOSES : l'*impetigo*, *l'eczéma impetigineux* des enfants lymphatiques ou scrofuleux, localisé aux narines, aux lèvres, aux oreilles ; l'*eczéma* (surtout *humide*), *l'acné rosacée* de la puberté, la *furonculose*, le *lichen*, le *prurigo*, l'*ecthyma*.

4° La SYPHILIS, héréditaire ou acquise (après les accidents secondaires). Possibilité d'un traitement mercuriel intensif, grâce à l'élimination facile du mercure sous l'influence du traitement sulfureux (boisson, bains, douches, gargarismes).

5° Les AFFECTIONS DES VOIES RESPIRATOIRES : pharyngo-laryngites ; laryngites catarrhales ou professionnelles *non tuberculeuses* ; l'emphysème pulmonaire sans lésions cardiaques.

6° Les LÉSIONS OSSEUSES ET ARTICULAIRES : ostéo-arthrites subaiguës ou torpides, tumeurs blanches, coxalgies ; entorses ; cals douloureux, ankyloses, etc.

INDICATIONS SECONDAIRES. — Tireront un grand profit du traitement et du climat de Gréoux :

1° Les *anémiques*, les *chlorotiques*, les *choro-anémiques*.

2° Certaines *utérines* qui ont de la métrite, de l'endométrite, avec leucorrhée abondante ; de l'aménorrhée, de la dysménorrhée liées au lymphatisme. Cure de bains et de douches vaginales.

3° Certains enfants qui ont de la *paralysie infantile*.

CONTRE-INDICATIONS. — S'abstiendront du traitement thermal de Gréoux, les malades atteints :

1° D'états aigüs, fébriles, ou congestifs en général.

2° De lésions graves du cœur et de l'aorte.

3° De tuberculose pulmonaire avancée, ou de cachexie cancéreuse.

4° D'affections cérébrales organiques.

DISTRACTIONS-EXCURSIONS. — Casino. Cercle. Théâtre. Concerts. Jeux divers : boules, croquet. Sports : skating, tennis, etc. Excursions variées dans les environs : à Moustiers Sainte-Marie, à Riez, à Fontaine-l'Evêque, aux magnifiques gorges du Verdon et dans toute la vallée.

MEDECINS. — MM. Allemand (de Gréoux), E. Dol, Jaubert.

HOTELS. — De 6 à 15 francs par jour. Grand Hôtel des Bains dans l'Etablissement.

HYÈRES

(Var)

Station climatique. Séjour favorable aux bronchitiques, bacillaires, arthritiques, anémiques, lymphatiques et scrofuleux.

A 14 h. de Paris (via Lyon, Marseille).

A 2 h. de Marseille (via Toulon).

A 6 h. de Lyon (via Marseille).

A 14 h. de Bordeaux (via Cette, Marseille).

A 10 h. de Toulouse (via Cette, Marseille).

A 6 h. de Montpellier (via Marseille).

SITUATION ET DESCRIPTION. — Hyères semble tirer son nom d'un mot grec qui signifie « ville sainte ». Pour d'autres étymologistes, Hyères serait seulement « *la ville des aires* ». C'est la plus ancienne et la plus méridionale des stations climatiques de la Côte d'Azur. Elle est située à 4 kilomètres de la mer, sur le versant sud d'une colline escarpée dont le sommet est couronné d'une enceinte de murailles en ruines, garni de tours et de créneaux, vestiges d'un ancien château féodal. De ces hauteurs, le panorama est splendide et l'on aperçoit en bas une plaine superbe jalonnée d'orangers, de citronniers et d'oliviers. Plus loin, la rade et les îles d'Hyères apparaissent dans un décor féérique.

POPULATION. — Cette ville compte environ 18.000 habitants, dont une dizaine de mille pour l'agglomération urbaine. En effet, sous le nom d'Hyères, on englobe un *territoire médical* très étendu qui comprend : la presqu'île de Giens, Costebelle, et la ville d'Hyères.

ALTITUDE. — Hyères est à 50 mètres au-dessus du niveau de la mer.

SAISON. — Du 1er novembre au 15 mai. La durée de la cure est indéterminée, et varie avec chaque affection.

CLIMAT. — Le climat diffère sensiblement dans le territoire médical d'Hyères, suivant qu'on s'éloigne ou qu'on se rapproche de la mer. On peut toutefois établir un aperçu de climatologie générale qui s'applique surtout à l'agglomération urbaine d'Hyères.

1° STATION D'HYERES. — La *température* est à peu près celle de Cannes ou de Nice. La moyenne annuelle est de 15°5 ; la moyenne de la journée médicale (9 h. du matin à 4 h. du soir) est de 14°5, pendant la saison. La gelée, la neige sont rares.

L'état *hygrométrique* de l'air varie de 50° à 60°. Le pluviomètre accuse annuellement 650 millimètres.

Les *vents* sont arrêtés par le mont Fenouillet et la colline du château féodal. Néanmoins, le mistral s'y fait sentir quelquefois, mais d'une façon très atténuée.

La *pression barométrique* moyenne est de 760m/m. Les variations brusques atmosphériques sont exceptionnelles.

Le *sol* est, en grande partie, schisteux et perméable. L'eau d'alimentation (provenant du massif alpestre) est pure, abondante et d'une digestion facile.

Cet ensemble de qualités climatiques produit une végétation magnifique : les palmiers-dattiers, les cactus, les aloës, les goyaviers croissent merveilleusement, ainsi que les fleurs, les fruits, les légumes qui se cultivent en primeurs et en pleine terre.

A Hyères même, se trouve le *sanatorium* Alice Fagniez, qui abrite trente neuf jeunes filles atteintes de tuberculose confirmée, mais non cavitaire.

2° COSTEBELLE. — Située sur la partie Sud-Est du *Mont des Oiseaux*, Costebelle est à 2 kilomètres environ de la mer. Une vaste forêt de pins abrite les hôtels et les villas superbes contre les vents du Nord et de l'Ouest. Seules, les brises tièdes et humides de l'Est et du Sud passent sur Costebelle. On y voit l'ancien *sanatorium du Mont des Oiseaux*, désaffecté, et transformé en maison de convalescence pour les officiers (œuvre de la Croix-Rouge) ; l'*Etablissement de San-Salvadour* et le *sanatorium maritime*. A un kilomètre de San-Salvadour, au carrefour du chemin tournant de Carqueiranne et de Costebelle, on aperçoit les vestiges de Pomponiana (cité romaine détruite au Ve siècle par un tremblement de terre).

Le climat de Costebelle est intermédiaire aux climats d'Hyères et de la presqu'île de Giens.

3° PRESQU'ILE DE GIENS. — Près de l'étang fortement chloruré des Pesquiers, qui est entouré de deux plages de sable qu'on peut comparer aux levées de galets de la presqu'île de Quiberon, se trouve la presqu'île de Giens, d'une longueur de 7 kilomètres et d'une largeur de 1 kilomètre. Au Sud-Est du village de Giens, au bord de la mer et au milieu des pins, s'élève l'*hôpital Renée-Sabran* qui donne asile à 150 enfants pauvres et scrofuleux des deux sexes.

ACTION PHYSIOLOGIQUE DU CLIMAT. — L'action varie légèrement selon qu'il s'agit d'Hyères, de Costebelle ou de la presqu'île de Giens.

Le climat de la *presqu'île de Giens* est maritime et franchement stimulant. Celui de *Costebelle* est un peu moins excitant, mais plus tonique. Le climat d'*Hyères* est toni-sédatif.

INDICATIONS THERAPEUTIQUES. — D'après l'action spéciale du climat, on enverra :

1° A HYÈRES : les sujets atteints de *tuberculose pulmonaire* à tous les degrés, d'*emphysème*, de *bronchite catarrhale*, de *cardiopathie*, de *goutte*, de *tabes éréthique*, de *névrose*, de *diabète*, de *néphrite*, d'*hémophilie ;* et en général, tous les *arthritiques*.

2° A COSTEBELLE : les *neurasthéniques déprimés*, les *convalescents* de maladies graves et longues, les *coloniaux* débilités par un long séjour dans les pays chauds, et tous les *anémiés* qui ont besoin d'être tonifiés plutôt qu'excités (par le voisinage de la mer).

3° A la PRESQU'ILE DE GIENS : les sujets atteints de *tuberculose pulmonaire, à forme torpide*, à évolution lente et sans fièvre ; les *lymphatiques*, les *scrofuleux* (scrofulo-tuberculose : manifestations osseuses, ganglionnaires, cutanées ou oculaires).

DISTRACTIONS-EXCURSIONS. — Théâtre. Casino. Eden-Concert. Fêtes nombreuses. Batailles de fleurs. Courses hippiques. Sports variés : Golf-links, law-tennis, courts pour le croquet, tirs, canotage, etc. Excursions à la Londe, aux plaines de la Crau, Solliès-Ville,

Solliès-Pont, à la Chartreuse de Montrieux, aux châteaux de Bormettes et de Léoube, au Lavandou, aux ruines de la Chartreuse de la Verne, à Saint-Tropez, à Cavalaire, et sur tout le littoral de la Côte d'Azur.

Excursions par mer aux îles d'Hyères : Porquerolles, Port-Cros, île du Levant, anciennement dénommées : les îles d'Or. Ascensions du Fenouillet, du Coudon, du massif des Maures, etc.

MEDECINS. — MM. Balmoussière, Cormack, Guiol, Laure, Louis, Marquez, Perrenot, Perruc, Pierrhugues, Roux-Signoret, Valmyre, Vidal, Vernier-Jaubert.

HOTELS. — De 8 à 25 francs par jour.

KORBOUS, PRÈS TUNIS

(Tunisie)

Station hydro-minérale et climatique. Spécialisation : Manifestations arthritiques, lymphatiques, scrofuleuses.

A 43 h. de Paris (via Marseille).
A 31 h. de Marseille (par paquebot).
A 36 h. de Lyon (via Marseille).
A 43 h. de Bordeaux (via Marseille).
A 39 h. de Toulouse (via Marseille).
A 34 h. de Montpellier (via Marseille).

I. — **Korbous station climatique d'hiver.**

SITUATION ET DESCRIPTION. — Au bord de la mer, en face de Carthage, sur le versant occidental du Cap Bon, dans le golfe de Tunis, Korbous dont le nom est une visible corruption d'*Aquæ Carpitanæ*, de Pline, est un village arabe, serré dans le pli d'un ravin. On y arrive par la ligne de chemin de fer Tunis-Soliman. De Soliman à Korbous, la distance est de 18 kilomètres par deux routes successives et vraiment merveilleuses : l'une, de Soliman à Sidi-Raïs, au milieu de cultures verdoyantes et de forêts d'oliviers ; l'autre qui la continue, construite en *corniche*, au flanc de la falaise, aboutit à

Korbous. En arrivant, le panorama qu'on découvre est merveilleux. A droite, se déroule la haute mer avec, à l'horizon, la croupe arrondie de l'île de Zembra ; en face, le cap Porto-Farina dans le lointain ; à gauche, le cap Gamart, le promontoire de Sidi-bou-Saïd, couvert de palais tout blancs, et que surmonte un phare à feux intermittents ; puis, Carthage et la trace de son port aux assises de pierres noircies par les siècles.

CLIMAT. — Par sa situation à l'orée d'un ravin, dont la direction est Est-Ouest sur le golfe de Tunis, Korbous jouit des avantages du climat marin et du climat de montagne, sans avoir les inconvénients de l'humidité marine.

La *température*, est à peu près égale, sans variations brusques. La moyenne en décembre est de 14° ; en janvier, de 11° à 12° ; en février, de 11° à 13° ; en mars, de 12° à 14°.

La *pression barométrique* est constante ; elle est supérieure à la normale : 770 $^{m}/_{m}$ environ, et par sa fixité habituelle elle évite la névrose barométrique aux sujets prédisposés.

Korbous est abritée des *vents* du Nord et du Nord-Ouest, les plus froids, par la masse du Djebel-Korbous qui se prolonge en falaise du côté de la mer;de l'autre côté, Korbous est défendue par les montagnes qui vont du Cap Bon au pic de Zaghouan. Le vent d'Ouest seul pénètre dans le ravin, et purifie la station.

L'*humidité* qui monte chaque soir en buée, de la mer, est à peine sensible, et les quantités d'eaux pluviales ne sont pas considérables ; elles sont bien inférieures à la moyenne pluviométrique de Tunis et du nord de la Régence.

Pas de brouillards, jamais de neige.

La *luminosité* est merveilleuse, et la *radiation solaire* intense. Le coucher du soleil ne fait pas baisser notablement la température ; à peine, s'il existe une différence de deux degrés avec la température maxima de la journée.

ACTION PHYSIOLOGIQUE DU CLIMAT. — Le climat de Korbous est *tonique* et *reconstituant* grâce aux émanations marines et aromatiques, grâce à l'ensoleillement perpétuel.

INDICATIONS DU CLIMAT. — Ce climat conviendra particulièrement aux *convalescents de maladies aiguës ou d'opérations chirurgicales*, aux *débilités*, aux *déprimés*, aux *prétuberculeux*.

II. — Korbous station hydro-minérale.

SOURCES. — *Composition.* — On compte actuellement à Korbous sept sources dont cinq sources chaudes, qui sont par ordre de thermalité décroissante : *Aïn-el-Atrous* (60°), *Aïn-Kebira* (57°5), *Aïn-Chefa* (57°), *Aïn-Sbia* (50°), *Aïn-Sidi-Messaoud* (45°), et deux sources froides : *Aïn-Fakroun* (25°), *Aïn-el-Okteur* (18°8).

Les deux sources d'*Aïn-Fakroun*, et *d'Aïn-Sidi-Messaoud* ne sont pas utilisées.

Les sources chaudes et froides de Korbous débitent plus de 4.000 mètres cubes par jour. Les eaux chaudes sont limpides, de saveur un peu salée, d'odeur faiblement sulfureuse, onctueuses au toucher (par leur glairine). Leur minéralisation comprend environ : 7 gr. de *chlorure de sodium*, et des chlorures de potassium et de magnésium ; 2 gr. 26 *de sulfate de chaux ;* des bicarbonates de chaux, de magnésie et de potasse ; des *phosphates de chaux* (0 gr. 002) et de fer ; du bromure de magnésium (0 gr. 001) ; de l'oxyde de fer et de l'arséniate de fer, etc. Le professeur Schweitzer, du Polytechnicum de Zurich, a noté ainsi (1910) la *radio-activité* du groupe thermo-minéral de Korbous : *pour l'eau*, Aïn-Sbia (7,6), Aïn-el-Atrous (3,8), Aïn-Chefa (3,2) ; *pour les gaz*, Aïn-Sbia (26,2), Aïn-Chefa (10,6).

On classe les eaux chaudes de Korbous : *chlorurées sodiques*, *hyperthermales*, *sulfatées calciques*, *phosphatées*, *radio-actives* (et isotoniques au sérum sanguin).

La source froide d'Aïn-el-Okteur contient un peu moins de chlorure de sodium et de sulfate de chaux que les sources chaudes. Sa *radio-activité* est de 5,5 (pour l'eau).

MODES D'EMPLOI. — L'eau de Korbous est utilisée :

1° En *boisson*, à dose variable suivant la source. Les Arabes usent d'une préparation spéciale : la *tisane Medbach* qui est une macération de plantes aromatiques dans l'eau d'Aïn-Kebira.

2° En *traitement externe* qui comporte : les bains, les douches générales ou spéciales (irrigations vaginales sous-marines abondantes, à l'aide d'un appareil spécial qui gradue la température et la pression).

Ces diverses pratiques se font à l'*Etablissement thermal du Dar-el-Bey*, muni d'installations perfectionnées, et ouvert toute l'année. Les indigènes fréquentent l'établissement des anciens bains romains.

ACTION PHYSIOLOGIQUE. — L'eau a une action multiple. Elle agit :

1° Sur le *tube digestif*, à la façon d'une entéroclyse par voie supérieure, produisant un véritable lavage, sans occasionner de colique.

2° Sur le *rein* (eau d'Aïn-el-Okteur) en provoquant la diurèse.

3° Sur l'*organisme* entier, en le tonifiant et le reconstituant (par les éléments : phosphates, fer, chlorure de sodium).

INDICATIONS GENERALES. — Korbous réclame tous les sujets entachés de *scrofule*, de *lymphatisme*, d'*arthritisme*.

INDICATIONS PRINCIPALES. — Ce sont :

1° La DIATHÈSE ARTHRITIQUE : le *rhumatisme articulaire subaigü et chronique* ; le *rhumatisme déformant* ; le *rhumatisme musculaire* (scapulodynie, pleurodynie, torticolis, lombago) ; le *rhumatisme fibreux* (tarsalgie) ; la *goutte subaiguë et chronique* (avec tophi) dans la forme atonique ; la *gravelle urique* ; l'*obésité* ; certaines *cardiopathies* des sujets arthritiques (par une cure prudente et surveillée).

2° Certaines MALADIES CONSTITUTIONNELLES : le *lymphatisme*, la *scrofule* et leurs manifestations cutanées, muqueuses, ganglionnaires : adénites, adénopathies, etc. ; l'*anémie* liée au paludisme ou à la syphilis ; la *neurasthénie* avec anémie et dépression.

3° Les AFFECTIONS GYNÉCOLOGIQUES des lymphatiques, des arthritiques : *les métrites* catarrhales, les *périmétrites*, les *salpingites* anciennes, les *fibromes* utérins peu hémorrhagiques. Cure, comme à Bourbonne, par l'*irrigation vaginale sous-marine*.

INDICATIONS SECONDAIRES. — Seront améliorées, à Korbous :

1° Les *maladies du système nerveux* : névralgies, polynévrites, affections médullaires.

2° Les *maladies du tube digestif et des annexes* : dyspepsies, atonie gastro-intestinale, entérite muco-membraneuse ; congestion du foie ; hépatite chronique avec ictère, lithiase biliaire.

3° Certaines *dermatoses*.

4° Les *suites de lésions traumatiques* : entorses, arthrites, péri-arthrites, ankyloses, raideurs articulaires, atrophie musculaire, etc.

CONTRE-INDICATIONS. — Ne prendront pas les eaux de Korbous, les malades atteints :

1° D'affections aiguës ou congestives ; ou de cachexie avancée.

2° De tuberculose pulmonaire à forme hémoptoïque ou fébrile principalement.

DISTRACTIONS- EXCURSIONS. — Tennis. Pêche. Chasse au sanglier. Excursions variées aux environs, à Hammam-el-Atrous, au village de Douela ; sur la route de Sidi-Raïs à Soliman, au sommet d'une colline où se trouve une grotte curieuse et les traces d'un camp romain, etc.

MEDECIN. — M. Malinas.

HOTEL. — De 10 à 12 francs par jour. Pour deux personnes occupant la même chambre : 9 à 10 francs. Ces prix comprennent la chambre, le déjeuner, le dîner, le service et l'éclairage.

LA BOURBOULE

(Puy-de-Dôme)

Station hydro-minérale. Spécialisation : Manifestations respiratoires ou cutanées des anémiques, des lymphatiques, et scrofuleux.

A 9 h. de Paris (par réseau d'Orléans).
A 15 h. de Marseille (via Nîmes).
A 6 h. de Lyon (via Saint-Germain-des-Fossés).
A 12 h. de Bordeaux (via Montluçon).
A 14 h. de Toulouse.
A 12 h. de Montpellier (via Nîmes).

SITUATION ET DESCRIPTION. — Ancien petit hameau faisant partie de la commune de Murat-le-Quaire, La Bourboule est aujourd'hui une coquette commune entourée de montagnes boisées, dans un emplacement des plus pittoresque, au milieu des plus beaux sites de l'Auvergne centrale. Sa rapide prospérité en a fait une ville moderne, éclairée à l'électricité, et desservie par des trams électriques, avec édifices neufs tout le long de la Dordogne.

POPULATION. — Cette station compte aujourd'hui 2.000 habitants. En 1828, La Bourboule hameau n'avait que quatre immeubles. Il passe annuellement 15.000 baigneurs dans cette ville thermale.

ALTITUDE. — La Bourboule est à 850 mètres au-dessus du niveau de la mer. Mais elle est entourée de très hauts sommets.

CONSTITUTION DU SOL. — Terrain granitique et volcanique (basaltes trachytes), roches et tufs imperméables.

HYGIENE. — Une eau de source pure et fraîche a été captée et canalisée pour alimenter la ville en eau potable. Les eaux résiduelles sont drainées par le tout-à-l'égout.

CLIMAT. — Climat de montagne tempéré, grâce à la situation de la vallée de La Bourboule qui est orientée de l'Est à l'Ouest. Cette orientation lui procure un ensoleillement permanent. Mais les soirées, les nuits et les matinées sont fraîches. Aussi, est-il prudent de se munir de vêtements chauds et de vêtements légers. De hautes montagnes abritent La Bourboule contre les vents du Nord (*la Banne d'Ordanche*, 1.500 mètres) .

SAISON. — La saison officielle s'ouvre le 25 mai et se termine le 1er octobre. La durée de la cure est de trois à quatre semaines.

SOURCES. — La Bourboule compte sept sources thermales principales : deux sur la rive gauche de la Dordogne, les deux sources *Fenestre* captées séparément et déversées dans deux petits bassins accolés et recouverts d'un kiosque, où l'on va boire. Elles débitent 200.000 litres par jour. Leur température est de 20 degrés. Elles sont aussi employées pour la balnéation.

Les cinq autres sources sont sur la rive droite de la Dordogne. Ce sont les sources de *Sedaiges* (59°), de la *Plage* (27°), du *Puits Central* (40°), de *Choussy*, de *Perrière* (60°, toutes deux). Ces cinq sources ont à peu près la même minéralisation, mais les trois premières forment une réserve qui n'est pas utilisée. Il en est de même de la source *Croizat* qui vient d'être mise en exploitation.

Les sources *Choussy et Perrière* fournissant l'eau type de La Bourboule, il s'agit seulement, dans la description qui suit, de l'eau de ces deux sources qui débitent 576.000 litres par jour.

COMPOSITION DE L'EAU. — L'eau des sources *Choussy* et *Perrière* a la même minéralisation totale, soit : 6 gr. 50 par litre. Elle contient 0,028 milligrammes d'*arséniate de soude* ; 2 gr. 89 de *bicarbonate de soude* ; 2 gr. 84 de *chlorure de sodium* ; du sulfate de soude, de l'acide silicique, des traces de lithium, de manganèse, d'alumine, de principes organiques, etc. ; des gaz rares, en particulier, l'*hélium*. Ces eaux sont les plus RADIO-ACTIVES de France (eau : 1,78 milligrammes-minutes ; gaz : 11,02 milligrammes-minutes) et se placent avant Luchon (groupe Bordeu), avant Plombières, Bussang, Dax, et immédiatement après Badgastein (Autriche).

On les classe : *eaux arsenicales fortes*, *bicarbonatées*, *chlorurées sodiques*, *hyperthermales*, *radio-actives*. La radio-activité s'entend ici quatre jours après l'extraction ; à la source, elle est double : soit pour l'eau 3,56 ; pour les gaz : 22,04.

Une autre caractéristique de l'eau de La Bourboule, c'est la présence presque certaine de l'arsenic métallique sous *forme colloïdale*. Un litre de cette eau équivaut à 21 gouttes de liqueur de Fowler. Cet arsenic est parfaitement assimilable, grâce à la minéralisation de l'eau (*chlorure de sodium*) qui lui donne une analogie avec le *plasma sanguin*. L'eau de La Bourboule est claire, limpide, sans odeur dans le verre, mais faiblement alliacée dans les Thermes. Sa saveur est un peu salée ; elle est légèrement gazeuse, bue sans répugnance et bien tolérée. Elle est onctueuse au toucher. Point cryoscopique : 0°317.

L'eau de la source Croizat (débit : 150 litres à la minute), captée depuis quelques années et amenée pour la première fois à La Bourboule en 1910 au moyen d'une canalisation étanche entièrement couverte de calorifuge, et qui ne lui fait perdre que 3° sur tout le parcours, présente des caractéristiques des plus intéressantes.

Sa composition révèle une minéralisation plus forte que celle de la source Choussy. Elle est de 9 gr. 84 comprenant en particulier : *Arseniate de soude* (0 gr. 025), *chlorure de sodium* (5 gr. 63), *bicarbonates* (3 gr.).

Sa température est de 41°7 au griffon. Sa radioactivité est à peu près nulle, et elle dégage peu de gaz.

LES ETABLISSEMENTS THERMAUX. — Il y en a trois :

1° Les *Thermes*. De construction récente, cet établissement est le plus vaste et le plus luxueux. Il contient quatre grandes salles d'inhalations, pulvérisations, humages ; cent sept cabines pour bains ; petites piscines pour l'hydrothérapie chaude et froide ; etc.

2° L'*Etablissement Choussy*. Plus petit, il contient 52 cabines de bains ; piscines pour le traitement thermal.

3° L'*Etablissement Mabru.* Le plus modeste, il contient 32 cabines de bains.

MODES DE TRAITEMENT. — L'eau de La Bourboule est employée :

1° En BOISSON, soit à la source, soit à domicile (grâce à la fixité de ses principes), à la *dose prescrite* par le médecin.

2° En BALNÉATION, bains prolongés, bains hyperthermaux, bains courts.

3° En INHALATIONS (procédé remarquable, spécial à La Bourboule). L'eau *n'est pas vaporisée par ébullition, mais elle est poudroyée* (ou mieux brumifiée) *sous quatre-vingt cinq atmosphères de pression, et son brouillard porte partout les vertus curatives complètes des sels qu'elle renferme.* Pendant l'inhalation, on prend un bain de pieds très chaud pour éviter tout risque de congestion encéphalique. Le séjour est d'un quart d'heure à une heure dans ces salles, dont l'atmosphère est renouvelée cinq fois par heure.

4° En PULVÉRISATIONS *pharyngées* ou *nasales* ; en *humages.*

5° En DOUCHES de toutes sortes ; chaudes, froides, locales, spéciales : SOUS-MARINES, données sous l'eau dans le bain, FILIFORMES ou sous forme d'un jet très fin ; *ascendantes*, *vaginales*, etc.

La cure externe comporte aussi les *massages sous l'eau*, ou *massages d'Aix*, et les bains de vapeur.

ACTION PHYSIOLOGIQUE. — Son action est multiple. Elle agit :

1° Sur la nutrition qu'elle active. C'est une *eau reconstituante.*

2° Sur la digestion qu'elle facilite.

3° Sur la respiration. Les actes respiratoires deviennent plus aisés.

4° Sur la circulation. Augmentation des hématies et de l'hémoglobine et production d'une leucocytose polynucléaire active.

5° Sur le système nerveux. Sédation marquée, au moyen du bain prolongé, d'une heure de durée.

6° Sur la peau. Action détersive, calmante, cataplasmante.

INDICATIONS GENERALES. — La Bourboule réclame les *anémiques*, les *diabétiques* et les *lymphatiques* atteints dans leurs voies respiratoires, ou dans leur revêtement cutané et muqueux.

INDICATIONS PRINCIPALES. — Ce sont :

1° L'ANÉMIE, la CHLOROSE torpides des lymphatiques ; l'*anémie paludéenne*, *post-grippale ;* la *chloro-anémie* liée au rhumatisme chronique ; la *chlorose* des tuberculeuses.

2° Le LYMPHATISME, la SCROFULE. C'est la station des enfants justiciables de la médication chlorurée, mais qui redoutent la mer parce qu'ils sont trop nerveux. Enfants hérédo-tuberculeux, hérédo-syphilitiques, ayant du coryza chronique, de la rhinite, de la rhino-pharyngite, des blépharites et kérato-conjonctivites ; des végétations adénoïdes et de grosses amygdales (avant ou après l'ablation chirurgicale) ; des fluxions ganglionnaires : adénites cervicales, micropolyadénie, adénopathies trachéo-bronchiques (suites de coqueluche, rougeole ou grippe).

3° Les DERMATOSES : affections prurigineuses (même le prurigo de Hébra) ; affections lymphatico-scrofuleuses : érythèmes, lichens, impétigo, lupus érythémateux ou tuberculeux ; psoriasis (bains prolongés), séborrhée, pityriasis, icthyose et kératose pilaires. Furonculose, acné, strophulus, urticaire chronique, engelures à répétition. Eczéma sec à évolution chronique ou subaiguë, alternant avec des accès d'asthme.

4° Le DIABÈTE, dans toutes ses formes ; mais surtout, dans la forme *hyperhépatique* ou par *hyperfonctionnement*, c'est-à-dire avec minimum de glycosurie dans les deux heures qui suivent les repas. Le diabète compliqué de troubles pulmonaires ou cutanés est aussi amélioré à La Bourboule.

5° Les AFFECTIONS DES VOIES RESPIRATOIRES : *prétuberculose*, *tuberculose* au début, à évolution lente et torpide, à la période de germination, sans fièvre et sans hémoptysie. Bronchite chronique des *non-congestifs*. Asthme infantile, asthme des foins. Emphysème infantile. Emphysème et asthme secs des adultes alternant avec des poussées d'eczéma. Pleurésie chronique.

6° Le PALUDISME et ses manifestations névralgiques ou anémiques.

CONTRE-INDICATIONS. — S'abstiendront de la cure bourboulienne, les malades atteints :

1° D'affections aiguës ou chroniques du foie ; de troubles digestifs accentués et chroniques.

2° De tuberculose ouverte et congestive.

3° De lésions cardiaques décompensées ; ou d'hypertension artérielle (goutteux, brightiques, artério-scléreux).

COMPLEMENT DE CURE. — La Bouboule est aussi une station climatique. On y fait une cure d'air, d'altitude moyenne, complétée par l'ascension au Plateau de Charlannes, couvert de sapins, à 1.300 mètres d'altitude. Un funiculaire le relie à La Bourboule.

DISTRACTIONS. — Grand Casino. Théâtre. Théâtre de verdure. Concerts. Kermesses. Fêtes de fleurs. Cavalcades. Fêtes auvergnates. Chasse au blaireau, au renard, avec une meute de chiens du Poitou. Concours hippique. Sports : tennis, golf.

EXCURSIONS. — A la Vallée et à la Roche Vendaix, au plateau boisé de Bozat, aux Cascades du Plat-à-Barbe et de la Vernière, au Salon de Mirabeau, à la Cascade du Queureuilhe et du Rossignolet, à la Vallée de la Cour et à la Gorge d'Enfer, au lac de Guéry, au lac Pavin, au Pic du Sancy (1.886 mètres) sommet le plus élevé de la France centrale ; au volcan du Tartaret, à la Vallée de Chaudefour.

MEDECINS. — MM. Bancel, Blanchet, Boudry, Burin-Desroziers, Cany, Chadefaux, Christin, Duliège, Ferreyrolles, Gachon, Heulz, Maurel, Meneau, Nicolas, Olivier, Sarazin, Sersiron, Subra, Verdalle, Veyrières.

HOTELS. — De 5 à 25 francs par jour.

LAMALOU

(Hérault)

Station hydro-minérale. Spécialisation : Affections médullaires (tabes, ataxie locomotrice).

A 15 h. de Paris (via Orléans, Montpellier).
A 6 h. de Marseille (via Montpellier).
A 7 h. de Lyon (via Tarascon).
A 9 h. 15 de Bordeaux (via Toulouse).
A 5 h. 15 de Toulouse.
A 2 h. 45 de Montpellier (via Bédarieux).

SITUATION ET DESCRIPTION. — Commune à l'extrémité Nord-Ouest de l'Hérault, Lamalou s'étend dans les vallées du Bitoulet et de l'Orb, au pied de montagnes magnifiques, couvertes de bois et de forêts, en grande partie, sur le versant méditerranéen de la *Montagne Noire*. Cette station, sur la ligne de Bédarieux à Montauban est constituée par trois groupes dont les principaux sont : Lamalou-l'Ancien ou le Bas et Lamalou-le-Centre.

ALTITUDE. — Cette ville d'eaux est à 200 mètres au-dessus du niveau de la mer ; mais elle est bordée de magnifiques montagnes s'élevant à 500 ou 1.000 mètres.

POPULATION. — Lamalou compte environ 920 habitants.

CLIMAT. — La température est douce. La pluie est rare (il pleut, en moyenne, de 20 à 30 jours par an). Un léger vent de Nord-Ouest tempère, par sa fraîcheur, les journées les plus chaudes de l'été. Au mois d'avril, la température moyenne est de 14° ; en mai, de 17° ; en juin, de 21° ; en juillet, de 24° ; en août, de 25° ; en septembre, de 19° ; en octobre, de 16° ; en novembre, de 10°.

CONSTITUTION DU SOL. — Schistes siluriens, très ferrugineux.

HYGIENE. — L'eau potable amenée de la montagne à grands frais, est très pure. L'abattoir et le marché couvert sont établis dans les meilleures conditions d'hygiène.

SAISON. — Du 31 mars au 1er décembre ; de sorte qu'on peut faire deux cures : une cure de printemps et une cure d'automne. L'Etablissement thermal est ouvert toute l'année. Durée de la cure : trois à quatre semaines, en moyenne.

SOURCES. — *Composition.* — Il y a de nombreuses sources à Lamalou, formant trois groupes dans un espace de 1.400 mètres environ, et aboutissant aux établissements principaux de Lamalou-le-Centre et de Lamalou-le-Bas ou l'Ancien.

Lamalou-le-Bas ou *l'Ancien* comprend les sources : des *Bains* ou *Grande-Source*, *Souveraine*, *Usclade*, qui ont une température variant de 25° à 50° ; elles se réunissent dans un réservoir commun qui alimente les baignoires et piscines, en donnant une température moyenne de 34°. Lamalou-le-Bas possède une autre source : *Stoline*, isolée, employée pour les bains et la boisson (30°8).

Lamalou-le-Centre comprend : l'Etablissement *Bourges* alimenté par les trois sources *Bourges*, *Nouvelle* et *Marie* (20° à 24°), et la buvette *Capus* très ferrugineuse.

L'eau est claire, transparente, bouillonnante (dégagement de bulles d'acide carbonique), sans odeur, de saveur légèrement acide, un peu amère et styptique. La minéralisation totale va de 1 gr. 50 à 3 grammes, suivant les groupes. Elle comprend des *bicarbonates de soude*, de *magnésie* et de *fer*, de *l'arséniate de soude* ; du cuivre, du nickel, du cobalt, du plomb, du strontium, du baryum, etc.

On les classe : *Eaux bicarbonatées sodiques*, *calciques*, *ferrugineuses*, *métallifères*, *thermales*, *hyperthermales*.

De plus, Curie a reconnu la *radio-activité* des sources de Lamalou-le-Bas.

MODES D'EMPLOI. — L'eau est utilisée :

1° En traitement EXTERNE (le plus important) ; surtout en *bains de piscines* ; puis en bains de baignoires à thermalité variable et à eau courante ; en douches diverses ; en bains de pieds ; en *vaporarium* ou *étuves* concentrant toutes les émanations des sources (étuves uniquement chauffées par la vapeur d'eau minérale) ; en bains et douches locales d'acide carbonique.

2° En BOISSON (*traitement secondaire*, quoique important), au moyen des eaux chaudes et des eaux froides, et des deux groupes de buvettes : *ferrugineuses* et *alcalines*. Deux sources principales : l'Usclade et la source Bourges.

ACTION PHYSIOLOGIQUE. — Au début, l'eau de Lamalou imprime une augmentation énergique à l'activité circulatoire et aux combustions organiques (élévation du taux de l'urée). La stimulation se manifeste surtout sur les organes du bassin (*excitation génitale*) et sur la peau (elle avive les plaies et s'oppose à la cicatrisation).

Ensuite, elle produit un effet *sédatif* et *tonique* à la fois.

INDICATIONS GENERALES. — Ce sont :

L'*arthritisme*, *le nervosisme* ou les deux réunis : *neuro-arthritisme*. C'est la station des *nerveux* et *neuro-arthritiques douloureux*, *déprimés*, ou *impotents* (Cauvy).

INDICATIONS SPECIALES. — Les indications spéciales de la cure de Lamalou, sont :

1° Les AFFECTIONS MÉDULLAIRES :

Principalement, le TABES, l'ATAXIE LOCOMOTRICE. La cure agit surtout dès les premières manifestations : *douleurs fulgurantes*, *crises viscérales* (crises gastriques), *hyperesthésie cutanée*, *parésie des sphincters*. L'ATAXIE LOCOMOTRICE est modifiée peu à peu ou arrêtée dans sa progression, quand la cure est aidée par la *rééducation motrice*. L'impuissance génitale incomplète est améliorée par le traitement.

Sont encore favorablement influencées, les AFFECTIONS MÉDULLAIRES d'origine infectieuse, arthritique ou syphilitique : *myélites*, *paraplégies*, *paralysie spinale* des enfants ou des adultes, *sclérose en plaques au début*, *maladie de Little*.

2° Les AFFECTIONS du SYSTÈME NERVEUX PÉRIPHÉRIQUE : *sciatique* (névralgie ou névrite) ; *polynévrites* en général, infectieuses ou toxiques.

3° Les NÉVROSES avec ou sans paralysie fonctionnelle : *hystérie*, *états neurasthéniques*, *chorée*, *maladie de Parkinson* (ou paralysie agitante).

4° L'ASTHÉNIE, *l'anémie* consécutives au surmenage moral ou physique (surtout *génésique*), aux convalescences de maladies graves.

5° L'ARTHRITISME : rhumatisme à manifestations *douloureuses* ; *névralgies* de nature arthritique (*douleurs* articulaires, musculaires, viscérales).

INDICATIONS SECONDAIRES. — Ce sont :

1° Les *complications douloureuses* des affections utéro-ovariennes : aménorrhée, dysménorrhée.

2° La *spermatorrhée* ; la *rachialgie* avec ou sans troubles génito-urinaires.

CONTRE-INDICATIONS. — N'iront pas à Lamalou, les malades atteints :

1° D'affections de la peau.

2° De prédisposition aux hémorrhagies ; de pléthore excessive.

3° D'affections aiguës des viscères contenus dans le bassin.

4° D'éréthisme vénérien trop accentué.

5° D'affections médullaires précédées d'ictus congestifs ou apoplectiformes.

6° De tuberculose pulmonaire.

La grossesse est aussi une contre-indication des eaux de Lamalou.

ADJUVANTS DE CURE. — Différents instituts de rééducation motrice dirigés par des médecins de la station. Cure de lait à la vacherie du Domaine de Rhèdes. Cure d'air.

DISTRACTIONS-EXCURSIONS. — Casino. Théâtre. Eden-Parc. Law-tennis. Très belles excursions, notamment à la Cascade de Colombières, au Vallon d'Olargues, aux mines de Graissessac, au village de Villemagne, au viaduc de Bédarieux, au Mont-Caroux (1.093 mètres), au camp romain du Plo des Brus, aux magnifiques rochers de Mourèze, etc.

MEDECINS. — MM. Belugou, Boissier, Cauvy, Faure, Gontier, Granal, Ménard, Michaud.

HOTELS. — De 7 à 15 francs et plus par jour.

LA MOTTE-LES-BAINS

(Isère)

Station hydro-minérale. Spécialisation : Affections gynécologiques, arthropathies chroniques.

A 11 h. de Paris (via Lyon).
A 7 h. de Marseille (via Valence).
A 4 h. de Lyon (via Grenoble).
A 16 h. de Bordeaux (via Toulouse).
A 12 h. de Toulouse (via Montpellier).
A 7 h. 30 de Montpellier (via Tarascon, Grenoble).

SITUATION ET DESCRIPTION. — Dans une des plus riantes vallées du département de l'Isère, sur la ligne du chemin de fer de Saint-Georges-de-Commiers à La Mure (embranchement du P.-L.-M. de Grenoble à Gap), La Motte, est située dans un pays montagneux et pittoresque. Son orientation est : *Est-Ouest*. Cette station est formée presque exclusivement d'un ancien château fort qui domine la vallée du *Drac*, à trente kilomètres au sud de Grenoble. L'Etablissement thermal est entouré d'un parc de 20 hectares.

ALTITUDE. — La Motte est à 630 mètres au-dessus du niveau de la mer.

CLIMAT. — Excellent, égal et tempéré, des Alpes Dauphinoises moyennes. On note l'*absence de poussière*, l'*absence presque absolue d'humidité*, la *rareté du vent* (La Motte est abritée des vents du Nord, par la montagne de *Conex* ; et des vents du Sud, par les montagnes de *Seneppe* et du *Seignereau*). La température est régulière et modérée (20°) même au plus fort de l'été, grâce à la brise qui s'élève des bords du Drac. La moyenne barométrique est de 715 millimètres.

SAISON. — Du 10 juin au 20 septembre. La durée de la cure est de trois à cinq semaines environ.

SOURCES. — *Composition.* — Il y a deux sources principales : la *source du Puits* et *la source de la Dame* qui prennent naissance au fond de l'abîme servant de lit au *Drac*. Une puissante machine hydraulique élève l'eau jusqu'aux réservoirs qui se trouvent au centre de l'Etablissement thermal. Les deux sources débitent, en 24 heures, 400.000 litres. C'est une eau absolument pure, stérile et très chaude (61°) à l'émergence, et possédant énergie électrique et radio-activité. L'analyse de Marcelet (laboratoire du professeur Imbert, 1907) indique 5 gr. 60 de minéralisation totale, dont : 3 gr. 07 de *chlorure de sodium* ; 0 gr. 16 de *chlorure de magnésium* ; 0 gr. 29 de *carbonate de calcium* ; 1 gr. 67 de *sulfate de calcium* ; du bromure de sodium, de la silice, des traces d'iodure, de manganèse, etc. On note l'*ionisation* élevée des molécules qui minéralisent l'eau.

Ces eaux se classent : *chlorurées sodiques*, *sulfatées*, *carbonatées calciques*, *hyperthermales*.

MODES D'EMPLOI. — L'eau de La Motte est utilisée à l'*Etablissement thermal*, directement relié au *Château* (vaste hôtel de 150 chambres) par deux grands escaliers intérieurs avec ascenseur. On emploie l'eau :

1° En TRAITEMENT EXTERNE (principalement) qui comporte : des BAINS (quelquefois très prolongés, une heure à une heure et demie) avec adjonction facultative de *douches vaginales* à grand débit et sans pression, réalisant un véritable massage hydrique d'une douceur extrême ; des *douches générales* ou *locales*, chaudes, froides ou tempérées ; des *pulvérisations*, des *aspirations nasales* ; *piscines* pour les enfants.

2° En BOISSON, à la dose de un à deux verres par jour ; l'eau donne la sensation d'un lait très pur coupé par de l'eau chaude (Landouzy).

ACTION PHYSIOLOGIQUE. — L'eau de La Motte agit différemment suivant son mode d'emploi.

1° A l'*intérieur*, elle est apéritive, eupeptique à faible dose ; laxative et diurétique (élimination abondante de carbonates et d'urates) à partir de trois verres.

2° A l'*extérieur* (bains et douches), elle produit une action locale décongestive, résolutive, fondante ; une action générale tonique, reconstituante, sans excitation ; et une action tout-à-fait spéciale : *fibrolytique*, *sclérolytique*.

INDICATIONS PRINCIPALES. — Ce sont :

1° Les AFFECTIONS GYNÉCOLOGIQUES (utérines et péri-utérines) : *métrites chroniques et périmétrites* ; *fibromes utérins* (la cure arrête le développement, les douleurs, les hémorrhagies) ; tous les *états pelviens* congestifs, névralgiques, inflammatoires.

2° Les ARTHROPATHIES CHRONIQUES : engorgements péri-articulaires, atrophies musculaires, empâtements des coulisses tendineuses. L'endocardite rhumatismale n'est pas une contre-indication, pourvu que les lésions soient compensées.

3° Le LYMPHATISME, la SCROFULE, la scrofulo-tuberculose ; l'eau de La Motte agit comme un *véritable bain de mer à la montagne* (Landouzy).

4° La SCIATIQUE, même dans les formes les plus rebelles, toujours améliorée, sinon guérie.

INDICATIONS SECONDAIRES. — Seront favorablement influencées :

1° Les *maladies du système nerveux* : myélites chroniques, paralysies partielles, chorée, hystérie, neurasthénie.

2° L'*hypertrophie de la prostate*, les *prostatites chroniques*.

3° Les suites de *traumatismes osseux* : entorses, fractures, etc.

CONTRE-INDICATIONS. — Il y a peu de contre-indications absolues ; ce sont surtout les états aigus en général et les états cachectiques : tuberculose, cancer, qui commandent l'abstention des eaux de La Motte.

EXCURSIONS. — Nombreuses excursions sur les bords du Drac, au Pont d'Avignonnet, au Conex (1.360 mètres), au Signal de Notre-Dame de Vaulx (1.710 mètres), au Seneppe (1.770 mètres), aux viaducs superposés de Loulla, à la Motte-d'Aveillans (exploitation d'anthracite), au plateau de la Matheysine, à La Mure, aux lacs de Laffrey, au bourg de Corps, à La Salette (pèlerinage), au sommet du Gargas, etc., et dans tout le Dauphiné.

MEDECIN. — M. Bossan.

HOTEL. — De 6 à 14 francs par jour.

LA PRESTE

(Pyrénées-Orientales).

Station hydro-minérale. Spécialisation : Affections des voies génito-urinaires.

A 17 h. 30 de Paris (via Orléans, Toulouse).	A 10 h. de Bordeaux (via Toulouse).
A 8 h. de Marseille (via Cette).	A 6 h. de Toulouse (via Narbonne).
A 10 h. de Lyon (via Cette).	A 5 h. de Montpellier (via Narbonne).

SITUATION ET DESCRIPTION. — Sur le versant sud du massif du Canigou, le petit hameau de La Preste est à 8 kilomètres du chef-lieu de canton Prats-de-Mollo (arrondissement de Céret), et à 28 kilomètres d'Arles-sur-Tech, terminus de l'embranchement du chemin de fer du Midi qui part d'Elne. La route qu'on parcourt en automobile depuis Arles-sur-Tech jusqu'à La Preste, est splendide, suspendue aux flancs des montagnes, dans la vallée du Tech, entre les rochers et les cascades qui agrémentent le cours de ce torrent bordé de prairies et de bois. Dès la fin de cette année, le chemin de fer arrivera jusqu'à Prats-de-Mollo, à 8 kil. de l'Etablissement. L'Etablissement, récemment acquis par une

Société anonyme, vient d'être entièrement remis à neuf avec tout le confort moderne.

ALTITUDE. — La Preste est à 1.130 mètres au-dessus du niveau de la mer.

CLIMAT. — Tonique, de montagne, sous le ciel méditerranéen. La température n'est pas soumise à des variations brusques. Voici le relevé moyen des températures observées pendant la saison : en *mai*, 10°6 ; en *juin*, 14° ; en *juillet*, 16°5 ; en *août*, 16°9 ; en *septembre*, 14°2 ; en *octobre*, 9°3.

CONSTITUTION DU SOL. — Les sources de La Preste naissent dans le *calcaire carbonifère*, c'est-à-dire très haut dans la série géologique (Garrigou).

SAISON. — Du 1er mai au 31 octobre. L'automne y est particulièrement beau.

SOURCES. — *Composition.* — Il y a trois sources qui débitent environ 1.800.000 litres par jour. L'eau est chaude (44°6), très limpide, de saveur légèrement acidulée. Elle ne trouble pas le vin et est dépourvue de tout microbe pathogène.

Au point de vue chimique, ces eaux contiennent, avec une quantité insignifiante de monosulfure de sodium, de l'hyposulfite de sodium, des carbonates de sodium, de calcium et de magnésium, des sulfates de soude et de potasse, mais surtout de la silice en quantité notable. C'est dire que ces eaux ont été classées à tort parmi les sulfureuses et qu'elles ne ressemblent à aucune autre chimiquement ; elles sont, en réalité, *sulfo-alcalines* et *siliceuses*.

Une fois refroidies et en bouteilles, elles ont une saveur exquise qui les fait rechercher de préférence à toutes autres, comme *eau de table et de régime.*

MODES D'EMPLOI. — On utilise l'eau de La Preste :

1° *En boisson*, et comme cure, soit à la source, soit à domicile, le matin à jeun, à la dose de un demi-verre à 4 verres, de préférence en la faisant chauffer à 40°, au bain-marie.

2° En *boisson* à domicile comme *eau de table et de régime*, en quantité indéterminée aux repas, pure ou mélangée au vin, aussi fraîche que possible.

3° En *traitement externe* à la source, sous forme de bains, douches générales ou locales, lavages vésicaux et intestinaux, en injections vaginales (les lavages et injections peuvent aussi se faire à domicile). La durée de la cure est de 20 à 30 jours selon les indications du médecin.

ACTION THERAPEUTIQUE. — *Indications.* — L'expérience clinique de plusieurs siècles, a montré que les eaux de La Preste sont uniques au monde pour le traitement des *affections des voies génito-urinaires* des deux sexes. Les principales indications sont :

1° La *diathèse urique, l'arthritisme.*

2° La *gravelle*, les *coliques néphrétiques.*

3° Les *pyélo-néphrites* (même tuberculeuses), la *bactériurie.*

4° Les *cystites* (même tuberculeuses), les *prostatites* subaiguës et chroniques, les *uréthrites* subaiguës et chroniques.

5° Les *névroses urinaires.*

6° Les *vaginites*, même aiguës, les *métrites* subaiguës et chroniques, les *salpingites* et ovarites subaiguës et chroniques.

D'après les observations des docteurs Bonafos (1776), Anglada (1830), Reliquet, Guépin, Guyon, Bazy, Imbert, Jeanbrau, Grasset, Gaucher, Landouzy, Dejace, Lamarque, de Fleury, Berny, Boix.

L'eau de La Preste n'agit pas comme une simple eau de lavage, mais comme une eau vraiment lithontriptique, lixiviante, modificatrice des cellules de l'organisme en général, et de celles du foie, du rein et des glandes en particulier. Elle régénère les muqueuses. Ses propriétés peuvent se résumer en ces mots :

Antitoxique, *aseptisante*, *diurétique*, *anticalculeuse*, *antiscléreuse*, *dépurative.*

Ces propriétés justifieraient son emploi dans beaucoup

d'autres maladies, comme : toutes les infections générales ou locales, en particulier celles des muqueuses autres que celles de l'arbre uro-génital, toutes les intoxications et toxi-infections autochtones ou d'origine externe, toutes les plaies qu'on y traitait jadis, la goutte, le rhumatisme chronique, les affections des voies respiratoires, les dermatoses, les infections prolongées de toute nature, les entérites, les ictères et infections biliaires, l'insuffisance hépatique, et enfin l'artério-sclérose. Et de fait, beaucoup de personnes viennent à La Preste soigner avec succès ces diverses maladies.

Mais, la clinique, ayant depuis si longtemps assigné à La Preste une spécialisation bien déterminée, dans laquelle vraiment elle est incomparable, il faut maintenir dans son intégrité cette équation :

La Preste = voies génito-urinaires.

CONTRE-INDICATIONS. — Les contre-indications sont celles de toutes les cures thermales en général : les états aigus ou fébriles, les cardiopathies non compensées, les cachexies : tuberculeuse ou cancéreuse.

DISTRACTIONS-EXCURSIONS. — Casino à l'Etablissement. Cure d'air, cure de lait et de petit-lait. Excursions nombreuses aux environs et dans toute la région des Pyrénées-Orientales, aux réelles beautés inconnues, qui réunissent en un petit coin de terre, la mer, la plaine et toutes les altitudes de la montagne, jusqu'à 3.000 mètres. Sites des plus pittoresques. Panorama unique du Canigou et visite de la Corniche roussillonnaise, de la Cerdagne, d'Amélie-les-Bains, de Vernet-les-Bains, etc. Nombreux monuments historiques de premier ordre, etc.

MEDECIN. — Dr N...

HOTEL. — De 7 à 25 francs par jour.

LE BOULOU

(Pyrénées-Orientales)

Station hydro-minérale. Spécialisation :
Affections gastro-intestinales et hépatiques.

A 17 h. de Paris (via Orléans, Toulouse).

A 7 h. 20 de Marseille (via Cette, Narbonne).

A 9 h. 30 de Lyon (via Tarascon, Cette).

A 10 h. 30 de Bordeaux (via Toulouse).

A 6 h. de Toulouse (via Narbonne).

A 4 h. 30 de Montpellier (via Cette, Narbonne).

SITUATION ET DESCRIPTION. — Commune du canton de Céret, sur la rive gauche du Tech, à 5 kilomètres de la frontière espagnole. *Le Boulou* est situé au pied de la Picastelle, contrefort de la chaîne des Albères, et à 27 kilomètres de Perpignan, sur l'embranchement du chemin de fer d'Elne à Arles-sur-Tech. L'établissement thermal est à 1 kil. 500 du village.

POPULATION. — Le Boulou compte environ 2.000 habitants.

ALTITUDE. — Cette station est à 80 mètres au-dessus du niveau de la mer.

CLIMAT. — *Très doux, qui permet la cure pendant toute l'année.*

CONSTITUTION DU SOL. — Le sol est constitué par un terrain schisteux de la période secondaire.

SAISON. — Du 1er mai au 15 octobre ; mais l'Etablissement thermal reste ouvert toute l'année. Le traitement dure, en moyenne, 20 à 30 jours.

SOURCES. — *Composition.* — On compte, au Boulou, quatre sources, dont trois principales : *Saint-Martin-de-Fenouillard* (16°25), *Boulou* (17°5), *Clémentine* (20°8). Elles débitent environ 20.000 litres par jour. Les eaux sont claires, limpides, inodores, de saveur agréable, légèrement piquante, aigrelette (dûe à l'acide carbonique libre). Au point de vue minéral, c'est le *bicarbonate de soude* qui les caractérise (5 gr. 33 par litre, pour Saint-Martin-de-Fenouillard ; 5 gr. 02 pour Clémentine ; 3 gr. 08 pour Boulou). C'est pour cela qu'on appelle cette station : *le Vichy du Midi*. L'eau contient aussi des bicarbonates de chaux, de magnésie et de fer ; du *chlorure de sodium* (1 gramme environ) ; de l'iode, du brome, de l'arsenic, des phosphates, de la lithine. La source *Boulou* contient de l'oxyde de cuivre.

On classe ces eaux : *bicarbonatées sodiques*, *froides*, *très gazeuses*.

MODES D'EMPLOI. — On utilise l'eau du Boulou :

1° En BOISSON, principalement, à la dose progressive de 4 à 6 ou 8 verres par jour et plus, suivant avis médical. L'eau se prend le matin à jeun, de quart d'heure en quart d'heure. On l'absorbe aussi pendant les repas, suivant le cas traité.

2° Accessoirement, on emploie l'eau du Boulou en *bains et en douches*. Pour faire supporter le bain d'eau du Boulou, on ajoute de l'eau ordinaire chaude en quantité variable.

ACTION PHYSIOLOGIQUE. — L'eau du Boulou a une double action :

1° *Locale* sur le tube digestif (apéritive, digestive) ; et sur le rein (diurétique).

2° *Générale*, tonique, reconstituante, sédative de l'organisme entier.

INDICATIONS GENERALES. — L'eau du Boulou ayant à peu près la même composition chimique que l'eau de Vichy, réclame toutes les affections traitées à Vichy. De plus, l'excellence du climat pendant l'hiver classe le Boulou : *le Vichy d'hiver*, quoique la cure en toute autre saison soit aussi efficace. De nombreux baigneurs viennent tous les ans, de leur propre gré ou sur avis médical, passer la saison hivernale au Boulou, et s'en trouvent fort bien.

INDICATIONS PRINCIPALES. — Ce sont :

1° Les MALADIES DU TUBE GASTRO-INTESTINAL et de ses ANNEXES : *dyspepsies atoniques*, *gastralgiques*, *hyperchlorhydriques*, *gastrite chronique*, *ulcère simple de l'estomac* ; diarrhées coloniales ; congestion du foie, hépatites chroniques des coloniaux ou des impaludiques, calculs biliaires ; hypertrophie de la rate dûe aux mêmes causes.

2° Les MALADIES DES VOIES URINAIRES (reins et vessie) : lithiase urique, cystite catarrhale chronique ; congestion, hypertrophie de la prostate.

3° Les MALADIES GÉNÉRALES : le diabète, la goutte, le paludisme, l'arthritisme.

INDICATIONS SECONDAIRES. — Retireront de grands avantages des eaux du Boulou :

1° L'anémie, la chlorose, les convalescences longues et difficiles.

2° La congestion utérine, la dysménorrhée.

3° Certaines affections de la peau : eczéma, prurigo, psoriasis (par le traitement interne et externe).

4° La polysarcie, la pléthore abdominale.

CONTRE-INDICATIONS. — Eviteront les eaux du Boulou, les malades atteints :

1° D'affections aiguës ou fébriles.

2° De lésions organiques graves des poumons, du cœur ou des reins, de l'estomac, de l'intestin, du foie.

DISTRACTIONS. EXCURSIONS. — Chasse, pêche, excursions à la Picastelle, à la Chapelle Saint-Christophe, à l'antique cellule de Saint-Martin, qui contient des peintures murales du XIIe siècle, aux ruines du Château d'Ultrera, et à l'Ermitage del Castell, à l'Eglise Saint-Genis-des-Fontaines, à la Forêt de Sorède, au Col de las Illas, à Argelès-sur-Mer, au Perthus, sur la frontière espagnole, et à la Junquéra (douane espagnole) ; à Céret (pont fameux), à Elne (beau cloître), à Cerbère, à Port-Bou (Espagne), etc...

MEDECINS. — MM. Massot, Mirapeix, Paraire.

HOTELS. — De 5 à 10 francs par jour.

LUCHON (Bagnères de)

(Haute-Garonne)

Station hydro-minérale. Spécialisation : Manifestations cutanées et respiratoires des herpético-arthritiques et lymphatiques. Infection spécifique.

A 15 h. 30 de Paris (via Limoges).
A 11 h. 30 de Marseille (via Cette).
A 12 h. 30 de Lyon (via Tarascon, Cette).
A 7 h. 15 de Bordeaux (via Toulouse).

A 3 h. 15 de Toulouse (via Montrejeau).
A 8 h. de Montpellier (via Cette, Toulouse).

SITUATION ET DESCRIPTION. — Au centre des Pyrénées, terminus de l'embranchement du Midi (*Montrejeau-Luchon*), dans une vallée superbe et profonde, qui communique avec les provinces espagnoles (*Catalogne et Aragon*), par les cols du Portillon et de Vénasque, Luchon, par la splendeur de ses sites et la richesse de ses eaux thermales, a mérité le nom de *Reine des Pyrénées*.

POPULATION. — Luchon compte environ 4.000 habitants résidents ; mais il passe annuellement dans cette ville 50.000 voyageurs ou baigneurs.

ALTITUDE. — Cette station est à 629 mètres au-dessus du niveau de la mer.

CLIMAT. — Climat moyen de montagne, doux, régulier, sédatif. Les montagnes qui l'entourent de toutes parts, abritent Luchon contre les vents violents. Si la chaleur est un peu forte (sans être excessive) en juillet et août, en revanche septembre offre une température idéale. Même pendant les mois chauds, les matinées, les soirées et les nuits sont fraiches.

HYGIENE. — L'eau potable, très pure, est abondante : 1.500 litres par habitant et par jour. C'est une eau vierge, de source, à 9 degrés constants ; c'est l'eau de *Naou-Hounts*. Les eaux pluviales sont rapidement drainées par un sous-sol aréneux.

SAISON. — Du 1er mai au 1er octobre. Mais l'Etablissement thermal reste ouvert toute l'année.

SOURCES. — *Composition.* — On compte une soixantaine de sources à Luchon, dont quarante-huit principales. Leur sulfuration varie de 0 gr. 005 à 0 gr. 07 par litre ; et leur thermalité de 35° à 72° centigrades. Les plus connues sont : *Bayen* (65°), *Pré* n° 1 (62°8), *Grotte* (57°4), *Reine* (57°), *Bordeu* (49°), *Enceinte* (49°), *Romains* (49°), *d'Etigny* (48°), *Blanche* (47°2), *Bosquet* (43°), *Ferras nouvelle* (42°), *Richard* (36°5), *Ferras ancienne* (36°), *Saline froide* (17°).

Les sources utilisées dans les Thermes, en bains et douches, débitent environ 450.000 litres par jour. Les sources employées aux buvettes donnent 28.000 litres. La source *Saline* fournit 560.000 litres.

Ces différentes sources forment quatre groupes bien distincts : 1° *Les polysulfurées* ; 2° *les sulfitées et hyposulfitées ;* 3° *les sulfhydriquées*, très peu stables ; 4° *les blanchissantes* (Ferras, Blanche).

Les eaux de Luchon sont limpides au griffon, onctueuses au toucher, et prennent une teinte jaune verdâtre (ou laiteuse) au contact de l'air. Elles sont minéralisées par du *monosulfure de sodium* (Filhol), ou plutôt par du *sulfhydrate de sulfure de sodium* (Fontan, Garrigou) ; et aussi, par des carbonates, des silicates de soude ; elles contiennent de la sulfuraire, de la barégine. De plus, les sources *Bayen* et *Reine* sont fortement *électrogènes*. La source *Bordeu* serait la plus RADIO-ACTIVE après *Badgastein* (Autriche) et *La Bourboule*. La radio-activité est, à la source : de 2.20 milligrammes-minutes pour l'eau ; et de 18,36 milligrammes-minutes pour les gaz (Moureu et Lepape). Moissan a constaté pour la même source 2 gr. 56 pour 100 d'*argon*, dans un total de 94 gr. 22 pour 100 d'azote.

On classe les eaux de Luchon : *sulfurées*, *sulfhydratées*, *sodiques*, *thermales*, *hyperthermales et radio-actives*.

MODES D'EMPLOI. — Ces eaux sont utilisées :

1° En BOISSON, aux buvettes de l'*Etablissement* et du pavillon rustique du *Pré*, à la dose d'un demi-verre ou d'un verre, deux fois par jour, une heure avant les repas.

2° En GARGARISMES qui précèdent ordinairement l'absorption de l'eau.

3° En HUMAGES (spécialité de la station). Les sources dégagent spontanément des vapeurs sulfureuses. On a capté les vapeurs de certaines sources, et on les a amenées dans des salles spéciales, où l'on hume ces vapeurs, au moyen d'appareils ingénieux qui graduent la chaleur (de 30° à 43°), et la richesse sulfurée (vapeur de soufre d'après Moissan) qui va de 4 milligrammes par litre à 80 milligrammes, en passant par une gamme presque chromatique.

4° En BAINS de piscine ou de baignoire, plus ou moins mélangés d'eau saline, pour ramener l'eau hyperthermale à la température d'élection.

5° En DOUCHES, générales ou locales, chaudes, jumelles, écossaises, spéciales : ascendantes, vaginales, etc...

6° En PULVÉRISATIONS, à la palette ou au tamis, à pression et à température variables.

7° En ÉTUVES NATURELLES (de 38° à 42°). Bains de vapeur très actifs.

8° En INSUFFLATIONS DE VAPEURS dans la trompe d'Eustache.

ACTION PHYSIOLOGIQUE. — Les eaux agissent suivant leur composition.

Les POLYSULFURÉES sont *excitantes et toniques en général* ; elles produisent des réactions très vives du côté de la peau, et par l'intermédiaire du système nerveux, stimulent la nutrition.

Les SULFITÉES et HYPOSULFITÉES sont surtout *sédatives* du système nerveux.

Les SULFHYDRIQUÉES, très peu stables, laissant dégager facilement leur hydrogène sulfuré, ont une action spéciale sur les voies respiratoires.

Les BLANCHISSANTES, véritable émulsion de soufre, exercent une action sédative et calmante sur la peau.

INDICATIONS SPECIALES. — Les affections spécialement traitées à Luchon, sont :

1° Les AFFECTIONS CUTANÉES des HERPÉTICO-ARTHRITIQUES : les *séborrhéides* ; l'*eczéma* surtout humide ; les *dermatoses irritables* (prurigos, prurits, lichens, herpès, urticaire chronique), ou *non irritables* (acné, ecthyma, folliculite, furonculose, impetigo, pyodermite, sycosis). On emploie d'ordinaire les eaux *blanchissantes et hyposulfitées* qui ont une action dessicative et kératinisante.

La *pelade* est traitée spécialement par un jet de pulvérisation vigoureux et hyperthermal, et suivi de frictions énergiques du cuir chevelu.

2° Les AFFECTIONS RESPIRATOIRES des *herpético-arthritiques* : le catarrhe *naso-pharyngien*, les *rhinites* (coryza avec cornets légèrement hypertrophiés ; coryza des enfants avec adénoïdes *étalés*), la *laryngite chronique* (abus de la voix, abus du tabac ou de l'alcool) ; la *bronchite chronique* (forme humide) ; l'*asthme* (forme humide) ; les *otites moyennes catarrhales* (insufflation de vapeurs dans la trompe d'Eustache).

3° La SYPHILIS, à la période secondaire et tertiaire, avec manifestations graves et rebelles comme le *tabes pré-ataxique*, la *syphilis cérébro-spinale*. Possibilité d'un traitement spécifique intensif bien supporté.

4° Le RHUMATISME CHRONIQUE, *articulaire*, *musculaire*, *nerveux* (bains dans les cabines ou piscines à voûte basse, avec eaux polysulfurées). Les *névralgies rhumatismales*, la *sciatique*, sont justiciables des douches chaudes et des étuves à 43°. Les *atrophies musculaires* sont améliorées par les sources *Grotte* et *Reine*, très électrogènes.

5° Le LYMPHATISME, la SCROFULE des enfants. Formes *ulcéreuses* et *suppuratives* des adénites ; *périostite*, *tumeur blanche* au début. Otorrhée, blépharite chronique, kératite chronique, etc...

INDICATIONS SECONDAIRES. — Ce sont :

1° Les *uréthrites chroniques*, à répétition (*blennorhées*) des arthritiques. L'eau *sulfurée*, *dégénérée* et *silicatée* de RAVI, en boisson, soit à l'Etablissement, soit à domicile (exportée), produit d'excellents résultats.

2° La *leucorrhée* (catarrhe cervical de l'utérus, lié à l'arthritisme).

3° Les suites de *traumatismes*, ou de lésions scrofulo-tuberculeuses : raideurs articulaires, hydarthroses, cals douloureux, trajets fistuleux, etc...

4° La *chlorose*, l'*anémie*. Remontement général par les sulfureux.

5° Les *convalescences* de maladies infectieuses : grippe, fièvre de Malte, fièvre typhoïde.

6° Certaines *affections nerveuses* : névrites toxi-infectieuses, quelques formes de neurasthénie, etc...

CONTRE-INDICATIONS. — N'useront pas des eaux de Luchon, les malades atteints :

1° D'affections du cœur non compensées.

2° D'affections de l'estomac (excepté la dyspepsie atonique améliorée par *Reine*, *Grotte*).

5° D'affections du foie, du rein, de la prostate.

4° De tuberculose pulmonaire hémoptoïque ou fébrile.

5° De chorée récente, de sciatique névrite, éréthique, d'hystérie, d'épilepsie.

6° D'icthyose.

7° D'affections subaiguës de l'utérus et des annexes ; de métrorrhagies.

8° D'obésité exagérée, de diabète.

COMPLEMENT DE CURE. — Massage. Hydrothérapie. Sources ferrugineuses de *Castel-Vieilh*, *Cazarilh*, *Salles*, *Sourrouilhe*. Source sulfuro-alcaline de *Ravi* ; source magnésienne de la *Pale-del-Mail*. Cure de *petit-lait*. Cure de terrain avec poteaux indicateurs et bancs de repos, de l'Etablissement jusqu'à la *Chaumière* et à la *Fontaine d'Amour*. Cure d'air vers les hauteurs de Superbagnères, où l'on doit édifier des hôtels accessibles par des tramways électriques (en projet).

DISTRACTIONS. — Casino, un des plus beaux de France, Théâtre, concerts symphoniques tous les jours.

Concerts classiques tous les vendredis. Batailles de fleurs. Retraites aux flambeaux des Guides. Courses de chevaux. Courses de taureaux. Chasse à l'izard, etc...

EXCURSIONS. — A la montagne de la Picadère, à la Fontaine de Sourrouilhe, à la Fontaine d'Amour, à la Cascade de Montauban ; le petit tour du Vallon ; à Castel-Vieilh ; à la Fontaine ferrugineuse de Trébons ; à la chaumière Belle-Vue (par funiculaire) ; à la vallée du Lys jusqu'à la Cascade d'Enfer et la rue d'Enfer ; à Saint-Bertrand-de-Comminges ; à la Grotte de Gargas ; au Portillon, à Bosost ; à la vallée d'Oueil ; au Port de Vénasque, au lac d'Oô, etc...

MEDECINS. — MM. Audubert, Baqué, Barrié, Boisseau, Cargue, Doit-Lambron, Dulac, Estradère père, Estradère fils, Etienne, Faivre, Ferras père, Ferras fils, Germès, Ginner, de Gorsse, Maleplatte, Pelon, Peyrissac, Racine, de Torrès, Vigneaux, Bouyssou (dentiste).

HOTELS. — De 6 à 25 francs par jour.

LUXEUIL

(Haute-Saône)

Station hydro-minérale. Spécialisation : Affections gynécologiques.

A 6 h. de Paris (via Chaumont).
A 15 h. 30 de Marseille (via Lyon).
A 9 h. 30 de Lyon (via Epinal).
A 15 de Bordeaux (via Paris).
A 18 h. de Toulouse (via Limoges).
A 15 h. 30 de Montpellier (via Lyon).

SITUATION ET DESCRIPTION. — Chef-lieu de canton du département de la Haute-Saône, Luxeuil est une coquette station thermale adossée au pied des contreforts vosgiens, entourée d'une ceinture de forêts. Elle renferme des trésors archéologiques du plus grand intérêt. L'établissement thermal est construit au milieu d'un parc dont la beauté est remarquable.

POPULATION. — Luxeuil compte 6.000 habitants.

ALTITUDE. — A 350 mètres au-dessus du niveau de la mer.

CONSTITUTION DU SOL. — Les sources émergent, les unes du granit ; les autres, du grès bigarré.

CLIMAT. — Le climat est exempt de variations brusques, grâce aux forêts qui protègent Luxeuil contre les vents du nord et de l'ouest. La salubrité est excellente.

SAISON. — Du 15 mai au 1er octobre. La durée de la cure est variable ; elle dépasse toujours trois ou quatre semaines.

SOURCES. — *Composition.* — Dix-huit sources débitent journellement 600.000 litres d'*eaux salines et ferrugineuses* (ou *ferro-manganésiennes*).

1° *Les eaux salines* sortent du granit à une température variant de 30° à 52°. Elles sont très limpides, et contiennent en moyenne 1 à 2 grammes de minéralisation totale, dont 1 gramme de chlorure de sodium, 3 à 4 milligrammes de manganèse, 2 à 3 milligrammes de fer, 1 centigramme de lithine, 10 centigrammes de silice, 6 à 7 dixièmes de milligramme d'arsenic et des traces d'iode.

2° Les *eaux ferrugineuses ou ferro-manganésiennes* sortent du grès bigarré, à une température variant de 21° à 29°. Elles se troublent à l'air et laissent sur les parois un dépôt ocracé. Elles sont plus faiblement minéralisées et renferment 12 milligrammes de fer, 7 centigrammes de *manganèse*, du chlorure de sodium, de la silice, du carbonate de chaux, du sulfate de soude, etc...

Toutes les sources (et surtout celle des *Dames*) contiennent une grande proportion d'*azote* ; elles sont de plus très *radio-actives* (1,24 pour 10 litres de gaz spontanés) et renferment des gaz rares : argon, hélium, néon, etc... (Curie, Becquerel, Laborde.)

On classe ces eaux : *chlorurées*, *ferrugineuses*, *ferro-*

manganésiennes, *thermales*, *hyperthermales*, *gazeuses*, *radio-actives*.

MODES D'EMPLOI. — Les eaux de Luxeuil sont utilisées :

1° En TRAITEMENT EXTERNE, le plus important, qui comporte des *bains* assez longs, de baignoire ou de piscine à eau courante, soit tièdes (35° à 37°) avec les sources salines et ferrugineuses mélangées, soit frais (25° à 29°) avec les seules sources ferrugineuses ; les *douches*, générales ou locales (lombaires, périnéales, etc.) chaudes, tièdes, froides, écossaises ; les IRRIGATIONS VAGINALES (spécialité de la station), à la température de 48° à 50°, avec l'eau des sources salines, directement captée au griffon et amenée par une canalisation directe, sans contact de l'air, dans la baignoire où la malade la reçoit étendue, sous faible pression, et en quantité variant de 50 à 100 litres ou davantage, au moyen d'un spéculum grillagé, ou d'une canule de verre percée de trous latéraux. C'est une *eau vivante* qui n'a besoin ni d'être refroidie, ni d'être chauffée et qui possède toutes ses propriétés. On utilise encore les *irrigations intestinales* (ou *douches ascendantes couchées*), dans des cabines bien aménagées.

2° En BOISSON, mode le moins important, soit au griffon (*eau saline* en petite quantité, eau *ferro-manganésienne* bue pure ou coupée d'eau alcaline), soit à domicile (eau d'Hygie, d'Eugénie, du Pré Martin).

ACTION PHYSIOLOGIQUE. — A l'*intérieur*, les eaux de Luxeuil excitent le tube gastro-intestinal, sont apéritives, laxatives et diurétiques.

En *traitement externe*, elles sont sédatives, décongestionnantes, toniques et reconstituantes.

L'action *sédative* (après une première période d'excitation) est dûe à la radio-activité des eaux chlorurées sodiques, et s'étend à toute la zone génitale des nerveuses.

L'action *décongestionnante* est dûe à l'hyperthermalité.

L'action *tonique et reconstituante* est dûe surtout à la balnéation ferro-manganésienne.

INDICATIONS GENERALES. — Luxeuil est surtout une station féminine où les *utérines*, les *pelviennes*, les *génitales annexielles*, les *éréthiques douloureuses* trouvent le plus grand soulagement (Landouzy).

INDICATIONS PRINCIPALES. — Ce sont :

1° Les INFLAMMATIONS SUBAIGUËS ET CHRONIQUES DE L'APPAREIL UTÉRO-ANNEXIEL et du TISSU CELLULAIRE PÉRI-UTÉRIN : les *métrites et annexites chroniques* dans les formes douloureuses de ces affections ; les *para* et *périmétrites* avec exsudats persistants (pelvi-cellulite, sclérose des ligaments) qui immobilisent l'utérus et les annexes. Traitement par les bains prolongés avec irrigations vaginales à 48°, et irrigations rectales abondantes (9 à 20 litres d'eau minérale à 48° dans le rectum) en position couchée, avec une sonde à double courant. Cure de 4 à 6 semaines. Repos complet : physique (*génital*) et moral.

2° La CONGESTION ET LA SCLÉROSE UTÉRINES, des anémiques et neuro-arthritiques : la *congestion utérine avec éréthisme veineux* de Siredey ; la *congestion primitive utérine* de Richelot ; la *pseudo-métrite* de Doléris ; les *hémorragies* de la ménopause, de la puberté, des jeunes mariées ; la *sclérose utérine*, à forme douloureuse de Barozzi, des neuro-arthritiques non infectées, etc...

3° Les FIBROMES UTÉRINS : fibromes avec *hémorragies modérées* qui ne nécessitent pas une intervention chirurgicale urgente ; fibromes *douloureux* des femmes qui approchent de la ménopause. Les bains et les irrigations vaginales à 48° diminuent les douleurs et les hémorragies.

4° Les NÉVRALGIES PELVIENNES ET NÉVROSES GÉNITALES : *névralgies utéro-ovariennes*, à exacerbations menstruelles, le plus souvent sans lésion, chez les anémiques ou névropathes ; *névralgies lombo-abdominales* tenaces, dûes soit à des restes d'adhérences inflammatoires anciennes, soit à la névrose pure (*déséquilibrées du bas ventre*) ; divers troubles dûs à l'ovaralgie, à la coccygodynie, au vaginisme, au prurit vulvaire (formes variées de l'hystérie).

5° Les TROUBLES DE L'OVULATION : *aménorrhée* des jeunes filles non réglées qui deviennent grandes filles après quelques bains ferrugineux frais, associés aux douches écossaises et à la boisson ; *aménorrhée* des anémiques, des chlorotiques (sans tuberculose), de *cause nerveuse* (émotion vive, refroidissement au moment des règles) ; *dysménorrhée* nerveuse, goutteuse et quelquefois membraneuse..

6° La STÉRILITÉ dûe à des inflammations légères utéro-annexielles, à des positions vicieuses de l'utérus, à une acidité exagérée des sécrétions utéro-vaginales, à l'hyperexcitabilité nerveuse (vaginisme), à l'aplasie ou atrophie évolutive de l'utérus, à la faiblesse générale ou à un mauvais état général (arthritisme, obésité), etc..

7° L'ENTÉRO-COLITE MUCO-MEMBRANEUSE (rejet de peaux et de glaires, constipation intermittente, avec crises douloureuses), dûe à un réflexe parti des lésions génitales, et subissant une recrudescence à chaque époque menstruelle.

INDICATIONS SECONDAIRES. — Seront améliorées, les affections suivantes :

1° Le *rhumatisme* chronique ou subaigu, avec douleurs erratiques musculaires ou névralgiques ; la *névralgie sciatique*.

2° La *phlébite* (Tarnier) par les bains salins tièdes et le massage sec ou sous l'eau ; les *varices douloureuses* avec éréthisme veineux (A. Robin)..

3° Le *prurigo* arthritique sine materia (Brocq et Jacquet).

4° Les maladies des enfants *nerveux*, *irritables*, à tempérament lymphatique ; *petits rhumatisants* avec anémie ou chlorose ; enfants atteints de névrites périphériques toxi-infectieuses (typhiques, diphtériques) ou de paralysie infantile.

CONTRE-INDICATIONS. — S'abstiendront des eaux de Luxeuil :

1° Les cardiaques en état de décompensation ; les artério-scléreux avec hypertension. Les hyposystoliques profitent d'une cure prudente.

2° Les cancéreux, les cachectiques trop avancés.

3° Les goutteux qui ont de forts accès de goutte.

4° Les utérines qui ont un état inflammatoire aigu.

DISTRACTIONS. — Concerts quotidiens au Parc. Théâtre. Casino. Jeux divers : tennis, croquet, etc...

EXCURSIONS. — Aux Fontaines Leclerc et du Miroir ; aux Fontaines des Moines et des Bons-Cousins, à l'Ermitage de Saint-Valbert, à la route de Breuches, à la Vallée de Faucogney, à la Vallée de l'Ognon, à Fougerolles, au Val d'Ajol, aux Feuillées.

MEDECINS. — MM. Bornèque, Causeret, Déchaseaux, De Langenhagen, Galliot, Gauthier, Héraud, La Coûture, Lipinska (Mlle), Mendelssohn (Mlle), Pâris, Picot.

HOTELS. — De 6 à 20 francs par jour.

MARTIGNY
(Vosges)

Station hydro-minérale. Spécialisation : Manifestations diverses de la gravelle et de la goutte.

A 5 h. de Paris (via Chaumont, Langres).	A 14 h. de Bordeaux (via Paris).
A 13 h de Marseille (via Lyon).	A 17 h. 30 de Toulouse (via Cette, Lyon).
A 7 h. 30 de Lyon (via Dijon).	A 12 h. de Montpellier (via Lyon).

SITUATION ET DESCRIPTION. — Commune des Vosges, Martigny est située sur le plateau des Monts Faucilles. L'établissement est au milieu d'un parc magnifique de vingt hectares, baptisé par le Professeur Landouzy « *Versailles-Thermal* », dans lequel croissent des arbres à essences tels que les chênes, les hêtres, les sapins, etc.

POPULATION. — Martigny compte environ 1.400 habitants.

ALTITUDE. — C'est la plus élevée (377 mètres au-dessus du niveau de la mer), des stations vosgiennes de diurèse.

CLIMAT. — Climat sec et tonique. Air pur, ozonisé au contact des arbres à essences variées. Les vents du nord ne passent pas, grâce aux petites montagnes boisées qui abritent la station ; les vents d'ouest sont arrêtés par des collines ou des côteaux. Dans le jour, le thermomètre oscille entre 18° et 22°. Les nuits sont fraîches même au moment des grandes chaleurs.

CONSTITUTION DU SOL. — Muschelkalk dans la plaine, grès du lias dans les forêts, marnes irisées dans les côteaux. Sous-sol rocheux.

HYGIENE. — Les eaux pluviales sont rapidement drainées par le sous-sol, de sorte que l'humidité ne persiste pas après les pluies abondantes. L'air pur, l'espace, la lumière procurent la salubrité au pays et une robuste longévité à la population.

SAISON. — Du 25 mai au 25 septembre. Les mois d'août et septembre sont les plus beaux. La durée de la cure est d'environ trois semaines (minimum).

SOURCES. — *Composition.* — Les eaux de Martigny sont *froides* (10° 25), *lithinées*, *sulfatées calciques et magnésiennes*, *silicatées*. Elles portent le nom générique de MARTIGNY-PARC, et sont au nombre de trois :

1° La source *Lithinée* (débit 190 mètres cubes) a une eau d'odeur nulle, de goût agréable avec saveur légèrement styptique. Sa minéralisation totale est de 2 gr. 34, dont 1 gr. 77 de sulfate de chaux ; 0 gr. 12 de sulfate de magnésie ; 0 gr. 18 de bicarbonate de magnésie, 0 gr. 030 à 0 gr. 035 de bicarbonate de *lithine*.

2° La source des *Dames*, est à peu près de même composition ; mais elle contient un peu moins de lithine. Elle est aussi plus légère et faiblement ferrugineuse.

3° La source *Savonneuse*, dont le débit est considérable, se distingue des deux autres sources par moins de sulfates et de carbonates, mais elle est plus riche en sels alcalino-terreux. Son onctuosité qui lui a valu son nom de *savonneuse* est dûe à la présence du silicate d'alumine. Sa minéralisation totale est de 1 gr. 05 (Jacquemin). Elle est exclusivement réservée aux usages externes.

MODES D'EMPLOI. — Les deux sources *Lithinée* et des *Dames* sont utilisées en BOISSON. On absorbe l'eau le matin,froide ou tiédie.Au début, la dose est de un à deux verres de 200 ou 300 grammes, espacés de quinze à vingt minutes. L'absorption moyenne, en pleine cure, est d'un litre et demi ; la dose maxima ne doit jamais dépasser deux à trois litres en 24 heures, sous la surveillance du médecin de la station qui indique la façon de boire : soit dans la seule séance matinale, soit en deux séances (matin et soir) ; soit en position couchée ou en attitude de marche.

L'eau de la *Savonneuse*, très onctueuse, est employée en TRAITEMENT EXTERNE : bains entiers, bains de siège (à eau courante), douches générales, douches locales (ascendantes, vaginales), massage sous l'eau, etc., dans un Etablissement hydrothérapique modèle.

ACTION PHYSIOLOGIQUE. — En BOISSON, l'eau de Martigny provoque, dès le troisième ou quatrième verre ingéré le matin, une débâcle intestinale (selles liquides, souvent bilieuses, très fétides). Elle produit aussi une abondante *diurèse* ; elle ne dissout pas les calculs urinaires, mais elle les fragmente, les débarrasse des matières étrangères, et facilite ainsi leur expulsion.

En TRAITEMENT EXTERNE, l'eau de la Savonneuse produit une double action : *générale*, sédative des systèmes nerveux et circulatoire ; *locale*, modificatrice de certaines lésions cutanées (véritable bain alcalin naturel).

INDICATIONS PRINCIPALES. — Ce sont :

1° LA GRAVELLE, urique, oxalique, phosphatique, principalement quand les *coliques néphrétiques* constituent le seul symptôme morbide ; et les *manifestations uricé-*

miques : migraine, sciatique, lumbago, myalgie de la nuque, névralgie du talon.

2° LA GOUTTE, sans hypertension, sans signes d'aortite, et les complications abarticulaires de la goutte (catarrhes bronchiques, congestions hépatiques, dermatoses goutteuses).

3° L'HÉPATOPATHIE, *congestion hépatique* sans sensibilité de cet organe, des dyspeptiques et des obèses, *constipation* par insuffisance biliaire.

4° Les DERMATOSES et affections cutanées des goutteux et graveleux, ou *arthritides* (Landouzy) : eczéma, acné, couperose, prurits, rougeurs de la peau (bains de la *Savonneuse*).

INDICATIONS SECONDAIRES. — Trouveront un grand soulagement à Martigny :

1° Les *albuminuriques*, par irritation du rein et non par néphrite parenchymateuse. Sont indiquées : les albuminuries résiduelles d'infection ou de grossesse, intermittentes ou orthostatiques ; les albuminuries des graveleux (surtout oxaluriques), des goutteux.

2° Certains *glycosuriques*, quand ils sont graveleux en même temps.

3° Certains *obèses*, certains *dyspeptiques*.

4° Les *fausses utérines* (uricémiques, goutteuses) qui ont de la *ptose rénale*.

CONTRE-INDICATIONS. — S'abstiendront des eaux de Martigny, les malades atteints :

1° De lésions cardiaques décompensées ; d'artériosclérose trop avancée.

2° D'états cérébraux congestifs.

3° De sténose pylorique ou d'hypersthénie gastrique, d'ulcus.

4° D'affections organiques du rein ou de la vessie : néphrite avec altérations graves du rein ; néoplasmes, tuberculose du rein ou de la vessie.

5° D'hypertrophie accentuée de la prostate, de rétrécissement serré de l'urèthre, de pierre dans le bassinet ou dans la vessie.

COMPLEMENT DE CURE. — Cartes de régime, dans chacun des hôtels de la Société.

DISTRACTIONS. — Casino. Théâtre. Concerts. Nombreuses fêtes enfantines. Guignol lyonnais. Pêche à la ligne dans un grand lac poissonneux. Sports divers : tennis, croquet, jeu de boules, tir à la carabine, championnats de Golf dans un emplacement superbe, sur le versant sud du *Haut-Mont* à 500 mètres d'altitude.

EXCURSIONS. — A Vilotte, au Mont-Saint-Etienne, à Lamarche, au Mont des Fourches, au Chêne des Partisans, à l'Abbaye de Morimond, à la Mothe, à Châtillon-sur-Saône, à la Forêt de Viviers, à Chèvre-Roche, à la Forêt de Darney, à Bourbonne-les-Bains, etc.

MEDECINS. — MM. Aerts, Dedet, Foucart, Martin, Payen.

HOTELS. — De 6 à 20 francs par jour.

MENTON

(Alpes-Maritimes)

Station climatique. Cure de séjour favorable aux arthritiques, anémiques, débiles, convalescents.

A 15 h. de Paris (via Lyon).
A 4 h. de Marseille (via Toulon, Nice).
A 9 h. de Lyon (via Marseille).
A 16 h. de Bordeaux (via Toulouse).
A 12 h. de Toulouse (via Cette, Marseille).
A 8 h. de Montpellier (via Marseille).

SITUATION ET DESCRIPTION. — Limitée à l'Ouest par le Cap Martin, et à l'Est par les falaises de la Mortola et les Rochers Rouges, Menton est la plus orientale des stations climatiques d'hiver, à quelques centaines de mètres de la frontière italienne. Elle s'étend auprès et au-dessus d'un golfe merveilleux, dans la plaine formée par les alluvions du Fossan, du Careï, du Borigo et du Gorbio, et sur des collines boisées, entre Vintimille et la Principauté de Monaco. Menton est divisée par un promontoire en deux parties : la ville de l'Est ou Menton-Garavan, et la ville de l'Ouest qui s'étend jusqu'au Cap Martin.

POPULATION. — Menton compte environ 10.500 habitants.

SAISON. — Du 15 octobre au 1er juin. La durée de la cure varie avec l'affection en cours.

CLIMAT. — Le climat de Menton est merveilleux, grâce à la situation topographique exceptionnelle de cette ville.

En effet ,un véritable cirque de montagnes de 1.200 à 1.400 mètres d'altitude l'abrite contre *les vents* : à l'ouest, l'Agel (1.150 mètres) qui rejoint le mont Baudon (1.260 m.) ; au nord, le col de Castillon ; à l'est, la chaîne du Grand-Mont (1.375 mètres) et les Rochers Rouges.

L'*insolation* est très forte, et la *luminosité* remarquable, de 8 h. du matin à 4 h. du soir, en hiver. Les brouillards sont à peu près inconnus. On compte environ, par an, 25 jours couverts et 50 jours nuageux.

La *pluie* est rare (30 à 35 jours, pendant la saison). La moyenne hygrométrique est de 65 %.

La *température* moyenne annuelle est de 16°3, avec la température suivante pour chaque saison : printemps (15°3) ; été, (23°5) ; automne (16°8) ; hiver (9° à 10° le jour, 6° à 7° la nuit). En pleine saison, le thermomètre monte habituellement à 22° au milieu du jour et au soleil, et se maintient à 13°, à l'ombre. Menton est la station la plus chaude de la Riviera. On ne peut la comparer qu'à Naples qui est la ville la plus chaude de l'Europe.

Ce climat exceptionnel produit une *végétation* luxuriante : culture de primeurs sur une vaste étendue de terre ; culture de citronniers, d'orangers, d'oliviers. Les collines sont couvertes de pins et d'arbustes à essences ; dans les vallons croissent des chataigniers.

Le sol est calcaire, sec et perméable.

HYGIENE. — Il existe un réseau d'égouts qui déverse à la mer les eaux résiduelles. La désinfection des chambres d'hôtels et des villas se fait régulièrement, au moyen des vapeurs de formol ; des étuves fonctionnent aussi dans ce but. L'eau potable, ozonisée, est fournie par la Vésubie. Les gadoues, enlevées de bonne heure, sont transportées au four d'incinération. Le balayage, l'arrosage fréquent des voies publiques, et le goudronnage des routes suppriment la boue et la poussière.

ACTION PHYSIOLOGIQUE DU CLIMAT. — Le climat de Menton est *tonique*, au bord de la mer ; *toni-sédatif* du côté du Cap Martin ; et un peu plus *sédatif* si l'on s'éloigne de la plage pour gagner les vallées ou le bord des torrents, dans une humidité relative (Daremberg).

INDICATIONS DU CLIMAT. — Le climat de Menton s'adresse particulièrement :

1° Aux *anémiques*, aux *débiles*, aux *surmenés* moralement ou physiquement, aux *neurasthéniques* (en général), aux *convalescents* de maladies graves ou d'opérations chirurgicales.

2° A certains *arthritiques* : rhumatisants, goutteux, diabétiques.

3° Aux *albuminuriques* qui peuvent alterner la cure climatique d'hiver avec la cure hydro-minérale d'été.

4° A certains sujets atteints d'*affections des voies respiratoires* : *vieillards* bronchitiques, catarrheux ; *enfants* porteurs de séquelles broncho-pulmonaires (suites de rougeole, coqueluche, grippe, fièvre typhoïde, etc.) ; *convalescents* de pneumonie, bronchite, pleurésie ; *prétuberculeux*, tuberculeux chroniques, affaiblis, déprimés dans leur vitalité et leur énergie (les congestifs, les éréthiques s'éloigneront de la mer ; les torpides au contraire, se trouveront très bien d'un séjour près de la plage).

5° Aux *cardiopathes* valvulaires ou artériels.

CONTRE-INDICATIONS. — Les unes sont FORMELLES au bord de la mer telles que : l'*asystolie*, les *anévrys-*

mes, l'angine de poitrine coronarienne et la fausse angine de poitrine, l'éréthisme cardiaque avec palpitations fréquentes, la tachycardie paroxystique.

Les autres sont RELATIVES, et concernent les *tuberculeux* à *déterminations aiguës ou subaiguës*, à *poussées fébriles persistantes*, qui ne retireront aucun avantage d'un séjour à Menton, mais qui pourront habiter sur les hauteurs ensoleillées qui entourent la ville.

DISTRACTIONS. — Casino superbe. Batailles de fleurs. Corso carnavalesque. Corso de nuit. Veglione. Feux d'artifices. Concours hippique (30.000 francs de prix). Concours internationaux de tennis, de croquet, de tir. Foot-ball. Tournoi d'épée. Courses vélocipédiques. Régates internationales. Fêtes enfantines. Grand Festival de la Madone, etc.

EXCURSIONS. — Nombreuses et variées : à la Vallée de Menton jusqu'à Sorgio, au Cap Martin ; au Pont Saint-Louis ; à Roquebrune ; à Monte-Carlo, Monaco, La Turbie ; à Castellar, à Castillon ; à Sospel, à Gorbio, au Val des Primevères, au Val des Castagniers ; à l'Annonciale ; à Sainte-Agnès ; au Gourg dell'Ora et la grotte de l'Ermite ; au Berceau ou Roc d'Orméa ; au Grand-Mont, au Mont-Baudon.

Excursions en territoire italien : aux grottes de Menton, au village de Grimaldi et aux fameux jardins Hambury (à la Mortola), à Vintimille, à Bordighera, Ospedaletti, San-Rémo, etc.

MEDECINS. — MM. Adhémar de Lantagnac, Bellochio, Bourcard, Campbell, Chaboux, Chiaïs, Croïn, Didier, Farina, Fornari J. et Th., Francken, Galot, Guldenschuh, Hoffmann, Huck, Kowler, Langenhagen (P. de), Malibran, Maturié, Palmaro, Rendall, Samways, Tartarin, Tixier, Trapenard, Vignes, de Coste (médecin-dentiste).

HOTELS. — De 10 à 30 francs par jour. *Cap-Martin Hôtel*, près Menton ; *Hôtel des Colonies*.

MIERS-ALVIGNAC

(Lot)

Station hydro-minérale. Spécialisation : Affections gastro-intestinales et hépatiques.

A 9 h. de Paris (via Limoges, Brives).

A 13 h. de Marseille (via Toulouse).

A 13 h. 30 de Lyon (via Saint-Germain-des-Fossés, Gannat).

A 9 h. de Bordeaux (via Toulouse).

A 5 h, de Toulouse (via Teissonnières).

A 9 h. de Montpellier (via Toulouse).

SITUATION ET DESCRIPTION. — La source minérale, la Fontaine Salmière nait au pied d'une colline, à égale distance du village de Miers et de la petite ville d'Alvignac (arrondissement de Gourdon, Lot). Elle coule dans un vallon riant et gracieux, dont les prairies parsemées de bouqets de bois qui donnent, en été, une agréable fraîcheur, forment un immense parc naturel vallonné et ombreux.

Au fond de la vallée coule le ruisseau de Cazelles qui recueille le trop plein de la source minérale.

Les buveurs s'installent à Alvignac, située à 1.500 mètres de la source et à 3 kilom. de la gare de Rocamadour (ligne de Paris à Toulouse par Capdenac).

POPULATION. — Miers est un village à peu près délaissé par les buveurs. Alvignac compte environ 700 habitants et possède des hôtels.

CLIMAT. — Climat très sain, à chaleur tempérée en été par les bois qui entourent Miers et Alvignac.

SAISON. — Du 15 mai au 15 octobre. Mai et juin sont préférables, car on évite ainsi les chaleurs plus fortes de juillet et août.

SOURCE. — *Composition.* — La source *Salmière* débite un hectolitre par heure. L'eau est incolore, de saveur légèrement amère, inodore (odeur un peu sulfurée quand le temps change) et froide (15°). La minéralisation totale est de 5 grammes environ, avec prédominance de sulfate de soude anhydre (2 gr. 675, analyse de Boulay et Henry) ; 0 gr. 75 de chlorure de magnésium ;

des bicarbonates de chaux, de magnésie et de soude ; du sulfate de chaux, de la silice, de l'alumine, etc.

On la classe : *Eau sulfatée sodique, froide*. Elle se rapproche des eaux célèbres de Bohème : *Karlsbad* (moins la thermalité très élevée de cette dernière) ; *Marienbad* (où il y a un peu plus de sulfate de soude : cinq grammes environ) ; *Franzensbad* (qui contient 3 grammes de sulfate de soude).

MODES D'EMPLOI. — L'eau de Miers, source Salmière, est utilisée pour le moment seulement en *boisson*, dans un Etablissement thermal d'apparence modeste dont la transformation et l'agrandissement sont commencés. Les buveurs doivent séjourner quinze jours à trois semaines, et non dix jours, comme on le fait trop souvent dans cette station. De plus, on ne doit pas boire plus de 10 verres par jour (soit deux litres) *dose maxima*. On peut continuer la cure de boisson à domicile, avec l'eau de Salmière qui est expédiée partout.

ACTION PHYSIOLOGIQUE. — A dose peu élevée (de 3 à 400 grammes), l'eau de Miers excite les contractions intestinales, stimule l'appétit, et augmente la diurèse. A dose plus élevée (un litre, ou un litre et demi), elle est laxative et même purgative.

L'effet *diurétique* prédomine quand on met un *assez long intervalle* entre les différents verres ingérés ; l'effet *purgatif* est plus marqué, si de fortes doses sont prises dans un temps relativement court.

D'autre part, l'effet laxatif se poursuit encore longtemps après la cure de Miers.

INDICATIONS. — L'eau de Miers (*Karlsbad français*) s'emploie :

1° Dans les MALADIES du TUBE GASTRO-INTESTINAL : dyspepsies atoniques avec fermentations ; entérite aiguë ou chronique simple, entérite toxi-infectieuse ; dysentérie, hémorrhoïdes, constipation dûe à l'insuffisance de sécrétion des glandes intestinales, congestion du foie, lithiase biliaire.

2° Dans les MALADIES de L'APPAREIL GÉNITO-URINAIRE : néphrites, urémie, lithiase urinaire, cystites, congestion utérine.

3° Dans les *maladies par ralentissement de la nutrition* : goutte, obésité.

4° Dans certaines *intoxications et infections* : intoxication saturnine, fièvre intermittente (*paludisme*) avec engorgements du foie et de la rate.

CONTRE-INDICATIONS. — S'abstiendront de la cure de Miers :

1° Les tuberculeux pulmonaires.

2° Tous ceux dont le tube digestif est trop irritable.

EXCURSIONS. — Alvignac est un centre d'excursions magnifiques : *Au gouffre de Padirac* (3 k. 1/2). De récents aménagements permettent d'accéder par un escalier en fer de 75 mètres au fond de cet énorme puits,et, où coule une rivière souterraine que l'on suit en bateau sur plus de 2 kilom. A *Rocamadour* (6 kilom.), l'un des pélerinages les plus anciens et les plus célèbres de la France dont la tradition fait remonter l'origine à Zachée (1er siècle de l'ère contemporaine). C'est en même temps un des sites les plus pittoresques de l'Europe. A l'*Ouysse* (9 kilomètres), une des rivières les plus curieuses de France ; aux grottes de *La Cave* (12 kilomètres), qui attirent, chaque année, plusieurs milliers de visiteurs ; au magnifique cirque de *Montvalent*, d'où la vue s'étend sur la vallée de la Dordogne ; au château féodal de *Castelnau-de-Bretenoux*, au château de *Montal* un des plus beaux spécimens de l'architecture de la Renaissance ; aux grottes des Eyzies, vallée de la Vézère, qui contiennent les premières sculptures préhistoriques du monde, etc.

MEDECINS. — MM. Soulhié, père et fils.

HOTELS. — A Alvignac, de 5 à 10 francs par jour. Pour tous les renseignements s'adresser au Directeur des Eaux minérales de Miers, par Alvignac (Lot).

MOLITG

(Pyrénées-Orientales)

Station hydro-minérale. Spécialisation : Dermatoses, rhumatismes des sujets nerveux, excitables.

A 16 h. 30 de Paris (via Limoges).
A 8 h. de Marseille (via Cette).
A 9 h. de Lyon (via Tarascon).
A 9 h. de Bordeaux (via Toulouse).
A 5 h. de Toulouse (via Perpignan).
A 3 h. 45 de Montpellier (via Narbonne).

SITUATION ET DESCRIPTION. — A la base d'un contrefort du revers méridional de la montagne de Molitg, au confluent de la vallée de la Castellane et du Riell, jaillissent plusieurs sources d'eau thermale auxquelles le village de Molitg (à 7 kilomètres de la gare de Prades) a donné son nom. Station de l'embranchement du chemin de fer de Perpignan à Villefranche-de-Conflent.

ALTITUDE. — Molitg est à 450 mètres au-dessus du niveau de la mer.

CLIMAT. — Doux et tempéré, grâce aux montagnes et collines boisées qui protègent Molitg contre les vents du Nord-Ouest, d'Est, et du Sud. Véritable végétation des zones tempérées : lauriers-roses, eucalyptus, palmiers. Il n'y a pas de glace en hiver ; à peine un peu de neige qui fond, en touchant le sol. En été, les chaleurs sont modérées.

SAISON. — Dès les premiers jours de mai jusqu'à la fin d'octobre. Dans les affections dartreuses non compliquées de lésions viscérales, la cure se fait à toute époque, même en hiver.

SOURCES-ETABLISSEMENTS. — Il y a dix sources à Molitg, dont six sont exploitées dans trois Etablissements thermaux ; les quatre autres sources sont en dehors des Etablissements.

1° L'ETABLISSEMENT LLUPIA compte trois sources : la *source n° 1*, qui est la source principale de Molitg et qui a fait la réputation de la station. Son débit est de 51 litres àla minute ; sa température : 38°. Elle est limpide et ne se trouble pas à l'air ; elle se caractérise par une *onctuosité* remarquable dûe à la glairine, une grande sursaturation gazeuse (azote), et la fixité du principe sulfureux (0 gr. 014 de monosulfure de sodium).

La *source n° 2* a une température de 35°6. Sa composition est à peu près la même que celle du n° 1, mais la sulfuration est moindre (0 gr. 012 de monosulfure).

La *source n° 4* (la *source n° 3* est à l'Etablissement Barrère) alimente la buvette. Sa température est de 36°2, et sa sulfuration de 0 gr. 012.

2° L'ETABLISSEMENT MAMET possède deux sources situées à une vingtaine de mètres de la source Llupia n° 1 : la source des *Baignoires* et la source des *Douches*.

L'eau de la source des *Baignoires* est limpide, de saveur sulfureuse alcaline, avec arrière-goût salé ; elle est moins onctueuse que Llupia n° 1. Sa température est de 37°8 ; et son débit de 45 litres à la minute (sulfuration : 0 gr. 014).

L'eau de la *source des Douches* est presque identique à la précédente. Sa température est de 36°2, et son débit de 20 litres à la minute (sulfuration : 0 gr. 016).

3° L'ETABLISSEMENT BARRÈRE, compte une seule source (ancienne Llupia n° 3). L'eau a les mêmes caractères que l'eau de Llupia n° 1, mais la température est de 34°.

4° Les sources NON EXPLOITÉES dans les Etablissements, sont au nombre de quatre : les sources *Coupes* analogues à Llupia n° 1 ; la source *Paracols* (eau sulfureuse en partie désulfurée : 0 gr. 005), dont la température est de 29°3 ; la source *Castellane* dont la température est de 29°, et la sulfuration de 0 gr. 015 ; la source *Riell*, dont la température est de 21°8 et la sulfuration de 0 gr. 011.

MODES D'EMPLOI ET ACTION PHYSIOLOGIQUE. — Les eaux de Molitg sont utilisées :

1° En TRAITEMENT EXTERNE qui comporte : *les bains généraux chauds* (excitant la peau), ou *tièdes* (sédatifs de la peau et du système nerveux) dont la durée peut être d'une heure ; *les bains de siège* qui ont une action décongestionnante ; *les pédiluves*, qui ont une action dérivative (durée : 8 à 10 minutes) ; les *lavements* qui ont une action désobstruante et désintoxicante ; *les douches générales et locales* qui ont une action stimulante.

2° En BOISSON, l'eau de Molitg, prise à dose modérée (de trois à cinq verres par jour) et fractionnée, le matin de préférence, produit une action stimulante, apéritive, diurétique, sudorifique et dépurative.

INDICATIONS PRINCIPALES. — Ce sont :

1° Toutes les AFFECTIONS DE LA PEAU ET DES MUQUEUSES, de nature *dartreuse ou herpétique*, chez des sujets excitables.

Pour *la peau* : les prurits, la cuisson, les démangeaisons, les dartres, les affections squameuses, papuleuses, vésiculeuses de toute la surface tégumentaire (l'eau de Molitg est un *bain de délices*).

Pour *les muqueuses* : les dermatoses qui atteignent le gland, le prépuce, l'anus, le vagin, le col utérin, la conjonctive palpébrale, etc.

2° Le RHUMATISME CHRONIQUE NERVEUX.

INDICATIONS SECONDAIRES. — Les eaux de Molitg sont encore utiles :

1° Dans les *affections des organes génito-urinaires de la femme* (leucorrhée, aménorrhée, dysménorrhée, déviations et ulcérations de l'utérus), *et de l'homme* (blennorrhée, catarrhe vésical).

2° Dans la *chlorose et l'anémie*.

3° Dans la *scrofule*, la *syphilis*, et dans toutes les affections que modifie le traitement sulfureux.

CONTRE-INDICATIONS. — Elles sont peu nombreuses. Ce sont principalement :

1° Les affections aiguës ou fébriles.

2° Les cardiopathies, en état de décompensation.

3° Les cachexies avancées : tuberculose, cancer.

DISTRACTIONS-EXCURSIONS. — Salles de musique et de danse. Promenades et excursions à la Cascade de Molitg, aux Gorges de la Castellane, aux ruines du château de Paracols, à la forêt de Mosset, aux trois étangs de Nohèdes (étoilé, bleu et noir), au pied du pic des Gourgs ; à Prades, à Villefranche-de-Conflent, à Vernet-les-Bains, etc.

MEDECIN. — M. de Massia.

HOTELS. — De 6 à 12 francs par jour.

MONACO [1]

(Principauté)

Station climatique. Cure de séjour favorable aux anémiques, arthritiques, convalescents, bronchitiques.
Plage marine (bains de mer) pour enfants mous, dystrophiques, lymphatico-scrofuleux.

A 14 h. 30 de Paris (via Lyon).
A 3 h. 30 de Marseille (via Nice).
A 8 h. 30 de Lyon (via Marseille).
A 15 h. 30 de Bordeaux (via Toulouse).
A 11 h. 30 de Toulouse (via Marseille).
A 7 h. 30 de Montpellier (via Marseille).

SITUATION ET DESCRIPTION. — Monaco, ou plutôt la Principauté de Monaco est un Etat libre enclavé dans le département des Alpes-Maritimes. La Principauté se compose de trois parties : *Monaco* (la capitale), *La Condamine* et *Monte-Carlo*.

Monaco-Ville est bâtie sur un rocher à pic qui s'avance à 800 mètres en mer, et se recourbe un peu vers l'Est (fort Antoine). Sur ce rocher d'une largeur moyenne de 300 mètres, se trouve le palais, la cathédrale, les jardins, le musée océanographique. De ces hauteurs, on jouit d'un panorama splendide : le golfe de Monaco apparaît merveilleux, et dans le lointain se profilent les monts qui dominent Menton et Bordighera.

---

(1) Bien que Monaco ne soit pas une station française, nous n'avons pas cru devoir l'exclure, vu son importance, et sa situation géographique dans un département français.

La Condamine qui relie Monaco à Monte-Carlo est la partie la plus peuplée de la Principauté. C'est le quartier du commerce et de l'industrie. Blottie auprès de la plage, La Condamine dominée par la *Tête-de-Chien* est devenue une véritable ville et un port important. Là se trouve l'ancien Etablissement de bains de mer ou Thermes Valentia, actuellement désaffecté.

Monte-Carlo est la partie la plus septentrionale de la Principauté, élevée sur le plateau des Spélugues, en face de la vieille cité de Monaco, et couronnée par le splendide Casino aux terrasses merveilleuses.

POPULATION. — La Principauté compte une population fixe, résidente, de 18.000 habitants. Mais la population flottante (voyageurs ou visiteurs) s'élève à plus d'*un million 800.000* par an.

ALTITUDE. — L'altitude n'est pas la même partout. *La Condamine*, presque au niveau de la mer, s'élève en pente douce vers la Tête-de-Chien. *Monte-Carlo* est plus élevé que La Condamine. *Monaco-Ville* est située, dans sa partie haute, à 60 mètres environ au-dessus de la Méditerranée.

SAISON. — Du 15 octobre au 1er juin, saison d'hiver. Du 1er juin au 15 octobre, saison d'été (bains de mer). La durée du séjour varie avec chaque affection.

CLIMAT. — Le climat remarquable de cette région résulte de sa topographie.

En effet, la Principauté est protégée contre les vents du Nord et de l'Ouest par des monts élevés : la *Tête-de-Chien* (573 mètres), le *Mont-Agel* (1.170 mètres), et la *Rossignolo* (690 mètres). Le vent d'Est est le seul vent un peu désagréable en hiver. En été, les brises marines tempèrent les fortes chaleurs et rendent le séjour fort agréable (bains de mer).

Les *pluies* sont rares, en hiver. Il pleut environ 30 ou 35 fois. L'*hygromètre* accuse une moyenne de 60° à 70°.

Monaco étant en hémicycle au bord de la Méditerranée jouit d'une *insolation et d'une luminosité intenses* (si l'on excepte quelques coins de La Condamine que le rocher de Monaco abrite du soleil, et qui pour cette raison, seront recherchés l'été). Cette exposition au soleil donne une journée médicale très longue l'hiver : de 8 heures du matin à 4 heures du soir.

La température moyenne de l'année est de 17° (l'hiver 10° ; l'été 22°).

Ce climat produit une végétation semi-tropicale, dont on voit les plus beaux spécimens dans les jardins suspendus et le jardin potager du Château, et dans le parc de Monte-Carlo.

HYGIENE. — L'hygiène est parfaite dans la Principauté. Il existe un *réseau complet d'égouts* qui draine très loin dans la mer les eaux usées, les eaux de pluie et d'arrosage. Les gaz qui s'accumulent dans les parties supérieures et sortent très souvent par les bouches d'égout dans d'autres villes, sont refoulés à Monaco dans des cheminées d'appel.

Les *gadoues*, enlevées de bonne heure, sont transportées dans des tombereaux spéciaux, à l'usine d'incinération, située dans un quartier isolé.

Le service de la voirie est très bien organisé. Cantonniers, balayeurs, arroseurs assurent la propreté des rues et avenues. La coaltarisation ou goudronnage des routes a fait disparaître la poussière et la boue.

ACTION PHYSIOLOGIQUE DU CLIMAT. — Le climat de la Principauté est *tonique*. Il produit une suractivité des échanges : l'appétit est augmenté, la digestion améliorée, l'assimilation plus complète avec sensation de bien-être et de remontement. Cette action *tonique* est due, en grande partie, à l'ensoleillement, à la luminosité et aux brises marines.

INDICATIONS DU CLIMAT. — Le climat de Monaco s'adresse spécialement :

1° Aux *anémiques*, *aux débiles*, *aux surmenés* (non surexcités).

2° Aux sujets atteints d'*affections respiratoires chroniques et torpides* (bronchites catarrhales, tuberculose pulmonaire à évolution lente, torpide, non congestive des gens âgés ou des enfants).

3° Aux *arthritiques* : goutteux, rhumatisants, diabétiques.

4° A certains *cardiopathes et brightiques* qui alternent la cure climatique d'hiver avec la cure hydro-minérale d'été.

5° A certains *nerveux non hyperexcités* (neurasthéniques déprimés).

6° Aux *enfants chétifs, malingres, dystrophiques mous, scrofulo-tuberculeux* (cure de climat complétée par la balnéation marine).

7° Aux *convalescents* de maladies aiguës et d'opérations chirurgicales.

CONTRE-INDICATIONS. — Eviteront de séjourner à Monaco :

1° Les tuberculeux atteints de phtisie aiguë, éréthique, à marche rapide, de phtisie laryngée à la phase ulcéreuse. Une hémoptysie passagère n'est pas une contre-indication.

2° Les cardiopathes qui ont des phénomènes d'hypersystolie ou d'éréthisme cardiaque avec palpitations fréquentes, ou qui sont atteints d'angine de poitrine (vraie ou fausse), d'anévrysme, de tachycardie paroxystique, d'asystolie.

3° Les cachectiques : cancéreux, etc.

4° Les sujets hyperexcités habituellement.

COMPLEMENT DE CURE. — Monaco possède deux adjuvances thérapeutiques : les bains de mer et le Nouvel Etablissement Thermal de Monte-Carlo.

1° LE NOUVEL ETABLISSEMENT THERMAL de Monte-Carlo. Véritable palais balnéaire qui s'ouvre sur la grande terrasse du Casino. On y pratique un double traitement : *médical et hygiénique*, sous la direction du Dr Konried.

La *partie médicale* comprend une installation hydrothérapique complète : douches et bains variés (à eau courante), massage sous l'eau, bains de vapeur en étuve (généraux ou locaux) ; bains d'acide carbonique (favorables aux cardiopathes et à certains neurasthéniques), bains d'air chaud (80° à 200°) appliqué sur les diverses parties du corps atteintes de rhumatisme, goutte, sciatique, etc. ; bains hydro-électriques (cataphorèse électrique ou introduction de médicaments à travers la peau) ; bains de lumière électrique (efficaces contre l'obésité) ; salles de rayons X ; inhalatorium Bulling destiné à faire absorber à toute la muqueuse de l'arbre respiratoire, les médicaments apportés par le courant de l'air inspiré, saturé d'eau minérale ou de vapeurs balsamiques (essence de pin Mugho, baume du Pérou, créosote, etc.), à la température d'élection (entre 60° et 30°) ; enfin, pratiques de pneumothérapie qui consiste à faire pénétrer, sous pression, dans les poumons de l'air plus ou moins oxygéné, en grande quantité, dans le cas d'asthme, d'emphysème, de bronchite chronique.

La *partie hygiénique* comprend : la buvette des Eaux-Minérales où l'on trouve les eaux de toutes les sources françaises et étrangères, maintenues à leur température native (par des bains-marie de construction spéciale) et artificiellement radio-activées (pour conserver la radio-activité qu'elles ont au griffon) ; les bains de mer froids ou chauds, dans de vastes baignoires-piscines en porcelaine, à eau courante ; les bains de vapeur romains avec salle de repos ; les diverses modalités de massage (de Vichy, d'Aix, etc.) ; l'Institut médico-mécanique Zander, destiné, au moyen d'appareils perfectionnés, à favoriser l'exercice méthodique et régulier des muscles, à faciliter la circulation sanguine et l'excrétion des déchets qui s'accumulent, par l'inaction, dans l'organisme.

2° Les bains de mer aux plages de La Condamine et de Larvotto. Ces deux plages en pente douce, ont un sable très fin. La cure de bains de mer froids (de juin à novembre) convient aux enfants *lymphatiques*, *rachitiques*, *scrofuleux*, atteints de *tuberculose locale* (abcès froids), *ganglionnaire* (adénites, adénopathies), *osseuse* (ostéites, mal de Pott), *ostéo-articulaire* (arthrites fongueuses, coxalgies). Le bain en Méditerranée est un véritable bain minéral chloruré sodique.

DISTRACTIONS. — Le *Casino* splendide de Monte-Carlo construit sur les plans de Garnier, avec salle de théâtre et de concerts (représentations d'opéra, d'opéra-comique, de comédie avec les meilleurs artistes de l'Europe).

Le *Palais des Beaux-Arts* (exposition internationale de peinture et de sculpture). Visite du Palais du Prince à Monaco, de la Cathédrale, du Musée Océanographique.

Nombreuses fêtes, de novembre à mai ; courses de canots automobiles, régates, expositions diverses, batailles de fleurs, fêtes vénitiennes, bals, etc.

EXCURSIONS. — A la Turbie, par Monte-Carlo supérieur ; Beausoleil, le Vallon de Sainte-Dévote (où se trouve une chapelle, but d'un pèlerinage annuel, en novembre) ; la halte de Bordina. A la Tête-de-Chien, au Mont-Agel ; aux Grottes de Vallebella, découvertes en 1907 ; à Eze et N.-D. de Laghet ; au Cap Martin, à Menton, à Vintimille, Bordighera, Ospedaletti, San-Remo, vers l'Est ; à Beaulieu, Nice, Cannes, vers l'Ouest, etc.

MEDECINS. — A *Monaco-Ville* : MM. Coulon, Pich, Pontremoli.

A *La Condamine* : MM. Baumgaertner, Bosio, Cassini, Gibelli, Godineau, Lavagna, Maurin, Onda, Onimus, Taxil, Tourneur.

A *Monte-Carlo* : MM. Andrew, Audoli, Bardach, Blachwell, Caillaud, Corniglion, Drugmann, Du Cazal, Guarini, Guilloud, Konried, Leymarie, Lucas, Marsan, Muselier, Porro, Pryce-Mitchell, Rolla-Rouse, Roseneau, Schaap, Schaefer, Venturini, Vivant, Von Hahn.

HOTELS. — De 8 à 30 francs par jour.

MONT-DORE

(Puy-de-Dôme)

Station hydro-minérale. Spécialisation :
Affections respiratoires à forme congestive ou spasmodique des arthritiques.

A 9 h. de Paris (via Eygurande).
A 14 h. de Marseille (via Nimes).
A 6 h. de Lyon (via Clermont-Ferrand).
A 12 h. de Bordeaux (via Périgueux).
A 14 h. de Toulouse (via Brive).
A 11 h. de Montpellier (via Nimes).

SITUATION ET DESCRIPTION. — Dans une vallée boisée, qu'encadrent les plus belles montagnes de l'Auvergne et que ferme, au Sud, le *Puy-de-Sancy* (1.886 mètres), le Mont-Dore en raison de ses eaux thermales et de sa situation topographique, est disposé pour une double cure : *la cure hydro-minérale* et *la cure de montagne.*

POPULATION. — Le Mont-Dore est une commune qui compte un peu plus de 2.000 habitants.

ALTITUDE. — Cette station est à 1.050 mètres au-dessus du niveau de la mer.

CLIMAT. — Climat de montagne, sans fortes chaleurs, même en plein été. Les matinées et les soirées sont toujours fraîches, ce qui nécessite de la prudence dans les vêtements. Les vents sont peu violents et ne sont pas ressentis dans la vallée, qui est abritée au Sud et à l'Est par de hautes montagnes. Seul, le vent de la pluie passe du côté de l'Ouest. L'air est très pur, et l'atmosphère ozonisée.

CONSTITUTION DU SOL. — Sol de trachyte incliné, d'où émergent les sources.

HYGIENE. — Les eaux usées sont déversées dans une rivière à 600 mètres en aval de la ville. L'eau potable, excessivement pure, est captée dans la montagne. L'hygiène est observée partout avec sévérité.

La municipalité met à la disposition des hôtels, villas et maisons meublées, une étuve, des pompes à désinfection et des équipes d'ouvriers.

SAISON. — Du 1er juin au 1er octobre. Cure de trois à quatre semaines, au minimum.

SOURCES. — *Composition.* — On compte onze sources au Mont-Dore. On les nomme : *César* et *Caroline*, *Saint-Jean* ou du *Pavillon*, *Madeleine*, *Bardon* ou des *Chanteurs*, *Ramond*, *Bertrand*, du *Panthéon*, *Chazerat*, *Rigny*, *Boyer*, *Pigeon*.

Elles débitent, par jour, environ 900.000 litres d'eau minérale, qui dépose sur les vasques une pellicule, dûe au fer et à la silice. Elles jaillissent des fentes du trachyte, à l'intérieur de l'Etablissement, sans être pompées ni aspirées, à une température variant entre 38° et 47°, au griffon. Elles sortent en bouillonnant par suite de leurs abondants dégagements de gaz acide carbonique et d'azote. Les malades boivent ainsi les eaux à leur sortie du griffon, c'est-à-dire à *l'état naissant*, alors qu'elles sont en quelque sorte, *vivantes*, et chargées de tous leurs principes électriques et radio-actifs.

L'analyse chimique ne donne pas l'explication de l'efficacité de ces eaux. C'est un des nombreux exemples de ce fait, fréquent en hydrologie ; il est impossible de déduire de leur composition chimique, leur action thérapeutique.

Elles sont claires, faiblement alcalines, et peu minéralisées : 2 à 3 grammes de minéralisation totale, dont 1 milligramme d'*arséniate de soude*, 3 centigrammes de bicarbonate de fer, 54 centigrammes de bicarbonate de soude, 34 centigrammes de bicarbonate de chaux, 16 centigrammes de silice, etc. On constate, en plus de l'acide carbonique et de l'azote, des traces d'*argon* et d'*hélium*. La *radio-activité* est faible : 0,33 milligrammes-minutes, quatre jours après l'émergence (Curie et Laborde).

Ces eaux sont classées : *thermales*, *hyperthermales*, *arsenicales*, *ferrugineuses*, *bicarbonatées*, *fortement siliceuses*, *faiblement radio-actives*.

Deux autres sources émergent en dehors de l'Etablissement : la source Sainte-Marguerite (la seule froide) gazeuse et acidulée, employée comme eau de table ; et la source *Félix* qui sourd à trois kilomètres du Mont-

Dore : elle est *lithinée* et *chlorurée sodique*. Ces deux sources n'appartiennent pas au groupe spécial des eaux du Mont-Dore.

L'ETABLISSEMENT THERMAL. — L'eau du Mont-Dore est administrée dans l'*Etablissement thermal* (bâti sur le rocher), restauré en 1893, et remarquable par ses vastes proportions, où l'on a fait la plus grande part à l'air et à la lumière. Les marbres et les grès vernissés, les faïences émaillées utilisées pour le revêtement des parois, les dalles ou la mosaïque employées pour le pavage, permettent le lavage à grande eau et réalisent la *parfaite asepsie* de l'Etablissement du Mont-Dore. Cet édifice contient une centaine de cabines de bains, trente salles d'inhalations et pulvérisations, dix-sept cabines de demi-bains hyperthermaux, cent trente stalles de bains de pieds, cinq salles d'hydrothérapie complète, etc.

MODES D'EMPLOI ET ACTION PHYSIOLOGIQUE. — L'eau du Mont-Dore est utilisée :

1° *Principalement* en BOISSON (sources des *Chanteurs*, *Madeleine*, *César*, *Ramond*), à la dose de un demi à quatre verres le matin à jeun, et à quatre heures. Elle augmente la *sécrétion chlorhydrique* de l'estomac ; elle agit sur la *muqueuse respiratoire* à la façon des balsamiques, en diminuant la sécrétion catarrhale et l'irritabilité des réflexes, qui engendrent la toux. Elle est *peu diurétique*.

2° En TRAITEMENT EXTERNE qui comporte : les *demi-bains*, de 5 à 12 minutes, sur les griffons à 40°-47°, qui sourdent au fond de chaque cabine. Le malade, plongé jusqu'à la ceinture, éprouve une vive rubéfaction des membres inférieurs, avec accélération du pouls, suivie d'une sudation modérée et d'un bien-être marqué. Ce demi-bain produit une décongestion remarquable des parties supérieures. Il faut le donner d'une façon générale, avec beaucoup de *prudence*. Les BAINS de PIEDS hyperthermaux, donnés vers cinq heures du soir, décongestionnent aussi les parties hautes. Les *bains généraux* à 35° ou 38°, également employés, ont une action sédative. Le mode le plus important du traitement externe est constitué par les INHALATIONS, dans des salles à 28°, 30° ou 32°. Les malades, vêtus spécialement, séjournent vingt à quarante minutes dans un véritable brouillard médicamenteux, produit par des vapeurs d'eau minérale (qui viennent du sous-sol), ou par le poudroiement direct d'eau minérale froide à la partie supérieure des salles. Ces inhalations de vapeurs ont une action franchement *résolutive*, favorisent la *fluidification* des sécrétions, et produisent une *action sédative* sur le système nerveux (utile chez les asthmatiques). On utilise encore les PULVÉRISATIONS PHARYNGÉES à 38° ; les IRRIGATIONS RHINO-PHARYNGÉES, qui déterminent d'abord de l'érythème et de l'irritation de la gorge, et plus tard, une décongestion très appréciable de cet organe ; les DOUCHES NASALES de gaz thermaux dont l'action est analgésique et constrictive.

INDICATIONS GENERALES. — Ce sont :

Les AFFECTIONS RESPIRATOIRES à FORME CONGESTIVE OU SPASMODIQUE, des *arthritiques*, des *herpétiques*, des *neuro-arthritiques* (goutteux, rhumatisants).

INDICATIONS PRINCIPALES. — Seront rapidement influencées par le traitement montdorien :

1° Les MANIFESTATIONS BRONCHITIQUES OU PULMONAIRES des *arthritiques* : l'ASTHME, à tous les âges, qu'il soit sec, nerveux, spasmodique ou humide ; l'EMPHYSÈME dont les poussées de bronchite successives sont enrayées ; les *bronchites à manifestations spasmodiques et quinteuses ;* les *congestions pulmonaires* des goutteux et rhumatisants ; les foyers anciens *broncho-pneumoniques*, les *reliquats de pneumonie*, les placards d'induration pulmonaire persistante ou récidivante, les séquelles de pleurésies chroniques ; l'ADÉNOPATHIE TRACHÉO-BRONCHIQUE consécutive à la coqueluche, à la rougeole, à la grippe.

2° Les AFFECTIONS DES VOIES RESPIRATOIRES SUPÉRIEURES des arthritiques : *les maladies du nez et de la gorge*, à formes congestives ; le CORYZA à répétition ; le RHUME des FOINS ; la RHINO-PHARYNGITE des enfants arthritiques (non scrofuleux), des adultes à pharynx rouge, recouvert de mucus épais, avec chatouillement et toux spasmodique ; les poussées de *pharyngite simple ou vésiculeuse*, *les angines chroniques*, l'*hypertrophie des amygdales* ; les LARYNGITES AIGUES (surtout par surmenage professionnel des orateurs et chanteurs) à formes congestives et toux spasmodique ; l'*aphonie nerveuse ; la toux spasmodique* des enfants sujets au faux croup ; quelquefois, la *laryngite tuberculeuse* ayant évolué superficiellement et sans fièvre.

3° Les *manifestations bronchitiques ou pulmonaires* des TUBERCULEUX ARTHRITIQUES : *tuberculeux latents, prétuberculeux* à poussées bronchitiques, hémoptysies modérées, pourvu qu'ils soient sans fièvre, sans amaigrissement prononcé, et qu'ils tendent à faire de l'emphysème et du tissu fibreux autour de leurs foyers. Cure prudente et prolongée.

INDICATIONS SECONDAIRES. — Seront améliorés par le traitement montdorien :

1° Certains *diabétiques*, à poussées congestives propices à la bacillose.

2° Certains *rhumatisants* (rhumatisme musculaire, viscéral, articulaire, rhumatisme goutteux torpide).

CONTRE-INDICATIONS. — Les unes sont FORMELLES ; ce sont :

1° Les affections aiguës ou chroniques du foie, du rein (néphrites), du système nerveux (sujets très excitables).

2° Les cardiopathies valvulaires non compensées, l'artério-sclérose avancée, l'anévrysme de la crosse de l'aorte (pseudo-asthme).

3° Les tumeurs cancéreuses.

4° La tuberculose pulmonaire, avec fièvre d'infiltration ; avec cavernes ; hémoptysies abondantes imputables aux lésions caverneuses ; avec altérations laryngiennes trop prononcées.

Les contre-indications RELATIVES sont :

1° L'hypertrophie amygdalienne des lymphatiques.

2° L'hydrorrhée nasale chronique.

3° La bronchite chronique, ectasique, avec expectoration muco-purulente, sans spasme, sans congestion.

4° L'emphysème avec insuffisance cardiaque ; mais dès qu'il y a *insuffisance tricuspidienne*, la contre-indication devient *absolue*.

COMPLEMENT DE CURE. — Cure d'air très appréciable dans un *climat de montagne*, soit au Mont-Dore, soit au parc du Capucin à 1.300 mètres, où l'on monte en quelques minutes, au moyen d'un funiculaire qui part du fond de la vallée. L'air pur des sommets active les échanges organiques, stimule l'appétit et les fonctions digestives, provoque une vaso-dilatation périphérique, qui produit une décongestion des organes thoraciques, et augmente le nombre des globules rouges du sang.

DISTRACTIONS. — Casino au milieu du Parc, sur la rive droite de la Dordogne. Théâtre. Concerts dans le Parc. Batailles de fleurs. Kermesses. Bals. Tir aux pigeons. Jeux divers : Croquet, tennis, etc.

EXCURSIONS. — 1° Dans la *direction du Sud* : à la vallée du Mont-Dore, au sommet du Sancy (1.886 mètres), aux Puys Ferrand et Pailharet, au lac Pavin, etc.

2° Dans la *direction de l'Est* : aux Quatre-Cascades ; au col de Dyane (1.500 mètres), d'où la vue s'étend sur la Limagne et sur le Forez ; à la vallée de Chambon, à Murols (château féodal).

3° Dans la *direction du Nord* : au Puy Gros (1.448 mètres) ; à la Banne d'Ordanche (1.517 mètres) ; au lac de Guéry (1.500 mètres), d'où l'on voit la splendide vallée de Rochefort.

4° Dans la *direction de l'Ouest* : aux Cascades du Plat-à-Barbe et de la Vernière, à la Bourboule, etc.

MEDECINS. — MM. André, Béal, Blanc, Chabory, Colombel, Debidour, Dullin, Gaillardon, Galup, Garcin, Guérin de Sossiondo, Jeannel, Mascarel, Moncorgé, Nicolas, Percepied, Perpère, Schlemmer, Serre, Tardieu, Tardif, Trapenard.

HOTELS. — De 7 à 25 francs par jour.

MONTMIRAIL
(Vaucluse)

Station hydro-minérale. Spécialisation : Affections gastro-intestinales et hépatiques.

A 10 h. de Paris (via Lyon, Orange).
A 3 h. 45 de Marseille (via Orange).
A 5 h. de Lyon (via Valence, Orange).

A 12 h. de Bordeaux (via Toulouse).
A 8 h. de Toulouse (via Cette, Tarascon).
A 4 h. de Montpellier (via Tarascon).

SITUATION ET DESCRIPTION. — (Près Vacqueyras), Montmirail est située sur les derniers contreforts du mont Ventoux, à quelques kilomètres d'Avignon, de Carpentras, d'Orange. Un service d'automobiles relie cette dernière ville à la station hydro-minérale.

L'Etablissement thermal est au milieu d'un parc entouré de 200 hectares de pins résineux et de chênes verts.

CLIMAT. — Climat tempéré. Montmirail est abritée au Nord, du mistral, par les monts ou Dentelles Sarrasines ; à l'Est, le Mont-Ventoux la protège contre le levant.

ALTITUDE. — Cette station est à 180 mètres au-dessus du niveau de la mer. L'altitude aux rochers des Dentelles (*chambre du Turc*) est de 606 mètres.

SAISON. — Du 15 juin au 15 septembre. Cure de quatre semaines environ.

RESSOURCES THERAPEUTIQUES. — Montmirail possède (fait rare) une agglomération de trois sources d'eaux minérales bien distinctes : une eau *purgative*, une eau *sulfureuse*, une eau *ferrugineuse*.

I. — L'Eau purgative de Montmirail

COMPOSITION. — La plus importante de toutes les sources est la source *saline purgative* (ou *Eau verte*, parce qu'elle apparaît, en masse, sous cette teinte). Elle provient d'un lessivage naturel de terrains pyriteux, magnésiens. L'eau est froide (16°), d'odeur nulle, de saveur amère non désagréable. Elle contient par litre 9 gr. 51 de sulfate de magnésie, 5 gr. 06 de sulfate de soude, 1 gr. de sulfate de chaux, 0,86 centigrammes de chlorure de magnésium, etc. Cette eau se rapproche beaucoup des eaux de Sedlitz, Pullna et surtout de celle d'Hunyadi Janos. Point cryoscopique : 0°735. On la classe : *Eau sulfatée-sodo-magnésienne, froide.*

MODE D'EMPLOI ET ACTION PHYSIOLOGIQUE. — L'Eau Verte de Montmirail est utilisée seulement en BOISSON. A dose *laxative* (1/2 verre ou 1 verre par jour), elle régularise les selles, améliore les fonctions nutritives. A dose *purgative* (2 à 3 verres), elle provoque des selles sans effort, sans malaise, sans tranchées ; elle produit une dérivation salutaire et une révulsion efficace. Cette eau purgative naturelle, unique en France, est de plus en plus recommandée pour ses propriétés thérapeutiques, et paraît destinée au plus grand avenir. On peut y faire la cure à la source même.

INDICATIONS. — L'Eau Verte est indiquée :

1° Dans les *affections du tube gastro-intestinal* et de ses annexes : embarras gastrique, constipation opiniâtre, diarrhée, congestion du foie symptomatique, hémorroïdes, pléthore abdominale.

2° Dans l'*obésité*, dans la *goutte.*

3° Au début du traitement des *maladies cutanées.*

II. — **L'Eau sulfureuse de Montmirail.**

COMPOSITION. — L'eau sulfureuse, froide (16°) est incolore, limpide. Exposée à l'air, son odeur et sa saveur sulfureuses se développent et se perdent progressivement, mais très lentement. Elle contient du chlorure anhydre de chaux, du sulfate de chaux, de l'*hydrogène sulfuré libre* : 0 gr. 07 ; du *sulfure de calcium* : 0 gr. 04 ; des sulfures de soude et de magnésie, des chlorures, de la barégine, etc.

On la classe : *Eau sulfurée calcique, froide.*

MODES D'EMPLOI ET ACTION PHYSIOLOGIQUE. — L'eau sulfureuse de Montmirail est utilisée :

1° En TRAITEMENT EXTERNE qui comporte des bains, douches, lotions, gargarismes, injections, pulvérisations, inhalations, dans l'Etablissement thermal. L'eau sulfurée calcique, employée à l'*extérieur*, rétablit les fonctions sécrétoires de la peau. On se sert aussi de la barégine, recueillie au griffon de la source, pour l'usage externe.

2° En BOISSON, l'eau sulfurée se prend le matin à jeun, à la dose de trois à quatre verres, de quart d'heure en quart d'heure. La dose est moindre pour les bronchitiques : un seul verre d'eau minérale, pure, ou coupée avec du lait.

L'eau sulfurée, à l'*intérieur*, stimule l'activité des cellules et dépure l'organisme.

INDICATIONS PRINCIPALES. — Ce sont :

1° Les *maladies de la peau* : eczéma, impetigo, acné, psoriasis, lupus, lichen, les ulcères atoniques simples ou spécifiques, (bains sulfureux).

2° Les *maladies des voies respiratoires* : pharyngites, laryngites, bronchites, tuberculose au 1er et au 2me degré, asthme sec ou humide (inhalations, pulvérisations).

3° La *scrofule* et ses manifestations ; la *syphilis ;* le *rhumatisme* (2 à 3 verres).

III. — **L'Eau ferrugineuse de Montmirail**.

COMPOSITION. — Cette eau est brillante et limpide. La pellicule irisée qui surnage indique sa composition métallique : *peroxyde de fer* (0 gr. 007). Cette source est analogue à celles que l'on trouve dans les Pyrénées et dans d'autres régions montagneuses.

INDICATIONS. — Elle est indiquée dans l'*anémie*, la *chlorose*, et la *débilité* des sujets épuisés ou convalescents.

COMPLEMENT DE CURE. — Hydrothérapie complète. Bains de vapeur térébenthinée. Cure d'air dans une région montagneuse couverte de pins résineux, de thym, de lavande, de romarin.

DISTRACTIONS-EXCURSIONS. — Chasse réservée (200 hectares de bois). Excursions et visites aux antiquités d'Orange, de Carpentras, d'Avignon ; à la remarquable Fontaine de Vaucluse, au Mont-Ventoux ; aux cristallisations fériques de la grotte de Touzon, aux antiques de Vaison, etc.

MEDECINS. — MM. Cavaillon, Desplans.

HOTEL. — De 7 à 15 francs par jour.

NÉRIS

(Allier)

Station hydro-minérale. Spécialisation :
Douleurs névralgiques ou articulaires des neuro-arthritiques.

A 6 h. de Paris (via Orléans, Vierzon).
A 11 h. de Marseille (via Lyon).
A 6 h. de Lyon (via Gannat).
A 8 h. 30 de Bordeaux (via Limoges).
A 8 h. 30 de Toulouse (via Limoges).
A 8 h. de Montpellier (via Nimes, Gannat).

SITUATION ET DESCRIPTION. — Petite ville bâtie sur le versant d'une colline exposée au Midi, Néris est nettement divisée en deux cités très différentes : la bourgade avec ses rues rapides et pittoresques, et la ville thermale avec son Etablissement et son Parc complanté de tilleuls vénérables et orné de pelouses magnifiques. On arrive à Néris par deux gares : *Montluçon* à 7 kilomètres, ou *Chamblet-Néris* à 4 kilomètres.

POPULATION. — Néris compte environ 3.000 habitants.

ALTITUDE. — Cette station est à 354 mètres au-dessus du niveau de la mer.

CLIMAT. — Climat tempéré. Les chaleurs de l'été sont atténuées par les vents du Nord et du Nord-Est qui soufflent à cette époque. L'air est très pur et l'atmosphère calme, sans variations brusques.

CONSTITUTION DU SOL. — Le sol granitique, perméable, absorbe rapidement les eaux pluviales.

SAISON. — Du 15 mai au 1er octobre. Mais le Petit Etablissement thermal est ouvert toute l'année. La cure demande un séjour de 25 à 30 jours en moyenne.

SOURCES. — *Composition*. — L'eau de Néris est captée en six puits, au-dessus desquels est bâti le Petit Etablissement. Parmi ces puits, le *Grand Puits* ou *Puits César* débite plus de 1.500.000 litres par jour, et alimente les divers services balnéaires ; le *Puits-de-la-Croix* fournit particulièrement l'eau de boisson. La température de l'eau de ces différents puits présente de légères différences. Elle est de 52°5 au *Grand-Puits* ; de 51°5 au *Puits-de-la-Croix* ; de 51°, 49°, 43°, dans les autres puits. On recueille l'eau thermale dans de larges bassins ouverts.

L'eau est claire, limpide, incolore, inodore, un peu fade, onctueuse au toucher. Elle contient en abondance une matière organique, dite *glairine*, qui se précipite, par un refroidissement brusque, en flocons glaireux ou gélatineux. Par contre, si l'eau est maintenue à une température élevée, et à un niveau à peu près constant dans un bassin, on voit se développer au fond, une forêt de *conferves* (atteignant quelquefois 60 centimètres de hauteur), qui naissent et se développent aux dépens de cette matière organique.

La minéralisation totale de l'eau de Néris est faible : 1 gr. 26. M. Carles analysant cette eau, ses dépôts et ses boues, a constaté la présence considérable de corps simples : *carbone*, *soufre*, *chlore*, *bore*, *fluor*, *iode*, *cuivre*, *plomb*, *sodium*, *potassium*, *magnésium*, *silicium*, *fer*, *calcium*, *manganèse*, *baryum*, *lithium*, etc., qui, au lieu de former des combinaisons de sels hypothétiques se trouvent à l'état de dissociation moléculaire, d'*ionisation*.

L'eau de Néris contient des gaz. Moureu a dosé pour 100 volumes : 85,09 d'azote ; 11,8 d'acide carbonique ;

0,50 d'oxygène ; 2,11 d'*argon*, *hélium*. M. d'Arsonval a constaté la *radio-activité* des gaz. L'eau est aussi *radio-active* : 0,46 milligrammes-minutes (4 jours après l'émergence) d'après Curie et Laborde.

On classe les eaux de Néris : *Hyperthermales*, *peu minéralisées*, *radio-actives*.

MODES D'EMPLOI. — L'eau de Néris est utilisée :

1° En BOISSON (*traitement secondaire*). La buvette du péristyle du Grand Etablissement doit être reportée au Puits-de-la-Croix (griffon) où l'eau minérale a toutes ses propriétés.

2° En TRAITEMENT EXTERNE (*partie essentielle de la cure*) qui comporte : les BAINS *tempérés* (34-35°) d'une durée d'une heure à trois et même six heures (le malade étant suspendu dans un hamac), ou *chauds* (37-40°) plus courts ; les DOUCHES chaudes ou froides, générales ou locales, spéciales : *Tivoli*, *douches isolées*, *douches-massages*, etc. ; les IRRIGATIONS nasales, pharyngiennes, vaginales, intestinales ; les DOUCHES et BAINS de VAPEURS, étuves naturelles au-dessus des bassins d'eau thermale ; les *pulvérisations* ; les *bains de pieds* ; les *bains de siège* ; les *massages* sous l'eau.

On emploie aussi les CONFERVES, dans certains cas, en applications topiques. Comme adjuvant de la cure thermale, il existe un service complet d'hydrothérapie et de massage. Tous ces divers traitements s'administrent au *Grand Etablissement* et au *Petit Etablissement* qui possèdent 94 cabines avec appareils de douches complets, 8 piscines, des salles pour massages d'Aix, pour douches et bains de vapeurs, 2 étuves, etc.

ACTION PHYSIOLOGIQUE. — En BOISSON, l'eau de Néris, par sa thermalité, pousse à la peau et provoque des éruptions cutanées, au début. Prise après les repas, *chaude*, elle facilite la digestion ; mais *froide*, elle est peu tolérée en général.

En TRAITEMENT EXTERNE, surtout en *bains*, l'eau est essentiellement calmante, *sédative*. La *sédation* est en effet, la caractéristique de Néris. Mais cette action n'est pas immédiate ; elle est souvent précédée de phénomènes d'excitation, qui surviennent d'habitude du quatrième au cinquième bain. C'est la *crise thermale* qui dure quelques jours, mais qui peut être atténuée par la surveillance médicale. Après la cure, il survient quelquefois une *crise post-thermale*, en général peu accentuée.

INDICATIONS GENERALES. — Néris s'adresse spécialement aux *neuro-arthritiques* DOULOUREUX, ALGIQUES, à manifestations variées.

INDICATIONS PRINCIPALES. — Ce sont :

1° Les MALADIES DU SYSTÈME NERVEUX, *organiques* ou *fonctionnelles*, et principalement : l'agitation, le délire, les hallucinations, les phobies, les vertiges, les palpitations, l'insomnie, les hyperesthésies, la chorée, les convulsions, les spasmes, les crampes, les contractures, les tremblements, la paraplégie spasmodique, la sclérose en plaques, l'hémiplégie avec contractures secondaires, la paralysie générale au début, le tabes éréthique (sédation des douleurs fulgurantes, des céphalées, des douleurs en ceinture) ; le ramollissement cérébral ; la sciatique, les crises douloureuses consécutives au *zona* des vieillards ; la névralgie faciale ; les gastralgies des hyperchlorhydriques ; les formes douloureuses et spasmodiques de l'entéro-colite muco-membraneuse (bains prolongés, et douches sous-marines abdominales).

2° Certaines AFFECTIONS GYNÉCOLOGIQUES, et surtout les *névroses de l'appareil génital* : prurit, vulvo-vaginisme, hystéralgie, ovaralgie ; les *douleurs pelviennes* ou *lombaires* avec ou sans lésions de l'utérus ou des annexes ; en un mot, toutes les affections génitales dans lesquelles prédominent l'élément *douleur* et l'élément *nerfs*.

3° Le RHUMATISME, à manifestations articulaires, musculaires, tendineuses, à évolution subaiguë, avec *douleurs mobiles* et erratiques coïncidant ou alternant avec des symptômes névropathiques.

INDICATIONS SECONDAIRES. — Trouveront du soulagement à Néris, les sujets atteints :

1° De *dermatoses*, de cause neuro-arthritique : eczéma, ecthyma, prurits, urticaire. Dans le traitement des *brûlures*, l'eau de Néris a une action cicatrisante remarquable.

2° De *troubles fonctionnels sensitifs ou moteurs* consécutifs à des traumatismes : névroses traumatiques.

CONTRE-INDICATIONS. — Eviteront les eaux de Néris, les malades affectés :

1° De lésions récentes des centres nerveux.

2° De phlegmasies pelviennes à la période aiguë, ou de collections purulentes du petit bassin, ou de cancer de l'utérus.

3° De rhumatisme articulaire à la période fébrile, ou avec complications endo-péricardiques récentes.

4° D'angine de poitrine *vraie* (par opposition à la *fausse* angine de poitrine qui est justiciable de Néris) ; d'hypertension trop accentuée.

5° De névropathie avec dépression (mélancolie) ou excitation (manie).

ATTRACTIONS. EXCURSIONS. — Casino. Théâtre. Concerts classiques. Fêtes. Excursions à la Vallée des Moulins, aux côtes de Blou, aux ravins de Pérassier et de Cerclier, au domaine des Billoux, au tombeau du Chevalier, à Montluçon, au ravin et au château des Gouttières, aux bords du Cher, au ravin et au château de l'Ours, à l'abbaye de Bellaigue, etc...

MEDECINS. — MM. Aubel, Benoît, Bienvenu, Decloux, Delarrat, Dereure, Ducros, Macé de Lépinay, Peyrot, Ranse (de).

HOTELS. — De 5 à 25 francs par jour.

NICE

(Alpes-Maritimes)

Station climatique. Cure de séjour favorable aux anémiques, arthritiques, convalescents, bronchitiques chroniques torpides.

A 14 h. de Paris (via Lyon)
A 3 h. de Marseille (via Toulon).
A 8 h. de Lyon (via Marseille).
A 15 h de Bordeaux (via Toulouse).
A 11 h. de Toulouse (via Montpellier).
A 7 h. de Montpellier (via Marseille).

SITUATION ET DESCRIPTION. — Chef-lieu du département, et capitale de la Côte-d'Azur, Nice, la reine des stations climatiques d'hiver, s'ouvre au Midi sur la mer, au bord de l'admirable *baie des Anges*. Elle est ceinturée de collines et de montagnes qui s'étagent en amphithéâtre et qui l'abritent des vents du Nord.

Nice dont l'étymologie grecque est Niké (victoire, en souvenir d'un ancien triomphe des Phocéens sur les Ligures) est traversée par le torrent du Paillon. La ville est bâtie en partie sur les monticules, en partie sur les alluvions qui ont comblé la vallée aboutissant à la mer.

POPULATION. — Nice compte environ 150.000 habitants. Mais il passe annuellement plus de *deux millions* de voyageurs, touristes ou malades.

ALTITUDE. — Nice ville, est au niveau de la mer. Nice-Cimiez qui est le vrai territoire médical, est à 125 mètres d'altitude.

CONSTITUTION DU SOL. — Alluvions formées par une couche épaisse de galets recouverts de sable ou d'argile. Sous-sol perméable facilitant le drainage des eaux pluviales.

SAISON. — Du 1er novembre au 15 juin. La durée de la cure dépend de l'affection médicale.

CLIMAT. — Nice jouit d'un ensemble de qualités climatériques excellentes. Les *vents* du Nord sont arrêtés par la chaîne des Alpes. Seuls les vents de l'Est, du Sud et du Sud-Est, passent par la Baie des Anges. Ces vents amènent d'habitude une pluie violente, mais de courte durée.

La *température* moyenne est : en novembre, de 11° à 12° ; en décembre, de 9° à 10° ; en janvier, de 7° à 8° ; en février, de 8° à 9° ; en mars, de 10° ; en avril, de 13° à 14°. L'*état hygrométrique* diffère sensiblement suivant que l'on se trouve au soleil ou à l'ombre. C'est à cette cause qu'il faut attribuer la baisse rapide de la température dès le coucher du soleil. Il gèle rarement, mais il se produit quelquefois de la gelée blanche.

La *pluie* est abondante quoique peu fréquente. Il pleut environ quarante jours dans toute la saison, et la pluie est de courte durée.

L'*ensoleillement* est merveilleux. Les jours couverts sont très rares. La poussière est absente, principalement dans les quartiers de Cimiez, de Carabacel et des Baumettes.

HYGIENE. — L'hygiène est assurée par un réseau complet d'égouts qui déverse les eaux usées en pleine mer. L'eau de la Vésubie assure la chasse mécanique des water-closets et des égouts.

L'eau potable provient des sources de Sainte-Thècle et de Végay ; l'eau est stérilisée par l'ozone.

Les maisons de Nice possèdent toutes un casier sanitaire, mentionnant les décès suspects, les maladies infectieuses ; dès qu'il se produit un cas d'affection contagieuse, le service municipal procède d'urgence à la désinfection (étuves, formol).

ACTION PHYSIOLOGIQUE DU CLIMAT. — Le climat de Nice produit la *suractivité des échanges nutritifs* : au moyen de l'*aération* qui entraîne par des courants d'air successifs de la montagne à la mer (et réciproquement), les fumées, les gaz délétères, les odeurs malsaines, et procure aux poumons un air toujours pur. Cette suractivité des échanges se produit encore au moyen de l'*ensoleillement*. Le soleil, par sa chaleur intense, détruit les micro-organismes flottant dans l'air, et par sa luminosité directe ou diffuse, il tonifie les organes débilités et stimule la vie cellulaire. Cette suractivité des échanges se traduit par une augmentation d'appétit, une amélioration des fonctions digestives, une sensation de réconfort et de bien-être général.

INDICATIONS DU CLIMAT. — Le climat de Nice réclame :

1° Les *anémiques*, les *débiles*, les *déprimés*.

2° Certains *nerveux* (sans trop d'excitation) : les *neurasthéniques*, les *cérébraux*, les *psychopathes*, les *mélancoliques*.

3° Les sujets atteints d'*asthme*, d'*emphysème*, de *bronchite chronique catarrhale*, de *tuberculose pulmonaire*, au début, à évolution lente, à forme torpide, non congestive.

4° Les *cardiaques*, les *artério-scléreux* non hyperexcités ; les *brightiques*.

5° Les *auto-intoxiqués*, ou *hétéro-intoxiqués*, les *infectés*.

6° Les *arthritiques* : rhumatisants, goutteux, diabétiques.

7° Les *enfants chétifs*, *malingres*, *mous*, *lymphatiques*, avec tendance à la scrofule ; les *vieillards usés*.

8° Les *opérés*, soit pour hâter la cicatrisation par l'*héliothérapie* (exposition des plaies atones au soleil) ; soit pour exciter la suractivité de l'organisme en vue de la guérison.

CONTRE-INDICATIONS. — Tout malade venu à Nice pour y faire une cure doit consulter un médecin pour le choix du quartier, et l'indication de la journée médicale (lever, sortie, rentrée avant le coucher du soleil, etc).

Les principales contre-indications sont :

1° L'hyperexcitabilité ancienne, habituelle et excessive.

2° Un état de dénutrition trop accentué : la cachexie cancéreuse ; la tuberculose pulmonaire avec fièvre, congestions fréquentes, infections secondaires.

3° Les états congestifs du pharynx, du larynx, etc...

COMPLEMENT DE CURE. — Bains de mer froids et chauds ; bains de sable chaud, héliothérapie. Hammam, institut Zander. Electrothérapie (bains des galeries Daviot). Massage. Cures de terrain et de côtes.

DISTRACTIONS. — Théâtres : *Opéra* (scène de premier ordre) ; *Casino municipal* (comédies, opérettes, opéras-comiques) ; *Jetée-Promenade* (concerts et comédies) ; *Olympia* (opérettes et vaudevilles) ; *Variétés* (analogue aux Variétés de Paris) ; *Palais de Glace* (patinage, concerts) ; *Petit Casino et Eldorado* (spectacles divers) ; *Polyteama* (opéras italiens) ; *Capucines* (succursale de Paris). Concerts symphoniques tous les jours, à la Jetée-Promenade, au Casino municipal, au Jardin Public.

Nombreuses fêtes : *courses hippiques* en janvier, février et mars. *Régates internationales* (voile, aviron, canots automobiles). *Semaine automobile* (bull'eye automobile, rallye paper). Aviation. Exposition des Beaux-Arts, exposition florale.

Carnaval : corso aux flambeaux, batailles de fleurs, véglione, corso carnavalesque, grande redoute, batailles de confettis (le Mardi Gras).

Fêtes de la Mi-Carême et du Printemps : carnaval d'enfants. Sports divers : Law-tennis, golf, escrime, skating, canotage, etc...

EXCURSIONS. — Au Château ; tour de Cimiez par Brancolar au Couvent. Tour de Saint-Sylvestre par le vallon obscur. Tour du boulevard Montboron par Riquier. Tour des Baumettes. Cimetière de Caucade. Excursions à Villefranche, Trinité-Victor, Grotte de Saint-André. Route forestière de Montboron. A Monte-Carlo par Beaulieu, la Turbie, monastère de Laghet. A Antibes ; à Thorenc, à Peira-Cava et sur tout le littoral : Monaco, Menton, Cannes, etc...

Promenades variées en mer.

MEDECINS. — Environ 220 médecins. (Pour les noms, consulter l'*Annuaire des Alpes-Maritimes.*)

HOTELS. — De 6 à 25 francs par jour.

OREZZA

(Corse)

Station hydro-minérale. Spécialisation : Anémie, chlorose, chloro-anémie.

A 25 h. de Paris (via Lyon).
A 14 h. de Marseille (par paquebot).
A 19 h. de Lyon (via Marseille).
A 26 h. de Bordeaux (via Toulouse).
A 22 h. de Toulouse (via Montpellier).
A 17 h. de Montpellier (via Marseille).

SITUATION ET DESCRIPTION. — La source d'Orezza est située sur la rive droite du Fiumalto, au pied du mont San-Pedrone, dans une riante vallée complantée de châtaigniers séculaires, et entourée de hautes montagnes sur lesquelles s'étagent de nombreux villages : Piedicroce, Stazzona, Rapaggio, Carcheto, Verdese, etc., qui forment le canton d'Orezza.

ALTITUDE. — La source d'Orezza est à 360 mètres au-dessus du niveau de la mer, mais les villages qui l'entourent se trouvent à une altitude variant de 550 à 700 mètres.

CLIMAT. — Très doux en été. Absence de vents violents et de variations brusques atmosphériques. La température moyenne pendant les mois les plus chauds est de 18 à 24 degrés. Le baromètre se maintient à 768$^{m}/_{m}$ à cette époque. L'air est très pur, oxygéné, vivifiant.

SAISON. — Du 1er juin au 15 septembre. Cure de trois à quatre semaines.

SOURCES. — *Composition.* — Il y a un grand nombre de sources dans le canton d'Orezza ou dans les cantons limitrophes : la *Source Supérieure* (Sorgente soprana), *Caldane*, *Porta*, *Pardina*, *Piane*, *Angeli*, *Colomba*, *Raffali*, *Peretti*, *Pasteur*, mais la principale est la *source départementale* (ou Sorgente sottana), dont il s'agit ici. Elle jaillit du granit. Captée à son émergence, elle est conduite dans des tuyaux en verre jusqu'à une vasque de granit en forme de conque, où elle arrive en bouillonnant. L'eau pétille et mousse en laissant se dégager de grosses bulles d'acide carbonique. Elle est froide (12° à 15°). L'eau est limpide et transparente au griffon ; mais exposée à l'air, elle se recouvre d'une mince pellicule irisée, dûe au fer. De saveur aigrelette, piquante, avec un goût franchement ferrugineux, mais agréable, la *Source Départementale* débite, par jour, 144.000 litres d'eau, minéralisée par 0 gr. 125 de carbonate de fer, par 0 gr. 0107 de carbonate de manganèse (Pr. Gauthier) et d'autres sels moins importants. L'eau puisée au griffon est complètement stérile (Bonjean). On classe l'eau d'Orezza : *Ferrugineuse*, *manganésifère*, *bicarbonatée*, *gazeuse*, *froide*.

MODE D'EMPLOI. — Cette eau est utilisée exclusivement en BOISSON, soit à la source, soit en exportation A la source, on absorbe d'habitude l'eau entre huit et onze heures du matin (il vaut mieux ne pas être complètement à jeun), à la dose initiale de 2 à 4 verres, jusqu'à 6 à 8 verres, suivant avis médical. Du reste, les régurgitations, ou la sensation d'ébriété peuvent guider le buveur sur la quantité d'eau qu'il peut absorber.

Accessoirement, on emploie l'eau naturelle, comme adjuvant de cure, en bains et douches, à l'établissement d'hydrothérapie. On ne peut songer à employer l'eau minérale, en traitement externe, à cause de la sensation de froid intense qu'elle produit.

ACTION PHYSIOLOGIQUE. — L'eau d'Orezza a une action apéritive, digestive, diurétique et *reconstituante* (stimulation de l'hématopoïèse ; augmentation du nombre des hématies et du taux hémoglobinique).

INDICATIONS PRINCIPALES. — Sont justiciables des eaux d'Orezza :

1° La *chlorose*, *l'anémie*, *la chloro-anémie* essentielles ou consécutives à des hémorrhagies, à de longues maladies, au surmenage, au séjour dans les colonies.

2° Les *névropathies* (*hystérie*, *neurasthénie*) des anémiques ou chloro-anémiques.

3° Les *dyspepsies* (insuffisance sécréto-motrice) des chlorotiques.

4° Les *affections gynécologiques* (plus fonctionnelles qu'organiques) : aménorrhée, dysménorrhée, leucorrhée, stérilité.

CONTRE-INDICATIONS. — N'useront pas des eaux d'Orezza : les *phtisiques*, les *cancéreux*, les *cardiaques* à poussées congestives, les *pléthoriques*, les *athéromateux*, les *néphritiques*, les femmes qui ont des *fibromes* ou des *hémorrhagies utérines*.

EXCURSIONS. — Excursions longues et variées aux environs, à pied, à cheval, ou en voiture. Sources et cascades nombreuses. Col d'Alcarota. Vallée d'Alesani avec ses riantes châtaigneraies ; Prato, canton de Morosaglia, à Stazzona, aux eaux de Pardina, au pont de Tulloria, à Saint-André de Cotone, à Cervione. Ascension du San-Pietro, etc.

HOTELS. — De 5 à 10 francs par jour.

PAU
(Basses-Pyrénées)

Station climatique. Cure de séjour favorable aux nerveux irritables, excitables, et aux bacillaires fébriles, éréthiques.

A 12 h. de Paris (via Bordeaux).
A 12 h. 30 de Marseille (via Toulouse).
A 13 h. 30 de Lyon (via Toulouse).
A 4 h. de Bordeaux (via Dax, Puyoô).
A 4 h. 30 de Toulouse (via Tarbes).
A 9 h. de Montpellier (via Toulouse).

SITUATION ET DESCRIPTION. — Ancienne capitale du Béarn, chef-lieu du département des Basses-Pyrénées, sur la rive droite du Gave, Pau apparait comme une terrasse escarpée, haute d'environ 35 mètres, soutenue par des murs et des arcades formant piédestal. Du front de la terrasse, c'est-à-dire de la place Royale, on a un panorama splendide : le Gave qui bondit à travers les prés et les bosquets ; les côteaux de Jurançon à l'Ouest parsemés de villas blanches ; la vallée de l'Ousse à l'Est ; au centre, un côteau boisé au sommet duquel apparait le château de Bizanos. Au-dessus de ce premier plan, de l'Est à l'Ouest, se dresse la ligne des montagnes qui s'étend du massif basque du pic d'Anie à celui du Pic-du-Midi de Bigorre, sur une longueur de plus de cent kilomètres. Ces montagnes resplendissent de teintes nuancées et variées, selon l'heure, le mois, la saison. C'est ce qui faisait dire à Lamartine : « *Pau est la plus belle vue de terre comme Naples est la plus belle vue de mer* ».

POPULATION. — Pau compte 35.000 habitants.

ALTITUDE. — Cette station est située à 207 mètres au-dessus du niveau de la mer.

CONSTITUTION DU SOL. — Sol très absorbant, formé d'alluvions anciennes, par conséquent perméable, drainant admirablement les eaux pluviales.

SAISON. — Du 15 octobre au 1er juin.

HYGIENE. — Service parfait de désinfection municipale. Réseau d'égouts perfectionné. Bonne eau potable. Cette *triade* assure un état sanitaire excellent à la ville de Pau.

CLIMAT. — Le climat contribue aussi à l'excellence de l'état sanitaire et fait de Pau une des premières stations climatiques françaises.

Le *calme de l'atmosphère* est remarquable : *ni vent violent, ni poussière* ; c'est presque une devise. En effet, la conformation topographique des environs, le voisinage de la vaste région des Landes abritent la ville contre les vents, qui sont très rares, de courte durée, et très peu accentués.

Les *pluies* sont assez fréquentes en hiver et peu froides ; elles entretiennent un état hygrométrique moyen, favorable aux malades.

Les *brouillards* sont exceptionnels. Mais il y a des jours *couverts* et cette *nébulosité* constitue le meilleur régulateur de la température, car elle empêche le refroidissement excessif de l'atmosphère, la nuit, si préjudiciable à une catégorie de malades.

L'action *solaire* s'exerce néanmoins à Pau, surtout en décembre, janvier et février. Le nombre des journées sans soleil ne s'élève qu'à 35 par an. Henri Meunier trouve une moyenne de 281 journées ensoleillées. *L'air est très pur* ; il renferme une notable quantité d'*ozone*.

La *pression barométrique* est assez élevée.

La *température* moyenne est, *en hiver* de 8° à 9° ; au *printemps*, de 15° ; *en été* de 23° ; *en automne*, de 14° (très belle saison).

ACTION PHYSIOLOGIQUE. — L'action du climat de Pau est multiple, mais on pourrait la résumer en un mot : action SÉDATIVE, action *bromurante*, sans les inconvénients de ce produit chimique.

Le climat de Pau produit cette SÉDATION, en agissant sur le *système nerveux* qui reçoit une détente ; sur la *circulation* qui se régularise ; sur la *respiration* qui est plus profonde, plus facile, moins fréquente ; sur la *température fébrile*, qui diminue ; sur la *toux* et le *catarrhe* qui décroissent.

Ce climat spécial possède, de plus, une action *tonique* indirecte, en ramenant l'organisme à la régularité physiologique.

INDICATIONS PRINCIPALES. — Le climat de Pau convient surtout :

1° Aux NERVEUX, aux ÉRÉTHIQUES, aux EXCITABLES : hystériques, choréiques, épileptiques, neurasthéniques, surmenés intellectuellement ou physiquement. Les tabétiques avec crises douloureuses, et certains paralytiques généraux sont améliorés par le climat qui convient aussi :

2° Aux sujets atteints de MALADIES des VOIES RESPIRATOIRES telles que : *la tuberculose à forme éréthique, fébrile, hémoptoïque ; les bronchites chroniques*, les reliquats de pleurésie ou de pneumonie, l'asthme nerveux.

INDICATIONS SECONDAIRES. — Ce sont :

1° Certaines *affections du tube digestif* : les dyspepsies à forme gastralgique et irritative, les affections catarrhales de l'intestin.

2° Quelques *affections de l'appareil cardio-vasculaire* : les névroses cardiaques, l'angine de poitrine ; et accessoirement, l'insuffisance aortique.

3° Le climat convient encore *aux enfants nerveux, aux convalescents, aux vieillards.*

CONTRE-INDICATIONS. — Le climat de Pau n'est pas favorable :

1° Aux déprimés, en général.

2° Aux tuberculeux torpides, ou à lésions trop avancées.

3° Aux asystoliques et myocarditiques.

4° Aux ralentis de la nutrition (diathèse goutteuse, rhumatismale).

5° Aux enfants mous, trop lymphatiques ; aux vieillards à réactions insuffisantes.

ATTRACTIONS-DISTRACTIONS. — Le Palais d'hiver avec son *Palmarium* remarquable et son théâtre (opéra, opéra-comique, opérette, comédie, drame, concerts classiques et symphoniques) ; le théâtre municipal, le théâtre des Variétés, etc.

SPORTS. — Aviation. Pau est un centre d'aviation (Ecole Blériot) et possède une station de dirigeables. Chasse au renard (Pau *fox hounds*). Le Golf. Courses de chevaux. Concours hippiques. Skis. Polo. Tennis courts. Jeu de Paume. Croquet. Tir aux pigeons. Chasse à la bécasse, au canard. Pêche à la truite.

EXCURSIONS. — Aux côteaux de Gelos, de Bizanos, à la plaine et aux bois de Billière, aux bois du Pont-Long, à la vallée de l'Ousse, à la Vallée Heureuse et *Tout-y-croît*, à Lescar, à Bétharram, à Eaux-Bonnes, à Eaux-Chaudes, Oloron, Lourdes, etc. Pau est un centre d'excursions pour automobiles.

MEDECINS. — MM. Andral, Anthony, Aris, Barthé, Bordenave, Boy, Buisson, Cami-Debat, Crouzet, Darracq, Dassieu, Déchamps, Denoix, Diriart, Duthu, Fayon, Ferré, Gaye, Girma, Goudard, Laborde, Lacoste, Lagnoux, Lapalle B., Lapalle J., Lassalette, Lobit, Larraillet, Mabit, Marque, Marsoo, Meunier H., Meunier V., Monod, Parazols, Pédarré, Pélizza-Duboué, Pouech, Rigoulet, Rozier, Sous, Tissié, Verdenal, Vidaud de Pommerait.

HOTELS. — De 6 à 25 francs par jour.

PLOMBIÈRES

(Vosges)

Station hydro-minérale. Spécialisation : Entéro-colite muco-membrameuse des diarrhéiques (principalement).

A 6 h. 30 de Paris (via Chaumont).	A 16 h. de Bordeaux (via Paris).
A 13 h. de Marseille (via Lyon).	A 18 h. de Toulouse (via (Limoges).
A 8 h. de Lyon (via Dijon).	A 14 h. de Montpellier (via Lyon).

SITUATION ET DESCRIPTION. — Elégante petite ville située au sud du département des Vosges, à 14 kilomètres de Remiremont, dans la vallée de l'Eaugronne, dominée par des collines verdoyantes, et orientée de l'est à l'ouest, Plombières est le terminus d'un court embranchement (11 kilomètres) partant d'Aillevillers.

POPULATION. — Cette ville compte environ 2.000 habitants.

ALTITUDE. — Plombières est située à 456 mètres au-dessus du niveau de la mer, mais elle est entourée de hauteurs qui atteignent 700 à 800 mètres.

CONSTITUTION DU SOL. — Les sources jaillissent du granit porphyroïde, à côté de filons métallifères.

CLIMAT. — Climat de demi-montagne, tempéré, sédatif. Cependant, les matinées et les soirées sont fraîches au début et à la fin de la saison.

SAISON. — La saison ouvre le 15 mai et finit le 1er octobre. La durée du traitement est en moyenne, de 25 à 30 jours, sauf avis contraire médical. L'Etablissement du *Bain Romain* reste ouvert toute l'année.

SOURCES. — *Composition.* — On compte vingt-sept sources débitant par jour 750.000 litres d'eau minérale, dont la température va de 12° à 74°. L'eau est très limpide, inodore, insipide, onctueuse au toucher, excessivement pure, exempte de micro-organismes (Miquel) ; peu minéralisée (0 gr. 10 à 0 gr. 30 par litre) contenant des sulfates, des bicarbonates, des silicates, des traces sensibles d'arséniate de soude. Elle dégage des gaz : azote, oxygène, acide carbonique ; et des gaz rares : *hélium*, *argon*. L'eau de Plombières est très RADIO-ACTIVE ; elle occupe le troisième rang en France (après le *Puits Choussy* de la Bourboule, et la source *Bordeu* de Luchon). En effet, à Plombières, la source *Vauquelin* mesure, au griffon, une radio-activité de 14,90 milligrammes-minutes pour les gaz, et 0,84 pour l'eau ; la source n° 3 (*Thalweg*) mesure 13,60 pour les gaz ; la source des *Capucins* mesure 4,62 pour les gaz et 2,03 pour l'eau. (Communications de Curie, Moureu, Brochet, 1904-1910).

Les principales sources sont : *Vauquelin* (72°) ; les *Dames* (51°, la plus arsenicale) ; le *Crucifix* (47°) ; les *Capucins* (46°) ; les *Savonneuses* (23°-29°) ; les sources *ferrugineuses froides* (12°).

On classe les eaux de Plombières : *Alcalines*, *sulfatées*, *silicatées*, *sodiques*, *arsenicales*, *très radio-actives*, *hyperthermales*, *thermales et froides*.

MODES D'EMPLOI. — Ces eaux sont utilisées en traitement interne et externe.

1° En BOISSON (traitement secondaire), l'eau est absorbée, soit avant soit après les repas, aux buvettes de la source des *Dames*, de la source du *Crucifix*, de la source *Savonneuse*, de la source *Bourdeille* (ferrugineuse froide), de la source *Alliot* (eau de régime froide).

2° En TRAITEMENT EXTERNE (*le plus important*) qui comporte : les BAINS GÉNÉRAUX ordinairement *tièdes* (33°-

37°), et quelquefois très chauds (37°-41°) mais plus courts dans ce cas (5 à 10 minutes). Ces bains se donnent dans divers établissements appelés : le *Bain Stanislas*, le *Bain Romain*, le *Bain National* (4 piscines graduées, 44 cabines de bains) ; le *Bain des Dames* (2 piscines, 14 cabines de bains) ; le *Bain tempéré* (4 piscines graduées pour hommes) ; le *Bain des Capucins* (1 piscine graduée divisée en trois bassins) ; enfin, les *Nouveaux-Thermes*, la plus belle installation de Plombières, reliée par des galeries couvertes, aux principaux hôtels, et qui contient 68 cabines de bains munies d'appareils à douches.

On emploie aussi *spécialement* à Plombières, les DOUCHES INTESTINALES HORIZONTALES (contre l'entéro-colite) dans divers établissements répartis en trois groupes et comprenant 66 cabines. Ces douches intestinales se donnent à température, pression et quantité variables, au moyen d'un dispositif ingénieux (flotteurs, thermomètre, robinets). On emploie encore les ÉTUVES ROMAINES (*ancien vaporarium romain*), salles à 25°, 28°, 30°, 35°, 40°, que remplissent les vapeurs spontanées des sources qui émergent au milieu d'elles ; les INHALATIONS, les PULVÉRISATIONS (2e étage du Bain National) qui se font au moyen de l'appareil *Wasmuth* avec l'eau thermale et l'*oleum-pini* du sapin des Vosges ; les DOUCHES GÉNÉRALES chaudes (Tivoli), écossaises ; *douches locales* : périnéales, vaginales, *sous-marines* (administrées dans le bain à une température supérieure au bain) ; les *douches-massages*, les *douches de vapeur*, les *bains de vapeur locaux*.

ACTION PHYSIOLOGIQUE. — A L'INTÉRIEUR, l'eau de Plombières est eupeptique, prise avant les repas ; elle est sédative et calmante pour le tube gastro-intestinal, prise à la fin des repas, et légèrement constipante (sources chaudes des *Dames*, du *Crucifix*).

A L'EXTÉRIEUR, la cure produit différents effets : les *bains en série* provoquent des décharges uratiques et une diminution notable des phosphates urinaires (Bernard) ; les *bains tièdes* amènent la sédation des douleurs et des spasmes ; les *bains chauds* et les *douches chaudes* sont toni-sédatifs ; les *étuves romaines* ont aussi une action nettement sédative.

INDICATIONS GENERALES. — Les eaux de Plombières s'adressent surtout à l'ÉRÉTHISME NERVEUX et modèrent les spasmes, les douleurs et les hypersécrétions glandulaires.

INDICATIONS GENERALES. — Ce sont :

1° L'ENTÉRO-COLITE MUCO-MEMBRANEUSE (spécialisation de Plombières) qui se manifeste par des alternatives de diarrhée et de constipation, par des *spasmes douloureux*, avec émission de glaires et de muco-membranes. Plombières convient aux *diarrhéiques* et aux *éréthiques nerveux* (spasmes, douleurs, corde iliaque), tandis que Châtel-Guyon réclame les atones et les constipés.

Le traitement de l'entéro-colite est doux : bains tièdes (36°-37°) de 15 à 30 minutes ; quelquefois, douches sous-marines à 45° sur le côlon ; entéroclyses d'un litre environ, au cas de diarrhée fétide ; massage abdominal léger, ou douches locales d'air chaud.

2° La DIARRHÉE chronique, *palustre*, *coloniale* (Cochinchine) ; *émotive* ou survenant après les refroidissements ou les repas (des dyspeptiques).

3° L'APPENDICITE, avant ou après l'intervention chirurgicale.

4° Les DYSPEPSIES : nerveuse, gastralgique, flatulente ; à forme hypersthénique (hyperchlorhydrie, hyperpepsie avec ou sans dilatation d'estomac). Cure de boisson (eaux chaudes après les repas), de bains, de douches hyperthermales, de lavages d'estomac.

INDICATIONS SECONDAIRES. — Seront améliorés les sujets atteints :

1° De *congestion du foie*, symptomatique d'affections intestinales.

2° De *rhumatisme* (formes erratiques et musculaires). Cure prudente.

3° *D'affections gynécologiques* ; chez les nerveuses qui ont plus de douleurs que de lésions : névralgies utérines, ovaralgies, dysménorrhée, vaginisme, métrorrhagies de la ménopause ; stérilité par atrésie du col ou utérus infantile (douches locales de vapeur des Capucins).

4° De *maladies nerveuses* : sciatique, névralgie intercostale ; tabes éréthique (douleurs fulgurantes) ; paralysie et paraplégie rhumatismales ou névropathiques ; névroses : hystérie, chorée, neurasthénie avec insomnie et gastralgie.

5° De certaines *affections de la peau* : manifestations cutanées de l'herpétisme (Bazin).

6° De *maladies des voies respiratoires* : rhinopharyngites, laryngites, asthme, bronchites chroniques, des arthritiques.

CONTRE-INDICATIONS. — Eviteront le traitement de Plombières :

1° Tous les cachectiques : tuberculeux, cancéreux, asystoliques, paludéens ou coloniaux épuisés.

2° Tous les déprimés : anémiques, scrofuleux.

3° Les malades du tube digestif, ayant une tendance hémorrhagique (comme dans l'ulcère de l'estomac et la dysentérie grave).

DISTRACTIONS. — Casino. Théâtre. Concerts classiques. Guignol. Concours hippique. Batailles de fleurs. Fêtes champêtres. Bals d'enfants. Tir aux pigeons. Pêche à la ligne. Jeux divers : law-tennis, croquet.

EXCURSIONS. — A la Fontaine du Renard, au Moulin-Joly, aux Etangs du Moineau et Adelphe ; à Ruaux et le Château des Fées, à la vallée des Forges et la Cascade du Gué-du-Saut ; à la Cascade de Faymont, au Belvédère de l'Hôtel Enfoncé, à la Feuillée-Dorothée, au Val d'Ajol, à la vallée des Roches, à Remiremont (la *coquette* des Vosges), au Ballon d'Alsace, à Bussang, au Lac des Corbeaux, à Gérardmer et ses lacs, la Schlucht et le Honeck, à Epinal, Bains les Bains, etc.

MEDECINS. — MM. Bernard, Bottentuit, Brocchi, de Langenhagen, de Thierry, Froussard, Gillot, Giral, Hagen, Hamaide, Jacquot, Pelthier, Tayac.

HOTELS. — De 6 à 20 francs par jour.

POUGUES

(Nièvre)

Station hydro-minérale. Spécialisation : Anémie, atonie générale et gastro-intestinale

A 3 h. de Paris.
A 11 h. de Marseille (via Lyon).
A 5 h. 45 de Lyon (via Saint-Germain-des-Fossés).
A 10 h. de Bordeaux (via Paris).
A 16 h. de Toulouse (via Montpellier).
A 10 h. de Montpellier (via Lyon).

SITUATION ET DESCRIPTION. — Chef-lieu de canton du département de la Nièvre, sur la ligne P.-L.-M. du Bourbonnais, à 11 kilomètres de Nevers, Pougues est située dans un pays vallonné, couvert de grands bois et de grandes prairies. A la distance de 1.200 mètres, se trouve *Pougues-Bellevue*, véritable station d'air et de repos qui s'élève doucement sur les flancs du Mont-Givre, d'où l'on a une très belle vue sur la Loire et sur les grands bois du Berry.

POPULATION. — Pougues compte environ 1.500 habitants.

ALTITUDE. — Cette station se trouve à 190 mètres au-dessus du niveau de la mer. Le plateau de Bellevue est à l'altitude de 300 mètres.

CLIMAT. — Doux et tempéré. Sédatif (*à Pougues, on dort bien et facilement*). Bien qu'il ne fasse pas froid, pendant la saison thermale, il est bon de se munir de vêtements chauds, pour les 15 derniers jours de septembre.

CONSTITUTION DU SOL. — Terrain jurassique ; couches alternées de calcaires et de marnes.

HYGIENE. — Pougues possède des eaux de source pour les usages domestiques, depuis 1904. Ces eaux captées sur les hauteurs avoisinantes, sont excessivement pures, grâce à leur adduction parfaite, à l'abri de toute contamination.

SAISON. — Du 1er juin au 1er octobre. La durée du séjour est en moyenne de trois semaines.

SOURCES. — *Composition.* — Il y a cinq sources à Pougues ; les quatre principales sont : SAINT-LÉGER, la plus importante (soit à la station, soit en exportation) ; *Alice*, très calcique ; *Saint-Léon* moins ferrugineuse et plus sodique ; *Saint-Bruno* légèrement arsenicale.

Saint-Léger, qui caractérise Pougues, dans le monde entier, et dont le captage a été soumis à une réfection importante en 1904 et 1905, débite environ 15.000 litres par jour. L'eau est froide (12°), claire, limpide sous un petit volume, opalescente sous une grande épaisseur ; agréable au goût, de saveur aigrelette et piquante dûe à l'acide carbonique, mais avec arrière-goût légèrement styptique (présence du fer). Sa minéralisation totale est de 3 gr. 83, et comprend plus de 2 grammes de bicarbonates de chaux et de magnésie, des bicarbonates de soude et de fer, des sulfates de soude et de chaux, du chlorure de magnésium, etc. Point cryoscopique : 0°,158.

D'après Moureu, l'eau de Saint-Léger contient 98,5 pour cent d'acide carbonique ; 1,30 d'azote et 0,015 de gaz rares (*argon-hélium*). La radio-activité est faible : 0,1 milligramme-minute.

On classe cette eau : *Alcaline, bicarbonatée calcique et magnésienne, très gazeuse, légèrement ferrugineuse, froide.*

MODES D'EMPLOI. — La cure de Pougues est surtout une cure de *boisson*. Mais accessoirement, on use avec avantage de l'hydrothérapie la plus perfectionnée (l'eau de Saint-Léon est réservée pour certains usages externes) en bains généraux, bains de siège, douches froides ou chaudes, dans un Etablissement thermal entièrement restauré en 1910 et muni des derniers perfectionnements.

En BOISSON, l'eau de Saint-Léger ou d'Alice se prend soit à la buvette, soit à domicile. A la *source*, on absorbe ordinairement avant les repas et par jour, 500 à 1.000 grammes d'eau minérale puisée avec de grandes précautions, pour éviter toute souillure et tout contact de l'air. A *domicile*, on peut absorber la même quantité d'eau de Saint-Léger ou d'Alice ; elles ont les mêmes propriétés qu'au griffon, car l'embouteillage perfectionné de Pougues réussit à mettre une eau pure avec tout son gaz, dans une bouteille aseptique, fermée d'une manière aseptique à l'aide d'une capsule en aluminium. (Bouchage hygiénique Goldy). Chez soi, on absorbe l'eau avant ou pendant les repas.

ACTION PHYSIOLOGIQUE. — L'eau de Saint-Léger produit une action *générale* (stimulation de la nutrition avec relèvement des forces), et plusieurs actions *locales* :

1° Stimulation élective des *fonctions gastro-intestinales* : excitation considérable de l'appétit ; excitation de la mobilité gastrique et de la sécrétion gastrique (augmentation de tous les éléments du suc gastrique sauf le chlore fixe) ; tendance à la constipation.

2° Stimulation de la *fonction urinaire* : augmentation du volume total des urines, de l'acidité urinaire et de l'urée ; élimination plus abondante d'acide urique, au début de la cure.

3° Excitation de la sécrétion biliaire.

INDICATIONS GENERALES. — Pougues réclame tous les *asthéniques*, *tous les atoniques*, *tous les débilités*, *tous les anémiés*.

INDICATIONS PRINCIPALES. — Ce sont :

1° Les DYSPEPSIES : *atonie gastrique* ou myasthénie ; *dyspepsie neuro-motrice*, *nerveuse*, *neurasthénique* (faux gastropathes très améliorés par la cure d'eau et la psychothérapie) ; *dyspepsie hypopeptique* (hypochlorhydrie, hyposthénie) des pituiteux, des catarrheux avec embarras gastrique chronique ; et même les *dyspepsies hyperchlorhydriques*, à condition que l'eau prise au cours du repas soit tiédie à 30° au bain-marie ; les *dyspepsies des jeunes filles chlorotiques*.

2° Les AFFECTIONS INTESTINALES : atonie ou parésie intestinale ; entérite chronique simple des constipés névropathes ; entérite chronique des pays chauds, avec anémie et débilitation.

3° Les AFFECTIONS DU FOIE : lithiase biliaire, liée manifestement à un fonctionnement gastrique défectueux ou à un mauvais état général ; congestion du foie.

4° Quelques MALADIES GÉNÉRALES : la *goutte* dans la forme asthénique, atonique, des sujets débilités ; le *diabète* des sujets dont l'appétit et les forces ont baissé, qui maigrissent et s'acheminent vers la cachexie ; *le paludisme, la chlorose, les anémies, la neurasthénie* par intoxication ou épuisement.

INDICATIONS SECONDAIRES. — Seront améliorés à Pougues :

1° Les uricémiques, les lithiasiques rénaux (lithiases urique, oxalurique, phosphaturique).

2° Les sujets atteints de catarrhe chronique de la vessie (avec dyspepsie).

CONTRE-INDICATIONS. — S'abstiendront d'une cure à Pougues, les malades atteints :

1° D'affections des organes sus-diaphragmatiques (tuberculose ouverte ou congestive). Mais à domicile, le tuberculeux chronique, non hémoptoïque peut absorber avec avantage de l'eau de Pougues, source Alice (*cure de récalcification de Ferrier*) sous la surveillance médicale.

2° D'ulcère de l'estomac, de cancer du tube digestif, ou d'état gastralgique continu.

3° D'artério-sclérose trop avancée, et d'éréthisme vasculaire vrai (tendance aux congestions du côté du cerveau principalement). « *On n'est jamais trop anémique pour une cure à Pougues, on est toujours trop congestif* » (Janicot).

COMPLEMENT DE CURE. — Le *Plateau de Bellevue*, véritable parc, en pleine campagne, sur les flancs du Mont-Givre, constitue une station de *cure d'air* sans humidité, sans brouillards, en pleine luminosité. Pour y arriver (1.200 mètres en ligne droite), les obèses dyspeptiques, les épuisés, les asthéniques s'entraînent progressivement à la cure *de terrain* ou de *côte*, en terrain plat, pente légère, pente moyenne, pente raide, au moyen de quatre itinéraires jalonnés de poteaux et de plaques indicatrices.

DISTRACTIONS-EXCURSIONS. — Casino. Théâtre. Concerts. Sports : tennis, tir, escrime, équitation. Excursions à la forêt de la Bertrange, vers la Loire, le Morvan.

MEDECINS. — MM. Barbara, Faucher, Gauckler, Janicot.

HOTELS. — De 8 à 20 francs par jour.

PRÉCHACQ-LES-BAINS

(Landes)

Station hydro-minérale. Spécialisation : rhumatismes, arthropathies chroniques.

A 11 h. de Paris (via Bordeaux).
A 14 h. de Marseille (via Bordeaux).
A 16 h. de Lyon (via Cette, Bordeaux).
A 2 h. 30 de Bordeaux.
A 6 h. 30 de Toulouse (via Bordeaux).
A 11 h. de Montpellier (via Toulouse).

SITUATION ET DESCRIPTION. — Près de Dax, à 150 mètres de l'Adour, Préchacq est située au milieu d'une magnifique forêt de chênes séculaires. Cette station très réputée est reliée à la gare de Laluque (ligne Bordeaux-Bayonne) par un service d'omnibus (7 kilomètres).

CLIMAT. — Doux et sédatif. A l'abri des vents par sa forêt de chênes, Préchacq jouit d'une température agréable. Son atmosphère est ozonisée par les émanations balsamiques des pins innombrables qui l'entourent.

SAISON. — Du 1er mai au 20 octobre. La durée du séjour est de trois semaines environ.

RESSOURCES THERAPEUTIQUES. — Préchacq possède trois ressources thérapeutiques très importantes : les *boues végéto-minérales*, les *eaux sulfatées calciques hyperthermales*, *l'eau sulfureuse froide*.

I. — Les Boues végéto-minérales.

COMPOSITION DES BOUES. — Ce sont des boues végéto-minérales, chaudes, noirâtres, onctueuses, douces au toucher. Elles sont composées en grande partie de sable, d'argile, de matière organique, de sels de chaux et de fer, de chlorure de sodium. Elles sont formées par des dépôts (alluvions) de l'Adour imprégnés des sédiments des eaux sulfatées calciques qui les traversent, et par le résidu de la décomposition des conferves qui sont très abondantes dans les sources de Préchacq.

MODES D'EMPLOI DES BOUES. — Les boues, recueillies dans les sources, sont transportées (après avoir été tamisées) dans les piscines. Celles-ci sont à eau courante, et individuelles. Les malades prennent des bains entiers ou des demi-bains ; ils font aussi des applications locales de boues ou *illutations*.

ACTION PHYSIOLOGIQUE DES BOUES. — Ces boues végéto-minérales ont une action *résolutive* et *reconstituante* très énergique, plus puissante même que celle des eaux. Cette action est dûe à leur thermalité, à leur composition (matière organique, sels, tension électrique, concentration) et à la pression topique qu'elles exercent sur la surface cutanée des malades.

INDICATIONS DES BOUES. — Sont justiciables des boues de Préchacq :

1° Le RHUMATISME sous toutes ses formes : articulaire, musculaire, fibreux ; le *rhumatisme noueux* ; le *rhumatisme goutteux*.

2° Les ARTHRITES ANCIENNES ; les suites d'*entorses*, de *luxations* ; les *engorgements péri-articulaires* ; la *coxalgie* ; *l'hydarthrose*.

3° La SCIATIQUE, le *lumbago*, *les douleurs fulgurantes du tabès*.

4° Certains engorgements chroniques de l'*utérus*.

CONTRE-INDICATIONS. — N'useront pas des boues de Préchacq, les malades atteints : de rhumatisme *aigu*, de goutte *aiguë*, d'affections cardiaques. La grossesse est aussi une contre-indication.

II. — Les Eaux sulfatées calciques hyperthermales.

COMPOSITION. — Les sources de Préchacq sont nombreuses. Elles débitent par jour 1.000.000 de litres d'eau limpide, transparente, dépourvue d'odeur et de saveur. Cette eau dégage de l'azote, de l'acide carbonique, de l'oxygène en quantité appréciable. Elle contient du chlorure de sodium, des sulfates de chaux (0 gr. 632) et de potasse, du carbonate et du sulfate de magnésie. Sa température est de 60° à l'émergence.

On classe ces eaux : *sulfatées calciques*, *mixtes*, *hyperthermales*.

MODES D'EMPLOI ET ACTION PHYSIOLOGIQUE. — Les eaux sulfatées calciques de Préchacq, sont utilisées : en *boisson*, en *bains* généraux et locaux, *en douches*, *en bains de vapeur*.

En BOISSON, à *faible dose*, l'eau est apéritive et laxative. A *dose plus élevée*, elle est sudorifique, diurétique.

En *traitement externe*, l'eau a la même action (atténuée toutefois) que les boues.

INDICATIONS. — Les eaux sulfatées calciques de Préchacq sont indiquées :

1° Dans la *gravelle urique*, dans les *coliques néphrétiques* et dans le *catarrhe de la vessie*.

2° Dans les *névralgies* (sciatiques) ; les *névrites*, la *neurasthénie*.

CONTRE-INDICATIONS. — S'abstiendront des eaux de Préchacq, tous les malades atteints d'affections aiguës.

III. — L'Eau sulfureuse froide.

COMPOSITION. — La source d'*eau sulfureuse* jaillit à 200 mètres environ de l'Etablissement thermal. L'eau est limpide, incolore, d'odeur légèrement sulfhydriquée, de saveur sulfureuse. Sa température est de 18 degrés. On la classe : *Eau sulfurée sodique, calcique, sulfhydriquée*. La presque totalité de l'hydrogène sulfuré qu'elle renferme est libre et non combiné, grâce à une dose assez forte d'acide carbonique.

MODES D'EMPLOI ET ACTION PHYSIOLOGIQUE. — L'eau sulfureuse est utilisée en *boisson*, en *bains*, en *pulvérisations*, et *humages*.

Suivant la dose absorbée, ou la manière dont on pratique le traitement externe, l'eau sulfureuse produit de la *sédation* ou de la *stimulation* ou de l'*excitation*.

INDICATIONS. — Cette eau est indiquée :

1° Dans les maladies des *voies respiratoires* : pharyngo-laryngites, bronchites chroniques.

2° Dans *certaines dermatoses* (manifestations cutanées des rhumatisants).

3° Dans *certaines dyspepsies* : hypochlorhydrie, etc.

DISTRACTIONS-EXCURSIONS. — Concerts. Chasse. Pêche. Excursions à Dax, Montfort, Mugron, Gamarde, Saint-Sever, Buglose, Hameau de Saint-Vincent-de-Paul, Bayonne, Pau, Biarritz, etc.

MEDECIN. — M. Darroze.

Hôtel de la 1re classe : depuis 9 francs par jour et par personne, tout compris.

Hôtel de la 2e classe : depuis 6 francs par jour et par personne, tout compris.

Pour tous renseignements, s'adresser au Directeur.

ROYAT
(Puy-de-Dôme)

Station hydro-minérale. Spécialisation : Manifestations de l'arthritisme et troubles de la circulation.

A 7 h. 30 de Paris (via Nevers, Moulins).

A 12 h. de Marseille (via Nimes).

A 3 h. de Lyon (via Saint-Germain-des-Fossés).

A 14 h. de Bordeaux (via Angoulême).

A 13 h. de Toulouse (via Nimes).

A 9 h. de Montpellier (via Nimes).

SITUATION ET DESCRIPTION. — Royat est un village d'Auvergne situé à mi-côte sur les premiers contreforts du Plateau Central. Dans une vallée entourée de hauts replis montagneux, dominée au loin par la masse puissante du Puy-de-Dôme, apparait Royat comme dans une sorte de « *vasque évasée et géante* ». La station thermale est située à un kilomètre du village, au bord d'un ravin que parcourt un ruisseau vif, la Tiretaine.

POPULATION. — Royat compte 1.600 habitants.

ALTITUDE. — Cette station est située à 450 mètres au-dessus du niveau de la mer.

CONSTITUTION DU SOL. — Massif granitique central de la France. Les éruptions volcaniques ont disloqué le sol, et la vallée de Royat doit être un des points de craquement produit par l'issue des trachytes et des basaltes, issue qui représente une série d'éruptions.

CLIMAT. — Climat de petite montagne. La température est chaude en été, sans être excessive, car après quelques jours de chaleur (5 ou 6 en moyenne) survient une pluie abondante, très souvent nocturne, qui rafraichit l'atmosphère. Moyenne de la température : en *mai*, 13° à 14° ; en *juin*, 17° ; en *juillet*, 19° ; en *août*, 20° ; en *septembre*, 15°.

HYGIENE. — Les eaux potables sont abondantes, bien captées, limpides et fraiches. Elles descendent de la montagne, des environs de Fontanas. Les eaux de pluie disparaissent rapidement grâce à la déclivité et à la perméabilité du sol ; cet asséchement qui débarrasse le sol de toute humidité est très favorable aux baigneurs rhumatisants.

SAISON. — Du 15 mai au 15 octobre. La cure est de trois à quatre semaines.

ETABLISSEMENT THERMAL. — Il comprend en réalité trois établissements : *le Grand Etablissement*, *l'Etablissement des bains de Saint-Mart* récemment construit, et l'*Etablissement des bains de César* très ancien ; tous trois près des sources, dans un parc fleuri.

SOURCES. — *Composition.* — On compte cinq sources : l'une, peu minéralisée, *Velleda* (0 gr. 274 par litre) ; les quatre autres plus minéralisées : *Eugénie* (5 gr. 623) ; *Saint-Victor* (4 gr. 782) ; *Saint-Mart* (4 gr. 474) ; *César* (2 gr. 857). Ces quatre dernières ont des eaux thermales classées parmi les *chlorurées, bicarbonatées sodiques, calciques et magnésiennes, ferrugineuses* (surtout Eugénie et Saint-Victor), *lithinées* (Saint-Mart), *arsenicales* (Saint-Victor) et très CARBO-GAZEUSES : 99,4 pour 100 d'acide carbonique pur ; 0,49 d'azote et 0,0052 d'argon et d'hélium (d'après Moureu). La radio-activité est faible : 0,33 (Curie). *Point cryoscopique* (de Saint-Mart) : 0°,245.

Les sels divers contenus dans l'eau sont à l'état d'*ions libres*.

Les cinq sources débitent par jour *un million 815.900 litres* d'eau minérale, variant comme température de 20° à 35°5 (*Velléda* seule est froide : 14°5). L'eau est claire, transparente, inodore, pétillante, piquante au goût (sauf *Velleda*, non gazeuse) et légèrement styptique (surtout Saint-Victor).

MODES D'EMPLOI. — L'eau de Royat est utilisée :

1° En BOISSON. Les cinq sources s'emploient toutes en boisson ; *Saint-Victor et Velléda* n'ont actuellement que cet usage.

2° En TRAITEMENT EXTERNE, le plus important (principalement par les *bains*).

La SOURCE EUGÉNIE ou GRANDE SOURCE, la plus chaude 35°5, la plus abondante (1.440.000 litres par jour) est utilisée : en *bain d'Eugénie à eau courante*, dans deux piscines immenses, et plus de cent baignoires ; en BAIN D'EUGÉNIE en BAIGNOIRE, *bain type* de Royat, BAIN CARBO-GAZEUX qui comprend deux variétés : le bain A donné avec de l'eau qui a séjourné quelques heures dans un réservoir, le bain B dont l'eau arrive directement du griffon avec tout son gaz,à l'état naissant, à l'état de médicament natif ; en *bain acidulé*, bain d'eau dormante dans lequel circule, venant du fond de la baignoire, un fort courant de gaz carbonique issu de la source même d'Eugénie ; en *aspiration* dans des salles, où les malades séjournent au milieu d'une atmosphère de vapeurs, progressivement graduées pour la température et la tension, salles ventilées après chaque séance d'une heure ; *en pulvérisations*, *douches pharyngiennes*, *irrigations nasales* avec de l'eau minérale réchauffée ; en *douches simples*, *douches avec massage sous l'eau* ; en *irrigations vaginales et intestinales ; en bains hydro-électriques* locaux (maniluves, pédiluves) ou complets ; en *douches d'acide carbonique*, applications d'un courant sec d'acide carbonique libre recueilli dans le réservoir de l'eau Eugénie.

LA SOURCE SAINT-MART, qui alimente dans l'Etablissement de ce nom, la buvette et les bains de Saint-Mart, s'emploie en bains de 28° à 29°. L'eau arrive directement du griffon. C'est un bain B, *carbo-gazeux* naturel par excellence.

LA SOURCE CÉSAR qui alimente l'Etablissement de César, est utilisée en bains à 27° dont l'eau vient directement de la source (bain B) ou d'un réservoir (bain A).

En résumé, on compte à Royat, *cinq sortes de bains carbo-gazeux* naturels (spécialité de la station) produits par *trois sources* : les bains d'Eugénie A et B ; le bain de Saint-Mart B ; les bains de César A et B.

ACTION PHYSIOLOGIQUE. — En BOISSON, l'eau de Royat produit *en général* une légère action sudorifique, et une action diurétique plus manifeste avec décharges de sels uratiques rouges. *Spécialement*, les sources César et Eugénie, prises avant les repas, augmentent l'acide chlorhydrique libre du suc gastrique et l'acide chlorhydrique combiné. Saint-Mart augmente l'excrétion de l'urée (de 4 grammes en 24 heures), et aussi l'élimination de l'acide urique. Saint-Victor est tonique, par son fer et son arsenic.

EN BAINS, l'eau de Royat produit d'abord une impression de fraîcheur avec pâleur de la peau ; puis, avec le dépôt sur tout le corps de bulles de gaz plus ou moins fines, une sensation de picotements, chaleur et rubéfaction (du rose au rouge vif). C'est la *vaso-dilatation cutanée.* Alors, *le pouls se ralentit*, de 4 à 8 pulsations. On constate aussi la *réduction de l'aire de la matité du cœur* (diminution de volume du cœur) ; une MODIFICATION de la PRESSION ARTÉRIELLE : *hypertension*, si les bains sont donnés d'emblée très gazeux et très courts, et s'ils s'éloignent de la température indifférente ; *hypotension*, si les bains sont donnés à la température de la peau, s'ils sont progressivement gazeux et d'une durée assez prolongée. Chez les *hypotendus*, la cure de bains diminue les résistances périphériques et tonifie le myocarde ; chez les *hypertendus*, la cure relâche le spasme périphérique.

La cure de Royat produit encore une *suractivité de la ventilation pulmonaire* (amplification de la respiration, qui absorbe une plus grande quantité d'oxygène) ; l'*oxygénation* du sang, et la régénération des tissus par un sang plus pur.

INDICATIONS GENERALES. — Royat réclame tous les ARTHRITIQUES *anémiés et fatigués* ou qui ont une *circulation défectueuse.*

INDICATIONS PRINCIPALES. — Ce sont :

1° L'ARTHRITISME, des sujets mous, anémiés, à *manifestations torpides*, ou à MANIFESTATIONS RESPIRATOIRES, sur les *premières voies* : coryza, pharyngites, laryngites, et sur la *muqueuse bronchique* : susceptibilité bronchique, bronchite des cardiaques et des artério-scléreux.

L'*arthritisme* à manifestations DIABÉTIQUES : diabète gras, goutteux, avec azoturie normale, ou *hyperazoturie de dénutrition* (c'est-à-dire,quand la quantité d'urée nocturne est égale ou supérieure à la quantité d'urée excrétée le jour, de 11 heures du matin à 11 heures du soir), même et surtout avec une glycosurie notable : 40 gr., 60 gr., et au-dessus.

L'*arthritisme* à manifestations CUTANÉES : l'*eczéma*, sec ou humide, à éruptions chroniques ou alternantes, localisé ou généralisé, même pendant les poussées subaiguës ; le *lichen simplex chronique*, *l'acné*, *l'herpès récidivant*, les poussées d'*urticaire* ou *d'œdème aigu de Quincke*.

L'*arthritisme* des GOUTTEUX : *petits goutteux* qui, sans accès de goutte, ont des douleurs errantes (myalgies, névralgies) et des décharges de sable urique, ou des accès migraineux ; *goutteux articulaires* à accès modifiés ou amortis d'emblée (rhumatisme goutteux) ; *goutteux dyspeptiques* ou hypopeptiques (atonie gastrique, hypochlorhydrie avec fermentation) ou hyperpeptiques (hyperchlorhydrie avec ou sans fermentation).

2° LES TROUBLES DE L'APPAREIL CIRCULATOIRE :

Les HYPERTENSIONS ARTÉRIELLES, des femmes à la *ménopause* (bouffées de chaleur, nervosisme) ; des sujets surmenés, atteints de *ménopause masculine* (retour d'âge des boursiers, industriels) se manifestant par de l'hypertension instable ; des *prescléreux* (hypertension permanente mesurée au sphygmomanomètre, latente, et purement fonctionnelle) ; des *artério-scléreux*, au début de l'artério-sclérose localisée ou généralisée ; des *aortiques* chroniques non rhumatisants, athéromateux, syphilitiques ou tabagiques. Le FLÉCHISSEMENT du MUSCLE CARDIAQUE, des artério- scléreux *avec dilatation du cœur gauche* ; des emphysémateux et bronchitiques avec *dilatation du cœur droit* ; des sujets atteints de *lésions valvulaires*, suites d'endocardite aiguë (surtout si la lésion est superficielle et récente), même à la phase troublée, et quelquefois en *hyposystolie mitrale* (cure prudente) ; des sujets atteints de *rétrécissement mitral pur* ; des *obèses* qui ont de l'insuffisance légère et chronique du cœur (*cœur gras*) ; des sujets atteints de *myocardite interstitielle scléreuse* (cardiopathie artérielle, à forme arythmique, de Huchard).

LES TROUBLES FONCTIONNELS avec INTÉGRITÉ du MUSCLE

CARDIAQUE, sont aussi justiciables de Royat : troubles des *faux cardiaques tabagiques* et des *faux cardiaques dyspeptiques* ; des adolescents atteints de *fausse hypertrophie* de croissance ; troubles des *neurasthéniques* avec hypotension, avec tachycardie fausse ou paroxystique ; des *anémiques* : jeunes filles ou jeunes femmes chloro-anémiques, ou jeunes gens chlorotiques, coloniaux, convalescents, avec troubles fonctionnels (1).

INDICATIONS SECONDAIRES. — Trouveront une amélioration certaine à Royat : les TABÉTIQUES *mous, torpides*, atteints d'anesthésies cutanées ou profondes, de troubles sphinctériens et d'incoordination motrice, c'est-à-dire ceux dont le système nerveux a besoin d'être tonifié. On a créé pour eux une piscine spéciale (*piscine Duchenne de Boulogne*) dans laquelle on pratique des exercices de rééducation motrice, et l'on emploie surtout les bains carbo-gazeux de *Saint-Mart* et de *César*. Les résultats produits sont : l'amélioration de la contraction vésicale (miction plus rapide et plus continue), et des fonctions génitales ; la diminution des zones d'anesthésies les plus récentes ; le retour progressif de la coordination des mouvements et de la stabilité. Les douleurs fulgurantes sont peu modifiées pendant la cure, mais elles diminuent d'intensité quelque temps après.

CONTRE-INDICATIONS. — S'abstiendront de la cure de Royat :

1° Les *diabétiques non constitutionnels* (diabète aigu, nerveux, maigre, pancréatique) ; *les diabétiques avec hypoazoturie*, quand l'urée est au-dessous de 12 grammes par 24 heures ; les diabétiques avec *hyperazoturie d'hypernutrition*, c'est-à-dire, ceux dont l'urée de la nuit est inférieure à l'urée du jour et qui seront plutôt dirigés sur Vichy ou Vals.

2° Les malades atteints d'*angor pectoris vrai*, d'œdème pulmonaire aigu, d'asthme cardiaque nocturne, de

(1) Résumé des indications thérapeutiques publiées par la Société médicale de Royat.

néphro-sclérose (avec dyspnée au repos, imperméabilité rénale, albuminurie dépassant 0 gr. 50, cylindres granuleux abondants, ou œdème persistant malgré le régime déchloruré), de néphro-sclérose compliquée d'aortite, d'artério-sclérose ancienne généralisée, de cachexie artérielle, d'anévrysme aortique, de symphyse péricardique, de grande asystolie.

3° Les malades atteints de cirrhose cardiaque avec ascite.

4° Les chlorotiques fébriles, les tuberculeux, les grands névropathes hyperexcitables, les cachectiques trop avancés.

COMPLEMENT DE CURE. — Royat offre encore d'autres ressources thérapeutiques. On y utilise en effet l'*hydrothérapie la plus complète*, au moyen d'une source d'eau (9° à 10°) captée à une grande altitude dans la montagne ; des *bains d'air chaud*, de *vapeur sèche*, de *vapeurs aromatisées*. Les routes, en pentes variées, permettent *la cure de terrain* ou *de côte*.

DISTRACTIONS. — Casino. Salle de théâtre. Kursaal. Concerts dans le Parc. Kermesses. Batailles de fleurs. Fêtes fleuries d'automobiles. Sports divers : tennis, etc.

EXCURSIONS. — Promenade au Parc Bargoin. Excursions nombreuses et variées : au sommet du Puy-de-Dôme (par un tramway partant de Clermont-Ferrand avec station à Chamalières) ; au village et au lac d'Aydat, à Charades, à Clermont-Ferrand, etc, et dans toute la Limagne.

MEDECINS. — MM. Brandt G.-H., Brandt-Egerton, Chassagnard, Chauvet, Fredet, Haranchipy, Heitz, Laussedat, Le Marchand de Trigon, Lopez, Mougeot, Perrin, Petit C., Petit Paul.

HOTELS. — De 8 à 25 francs par jour.

ST-ALBAN-LES-EAUX

(Loire)

Station hydro-minérale. Spécialisation : Manifestations dyspeptiques, lithiasiques, respiratoires.

A 9 h. 30 de Paris (ligne du Bourbonnais).

A 9 h. de Marseille (via Lyon).

A 3 h. de Lyon.

A 15 h. de Bordeaux (via Limoges, Montluçon).

A 13 h. de Toulouse (via Montpellier).

A 10 h. de Montpellier (via Lyon).

SITUATION ET DESCRIPTION. — Agréable petite ville située sur la rivière de ce nom ; St-Alban-les-Eaux est à l'entrée d'une vallée profonde et pittoresque, à 12 kilomètres de Roanne (trajet en 40 minutes par le chemin de fer départemental de *Roanne à Boën*). Le bourg, fort coquet, s'élève sur le versant méridional d'une colline dominant la riante et fertile plaine du Roannais. Au fond de la vallée, se trouvent les sources, l'Etablissement thermal, le Casino et l'Hôtel du Grand Saint-Louis.

POPULATION. — St-Alban-les-Eaux compte environ 1.020 habitants (Poste, télégraphe, téléphone).

ALTITUDE. — Cette station est située à 500 mètres au-dessus du niveau de la mer.

CLIMAT. — Tempéré. St-Alban-les-Eaux est abrité des vents du Nord, et jouit en été d'une fraicheur délicieuse, grâce à ses merveilleux ombrages et à sa situation près de la rivière.

SAISON. — Du 1er juin au 1er octobre. Cure de trois semaines environ.

SOURCES. — *Composition.* — Il y a quatre sources qui débitent, en 24 heures, 160.000 litres d'eau froide (17°), contenant à peu près 3 gr. 5 d'acide carbonique libre ou combiné ; 0 gr. 85 de bicarbonate de soude ;

0 gr. 95 de bicarbonate de chaux ; des bicarbonates de fer et de magnésie. On classe cette eau : *Bicarbonatée sodique, calcique et ferrugineuse, froide, et très gazeuse.*

L'eau de St-Alban est limpide, inodore et de saveur agréable.

MODES D'EMPLOI. — On utilise l'eau de St-Alban :

1° En BOISSON (mode le plus important), soit à la station, soit à domicile.

2° En TRAITEMENT EXTERNE : en bains généraux de baignoire ou de piscine ; en bains partiels ; en douches générales ou locales.

Le gaz *acide carbonique* est utilisé dans des salles spéciales en pulvérisations et aspirations.

ACTION PHYSIOLOGIQUE. — L'EAU de St-Alban, prise à l'intérieur, a une double action : *générale* et *locale*. Elle tonifie et remonte l'organisme tout entier ; elle agit sur différents appareils : sur l'appareil digestif qu'elle stimule, sur l'appareil respiratoire (en calmant la toux et facilitant l'expectoration), sur l'appareil urinaire (en provoquant la diurèse).

Le GAZ CARBONIQUE de St-Alban a une action spéciale sur les voies respiratoires.

INDICATIONS DE L'EAU. — L'eau de St-Alban est efficace :

1° Dans les *dyspepsies* à forme hyposthénique.

2° Dans l'*anémie*, la *chlorose*, la *chloro-anémie*.

3° Dans l'*asthme* et l'*emphysème*, et quelques autres affections respiratoires.

4° Dans les lithiases urinaire (*gravelle*), et biliaire.

5° Dans certaines *névroses* : hystérie, neurasthénie.

6° Dans certaines *dermatoses* liées à l'état dyspeptique.

7° Dans quelques formes de *rhumatisme chronique*. C'est à St-Alban que le Docteur Goin donna, en 1834, les premiers bains carbo-gazeux à des rhumatisants, avec de l'eau minérale chauffée par un courant de vapeur.

INDICATIONS DU GAZ CARBONIQUE. — On se sert aussi à St-Alban du gaz naturel :

1° Pour les maladies du nez, de la gorge, du larynx, des voies respiratoires profondes (pulvérisations, inhalations).

2° Pour certaines affections de l'utérus et de la vessie.

Le gaz acide carbonique, en excès important, grâce au débit considérable des sources minérales de St-Alban, sert à préparer sur place des limonades et eaux gazeuses très réputées et dont la vente annuelle est d'un *million et demi* de bouteilles.

COMPLEMENT DE CURE. — Traitement hydrothérapique complet (bains salés et chauds, sulfureux, bains secs de sudation, bains térébenthinés, étuves humides, massages). Traitement électrique. Cure d'air.

DISTRACTIONS-EXCURSIONS. — Casino. Théâtre. Concerts. Promenades variées à la vallée du Désert, à Villerest (maisons du XVIe siècle) à Ambierle (église du XVe siècle), aux Gorges de la Loire à Saint-Maurice, au château de Jacques Cœur à Boisy, au château du maréchal d'Albon de Saint-André, à Saint-André d'Apchon, au barrage du Chartrain à Renaison. Excursions dans le Forez. Monts de la Madeleine (1.200^m), Puy de Montoncel (1.292^m), etc.

MEDECIN. — M. Reure.

HOTELS. — De 4 à 8 francs par jour. Nombreuses villas et maisons meublées.

SAINT-AMAND-LES-EAUX

(Nord)

Station hydro-minérale. Spécialisation :
Arthropathies chroniques.

A 4 h. de Paris (via Douai, Valenciennes).
A 16 h. de Marseille (via Paris).
A 11 h. de Lyon (via Paris).
A 11 h. de Bordeaux (via Paris).
A 15 h. de Toulouse (via Paris).
A 15 h. de Montpellier (via Lyon).

SITUATION ET DESCRIPTION. — Ville assez importante du département du Nord, située en plaine et entourée de vastes forêts (6.000 hectares de bois). L'établissement thermal est à 4 kilomètres de la ville et à 500 mètres de la gare de Saint-Amand-Thermal.

POPULATION. — Saint-Amand compte environ 15.000 habitants.

ALTITUDE. — Cette station est à 37 mètres au-dessus du niveau de la mer.

CLIMAT. — Sédatif. Air pur provoquant une ventilation pulmonaire remarquable.

SAISON. — Du 25 mai au 15 septembre. Les meilleurs mois, pour les neurasthéniques excités et les gastropathes acides, sont ceux de *mai* et *juin* ; pour les malades justiciables des boues :*juin, juillet et août.*

ETABLISSEMENT THERMAL. — L'établissement thermal est disposé pour une double cure : *traitement par les boues médicinales ; cure hydro-minérale.*

I. — **Les Boues Médicinales.**

COMPOSITION DES BOUES. — Les boues de Saint-Amand sont constituées géologiquement par trois couches superposées : *terre noire végéto-minérale ferrugineuse*, *marnes argileuses* et *sable mouvant* riche en sulfate de fer, traversé par une multitude de petites sources sulfureuses qui transforment ce conglomérat en une masse compacte, molle, noirâtre, onctueuse. L'onctuosité est dûe à la barégine et à la glairine provenant du développement d'algues sulfuraires abondantes.

Telle est la *boue thermale* ou *médicinale* de Saint-Amand. Son épaisseur est de deux à trois mètres environ.

Au point de vue minéral, elle contient pour 1.000 grammes : 550 grammes d'eau ; 304 grammes de silice ; 14 gr. de fer ; 2 gr. de soufre, etc. Sa densité est de 1,15 à 1,53. On la classe : *Boue sulfureuse et ferrugineuse.*

MODES D'EMPLOI. — Les boues sont utilisées, à la rotonde Vauban :

1° En *bains complets ou partiels*, tièdes, chauds ou très chauds, c'est-à-dire à une température de 30°. 40°, 45°, que l'on obtient au moyen de serpentins de vapeur. On prend les bains de boue dans des cases verticales (au nombre de 120) dont les cloisons en bois s'enfoncent à 1 m. 80 dans la boue. Ces cases sont contiguës, mais complètement séparées. Chaque case est affectée à un malade, pendant toute la cure, avec la même boue constamment traversée par d'innombrables sources sulfureuses. La durée du bain de boue est de une heure à trois heures et même cinq heures, suivant avis médical. Le malade s'enfonce dans la boue jusqu'aux aisselles, les bras dehors. Comme le bain produit une abondante diaphorèse, le malade absorbe quelques verres d'eau minérale de Saint-Amand (*Vauban ou Evêque d'Arras*). Le bain de boue est suivi d'une douche ou d'un bain laveur. A la fin du traitement, on vide la case de la boue qui a servi.

2° En *lutations*, véritables cataplasmes de boue à 45° ou 55°, que l'on applique directement sur un membre, pendant plusieurs heures, avec des couvertures de laine par dessus.

ACTION PHYSIOLOGIQUE. — Les boues de Saint-Amand produisent une action générale et locale :

1° *Générale*, sur la respiration, sur la circulation (accélération du pouls, élévation de la tension artérielle), sur les systèmes nerveux et musculaire, sur les glandes sudoripares dont elles exagèrent l'excrétion, sur la nutrition (accroissement des combustions, élimination des déchets), sur le système osseux (stimulation de la nutrition de l'os).

2° Une action *locale*, émolliente, compressive, massante et résolutive, thermique, médicamenteuse.

INDICATIONS PRINCIPALES DES BOUES. — Ce sont :

1° Les ARTHROPATHIES CHRONIQUES : *rhumatisme chronique musculaire* ou *articulaire ; polyarthrite déformante progressive*. Cure de vingt à trente bains de boue.

2° La *goutte atonique*, *torpide*.

3° Les *séquelles* de *fractures*, d'*entorses*, de *phlébosscléroses*.

4° Certaines *névralgies*, entre autres : la *sciatique*.

5° Certaines *métrites* et *périmétrites chroniques* (bain de boue avec spéculum grillagé, suivi d'une douche vaginale très chaude, et de repos).

6° Les noyaux anciens d'*épididymite* et d'*orchite*.

INDICATIONS SECONDAIRES. — Seront améliorées, par les bains de boue :

1° L'ataxie locomotrice, dont les douleurs s'amendent souvent.

2° La sclérose en plaques, la chorée.

3° Quelques dermatoses : eczéma variqueux, impétigo, acné, pityriasis, psoriasis.

CONTRE-INDICATIONS DES BOUES. — S'abstiendront des boues : les goutteux sujets à des crises aiguës, les cardiopathes et les artério-scléreux prédisposés à l'hypertension, les brightiques, et les congestifs pulmonaires avec tendance aux hémoptysies.

II. — **Les Sources Thermales.**

COMPOSITION. — Saint-Amand possède cinq sources, dont trois sont plus importantes : la *Fontaine d'Arras* ou de l'*Evêque d'Arras*, la *Fontaine Bouillon* (utilisées toutes deux pour le service des bains et de la buvette), la source *Vauban*, d'un débit considérable (18.000

litres par heure) destinée surtout à l'embouteillage pour l'exportation.

Ces eaux sont tièdes (26°) à l'émergence, très limpides, peu minéralisées (1 gr. 354) contenant surtout des sulfates de chaux (0 gr. 61), de magnésie (0 gr. 32), des bicarbonates de chaux (0 gr. 20) et de magnésie (0 gr. 02), du chlorure de sodium (0 gr. 113), de la silice, du fer, de l'iode, etc. On les classe : *Eaux tièdes, sulfatées et bicarbonatées calciques.*

MODES D'EMPLOI. — Les eaux de Saint-Amand sont utilisées :

1° En BOISSON, à la dose de deux à douze verres, suivant avis médical. C'est la médication adjuvante des bains de boue.

2° En TRAITEMENT EXTERNE : en *bains* à eau courante tiède, en *douches* chaudes, ou très chaudes, douches-massages ; en *inhalations* (eau de la Fontaine d'Arras).

ACTION PHYSIOLOGIQUE. — A l'*intérieur*, l'eau tiède des sources est eupeptique, sédative (de l'estomac), diaphorétique, parfois laxative, et surtout diurétique déterminant de fortes décharges d'acide urique et d'urates.

INDICATIONS DES EAUX. — Les eaux de Saint-Amand, conviennent :

1° Dans les maladies du tube digestif, aux *hyperchlorhydriques*, aux *gastropathes* à diathèse acide (uricémiques).

2° Dans les maladies nerveuses, aux *neurasthéniques excités.*

3° Dans les maladies des reins et de la vessie, aux *graveleux*, aux sujets atteints de *pyélite* et de *cystite.*

4° Dans les maladies du foie, aux *lithiasiques biliaires.*

5° Dans quelques affections du nez et de la gorge : rhinite, ozène, pharyngite, laryngite, trachéite et bronchite chroniques (eau sulfureuse de la *Fontaine d'Arras* en inhalations).

CONTRE-INDICATIONS DES EAUX. — Ne boiront pas les eaux de Saint-Amand : les *hypochlorhydriques* et les *apeptiques*.

DISTRACTIONS-EXCURSIONS. — Casino-théâtre, en juillet et août. Chasse, pêche. Promenades en forêt, visites aux grands établissements industriels de la région. Excursions variées aux environs.

MEDECINS. — MM. Breton, Corez, Duvivier, Fourmeux, Thiroux.

HOTELS. — De 8 à 15 francs par jour.

SAINT-CHRISTAU

(Basses-Pyrénées)

Station hydro-minérale. Spécialisation : Affections de la peau et des muqueuses (en connexion avec la peau).

A 13 h. de Paris (via Bordeaux).
A 14 h. de Marseille (via Toulouse).
A 16 h. de Lyon (via Toulouse).
A 5 h. de Bordeaux (via Pau).
A 5 h. 30 de Toulouse (via Pau).
A 10 h. 30 de Montpellier (via Toulouse).

SITUATION ET DESCRIPTION. — A 8 kilomètres d'Oloron, Saint-Christau se trouve à l'entrée de la magnifique vallée d'Aspe. La station occupe un vallon frais et ombreux, abrité au Sud par la haute montagne du *Binet*, protégé au Nord, à l'Est et à l'Ouest, par de petites collines.

ALTITUDE. — Saint-Christau est à 320 mètres au-dessus du niveau de la mer.

POPULATION. — Cette station est une propriété particulière enclavée dans la commune de Lurbe, arrondissement d'Oloron, et forme un petit hameau.

CLIMAT. — Doux et tempéré. La douceur et l'égalité de la température, le calme et la pureté de l'air, les émanations végétales rendent ce climat *sédatif* et *reposant*, quoique reconstituant et réparateur. Il convient surtout aux surmenés, aux convalescents, aux enfants nerveux et excitables.

SAISON. — La saison officielle s'ouvre le 1er mai et finit le 31 octobre ; mais l'Etablissement reste ouvert toute l'année.

HYGIENE. — Eaux pures d'alimentation. Système parfait du tout-à-l'égout.

SOURCES. — *Composition.* — Saint-Christau possède cinq sources principales qui débitent par jour 1.850 mètres cubes. Ce sont :

1° La *source des Arceaux*, la plus usitée. Située derrière les Bains-Vieux, c'est une source froide (12°), limpide ou légèrement opaline, presque inodore, de saveur légèrement styptique, très onctueuse, charriant au sortir du griffon, de petits flocons de *barégine*. Faiblement minéralisée (0 gr. 27 par litre), elle contient une notable proportion de *cuivre* : 0 gr. 0003, qui la distingue de toutes les eaux françaises. (Les sources de *Trébas*, dans le Tarn, renferment aussi du cuivre à dose pondérable : 0 gr. 0042 de carbonate de cuivre à la source Saint-Roch).

2° et 3° Les sources *Bazin* et *Tillot*, analogues à la précédente, froides, situées sous l'Etablissement de la Rotonde et peu utilisées.

4° La source du *Pêcheur*, froide (14°), abondante et franchement *sulfureuse* (employée en boisson seulement), analogue aux eaux d'Enghien.

5° La source du *Prieuré*, tiède (26°), plus minéralisée que les précédentes (0 gr. 476), très cuivreuse (cuivre : 0,0005), et d'une odeur parfois sulfureuse. Son point cryoscopique est : 0°,045.

En plus du *cuivre* qui les caractérise, les eaux de Saint-Christau contiennent du *fer* à la dose de un à trois milligrammes, des silicates et des sulfates alcalino-terreux, des traces d'iode, d'arsenic.

On classe ces eaux : *Ferro-cuivreuses*, *froides et thermales*.

MODES D'EMPLOI. — On utilise les eaux de Saint-Christau :

1° En BOISSON, soit à la station, soit à domicile, à la dose de deux à six verres par jour, dans l'intervalle des repas, ou comme eau de table.

2° En TRAITEMENT EXTERNE qui comporte : les *bains* généraux ou locaux, les *lotions*, les *fomentations* ; les *irrigations* nasales, buccales, utérines ; les *douches*, à pression normale, à faible pression ; les douches en ÉPINGLES (spéciales à Saint-Christau et consistant en un faisceau de jets capillaires lancés sur la peau, à la pression de 15 à 18 atmosphères) ; les PULVÉRISATIONS (spéciales aussi à la station) *oculaires* à l'œillère, *nasales* au spéculum, *intra-buccales*, *bi-auriculaires*, à jets rayonnants et palettes multiples, ascendantes ou ano-périnéales, etc., au moyen d'appareils perfectionnés.

ACTION PHYSIOLOGIQUE. — A l'*intérieur*, l'eau stimule l'appétit, active les sécrétions de la peau, provoque une abondante diurèse avec élimination de sable urique.

A l'*extérieur*, l'eau produit une action stimulante, résolutive et cicatrisante sur la peau et les muqueuses (surtout bucco-linguale). Les bains adoucissent et assouplissent la peau.

INDICATIONS PRINCIPALES. — Ce sont :

1° LES MALADIES DE LA LANGUE ET DE LA MUQUEUSE BUCCALE : la leucoplasie, le psoriasis buccal, les plaques des fumeurs, les glossites scléreuses, l'eczéma buccal ou lingual chronique, la sclérose linguale syphilitique.

2° Les *affections du nez et de la gorge* : le coryza chronique, les rhinites, les pharyngites chroniques

3° Les *maladies de la peau* : l'eczéma impétigineux, séborrhéique, variqueux ; le *lichen corné* ; l'acné boutonneuse, l'acné rosacée (*couperose*). Le psoriasis est amélioré.

4° Certaines *affections oculo-palpébrales* : les blépharites et conjonctivites sèches ou suintantes, les kératites, les taies *superficielles* de la cornée, les inflammations des conduits lacrymaux lorsque ceux-ci ont été traités par les sondes de Bowman.

5° Quelques *affections gynécologiques* : la leucoplasie vulvo-vaginale, la métrite catarrhale chronique, la leucorrhée.

INDICATIONS SECONDAIRES. — L'arthritisme, la gravelle urique, la chlorose, l'anémie, la syphilis, le lymphatisme, les névroses (neurasthénie) sont améliorés par l'eau et le climat.

CONTRE-INDICATIONS. — *Rarement absolues.* Pourtant, n'iront pas à Saint-Christau :

1° Les congestifs, les déprimés, les pléthoriques abdominaux.

2° Les malades porteurs d'eczémas aigüs ou subaigüs à formes très irritables ; de tumeurs épithéliomateuses de la peau et des muqueuses.

3° Les sujets qui ont des lésions profondes de l'œil, s'abstiendront de tout traitement oculaire.

DISTRACTIONS-EXCURSIONS. — Casino. Pêche à la truite et aux écrevisses. Chasse. Tennis. Excursions dans les vallées d'Aspe, d'Ossau, de Barétous : Escot, Sarrance, Bédous, Fort d'Urdos, Arette, Lourdios, Tardets, Mauléon et le pays basque, Arudy, Grotte de Louvie, Eaux-Bonnes, Eaux-Chaudes, Oloron, etc. Ascensions du Binet, du col de Marie Blanc, etc.

MEDECINS. — MM. Bénard, Haniquet.

HOTELS. — De 6 à 15 francs par jour.

SAINT-GERVAIS-LES-BAINS

(Haute-Savoie)

Station hydro-minérale et climatique. Spécialisation : Dermatoses irritables, neuro-arthritisme.

A 12 h. 30 de Paris (via Mâcon, Culoz).

A 14 h. de Marseille (via Lyon).

A 8 h. de Lyon (via Annemasse).

A 22 h. de Bordeaux (via Toulouse).

A 18 h. de Toulouse (via Montpellier).

A 13 h. 30 de Montpellier (via Lyon).

SITUATION ET DESCRIPTION. — Chef-lieu de canton,sur les rives du Bonnant,près du confluent de ce torest en même temps : terminus de la grande ligne rent avec l'Arve, Saint-Gervais (gare Le Fayet, P.-L.-M.) venant d'Aix-les-Bains ou de Genève et de Paris, et tête de ligne du chemin de fer électrique de Chamonix et de la nouvelle *Crémaillière du Mont-Blanc*,qui va actuellement jusqu'au Mont-Lachat (2.100 m. d'altitude), et qui bientôt atteindra l'aiguille du Goutter et le Mont-Blanc.

Saint-Gervais-les-Bains se compose de deux parties bien distinctes : le Fayet *station hydro-thermale* ; et Saint-Gervais-les-Bains (village) *station climatique.*

POPULATION. — Saint-Gervais compte environ 2.000 habitants.

ALTITUDE. — Le Fayet est à 590 mètres, et Saint-Gervais à 807 mètres au-dessus du niveau de la mer.

HYGIENE. — Eau potable très pure amenée de la montagne. Il existe trois égouts collecteurs.

SAISON. — Du 15 mai au 1er octobre. La durée de la cure est variable ; elle est au moins de trois à quatre semaines.

I. — **Le Fayet Saint-Gervais, station hydro-thermale.**

SOURCES. — *Composition.* — Cette station possède trois sources qui jaillissent au fond d'une gorge boisée, s'ouvrant au nord et au bord du torrent de Bonnant. Ce sont : les sources de *Mey* (38°), *Gontard* (39°) et du *Torrent* (40°).

Elles débitent environ 370.000 litres par jour. L'eau est limpide, onctueuse au toucher, de saveur un peu styptique, sans odeur pour *Gontard* et de *Mey*, d'odeur sulfhydriquée pour *Torrent*. La minéralisation totale moyenne par litre, est de 4 gr. 684. Elle contient du chlorure de sodium ; des sulfates de soude, de chaux, de magnésie ; de la silice ; du bicarbonate de chaux ; du bromure de sodium (0,036) et une notable proportion de *sulfate de lithine* (0,077), et des gaz : acide carbonique 10 %, et azote 90 %, et des traces d'hydrogène sulfuré libre.

Ce sont donc des eaux : *chlorurées*, *sulfatées*, *bromurées*, LITHINÉES, *gazeuses*, *thermales*. La source du Torrent est en outre *sulfhydriquée* (0 gr. 049). On la désigne sous le nom de *salino-sulfureuse*.

MODES D'EMPLOI ET ACTION PHYSIOLOGIQUE.

1° En TRAITEMENT EXTERNE, (*bains*, *pulvérisations* locales ou générales ; *douches* nasales, pharyngiennes, ascendantes ; *gargarismes*, *inhalations* d'eau pulvérisée), l'eau de Saint-Gervais produit une action *sédative et décongestionnante* sur la peau et les muqueuses. C'est un véritable topique émollient, résolutif, et kératinisant, à condition que cette cure soit dirigée par un médecin de la station.

2° En BOISSON, à jeun surtout, aux doses habituelles de 200 à 1.500 grammes (suivant avis médical), prises lentement et à intervalles réglés, l'eau thermale produit une augmentation d'appétit ; une action *laxative* ou *purgative* légère et une *aseptisation intestinale* ; une *régularisation des fonctions digestives*, avec meilleure utilisation des ingesta ; une *diurèse abondante* (élimination de toxines), avec excrétion plus grande d'urée et d'acide urique ; une diminution de l'hypertension artérielle et de l'hypertension portale.

En un mot, cette eau agit comme une lymphe naturelle, un véritable sérum.

INDICATIONS GENERALES. — Saint-Gervais réclame les *affections cutanées des arthritiques*.

INDICATIONS SPECIALES. — Ce sont :

1° Les DERMATOSES, IRRITABLES, PRURIGINEUSES : les eczémas rebelles plutôt secs qu'humides ; les affections *séborrhéiques* qui s'eczématisent facilement ; les *psoriasis* irrités ; les *lichens*, les *prurigos*, les *dermatites ;* en un mot, toutes les dermatoses où domine l'élément *douleur* ou *prurit*.

2° Les NÉVROPATHIES des *neuro-arthritiques* : *algies* diverses, cardiaques, utérines, ovariennes, liées aux dysménorrhées hystériques, aux aménorrhées nerveuses, aux métrites irritables.

3° Les DYSPEPSIES : dyspepsie *hyposthénique* (Torrent) ; *hypersthénique* (Gontard) ; dyspepsie *atonique* avec embarras gastrique ; dyspepsies douloureuses, spasmodiques, neurasthéniques ; dyspepsies intestinales avec pléthore abdominale, insuffisance hépatique, hémorrhoïdes.

4° Le NEURO-ARTHRITISME des enfants, dégénérés, névrosés, à hérédité chargée.

INDICATIONS SECONDAIRES. — Ce sont :

1° Les *affections des voies respiratoires supérieures* : rhinites, pharyngites, laryngites sur terrain arthritique.

2° Les *fausses cardiopathies* des dyspeptiques.

3° La *goutte* des sujets dyspeptiques et gros mangeurs.

4° Certaines *hépatopathies* (lithiase avec vésicule éréthique ; congestion diarrhéique des pays chauds).

CONTRE-INDICATIONS. — S'abstiendront des eaux de Saint-Gervais, les malades atteints :

1° De dermatoses torpides ou atones.

2° De tuberculose avancée, d'asystolie, d'artériosclérose, d'hypertension.

3° De dépression ou de cachexie trop prononcée.

4° De lésions rénales subaiguës ou chroniques.

II. — **Saint-Gervais-les-Bains (village), station climatique.**

CLIMAT. — Dominant la Gorge des Bains de 220 mètres environ, Saint-Gervais s'élève sur un plateau qui s'étend sur les deux rives du Bonnant. Abritée contre les vents excitants du Nord-Est par divers contreforts du massif du Mont-Blanc, Saint-Gervais est exposée, en amphithéâtre, au Sud-Ouest, et jouit d'une *luminosité* et d'une *insolation merveilleuses.*

L'*humidité* n'existe pas, grâce à la perméabilité du sol qui absorbe rapidement les eaux pluviales, grâce à la *proximité du glacier* qui condense les vapeurs de la région.

Les grandes chaleurs de l'été sont tempérées par l'air frais qui descend des glaciers. La température moyenne, est de 15° à 20° dans le jour, avec une différence en moins de 6° à 7° pour la nuit. L'air est pur, vivifiant, chargé d'ozone.

La pression barométrique est diminuée, mais l'altitude n'est pas assez élevée pour provoquer des malaises.

ACTION PHYSIOLOGIQUE DU CLIMAT. — Le climat de Saint-Gervais a une double action : *sédative* et *tonique.*

INDICATIONS. — Le climat de Saint-Gervais convient :

1° A tous les *neuro-arthritiques* fatigués par une existence trop sédentaire, ou un travail intellectuel exagéré.

2° Aux *neurasthéniques*, irritables,qui trouvent dans cette station le calme, le repos des nerfs, la sédation des phénomènes douloureux subjectifs, même sans l'adjuvance des eaux.

3° Aux *coloniaux hépatiques* (cures climatique et thermale associées).

EXCURSIONS. — A la cheminée des Fées, au Pont du Diable, à la Cascade de Crépin, aux Amerands, Pont-de-Vervey ; au Col de Voza, au Prarion, à Sallanches ; à Mégève, l'Arly, Flumet ; à Chamonix, au Mont-Joly, au Glacier de Tré-la-Tête, au Mont-Blanc, etc.

MEDECINS. — MM. Baradat, Bastian, Craponne, Guéridaud, Mallein, Petit, Roux.

HOTELS. — De 7 à 20 francs et plus, par jour. Nombreuses villas meublées installées suivant le confort moderne. Syndicat d'initiative à Saint-Gervais-les-Bains. S'y adresser pour tous renseignements.

SAINT-HONORÉ-LES-BAINS

(Nièvre)

Station hydro minérale Spécialisation : Manifestations respiratoires et cutanées des lymphatiques et scrofuleux.

A 6 h. 30 de Paris (via Nevers).
A 12 h. de Marseille (via Chagny).
A 6 h. de Lyon (via Chagny).
A 14 h. de Bordeaux (via Paris).
A 13 h. de Toulouse.
A 12 h. de Montpellier (via Lyon).

SITUATION ET DESCRIPTION. — Gros village de l'arrondissement de Château-Chinon, au pied des plus hautes montagnes du Morvan, Saint-Honoré est entouré d'immenses forêts et de vallées contenant de magnifiques pâturages, qui ravissent les yeux des baigneurs. L'Etablissement se trouve dans un parc champêtre qui se confond avec la pleine campagne.

POPULATION. — Cette station compte 1.800 habitants.

ALTITUDE. — Saint-Honoré est à 302 mètres au-dessus du niveau de la mer, mais les cimes voisines atteignent 500 à 900 mètres d'altitude.

CONSTITUTION DU SOL. — La plaine est formée de calcaires jurassiques ; la montagne, de roches éruptives : porphyre, granit.

CLIMAT. — Climat de plaine mitigé de climat de montagne, doux et tempéré. La température moyenne est assez égale. Il y a peu de variations brusques, en pleine saison. L'atmosphère est pure, et ozonisée par le voisinage des pins et des sapins.

SAISON. — Du 1er juin au 30 septembre. Cure de trois à quatre semaines.

SOURCES. — *Composition*. — Saint-Honoré utilise quatre sources qu'on ramène à deux groupes de deux. Le premier groupe comprend la *Crevasse et l'Acacia*, dont la thermalité est de 27°, et le résidu total de 0 gr.80 environ par litre ; le second groupe est formé de la *Marquise* et des *Romains*, avec une thermalité de 31°, et un résidu total de 0,39 par litre. Ce groupe contient un peu moins de soufre et d'arsenic que le précédent. Les quatre sources débitent ensemble *un million* de litres par jour.

Les eaux sont limpides, de saveur agréable, légèrement styptique, d'odeur hépatique plus ou moins marquée. Au point de vue minéral, elles contiennent du *soufre* sous forme de sulfures alcalins (0,003) et d'acide sulfhydrique libre (0 gr.07 à 0 gr.10) ; de l'*arsenic*, sous forme d'arséniate de soude (0 gr.002 à 0 gr.004) ; du *chlorure de sodium* (0 gr. 30) ; des sulfates de soude et de chaux ; des silicates de potasse, de soude et d'alumine ; des bicarbonates alcalins, des traces d'iodure, de fer, et de manganèse. Elles renferment aussi de la *glairine* (qui les rend onctueuses) et des gaz : azote, oxygène (traces), *argon et hélium* (2,08 pour 100). Elles sont très radio actives. Mais ce qui caractérise cette eau entre toutes les eaux françaises, c'est l'*association intime du soufre, de l'arsenic et du chlorure de sodium*. Son point cryoscopique est : 0,035.

MODES D'EMPLOI. — On utilise l'eau de Saint-Honoré, à l'Etablissement thermal, complètement restauré et agrandi en 1906 :

1° En BOISSON, à la dose moyenne de 100 à 700 grammes par jour (suivant avis médical).

2° En TRAITEMENT EXTERNE qui comporte : les INHALATIONS dans deux salles installées près de la source de la Crevasse, et où les malades séjournent de cinq à quinze minutes, en respirant les émanations, qui se produisent spontanément au contact de l'air, mélangées seulement de la quantité de vapeur d'eau nécessaire pour atténuer l'action irritante de l'hydrogène sulfuré ; les PULVÉRISATIONS, dans deux salles munies d'appareils les plus perfectionnés (pulvérisateurs à vapeur, à tamis, à tambour, à palette) ; les *gargarismes* ; les *douches* générales ou locales : douches nasales, vaginales, ascendantes ; DOUCHES DE PIEDS (spécialité de la station) graduées et très chaudes (48° à 50°), fonctionnant d'une façon curieuse à l'électricité et qui se donnent après les inhalations (d'habitude congestionnantes) ; les bains tièdes, chauds ou de vapeur ; les bains de *piscine*, alimentée par les Puits Romains, et construite en 1906. Cette piscine est immense (250 mètres carrés) et constitue un véritable *petit lac à eau courante* qui absorbe 500.000 litres par jour. L'eau du bain de piscine est à 30° centigrades.

ACTION PHYSIOLOGIQUE. — A l'*intérieur*, l'eau de Saint-Honoré est apéritive et digestive ; elle stimule la nutrition et l'assimilation ; elle augmente la diurèse.

En traitement *externe et interne* combiné, elle produit des effets résolutifs, reconstituants et sédatifs sur tous les organes. Après une courte période d'excitation, le système nerveux se calme, le sommeil devient meilleur. L'eau agit spécialement sur l'appareil respiratoire et sur la peau. Celle-ci subit l'action kératoplastique et kératolitique de l'eau de Saint-Honoré, véritable médicament eutrophique.

INDICATIONS PRINCIPALES. — Ce sont :

1° Les MALADIES DES VOIES RESPIRATOIRES : le catarrhe chronique des fosses nasales, le rhume des foins, la pharyngite sèche ou granuleuse, la laryngite, la trachéite, la bronchite chronique, la susceptibilité laryngo-pharyngée des professionnels de la parole et de la voix, l'asthme avec catarrhe bronchitique (plutôt que l'asthme sec), l'emphysème, les congestions pulmonaires chroniques de forme arthritique ; la prétuberculose, la tuberculose pulmonaire à la première période de la maladie, quand le sujet n'est pas fébricitant, et qu'il possède encore une résistance et une force suffisantes pour lutter contre la toxi-infection. Les petites hémoptysies d'origine congestive ne sont pas un obstacle à la cure thermale.

2° Les MALADIES DE LA PEAU : *les eczémas chroniques*, suintants ou secs, squameux ou papuleux, impétigineux ou séborréiques ; l'*impetigo*, le *pityriasis*, les *prurigos*, les *acnés* ponctuée, boutonneuse ou rosacée (couperose) ; le *psoriasis*, le *lichen plan*, l'*herpès*, les *prurits*.

3° Quelques MALADIES INFANTILES, dont les sujets ont des antécédents héréditaires ou personnels chargés. « Enfants débiles de par leur hérédité, enfants issus d'u-« nions tardives ou mal proportionnées, de conjoints

« déjà frappés par la maladie (diabète, tuberculose) ; les « syphilitiques héréditaires, qu'ils soient porteurs de « manifestations actives ou de tares générales ; les en- « fants atteints, à la suite de rougeole ou de coqueluche, « d'*adénopathies cervicales* ou *trachéo-bronchiques*, les « *adénoïdiens* sujets à de continuelles poussées rhino- « pharyngiennes ou ganglionnaires ». (Landouzy). On enverra aussi à Saint-Honoré les enfants *lymphatiques tousseurs* qui ont des rhumes continuels, les enfants *scrofuleux*, *anémiques*, *prétuberculeux*, ou atteints *d'asthme humide*.

INDICATIONS SECONDAIRES. — Seront améliorées à Saint-Honoré :

Certaines *utérines*, de tempérament lymphatique ou scrofuleux, ayant de la leucorrhée, de la métrite ou de la périmétrite ; ou atteintes de phlébite.

CONTRE-INDICATIONS. — S'abstiendront de la cure de Saint-Honoré :

1° Les hypertendus, les artério-scléreux, les asystoliques.

2° Les tuberculeux ayant des hémoptysies abondantes, une fièvre continue, ou de la laryngite bacillaire.

3° Les sujets porteurs d'une affection du foie, des reins ou de la vessie.

4° Les malades atteints d'hypersthénie gastrique permanente et douloureuse.

DISTRACTIONS. — Casino-Théâtre avec comédies, chant, concerts. Grandes fêtes pendant la saison ; manège d'équitation, tir.

EXCURSIONS. — Au Défend, à la Vieille Montagne, au Désert, à l'Etang et à la Cascade du Seu, au château de la Montagne, au Grand Rond, aux Roches des Mouillas, au Creusot, au Mont-Beuvray, au château du Tremblay, à Préporché, Vendenesse, Ternant, la Roche Millay, Château-Chinon, Autun, etc.

MEDECINS. — MM. Binet, Breuillard, Comoy, Comte, Odin.

HOTELS. — De 5 à 20 francs par jour.

SAINT-NECTAIRE

(Puy-de-Dôme)

Station hydro-minérale. Spécialisation : Albuminuries, Atonie générale et digestive.

A 7 h. 30 de Paris (via Saint-Germain-des-Fossés).
A 12 h. de Marseille (via Nimes).
A 5 h. de Lyon (via Roanne).
A 16 h. de Bordeaux (via Toulouse).
A 12 h. de Toulouse (via Nimes).
A 8 h. de Montpellier (via Nimes).

SITUATION ET DESCRIPTION. — A l'extrémité orientale de la chaîne des Monts-Dore, sur les confins de la fertile Limagne, le long de l'étroite vallée du Courançon, à 12 kilomètres de la station du Mont-Dore, *Saint-Nectaire* desservi par les gares de Coudes à 20 kilomètres, et d'Issoire à 24 kilomètres (service automobile), sur la ligne P.-L.-M. du Bourbonnais, s'élève dans un site des plus pittoresques, au centre et sur les gradins d'un cirque de montagnes magnifiquement boisées.

Autrefois, on distinguait *thermalement* : Saint-Nectaire-le-Haut et Saint-Nectaire-le-Bas, deux stations sœurs et rivales. Depuis 1907, la Société des Eaux Thermales a groupé sous une même direction les ressources thérapeutiques des deux Saint-Nectaire.

POPULATION. — Saint-Nectaire compte environ un millier d'habitants.

ALTITUDE. — Saint-Nectaire-le-Bas est à 700 mètres, Saint-Nectaire-le-Haut à 784 mètres, au-dessus du niveau de la mer.

CONSTITUTION DU SOL. — Sol de granit fendillé. *Flore marine* très curieuse près des sources.

CLIMAT. — De moyenne montagne. Saint-Nectaire, abrité des vents du nord et de l'ouest par le Mont-Cornadore et le Puy d'Eraigne, jouit d'une température clémente, sans forte chaleur l'été. L'air est pur et sec.

SAISON. — Du 15 mai au 15 octobre. En mai, juin, et septembre, le climat est très doux, et la station moins encombrée et plus calme.

SOURCES. — *Composition.* — Elles se divisent en deux groupes : les sources de *Saint-Nectaire-le-Haut*, vers le nord-ouest, qui alimentent l'Etablissement du Mont-Cornadore ; et les sources de *Saint-Nectaire-le-Bas*, à 1.500 mètres plus bas, vers le sud-est, qui alimentent les Bains Romains et les Grands Thermes.

Saint-Nectaire-le-Haut débite 150 mètres cubes par 24 heures et comprend les sources : *Mont-Cornadore* (41°), *Parc* (18°), *Petite Rouge* (18°), dont la minéralisation totale par litre, va de 6 gr. 88 à 8 gr. 63.

Saint-Nectaire-le-Bas débite 250 mètres cubes par 24 heures, et possède les sources : *Boëtte* (41°), *Saint-Césaire* (40°), *Gubler* (40°), *Gros Bouillon* (37°), *Coquille* (24°), *Rouge* (18°), des *Dames* (13°), dont la minéralisation totale par litre s'étend de 4 gr. 89 à 8 gr. 12.

La composition minérale des deux groupes est à peu-près identique. Elle comprend en moyenne 2 gr. 5 de *chlorure de sodium*, des *bicarbonates mixtes*, de l'*arséniate de soude* (1 à 2 milligrammes), du sulfate de soude, de la silice, du fer, de la lithine, de la glairine, et de l'*acide carbonique libre* (0 gr. 683 à 1 gr. 70). On les classe : *Eaux chlorurées sodiques*, *bicarbonatées mixtes*, *arsénicales*, *très gazeuses*, *mésothermales* (chaudes, tièdes et froides).

MODES D'EMPLOI. — L'eau de Saint-Nectaire est utilisée :

1° En BOISSON, à jeun, à dose modérée (100 à 200 grammes), en commençant par les sources chaudes, en continuant avec les sources tièdes, pour finir la cure (*suivant avis médical*) avec les sources froides. Buvettes nombreuses sur les sources elles-mêmes.

2° En TRAITEMENT EXTERNE qui comporte : les BAINS, au moyen des trois sources chaudes : *Mont-Cornadore* à Saint-Nectaire-le-Haut ; *Saint Césaire* aux Grands Thermes, et *Gros-Bouillon* aux Bains Romains de Saint-Nectaire-le-Bas ; bains de baignoires, de piscines-baignoires, de piscines de natation, à eau dormante ou courante ; les DOUCHES CHAUDES LOMBAIRES (pour albuminuriques) de 3 à 5 mètres de pression ; les DOUCHES

SOUS-MARINES, administrées dans le bain ; les *douches vaginales*, *ascendantes*, les douches et bains spéciaux de *gaz acide carbonique ; les inhalations*, *les pulvérisations* données avec l'eau de Saint-Césaire, etc.

ACTION PHYSIOLOGIQUE. — On peut résumer les actions multiples et complexes de l'eau de Saint-Nectaire sur le tube digestif, le foie,les reins,le système nerveux, et sur la crase sanguine en disant qu'elle *régularise les processus nutritifs altérés, et qu'elle tonifie l'organisme.*

INDICATIONS GENERALES. — Saint-Nectaire réclame les tempéraments *lymphatiques*, plus ou moins entachés d'arthritisme, avec troubles des fonctions *rénales* et *digestives*, et commencement de déchéance organique.

Ce sont : les *atoniques*, les *dyscrasiques*, les *bradytrophiques*, les *rachitiques*, les *chlorotiques*, les *phosphaturiques*, les *neurasthéniques* (forme dépressive), les *goutteux atones*, *les diabétiques* à la période de dénutrition indiquée par l'albuminurie ou les névrites.

INDICATIONS PRINCIPALES. — Elles comprennent :

1° Les ALBUMINURIES qui dépendent d'un état fonctionnel rénal ou d'une lésion rénale discrète,mais non d'une néphrite avancée. Cure prudente avec la boisson (sources chaudes) et la balnéation, produisant une diminution d'albuminurie (après une légère exacerbation, au début) et le retour à une meilleure perméabilité rénale. Seront le plus rapidement influencées : les *albuminuries résiduelles*, quatre ou cinq mois après que la maladie causale et infectieuse (scarlatine, grippe, diphtérie, dothiénentérie) aura disparu ; les *albuminuries digestives* des gros mangeurs ; les *albuminuries orthostatiques* (ou de posture) pures ou associées avec les syndromes : allongement disproportionné du squelette, céphalée, phosphaturie, etc. ; les *albuminuries* des *dyscrasies* et des *intoxications* : *gravidiques*, *diabétiques*, *goutteuses*, *uricémiques*, *paludiques*, *syphilitiques*, même avec tension artérielle au-dessus de la normale, œdèmes fugaces ou peu prononcés, pourvu que le système circulatoire soit intact.

2° Les ANÉMIES, sous toutes les formes et à tous les âges : des enfants, des adolescents qui ont une croissance rapide, des jeunes filles chlorotiques, des paludéens et des coloniaux.

3° Les MALADIES du TUBE DIGESTIF et des ANNEXES (foie) : dyspepsies atoniques et par insuffisance ; diarrhée alternant avec la constipation ; diarrhée coloniale ; congestion chronique du foie dûe à des troubles digestifs ; insuffisance de la sécrétion biliaire ; cholémie ; cholélithiase des déprimés et anémiés.

INDICATIONS SECONDAIRES. — Seront améliorés à Saint-Nectaire :

1° Les *utérines*, qui ont des troubles de la menstruation (aménorrhée, dysménorrhée), de la leucorrhée, de la métrite catarrhale, surtout quand elles sont lymphatiques ; les utérines convalescentes d'opérations gynécologiques.

2° Certains *rhumatisants* (bains chauds du Mont-Cornadore).

CONTRE-INDICATIONS. — S'abstiendront des eaux de Saint-Nectaire :

1° Les albuminuriques, à néphrite avancée, avec cylindres granuleux et albuminurie abondante, surtout quand le cœur et le foie sont insuffisants.

2° Les sujets à *tension artérielle très élevée habituellement*, avec aortite ou sclérose cardio-rénale.

3° Les tuberculeux avérés (tuberculose pulmonaire ou rénale) ; les pyélonéphritiques, les cancéreux.

4° Les grands nerveux, les irritables.

COMPLEMENT DE CURE. — Cure d'air. Cure de régime : les menus sont surveillés scrupuleusement par les médecins de la station. Les hôteliers se conforment aux ordres médicaux pour les modifications à apporter aux régimes spéciaux.

DISTRACTIONS. — Casino. Théâtre. Concerts. Fêtes champêtres dans les parcs du Mont-Cornadore, du Dolmen, des Bains Romains. Tennis. Croquet. Ball-trapp. Pêche à la truite ou aux écrevisses.

EXCURSIONS. — Au Puy d'Eraigne, au village et aux sources de Sachapt, à la Cascade des Granges, au Puy Magère, aux Dyckes de Verrières, décrits dans un roman de Georges Sand ; aux Grottes de Jonas, au lac Chambon, au Château de Murols, aux lacs Pavin et d'Aydat, à la Vierge Noire de Vassivières, au village de Besse, au Mont-Dore, à la Bourboule, à la Vallée de Chaudefour, etc.

MEDECINS. — MM. Morand, Porge, Roux, Sérane, Siguret, Versepuy.

HOTELS. — De 5 à 15 francs par jour. *Cornadore. Parc. Bains Romains* communiquant avec les Etablissements.

SAINT-SAUVEUR

(Hautes-Pyrénées)

Station hydro-minérale. Spécialisation : Affections utéro-ovariennes des nerveuses et des lymphatiques.

A 16 h. de Paris (via Bordeaux).
A 15 h. de Marseille (via Toulouse).
A 17 h. de Lyon (via Tarascon).
A 8 h. de Bordeaux (via Dax).
A 6 h. de Toulouse (via Tarbes).
A 11 h. de Montpellier (via Toulouse).

SITUATION ET DESCRIPTION. — A l'extrémité méridionale de la vallée de Luz, à l'entrée de la gorge qui aboutit au cirque de Gavarnie, la station de Saint-Sauveur semble incrustée dans le flanc d'une montagne élevée. Elle domine un torrent rapide, le gave de Pau ; elle est entourée d'une végétation abondante qui l'encadre d'une façon pittoresque. On s'y rend, par l'embranchement du Midi de Lourdes à Pierrefitte, et par le tramway électrique de Pierrefitte à Luz. Luz est à 1.200 mètres de Saint-Sauveur. On trouve à l'arrivée du train des omnibus de famille et landaus pour Saint-Sauveur et Gavarnie.

ALTITUDE. — Saint-Sauveur est à 770 mètres au-dessus du niveau de la mer.

CLIMAT. — Climat tempéré et doux. Le calme de l'atmosphère et l'état hygrométrique de l'air en font une station sédative.

CONSTITUTION DU SOL. — Calcaire de transition, ayant subi l'influence métamorphique de poussées granitiques, et se présentant sous la forme de marbres et de schistes argileux.

SAISON. — Du 1er juin au 1er octobre. La durée de la cure est de 3 à 4 semaines environ.

SOURCES. — *Composition.* — La principale source est la *Source des Dames* qui alimente l'Etablissement thermal. A 50 mètres au-dessus du niveau de Saint-Sauveur, se trouve la source de la *Hontalade*, utilisée accessoirement en boisson. Plus loin, sont les sources ferrugineuses de *Viscos* et de *Saligos*, et la source bitumineuse de *Visos*.

L'eau de la *Source des Dames* est limpide, transparente, de saveur hépatique, avec odeur d'œufs couvés ; très onctueuse au toucher, elle doit le *velouté* spécial qui la caractérise, à son alcalinité et surtout à sa barégine. Elle a une température au griffon de 34°6, et dégage une multitude de petites bulles de gaz azote.

Au point de vue minéral, elle contient par litre : 22 milligrammes de monosulfure de sodium ; 0 gr. 0695 de chlorure de sodium ; du sulfate de soude (0 gr. 04) ; des silicates de soude, d'alumine, de chaux et de magnésie ; et, d'après Schlagdenhauffen, des traces d'arsenic, à dose pondérable. Elle possède une grande stabilité de composition et supporte le transport. La *Source des Dames* débite 145 mètres cubes par jour. On la classe : *sulfurée sodique moyenne, thermale.*

La *source de la Hontalade* (22°) contient du monosulfure de sodium et de l'hyposulfite de soude, en petite quantité.

MODES D'EMPLOI. — On utilise la *Source des Dames*, à l'Etablissement thermal communal, accessoirement en *boisson*, et principalement en TRAITEMENT EXTERNE qui comporte : les BAINS de baignoire avec l'eau thermale dont la température varie de 34° à 32°, selon l'éloignement des cabines par rapport au griffon, les *douches vaginales*, à une température et une pression variables, dans le bain ou en dehors du bain ; les *douches ascendantes*, *pulvérisées*, les *douches générales*, *etc.*

L'*eau de la Hontalade* est surtout employée en boisson, dans le petit établissement de ce nom.

Comme adjuvance du traitement thermal, il existe une installation complète d'hydrothérapie, où l'on se sert de l'eau du Gave, froide (12°) ou chauffée.

ACTION PHYSIOLOGIQUE. — L'eau de la *Hontalade* est diurétique. L'eau des *Dames* en usage externe, a une triple action :

1° Elle est *sédative* ; cette sédation se fait doucement

2° Elle est *reconstituante*, tonique, avec sensation de remontement général.

3° Elle a une action spéciale, *élective*, sur les organes UTÉRO-OVARIENS qui sont imprégnés favorablement (contractions, sécrétions utérines, véritable hydrorrhée thermale).

INDICATIONS PRINCIPALES. — Ce sont :

1° Les AFFECTIONS UTÉRO-OVARIENNES, des nerveuses, des lymphatiques : les métrites, les périmétrites, les déviations, les prolapsus utérins, les salpingites, les ovarites, la leucorrhée ; les troubles de la menstruation à la puberté ou à la ménopause : aménorrhée, dysménorrhée ; la stérilité (les eaux de Saint-Sauveur sont dénommées *imprégnadères*, *engrosseuses*).

2° Les AFFECTIONS NERVEUSES, en général : l'*hystérie* spasmodique, vaporeuse, hyperesthésique ; la *neurasthénie* cérébro-spinale, cardialgique, gastro-intestinale ; les *névralgies* de la face, intercostales ; la *névropathie urinaire* de l'homme ; l'*ovaralgie*, l'*hystéralgie* (névralgies de l'ovaire, de l'utérus) ; la *gastralgie* des dyspeptiques nerveux.

INDICATIONS SECONDAIRES. — Seront améliorées, les affections suivantes :

1° Le *rhumatisme* musculaire, articulaire, nerveux, si l'élément hyperesthésique prédomine sur l'élément fluxionnaire.

2° Les *affections des voies respiratoires* avec éréthisme nerveux ou vasculaire.

3° L'*inflammation catarrhale des voies urinaires*, la lithiase urinaire, les prostatites chroniques, la stérilité masculine, la neurasthénie urinaire (Source des Dames).

4° La *débilité* des enfants, à la croissance et à la puberté.

CONTRE-INDICATIONS. — S'abstiendront des eaux de Saint-Sauveur :

1° Les utérines, en pleine période inflammatoire, ou atteintes de fibromes, de néoplasmes utérins.

2° Les sujets trop déprimés ou qui ont des lésions nerveuses organiques.

3° Les malades qui ont des lésions rénales ou cardiaques trop avancées.

4° Les scrofuleux, les goutteux, les tuberculeux ne retireront aucun bénéfice de la cure de Saint-Sauveur.

DISTRACTIONS-EXCURSIONS. — Casino. Théâtre. Concerts. Chasse à l'izard, au bouquetin, à la perdrix blanche. Excursions au pic du Bergons, au cirque de Gavarnie, à la brèche de Roland, au cirque de Troumouse, aux lacs d'Ardiden, au pic Viscos, à la vallée de Saint-Savin, au Pic-du-Midi, au Mont-Perdu, etc.

MEDECINS. — MM. Macrez, Mont-Refet, Sabail.

HOTELS. — De 6 à 15 francs par jour. Nombreuses maisons particulières louant chambres et appartements meublés pour toutes conditions.

SALIES-DE-BÉARN

(Basses-Pyrénées)

Station hydro-minérale. Spécialisation : Lymphatisme, scrofule, affections gynécologiques torpides.

A 11 h. de Paris (via Bordeaux).
A 15 h. de Marseille (via Toulouse).
A 18 h. de Lyon (via Toulouse).
A 3 h. de Bordeaux (via Dax).
A 7 h. de Toulouse (via Tarbes).
A 11 h. de Montpellier (via Toulouse).

SITUATION ET DESCRIPTION. — Station thermale d'été et d'hiver. Salies-de-Béarn est un chef-lieu de canton situé sur la ligne du chemin de fer de Toulouse à Bayonne. A Puyoô, s'embranche la ligne de Mauléon qui dessert Salies. Cette ville, à 30 kilomètres au nord des Pyrénées, s'étend dans une vallée arrosée par le Saleys et entourée de côteaux couverts de vignes.

POPULATION. — Salies-de-Béarn compte environ 6.400 habitants.

ALTITUDE. — Cette station se trouve à 54 mètres au-dessus du niveau de la mer.

CLIMAT. — Doux, tempéré, toni-sédatif, se rapprochant de celui de Pau. La ville est abritée contre les vents froids du nord et de l'est. La moyenne de la température annuelle est de 11°. En hiver, on note une moyenne de 8°.

SAISON. — Du 1er mars au 1er décembre. Cependant, l'Etablissement thermal reste ouvert toute l'année ; mais la saison de choix est le printemps ou l'automne.

RESSOURCES THERAPEUTIQUES. — La station utilise pour la cure (d'une durée de quatre à six semaines) *des eaux minérales naturelles et des eaux-mères.*

SOURCES. — *Composition.* — On compte trois sources à Salies-de-Béarn : le *Bayaâ*, le *Griffon* et la source d'*Oraàs* (dont les eaux sont amenées à Salies par une canalisation de 6 kilomètres et sont exclusivement réservées à la fabrication du sel).

La *source Bayaâ* qui est la plus importante fournit 50 mètres cubes par jour. L'eau est limpide sous un petit volume ; ambrée, dorée, rougeâtre sous une certaine épaisseur. Cette coloration est dûe à une flore et à une faune microscopiques spéciales. L'eau est fortement salée avec arrière-goût amer. Sa température est de 15°, et sa densité de 18° à 20°. Elle contient environ 258 grammes de sels minéraux, par litre, dont : 245 grammes de chlorure de sodium ; des chlorures, des sulfates, des carbonates divers ; du bromure de sodium, de l'iodure de sodium, etc.

On la classe : *Eau chlorurée sodique forte, bromo-iodurée, froide.*

L'eau du Bayaâ contient une matière organique qui la différencie de l'eau d'Oraas (plus rude au toucher).

Les *sources* d'*Oraas* débitent environ 160 mètres cubes par jour. L'eau (15°), dont la densité est de 23°, est limpide, incolore, et contient 300 grammes de sels minéraux, dont 275 grammes de chlorure de sodium, par litre.

La *source du Griffon* est un peu moins minéralisée ; elle a la même origine et la même composition que la source du Bayaâ. Son débit est de 140 mètres cubes environ par jour.

EAUX-MERES. — Les *eaux-mères* sont obtenues par l'exploitation du sel aux salines. Le résidu d'eau qui reste, après l'extraction du sel, est chauffé jusqu'à 25, 28, 34 degrés de concentration et constitue les diverses sortes d'eaux-mères utilisées. Les eaux-mères titrant 25° sont employées en addition aux bains donnés à l'Etablissement ; celles qui titrent 28° servent aux applications locales : compresses et injections ; les eaux-mères qui ont une densité de 34° sont utilisées pour les bains à domicile.

Les *eaux-mères* contiennent du chlorure de magnésium en grande quantité (environ 230 gr.), des chlorures de sodium et de potassium, du bromure de magnésium, de l'iodure de sodium, etc...

MODES D'EMPLOI. — Les eaux d'*Oraas*, recueillies par un tube à 190 mètres de profondeur, servent à la fabrication du sel.

Les eaux de *Bayaâ* alimentent l'Etablissement thermal qui possède 82 cabines de bains, 4 salles de douches générales, une salle de douches nasales, des cabines pour douches locales, etc.

La cure hydro-minérale est surtout EXTERNE ; la *boisson* n'est qu'accessoire.

Les BAINS constituent la principale pratique de la station. Un bain de Salies, d'eau minérale pure, renferme 78 kilogrammes 317 grammes de chlorures alcalins ; 190 grammes de bromures alcalins ; 16 grammes d'iodures alcalins ; 76 grammes de silice et d'alumine ; 228 grammes de substances organiques. Les bains sont donnés plus ou moins coupés d'eau douce, ou additionnés d'eaux-mères, au gré du médecin. Les bains au *quart* contiennent 6 % de sels ; les bains *demi-sel* renferment 12 % de sels ; les bains *pur sels* ont 24 % de sels (ces derniers sont donnés avec l'eau minérale pure). On ajoute quelquefois aux bains une certaine quantité d'eaux-mères (de 5 à 30 litres). Les bains, d'une durée de 20 à 40 minutes (plus courts chez les enfants), à température variant de 30° à 38°, selon l'effet recherché, se prennent dans des baignoires où le malade qui tend à surnager à cause du poids spécifique de l'eau, est maintenu par des courroies.

On emploie aussi les DOUCHES générales ou locales (*nasales*, *vaginales*, *rectales*) ; les COMPRESSES appliquées localement, imbibées d'eau-mère *pure* (froide ou chaude) ou *mitigée* d'eau minérale.

ACTION PHYSIOLOGIQUE. — Les eaux salées de Salies-de-Béarn, prises à l'*intérieur* (20 à 40 grammes) sont laxatives ; et purgatives, à dose plus forte (100 à 150 gr.).

Le traitement *externe*, surtout la balnéation, agit sur les centres nerveux régulateurs de la nutrition, par l'intermédiaire des extrémités des nerfs périphériques qui sont stimulés. Les effets produits sont : l'augmentation de l'appétit et des forces ; l'excitation des fonctions glandulaires ; l'accroissement de la quantité d'oxyhémoglobine ; l'activité plus grande de la circulation ; l'excrétion plus importante de l'urée. Toutes ces modifications ont leur répercussion sur le système lymphatique et produisent la résolution des exsudats et des engorgements ganglionnaires.

Les *eaux-mères*, bromo-iodurées, sont toni-sédatives, et ont une action résolutive ou révulsive.

INDICATIONS GENERALES. — Salies-de-Béarn réclame toutes les manifestations du *lymphatisme*, de la *scrofule*, de la *tuberculose externe*.

INDICATIONS PRINCIPALES. — Ce sont :

1° Le LYMPHATISME, la SCROFULE, le RACHITISME des *enfants*, avec tout leur cortège symptomatique : *adénites* cervicales ou autres, suppurées ou non suppurées ; *ophtalmies*, *otites*, *coryza* ; *scrofulo-tuberculose*, *tuberculoses externes* : adénites tuberculeuses, lupus ; *ostéo-arthrites tuberculeuses* : coxalgie, mal de Pott.

2° Les AFFECTIONS GYNÉCOLOGIQUES TORPIDES des lymphatiques et scrofuleuses : la *fibromatose utérine*, rapidement améliorée et guérie (surtout à l'approche de la ménopause), sans intervention chirurgicale. Diminution de volume du fibrome, disparition des douleurs et des hémorragies. Sont encore justiciables de la cure : les *métrites*, *paramétrites*, *périmétrites*, les *salpingites* et *salpingo-ovarites* ; les *déviations utérines*, les *adhérences* ; la *leucorrhée* ; l'*aménorrhée*, la *dysménorrhée*, la *ménorrhagie*, *la métrorrhagie*.

3° L'ANÉMIE, la CHLOROSE, avec troubles digestifs ou menstruels.

4° Les AFFECTIONS DU SYSTÈME NERVEUX, ORGANIQUES : *paralysies* consécutives aux lésions du système nerveux central, quand tout processus aigu a disparu ; les *lésions spinales* chroniques (tabes, paralysie infantile) ; ou FONCTIONNELLES : neurasthénie, chorée, goître exophtalmique.

INDICATIONS SECONDAIRES. — Se trouveront bien de la cure de Salies :

1° Les obèses, par nutrition retardante.

2° Les sujets qui ont des vices de développement (scoliotiques).

3° Les hommes qui ont des lésions tuberculeuses de l'appareil génito-urinaire.

4° Les sujets porteurs d'inflammations articulaires et péri-articulaires, ou d'ankyloses ; ou encore, d'œdèmes périvasculaires liés aux phlébites.

CONTRE-INDICATIONS. — S'abstiendront des eaux de Salies-de-Béarn, les malades atteints :

1° D'affections aiguës, ou fébriles.

2° De lésions organiques du cœur mal compensées.

3° De tuberculose pulmonaire avancée ; d'asthme ; de cancer.

4° D'affections du foie, des reins (albuminurie).

5° De manifestations cutanées herpétiques étendues, ou de très grands abcès suppurés.

DISTRACTIONS-EXCURSIONS. — Casino. Théâtre. Fêtes, concerts. Law-tennis. Chasse à la caille, à la bécasse, au lièvre, au sanglier. Pêche à la truite, au brochet. Excursions à la Trinité, aux ruines de Bellocq ; à la Pène de Mue, à Sauveterre, à Bidache, à Orthez, à la vieille tour de Labastide-Villefranche ; à l'abbaye en ruines de Sordes ; à Pau, à Mauléon, etc.

MEDECINS. — MM. David, Dufourq Jacques, Lafont Pierre, Lafont Félix, Lissonde, Matton, Maurice Raynaud, Petit.

HOTELS. — De 5 à 15 francs par jour.

SALINS-DU-JURA

(Jura)

Station hydro-minérale. Spécialisation : Lymphatisme, scrofule, affections gynécologiques torpides.

A 7 h. de Paris (via Dijon).
A 10 h. de Marseille (via Lyon).
A 4 h. de Lyon (via Bourg).
A 14 h. de Bordeaux (via Paris).

A 14 h. de Toulouse (via Montpellier).
A 10 h. de Montpellier (via Lyon).

SITUATION ET DESCRIPTION. — Chef-lieu de canton de l'arrondissement de Poligny, au commencement de la chaîne du Jura, et à l'extrémité Nord-Est du département de ce nom, à 40 kilomètres de la Suisse, Salins est une jolie petite ville située sur un embranchement de la ligne Paris-Pontarlier. Elle occupe une vallée étroite et profonde dominée par les monts *Poupet, Saint-André et Belin.* Une petite rivière, la *Furieuse*, la traverse.

POPULATION. — Salins-du-Jura compte environ 6.000 habitants.

ALTITUDE. — Cette station est à 354 mètres au-dessus du niveau de la mer, mais elle est entourée de sommets de 800 à 900 mètres d'altitude.

CLIMAT. — Climat de montagne d'altitude moyenne. La température des quatre mois d'été est, en moyenne, de 20°. Le vent d'Est ou Juran, qui souffle tous les soirs, rafraîchit l'atmosphère. Quelques chutes d'eaux orageuses sont rapidement absorbées par le sol perméable. Le climat de Salins et sa proximité des frontières helvétiques l'ont fait surnommer : « *la préface de la Suisse* ».

SAISON. — Du 1er juin au 1er octobre. La cure est de quatre à six semaines environ.

SOURCES. — *Composition.* — Salins-du-Jura possède huit sources salées, mais une seule est utilisée : le *Puits-à-Muire* qui jaillit spontanément d'un roc et qui débite environ 240 mètres cubes en 24 heures. L'eau est froide (12°), claire et limpide sous un petit volume, colorée en vert-bleu sous une plus grande épaisseur. Son odeur est légèrement sulfureuse et sa saveur salée, avec arrière-goût amer.

Elle contient 26 grammes de sels minéraux par litre, dont : 22 gr. 745 de *chlorure de sodium*, 0 gr. 03 de *bromure de potassium* ; des sulfates de chaux (1 gr. 41) et de potasse (0 gr. 68) ; des chlorures de magnésium (0 gr. 87) et de potassium (0 gr. 25), des traces d'iodure de sodium, etc. On la classe : *Eau chlorurée sodique moyenne*, *bromurée*, *froide*.

Les *eaux-mères* ont une minéralisation totale de 318 grammes par litre, comprenant : 2 gr. 842 de bromure de potassium, 168 gr. de chlorure de sodium, 60 gr. de chlorure de magnésium, 65 gr. 58 de sulfate de potasse, 22 gr. de sulfate de soude, des traces d'iodure de sodium et de peroxyde de fer.

MODES D'EMPLOI. — La cure de *boisson* est accessoire à Salins et se fait par quart de verre (en tout, deux verres environ, après le bain) d'eau minérale coupée avec du sirop de gomme.

Le TRAITEMENT EXTERNE, le plus important, comprend : les *bains de baignoire* à 35°, simples ou additionnés d'eaux-mères, d'une durée de 20 à 40 minutes, suivant avis médical ; les *bains de piscine*, dans une piscine immense qui contient 86.000 litres d'eau à 30°, qui se renouvelle ; les *irrigations vaginales* à 47°, les *douches* générales ou locales (rectales) ; les *pulvérisations pharyngées et nasales* ; les *compresses d'eaux-mères*, en applications locales, avec ou sans massage, etc.

Ces divers traitements se font à l'Etablissement thermal, complètement restauré en 1905, qui contient : 60 cabines de bains, deux salles de douches, une salle spéciale pour les pulvérisations, et une piscine, etc.

ACTION PHYSIOLOGIQUE. — A l'*intérieur*, l'eau de Salins est eupeptique, laxative ou purgative, suivant la dose absorbée.

A l'*extérieur*, l'eau a une double action : *générale*, produisant une stimulation de la nutrition, de l'hématopoièse, de la diurèse ; *locale*, amenant la décongestion et la résolution des régions malades. L'addition d'eaux-mères produit une action nettement sédative.

INDICATIONS PRINCIPALES. — Ce sont :

1° Les AFFECTIONS des ENFANTS LYMPHATIQUES OU SCROFULEUX : les *adénites* cervicales, inguinales, viscérales ; l'hypertrophie des ganglions mésentériques (vulgò *carreau*) ; les *végétations adénoïdes*, l'hypertrophie des amygdales avec prédisposition à la surdité ; la SCROFULO-TUBERCULOSE : *tuberculose osseuse* (périostites, caries, fistules) ; *tuberculose ostéo-articulaire* (coxalgie, tumeurs blanches, synovites fongueuses) ; *tuberculose génito-urinaire* ; *rachitisme, scoliose.*

2° Les AFFECTIONS GYNÉCOLOGIQUES TORPIDES (des femmes lymphathiques) : les *fibromes utérins* (atténuation des hémorragies, pourvu qu'elles ne soient pas excessives) à l'approche de la ménopause ; les *inflammations chroniques de l'appareil utéro-annexiel* : métrites, salpingites, pelvi-cellulites, adhérences, déviations utérines ; la *stérilité* provenant de la métrite du col ou de l'acidité des sécrétions.

INDICATIONS SECONDAIRES. — Seront améliorés par la cure de Salins-du-Jura :

1° Les sujets affaiblis (enfants ou adultes) ; *enfants* convalescents de chorée ou de paralysie infantile, *adultes* anémiés par surmenage ou maladie.

2° Les obèses, les diabétiques débilités.

CONTRE-INDICATIONS. — S'abstiendront des eaux de Salins-du-Jura, les malades atteints :

1° De tuberculose pulmonaire avancée.

2° De tumeurs malignes : cancer, sarcome, ostéo-sarcome.

3° De poussées pelviennes ou salpingiennes aiguës, d'hémorragies utérines trop abondantes et trop répétées.

4° De cardiopathie décompensée, d'artério-sclérose avec hypertension, de néphrite (albuminurie).

DISTRACTIONS-EXCURSIONS. — Casino. Théâtre. Concerts. Fêtes. Excursions aux forts Belin et Saint-André, au mont Poupet,au Gour de Conches ; à Nans-sous-Sainte-Anne où l'on voit : la source du Lizon aussi belle que Fontaine-de-Vaucluse, le Creux-Billard (cascade de 122 mètres), la Grotte Sarrazine (gigantesque niche de 135 mètres, taillée naturellement dans le roc) ; le Pont-du-Diable. Excursions à Goailles, à la Loue, à la forêt de la Joux, à la Châtelaine, aux Planches, etc.

MEDECINS. — MM. Belle, Bourny, Compagnon, Courvoisier, Dejeux, Duboz, Germain, Neumand.

HOTELS. — De 6 à 20 francs par jour.

SANTENAY

(Côte-d'Or)

Station hydro-minérale. Spécialisation : Dyspepsies atoniques, lithiases, goutte.

A 6 h. de Paris (via Dijon, Chagny).	A 14 h. de Bordeaux (via Paris).
A 9 h. de Marseille (via Lyon).	A 13 h. de Toulouse (via Montpellier).
A 3 h. de Lyon (via Chagny).	A 8 h. de Montpellier (via Lyon).

SITUATION ET DESCRIPTION. — Joli village de la Côte-d'Or, à 4 kilomètres de Chagny, Santenay renferme trois centres d'habitations : *Santenay-le-Haut* (ou vieux Santenay) flanqué contre les monts de la Côte-d'Or, *Santenay-le-Bas* où se trouve l'église, *La Fontaine-Salée* ou quartier des sources en pleine activité de construction, et située dans la vallée de la Dheune.

POPULATION. — Santenay compte environ 1.600 habitants.

ALTITUDE. — L'Etablissement thermal est à 220 mètres au-dessus du niveau de la mer ; le mont des Trois-Croix qui domine Santenay a 550 mètres d'altitude.

CLIMAT. — Sec, vif, pur et sain. Brise continuelle produite par l'évaporation des eaux de la rivière la

Dheune, du canal du Centre et des nombreux ruisseaux qui descendent des montagnes. La vallée, largement ouverte de l'est à l'ouest, est abritée au nord et au midi par des monts élevés.

CONSTITUTION DU SOL. — Les sources jaillissent d'un terrain pliocène et prennent leur origine dans les gisements triasiques.

SAISON. — Du 1er mai au 1er octobre. Cure de trois à quatre semaines minimum.

SOURCES. — *Composition.* — Il y a une dizaine d'années, il n'existait qu'une seule source : la *Fontaine-Salée* (qui a donné son nom à tout le quartier) et autour de laquelle on trouve de nombreux vestiges de l'époque romaine. On a foré, à 500 mètres de cette source antique, trois nouvelles sources dont l'une est particulièrement abondante : la *source Carnot* qui alimente l'Etablissement thermal, et fournit 85 mètres cubes par 24 heures. Ce qui caractérise les eaux de Santenay, au point de vue minéral, c'est leur forte teneur en lithine : 0 gr. 09 de *chlorure de lithium* par litre. Elles occupent le premier rang parmi les sources lithinées connues ; Saint-Gervais est au second rang avec 0 gr. 07. Elles sont aussi très riches en chlorure de potassium. Par leur *chlorure de sodium* (5 gr. 5), elles se rapprochent des eaux de Kissingen (5 gr. 8, *source Rakoczy*) ; et par leur *sulfate de soude* (2 gr. 25) elles ressemblent aux eaux de Karlsbad (2 gr. 4).

On peut dire que les eaux de Santenay n'ont pas de similaires en France. On les classe : *Eaux fortement lithinées*, *chlorurées sodiques moyennes*, *sulfatées*, *froides*.

Elles sont limpides, de saveur salée et un peu amère, analogue à la saveur de l'eau d'huîtres, d'odeur légèrement sulfhydriquée.

MODES D'EMPLOI. — La cure de Santenay est surtout INTERNE. On absorbe l'eau à jeûn, de préférence à la dose d'un verre (30 centilitres), ou d'une bouteille de 78 centilitres, ou à plus forte dose.

Le *traitement externe* comporte : les bains, les douches générales ou locales, les irrigations nasales et rectales. Dans quelques cas spéciaux, on peut employer l'eau en injection sous-cutanée.

ACTION PHYSIOLOGIQUE. — L'eau de Santenay, à l'*intérieur*, agit d'abord sur le tube *gastro-intestinal* : elle est apéritive et digestive à la dose de un à deux verres ; laxative à la dose d'une bouteille de 78 centilitres, et purgative à plus haute dose. A dose moyenne, elle régularise les *fonctions hépatiques* (sécrétion biliaire) ; elle agit sur le *rein* (diurèse et action lithontriptique) et sur la *nutrition générale* ; elle stimule la *circulation et le système nerveux* ; elle favorise les combustions et les oxydations et dissout l'acide urique.

A l'*extérieur*, le traitement (balnéation) produit une légère sinapisation de la peau avec vaso-dilatation capillaire, déterminant la décongestion des viscères.

INDICATIONS GENERALES. — Santenay réclame les affections dérivées des troubles de la nutrition : goutte, obésité, rhumatismes, constipation, lithiases.

INDICATIONS PRINCIPALES. — Ce sont :

1° Les MALADIES DE L'APPAREIL DIGESTIF : *l'atonie gastro-intestinale*, la *constipation*, l'*hypochlorhydrie*, la *pituite*, l'*embarras gastrique chronique*, les *dyspepsies atoniques*.

2° Les AFFECTIONS DU FOIE : la *lithiase biliaire* (coliques hépatiques) ; les *congestions hépatiques*, surtout celles qui sont liées à l'insuffisance gastrique ; la *cirrhose paludéenne*.

3° Les AFFECTIONS DE L'APPAREIL URINAIRE : la *lithiase rénale* (coliques néphrétiques) ; les *albuminuries* d'origine dyspeptique, avec atonie gastro-intestinale, constipation et engorgement du foie ; les *albuminuries uricémiques* des obèses, des goutteux, des arthritiques.

4° Les MALADIES GÉNÉRALES : la *goutte chronique*, le *rhumatisme goutteux* avec ou sans déformation ; l'*obésité* par ralentissement de la nutrition ; le *diabète* lié à une dépression du système nerveux ; la *scrofule*, avec ou sans engorgement ganglionnaire ; l'*anémie coloniale*.

CONTRE-INDICATIONS. — Eviteront Santenay, les malades atteints :

1° De dyspepsie hyperchlorhydrique.

2° De néphrite vraie (albuminurie provenant de lésions organiques du rein).

DISTRACTIONS-EXCURSIONS. — Casino. Concerts. Kursaal municipal. Jeux divers : croquet, law-tennis. Promenades dans le Parc. Excursions pittoresques et instructives aux environs, où se trouvent de grands centres industriels et de grands vignobles.

MEDECINS. — MM. Budan, directeur de l'Etablissement thermal, Gasser, Lhuillier.

HOTELS. — De 8 à 15 francs par jour.

THONON-LES-BAINS

(Haute-Savoie)

Station hydro-minérale. Spécialisation : Manifestations de l'arthritisme et de l'artério-sclérose.

A 10 h. de Paris (via Culoz).
A 11 h. de Marseille (via Lyon).
A 5 h. de Lyon (via Culoz).
A 17 h. de Bordeaux (via Paris).
A 16 h. de Toulouse (via Montpellier).
A 11 h. de Montpellier (via Lyon).

SITUATION ET DESCRIPTION. — Située au bord d'un plateau, qui domine d'une cinquantaine de mètres le lac Léman, Thonon est entourée de collines verdoyantes, qui s'étagent successivement jusqu'aux premiers contreforts des Alpes de Savoie. De Thonon, le panorama environnant est splendide. Cette ville qui est très proche d'Evian, est à 32 kilomètres de Genève.

POPULATION. — Thonon compte environ 6.000 habitants.

ALTITUDE. — Cette station est à 436 mètres au-dessus du niveau de la mer.

CLIMAT. — Doux et tempéré, très sédatif. L'atmosphère est pure (exempte de poussière) et vivifiante. Les chaleurs de l'été sont atténuées par la brise du lac et des montagnes.

SAISON. — Du 1er juin au 1er octobre. La durée de la cure est en moyenne, de trois à quatre semaines.

SOURCE. — *Composition.* — L'eau de Thonon (source Saint-François) qui jaillit à la température de 10°, est d'une limpidité parfaite et d'une pureté absolue.Le débit à la source est d'environ 700.000 litres par 24 heures. La minéralisation totale est de 0 gr. 29, comprenant : 0 gr. 16 de carbonate de chaux, 0 gr. 06 de carbonate de magnésie, 0 gr. 01 de carbonate de soude et de potasse ; des sulfates de soude, de potasse et de chaux ; de la silice, du fer, de l'alumine, des traces de phosphates, enfin des produits *balsamo-résineux* qui lui donnent des vertus nettement anticatarrhales.

On la classe : *Eau bicarbonatée mixte*, *alcaline*, *benzoïque*, *froide*.

MODES D'EMPLOI. — L'eau de Thonon est utilisée principalement en BOISSON ; accessoirement, en *traitement externe*.

1° En BOISSON. On l'absorbe le matin à jeûn, froide ou tiédie, à doses progressives, en commençant par de petites doses, pour arriver à 5 ou 6 verres au milieu de la cure. Il est inutile, sauf avis médical, de dépasser cette quantité d'eau.

2° En *traitement externe*, qui comporte les bains, les douches, à l'Etablissement thermal.

ACTION PHYSIOLOGIQUE. — L'action principale (*type*) de Thonon, est une action fortement *diurétique et désintoxicante*. L'eau de Saint-François agit aussi sur le tube gastro-intestinal.

INDICATIONS GENERALES. — Thonon réclame les arthritiques, les goutteux, les uricémiques.

INDICATIONS PRINCIPALES. — Ce sont :

1° Certaines AFFECTIONS GASTRO-INTESTINALES : les dyspepsies acides, les fermentations gastriques ; la dilatation moyenne de l'estomac, l'atonie digestive ; l'entérite muco-membraneuse avec tendance à la diarrhée ; les spasmes intestinaux.

2° Les AFFECTIONS URINAIRES CHRONIQUES des *bassinets*, des *uretères*, de la *vessie* et de l'*urèthre* : pyélites, cystites chroniques non tuberculeuses, uréthro-cystites, avec ou sans prostatite, pourvu qu'il n'y ait pas un barrage organique ou fonctionnel trop important (rétrécissement serré de l'urèthre, hypertrophie considérable de la prostate, insuffisance rénale).

3° L'ALBUMINURIE *résiduelle* d'*infection*, de *grossesse* ; l'*albuminurie intermittente*, *orthostatique*. On associe la cure de déchloruration à la cure hydro-minérale.

4° L'ARTÉRIO-SCLÉROSE au début, ou sous forme de *cardiopathie artérielle avancée*, de *néphrite interstitielle* (*sclérose cardio-rénale* de Huchard).

5° La GOUTTE, surtout quand elle est compliquée d'albuminurie, de polyurie, de bruit de galop et d'hypertension. Cure prudente.

6° La GRAVELLE, *urique*, *oxalique* et principalement *phosphatique* qui s'est installée à la faveur d'une infection urinaire.

INDICATIONS SECONDAIRES. — Se trouveront bien d'une cure à Thonon :

1° Certains glycosuriques simultanément graveleux.

2° Certains obèses (par la cure d'eau et de régime combinée).

3° Les sujets qui ont des manifestations érythémateuses de la peau, ou atteints de psoriasis, d'ecthyma.

4° Quelques hépatopathes : cholémiques, lithiasiques biliaires.

CONTRE-INDICATIONS. — S'abstiendront des eaux de Thonon, les malades atteints :

1° De sténose pylorique, d'hypersthénie gastrique, d'ulcère de l'estomac.

2° De sclérose hépatique ou d'hypertension portale.

3° De cardiopathie décompensée.

4° D'insuffisance de perméabilité rénale, de rétention

incomplète d'urine, par un obstacle exogène ou endogène.

5° De tuberculose pulmonaire ou rénale ; de cancer.

DISTRACTIONS-EXCURSIONS. — Casino. Théâtre. Concerts. Centre de navigation, de pêche et de tourisme. Excursions à Corzent par la route de la Corniche, et au château de Ripailles ; aux sources de la Versoie ; à Evian les-Bains (8 kilomètres) ; au château de Larringes ; aux ruines des Allinges ; aux Gorges de la Dranse et le Pont-du-Diable ; à la célèbre vallée d'Abondance, etc. Croisières sur le lac de Genève : Lausanne, Montreux, l'admirable tour du Haut-Lac, etc.

MEDECIN. — M. Lochon.

HOTELS. — De 7 à 20 francs par jour.

URIAGE

(Isère)

Station hydro-minérale. Spécialisation : Lymphatisme, scrofule, dermatoses, infection spécifique.

A 9 h. 30 de Paris (via Lyon).
A 6 h. de Marseille (via Grenoble).
A 3 h. 30 de Lyon (via Grenoble).
A 14 h. de Bordeaux (via Toulouse).
A 10 h. de Toulouse (via Montpellier).
A 6 h. de Montpellier (via Grenoble).

SITUATION ET DESCRIPTION. — Commune du département de l'Isère, que Francisque Sarcey a comparée à une « *corbeille remplie de verdure et de fleurs* », Uriage est située à l'entrée de la vallée de Vaulnaveys, au pied d'une colline couverte de bois de sapins et de châtaigniers et couronnée d'un vieux château. La station, complètement séparée du village, est reliée à Grenoble (12 kilomètres) par un tramway électrique qui continue, d'autre part, jusqu'à Vizille. L'orientation principale d'Uriage est : *Sud-Ouest.*

POPULATION. — Cette ville d'eaux compte environ 2.000 habitants.

ALTITUDE. — Uriage est à 414 mètres au-dessus du niveau de la mer ; des sommets élevés l'entourent de toutes parts.

CONSTITUTION DU SOL. — Schistes argilo-calcaires du lias recouverts de terre végétale ; terrains quaternaires ou diluviens avec blocs erratiques. Les calcaires du lias sont en couches inclinées (Doyon).

CLIMAT. — Tempéré. La vallée, d'après son orientation, est très ensoleillée, et abritée des vents du Nord. Cependant, pendant les mois les plus chauds, il faut se précautionner contre la fraîcheur un peu vive des matinées, des soirées et des nuits. Les orages de longue durée sont rares, et les brouillards peu fréquents.

HYGIENE. — L'eau potable est captée soigneusement dans la montagne, et amenée à l'Etablissement dans des conduites fermées. Il existe un réseau complet d'égouts et une installation parfaite pour la désinfection des locaux et objets contaminés.

SAISON. — Du 25 mai au 5 octobre. La durée de la cure est de trois à quatre semaines environ.

SOURCES. — *Composition.* — Il y a deux sources à Uriage :

1° La *Source Ferrugineuse*, dont les principaux éléments de minéralisation sont : le bicarbonate de chaux (0 gr. 10) ; le bicarbonate de fer (0 gr. 024) ; le sulfate de chaux (0 gr. C9), et le sulfate de magnésie (0 gr. 058). Cette eau n'est employée qu'en boisson. Elle n'a pas l'importance de l'eau de l'autre source. On la réserve aux anémiques.

2° La SOURCE SALINE ET SULFUREUSE, la plus importante ; elle caractérise la station. Elle débite 400.000 litres en 24 heures. L'eau est limpide et incolore quand elle jaillit des fissures rocheuses, mais elle se trouble au contact prolongé de l'air, et dépose du soufre à l'état de division extrême. La présence de conferves la rend onctueuse au toucher. Son odeur est sulfureuse et sa saveur hépatique, salée et un peu amère. Sa température au griffon est de 27°2 ; à la buvette, de 25°. Sa densité égale 1.084, et son point cryoscopique : 0,53 (d'après Doyon), se rapprochant ainsi de celui du sérum sanguin (0,56). C'est donc une eau *isotonique*.

La minéralisation totale est de 10 gr. 539, comprenant : 6 grammes de *chlorure de sodium* ; 1 gr. 52 de sulfate de chaux ; 0 gr. 60 de sulfate de magnésie ; 1 gr. 18 de sulfate de soude ; 0 gr. 55 de bicarbonate de soude ; 0 gr. 002 d' arséniate de soude ; 0 gr. 07 de silice, etc. L'eau renferme aussi des gaz : azote, acide carbonique libre, *acide sulfhydrique* (0 gr. 11, où 7 centimètres cubes, 4). D'après Massol et Besson, l'eau serait radioactive.

On la classe : *Eau chlorurée sodique, sulfurée, isotonique, tiède.*

MODES D'EMPLOI. — L'eau d'Uriage (il s'agit seulement de l'eau saline et sulfureuse) est utilisée :

1° En BOISSON, *soit à dose purgative* (4 à 6 verres), soit à dose *altérante* (1 ou 2 verres, par doses fractionnées).

2° En TRAITEMENT EXTERNE, qui comporte : les *bains* d'eau minérale pure ou mitigée d'eau ordinaire, d'une durée de 30 à 40 minutes, à la température de 35° ou 36° ; les *douches de toutes sortes* : générales, locales (ascendantes, vaginales), DOUCHES-MASSAGES de Gerdy (spécialité d'Uriage) : le malade est placé sur une table inclinée, munie d'un rebord inférieur qui garde l'eau chaude au niveau des pieds ; la douche frappe verticalement le malade dont les muscles sont relâchés, tandis que s'accomplit le massage. On emploie encore les bains *de vapeur en caisse ;* les *gargarismes ;* les *lotions cutanées, les irrigations naso-pharyngées* sans pression ; les *pulvérisations* dirigées sur le pharynx, les oreilles, les yeux, la face, au moyen d'appareils perfectionnés qui permettent de varier la température des pulvérisations, suivant les prescriptions médicales. Il existe plusieurs cabines spéciales pour pulvérisations dirigées sur n'importe quelle partie du corps.

ACTION PHYSIOLOGIQUE. — La CURE EXTERNE, par l'eau de la *Sulfureuse*, a une action spéciale, élective, sur la peau : antisepsie de la peau (Simon et Ameuille) et stimulation des fonctions cutanées. Elle possède aussi une action générale, reconstituante, qui se traduit par un remontement de l'organisme tout entier.

La CURE INTERNE, à la dose de 4 à 6 verres, produit une action purgative douce, sans coliques ; à plus faible dose (1 ou 2 verres), l'eau absorbée est apéritive, diaphorétique, et diurétique. Elle favorise et régularise les échanges nutritifs. Simon, Ayrignac et Ameuille ont constaté l'augmentation du soufre total urinaire, l'élévation du coëfficient d'oxydation du soufre, la diminution des sulfo-conjugués et des fermentations intestinales. Elle détermine aussi des décharges uriques très abondantes.

INDICATIONS GENERALES. — Uriage réclame les *lymphatiques*, les *scrofuleux*, les *dermopathes* (de souche lymphatique).

INDICATIONS PRINCIPALES. — Ce sont :

1° Le LYMPHATISME, la SCROFULE (spécialement des tout jeunes enfants). On prend, dans les eaux d'Uriage, de *véritables bains de mer sulfureux* ; aussi, doit-on y diriger de bonne heure les enfants atteints de blépharites chroniques, de conjonctivites phlycténulaires, de kératites superficielles, de rhinites, de rhino-pharyngites, d'adénopathies, de vulvites torpides, de vulvo-vaginites, de rachitisme, d'hérédo-syphilis.

2° La SYPHILIS, à la période secondaire ou tertiaire. Cure mixte mercurielle et sulfureuse associée. La cure intensive mercurielle est possible, grâce à l'élimination facile du mercure sous l'influence du traitement sulfureux (boisson, gargarismes, bains ou douches). Uriage s'adresse surtout aux syphilitiques *anémiés*, *rebelles au mercure*, atteints de formes graves (*malignes précoces*), de *syphilides psoriasiformes de la paume des mains*, de localisations *oculaires*, *laryngées ;* de *syphilome diffus* de la langue ou des lèvres ; de *tabès préataxique ;* de myélites syphilitiques, de paraplégies spasmodiques, d'hémiplégies spécifiques, de cachexie mercurielle ou syphilitique.

3° Les AFFECTIONS CUTANÉES : l'*impétigo*, l'*eczéma impétigineux* des enfants scrofuleux, localisé aux yeux, aux narines, aux lèvres, aux oreilles, au cuir chevelu ; l'*eczéma* (*surtout humide*) ; la *séborrhée* (dartres volantes du visage) ; l'*acné* vulgaire, rosacée de la puberté, ou télangiectasique de la ménopause ; la *furonculose* ; l'*herpès* récidivant (buccal ou génital) ; les *dermatoses bulleuses ; le prurigo* (de Hébra amélioré) ; l'*urticaire chronique*. Le *psoriasis* est blanchi par les bains et la douche de Gerdy.

INDICATIONS SECONDAIRES. — Trouveront un grand soulagement dans la cure d'Uriage :

1° Les sujets atteints de *bronchite chronique*, à expectoration muco-purulente abondante. Cure de boisson, d'inhalations et de pulvérisations.

2° Certaines *utérines*, qui ont de la métrite, de l'endométrite avec leucorrhée abondante, de l'aménorrhée, de la dysménorrhée liées au lymphatisme. Cure par les bains et les douches vaginales.

3° Certains *rhumatisants*, atteints de névralgies, de sciatique chronique, de rhumatisme musculaire, de raideurs articulaires.

CONTRE-INDICATIONS. — N'useront pas des eaux d'Uriage, les sujets atteints :

1° D'affections aiguës, ou de dégénérescences organiques.

2° De maladies du foie (lithiase biliaire), des reins, de la vessie, de la prostate.

3° D'affections chroniques du cœur décompensées, ou des gros vaisseaux avec hypertension. Les endocardites rhumatismales sont améliorées par la cure.

4° D'hyperchlorhydrie ou de gastralgie.

5° D'hyperexcitabilité nerveuse (hystérie, épilepsie, chorée récente).

6° De pléthore, avec tendance congestive cérébrale.

7° De tuberculose pulmonaire.

8° D'affections subaiguës de l'utérus et des annexes ; d'hémorragies dépendant d'un fibrome ou de la ménopause.

COMPLEMENT DE CURE. — Cure d'air sur les sommets voisins et au Parc des Alberges (à 800 mètres de l'Etablissement). Cures de lait, de terrain.

DISTRACTIONS. — Casino. Théâtre. Concerts. Guignol lyonnais. Fêtes de nuit. Fêtes des fleurs. Concours hippique. Sports : tennis, tir au pistolet, etc.

EXCURSIONS. — Au château d'Uriage, à Saint-Martin d'Uriage, à Sassenage, à Combeloup ; à la vallée du Sonnant, à Villeneuve ; au sommet des Quatre-Seigneurs ; à Vizille ; au vallon de Prémol, au lac Luitel, à la Croix de Chamrousse ; à la Cascade de l'Oursière, au Chalet de la Pra ; à la Grande-Chartreuse, etc.

MEDECINS. — MM. Barbaud, Chatin, Corset, Jourdanet, Maritoux, Simon, Teulon-Valio.

HOTELS. — De 8 à 20 francs par jour.

USSAT

(Ariège)

Station hydro-minérale. Spécialisation : Affections gynécologiques et nerveuses.

A 13 h. 30 de Paris (via Limoges).	A 6 h. 30 de Bordeaux (via Toulouse).
A 10 h. 30 de Marseille (via Toulouse).	A 2 h. 30 de Toulouse (via Pamiers).
A 13 h 30 de Lyon (via Toulouse).	A 7 h. de Montpellier (via Toulouse).

SITUATION ET DESCRIPTION. — Sur la ligne de Toulouse à Ax-les-Thermes, Ussat dépend de la commune d'Ornolac. C'est une station blottie dans un nid de verdure, dans une gorge étroite, sur les deux rives de l'Ariège que relie un pont.

ALTITUDE. — Ussat est à 500 mètres au-dessus du niveau de la mer ; des montagnes très élevées l'entourent de tous côtés.

CONSTITUTION DU SOL. — Les sources émergent des marnes irisées.

CLIMAT. — Cette station est abritée des vents, et particulièrement de l'*autan*, par les hautes montagnes environnantes. La pression barométrique moyenne est de 730 m/m. La température maxima, en pleine saison chaude, est de 30°. Les pluies sont rares ; mais il y a quelquefois de brusques changements de température.

SAISON. — Du 1er juillet au 30 septembre. Cure de trois à quatre semaines.

SOURCES. — *Composition.* — Ussat possède deux groupes de sources débitant : *Fraxine* environ 840 mètres cubes par 24 heures,et *Lombrives* 240 mètres cubes. Les unes, plus chaudes (39°),jaillissent sur la rive droite de l'Ariège ; les autres, qui sourdent sur la rive gauche sont moins chaudes (35°).

Les eaux sont limpides, inodores, de saveur spéciale, onctueuses au toucher. La minéralisation totale est de 1 gr. 27, comprenant du sulfate de chaux (0 gr. 192), du sulfate de magnésie (0 gr. 173), du bicarbonate de chaux (0 gr. 699), des traces de bicarbonate de fer, et de la silice en notable proportion. Elles contiennent aussi des gaz : acide carbonique, azote, oxygène.

On classe ces eaux : *sulfatées, bicarbonatées calciques, thermales.*

MODES D'EMPLOI. — On utilise l'eau d'Ussat :

1° En *boisson*, qui a été considérée jusqu'ici comme un traitement accessoire, mais qui tend à reprendre une meilleure place. On absorbe l'eau, à la dose de quatre à cinq verres, en moyenne.

2° En *traitement externe* (le plus important) qui comporte : les *bains* (partie essentielle de la cure), à *eau courante*, à température fixe pour chaque baignoire, et suivant une graduation thermale, qui permet de prendre un bain à température plus ou moins élevée, selon que l'on se trouve dans telle ou telle baignoire. La durée du bain est de 30 à 45 minutes. On emploie aussi les *douches générales ou locales* (*vaginales* avec ou sans speculum).

ACTION PHYSIOLOGIQUE. — En *boisson*, l'eau d'Ussat à dose modérée, est apéritive, laxative, diurétique.

La *cure externe* produit surtout la SÉDATION générale et locale, souvent dès les premiers bains ; mais quelquefois, un peu de fièvre thermale apparaît vers le sixième jour ; elle est de courte durée.

INDICATIONS GENERALES. — Ussat (*le bain des dames et des nerveux*) réclame les *utérines*, les *nerveux*, les *algiques*.

INDICATIONS PRINCIPALES. — Ce sont :

1° Les AFFECTIONS GYNÉCOLOGIQUES, des névropathes : *aménorrhée*, *dysménorrhée* de la puberté ; *métrites*, *ovarites chroniques ; déviations*, *hémorrhagies utérines ; troubles de la ménopause ; prurit vulvaire*, *vaginites* blennorragiques ou autres.

2° Les AFFECTIONS NERVEUSES : *chorée*, *goître exophtalmique*, *hystérie*, *neurasthénie*, *névralgies* diverses (sciatique) ; *palpitations*, *fausse angine de poitrine ; douleurs fulgurantes ; hyperesthésie cutanée* de cause neuro-arthritique.

3° Certaines AFFECTIONS CUTANÉES : eczéma et surtout dermatoses prurigineuses.

INDICATIONS SECONDAIRES. — Les eaux d'Ussat sont encore favorables (en boisson) :

1° Dans certaines *dyspepsies douloureuses*.

2° Dans la *gravelle*, la *cystite* (avec ténesme vésical).

CONTRE-INDICATIONS. — S'abstiendront des eaux d'Ussat, les malades atteints :

1° D'affections aiguës ou fébriles.

2° De scrofule ; ou de cachexies avancées avec trop grande dépression.

DISTRACTIONS-EXCURSIONS. — Petit Casino. Pêche dans l'Ariège. Sports. Centre de tourisme avec de belles routes carrossables. Excursions à la Grotte de Lombrive ou des Echelles, à la Vallée d'Aston, à Arnave par le col d'Ussat, au Mont-Fourcat par le col d'Ussat et Cazenave ; à la forêt de Belesta, à la Fontaine intermittente de Fontestorbes ; au col del Bouïch ; en Andorre, par le col de Saldéou ; en Cerdagne, par le col de Puymorens, etc.

MEDECINS. — MM. Bribes, Cénac, Pujol.

HOTELS. — De 5 à 15 francs par jour.

VALS

(Ardèche)

Station hydro-minérale. Spécialisation : Affections gastro-intestinales et hépatiques. Diabète.

A 13 h. 30 de Paris (via Lyon).

A 8 h. de Marseille (via Nimes, Alais).

A 6 h. de Lyon (via Givors).

A 15 h. 30 de Bordeaux (via Nimes).

A 11 h. 30 de Toulouse (via Nimes).

A 5 h. 30 de Montpellier (via Nimes).

SITUATION ET DESCRIPTION. — Commune du département de l'Ardèche, reliée par un embranchement (Le Teil-Vogüé-Alais) à la ligne P. L. M., Vals se trouve au milieu d'un vallon, au pied des hautes montagnes du Mézenc, du Gerbier de Joncs et de la Chaîne du Coiron.

POPULATION. — Cette ville compte environ 4.300 habitants.

ALTITUDE. — Vals est à 250 mètres au-dessus du niveau de la mer.

CLIMAT. — Le climat de Vals est tempéré. La chaleur ne s'y fait vraiment sentir que pendant la canicule, et seulement vers le milieu de la journée, que l'on consacre d'ordinaire au déjeuner et à la sieste, moment pendant lequel le traitement n'oblige pas à circuler. D'ailleurs, les nombreux et vastes parcs peuplés d'arbres de haute futaie, dans lesquels jaillissent les sources, et les brises rafraîchissantes qui descendent, avec les cours d'eau, des montagnes voisines, y rendent les chaleurs de l'été, très supportables.

CONSTITUTION DU SOL. — Le sol s'appuie sur la roche feldspathique. Les sources jaillissent du terrain granitique, dans un espace de moins de 1 kilomètre carré. Le terrain est déclive et facilite l'écoulement des eaux pluviales.

SAISON. — Du 15 mai au 1er octobre. Durée de la cure : trois à quatre semaines.

SOURCES. — *Composition.* — « Vals, a dit le Professeur Landouzy, est une des capitales de la richesse minérale française et la capitale du royaume bicarbonaté sodique ». Elle partage ce titre avec Vichy, mais elle diffère de cette dernière ville par l'absence d'eaux minérales chaudes.

Vals possède plus de cent sources qui débitent environ *huit millions* de litres, par jour, *d'eaux minérales froides* variant de 12° à 17°. Elles sont si diverses qu'il est difficile de les énumérer et de les classer. Cependant, on peut les ranger en trois groupes : *eaux bicarbonatées sodiques ; eaux bicarbonatées mixtes : sodiques et calciques ; eaux ferro-arsenicales.*

1° Les BICARBONATÉES SODIQUES constituent le groupe le plus important. La plus ou moins grande quantité de bicarbonate de soude, les fait diviser : en *sources faibles* (de 0 gr. 50 à 2 grammes), comme *Saint-Jean* (1 gr. 43) ; en *sources moyennes* (de 2 gr. à 6 gr.) comme *Précieuse* (5 gr. 940) ; en *sources fortes* (de 6 gr. à 9 gr.) comme *Magdeleine* (9 gr. 24). Les *Vivaraises* sont même désignées par les chiffres 1, 3, 5, 7, 9, qui indiquent le nombre de grammes de bicarbonate de soude qu'elles renferment.

En outre, ces sources contiennent de l'acide carbonique, dans la proportion de 0 gr. 40 à 2 gr. 60 ; ce qui rend l'eau pétillante et agréable à boire. Elles renferment encore des *carbonates de chaux et de magnésie, du chlorure de sodium* (jusqu'à 1 gr. 20) ; du *sulfate de soude* (jusqu'à 0 gr. 95) ; *de la lithine* (jusqu'à 0 gr. 04) ; de *la silice* (jusqu'à 0 gr. 18).

2° Les BICARBONATÉES MIXTES, sodiques et calciques, forment un groupe dans lequel le *carbonate de chaux* existe dans une proportion appréciable par rapport au bicarbonate de soude, (de 0 gr. 30 à 0 gr. 60).

3° Les FERRO-ARSENICALES, contiennent jusqu'à 0 gr. 12 de *fer*, et de l'*arséniate de soude* (0 gr. 003 pour la source *Dominique* ; et 0 gr. 007 pour Saint-Louis).

Néanmoins, toutes ces eaux alcalines, acidulées gazeuses, peuvent se classer génériquement : *Bicarbonatées sodiques, froides, à minéralisation forte, moyenne ou faible.*

MODES D'EMPLOI. — L'eau de Vals est utilisée :

1° En BOISSON, soit à la station, soit à domicile (l'eau étant froide s'exporte facilement avec ses qualités natives). On peut l'absorber à jeun, immédiatement avant les repas, pendant ou après les repas, à dose variable, suivant la source (plus ou moins bicarbonatée, ferrugineuse ou arsénicale), et surtout d'après les conseils du médecin traitant.

2° En TRAITEMENT EXTERNE (accessoire), dans différents établissements. La cure comporte : les *bains alcalins*, les *bains arsenico-ferrugineux* de la source Saint-Louis ; les *bains de siège* à eau courante ; les *douches* générales ou locales. L'abondance du gaz acide carbonique permet de donner des *inhalations nasales* et des *injections vaginales* de ce gaz.

ACTION PHYSIOLOGIQUE. — L'eau, en BOISSON, possède une action multiple :

1° Elle agit sur la *muqueuse* et la *musculature* de l'estomac (augmentation de l'appétit et de la sécrétion gastrique). Cette action est plus forte, plus excitante (dûe à la fraîcheur de l'eau) qu'à Vichy, en général.

2° Elle provoque la *sécrétion biliaire* et décongestionne le foie.

3° Elle augmente la *diurèse*.

4° Elle *tonifie* l'organisme par le fer et l'arsenic qu'elle contient.

5° Elle est *laxative*, par la magnésie et le sulfate de soude.

La CURE EXTERNE (balnéation) produit une action émolliente et calmante (par la silice).

INDICATIONS PRINCIPALES. — Ce sont :

1° Certaines AFFECTIONS DU TUBE DIGESTIF, et principalement l'*hyposthénie nervo-motrice* des névropathes, des alcooliques, des tachyphages. La boisson, une heure avant les repas, est efficace pourvu que les glandes stomacales ne soient pas atrophiées. Dans l'*hypersthénie gastrique*, l'eau prise même une heure après les repas, aura moins d'efficacité sur l'état local,et s'adressera plutôt à l'état général (arthritisme, lithiase biliaire) ; dans ce cas, la cure de boisson sera très prudente pour éviter des recrudescences gastralgiques. La *dilatation* de l'estomac est aussi favorablement influencée, quand elle ne dépend pas d'une sténose organique : ulcère cicatrisé ou néoplasme. La *diarrhée de l'hypopepsie à forme lientérique*, *la diarrhée des pays chauds* sont améliorées par l'usage de certaines sources bicarbonatées fortes et ferrugineuses. La *constipation*, par atonie intestinale, sera combattue par les eaux sulfatées et carbonatées magnésiennes.

2° Certaines AFFECTIONS du FOIE, et principalement la *lithiase biliaire* (longtemps après la crise douloureuse de colique hépatique ; la cure de boisson suivra la gamme : eaux faibles, eaux moyennes, eaux fortes) ; les *congestions hépatiques des gros mangeurs*, *auto-intoxiqués*, *des paludéens*, *des coloniaux* ; les *cirrhoses*, tout-à-fait au début, quand les cellules hépatiques ne sont pas encore trop altérées, ni étouffées par la gangue conjonctive.

3° Le DIABÈTE GRAS ARTHRITIQUE, des sujets *florides*, sans dénutrition. Cure par l'eau bicarbonatée forte (7 à 8 gr. de bicarbonate de soude, *Magdeleine*) associée à l'eau arsenicale (Dominique).

INDICATIONS SECONDAIRES. — Se trouveront bien de la cure de Vals :

1° Les *goutteux* gras et vigoureux (eaux alcalines fortes) ; les goutteux affaiblis (eaux faibles bicarbonatées mixtes, lithinées).

2° Les *graveleux* , avec sable, graviers ou calculs rénaux.

3° Les *obèses.* L'obésité *abdominale* sera plus vite améliorée que l'obésité générale.

4° Les *anémiques* (anémie essentielle, ou secondaire à des infections : paludique, coloniale, syphilitique) ; les *chlorotiques*, les *chloro-brightiques*, les *neurasthéniques.*

5° Les sujets atteints de *rhinites spasmodiques* ; les femmes ayant du *prurit vulvaire* (douches d'acide carbonique).

CONTRE-INDICATIONS. — S'abstiendront des eaux de Vals, les malades atteints :

1° D'affections cardiaques décompensées ; de myocardite.

2° D'artério-sclérose grave avec tendance aux congestions cérébrales.

3° De tuberculose pulmonaire, compliquée d'hémoptysie ou de diarrhée.

4° De cachexies diathésiques : cancer, acétonémie, tuberculose diabétique, surcharge graisseuse extrême du cœur dans l'obésité.

5° De lésions de l'encéphale : tumeurs, ramollissement, hémorrhagies.

6° De sclérose rénale, ou d'insuffisance de perméabilité rénale.

DISTRACTIONS-EXCURSIONS. — Casino. Théâtre. Sports divers. Excursions à Aubenas et aux Grottes de Lautaret ; à Ucel, à Antraigues et la Coupe d'Aizac ; au Signal de Sainte-Marguerite ; au Pont-de-Labeaume et au château de Ventadour ; au château de Boulogne ; à Largentière ; au Gerbier de Joncs et au lac d'Issarlès ; au Pont d'Arc et aux Gorges de l'Ardèche, etc.

MEDECINS. — MM. Bressot-Charvet, Berthezenne, Chabannes, Channac, Ollier.

HOTELS. De 6 à 15 francs par jour.

VERNET-LES-BAINS

(Pyrénées-Orientales)

Station hydro-minérale et climatique. Spécialisation : Arthropathies, dermatoses, affections des voies respiratoires.

A 16 h. 30 de Paris (via Limoges, Toulouse).

A 9 h. de Marseille (via Cette).

A 10 h. de Lyon (via Tarascon).

A 9 h. de Bordeaux (via Toulouse).

A 5 h. de Toulouse (via Narbonne).

A 4 h de Montpellier (via Narbonne).

SITUATION ET DESCRIPTION. — Dans la partie orientale de la chaîne des Pyrénées, au pied et à l'ouest du mont Canigou, Vernet se trouve à 11 kilomètres de Prades, à 52 kilomètres de Perpignan, et à 5 kilomètres de la gare terminus : Villefranche-Vernet-les-Bains, avec laquelle elle est reliée par un service d'automobiles et de voitures. Vernet, par sa situation topographique et par sa richesse en eaux thermales, est disposée pour la double cure *climatique* et *hydro-minérale*.

POPULATION. — Cette ville compte environ 1.500 habitants.

ALTITUDE. — Cette station a une altitude de 650 mètres.

SAISON. — Toute l'année.

I. — Vernet, station climatique.

CLIMAT. — Dominée de tous côtés par de hautes montagnes : le massif du Canigou à l'Est, les monts de Cerdagne au Nord, Vernet est en grande partie abritée contre les *vents* violents qui perturbent le Roussillon.

La sécheresse de l'air est remarquable ; l'hygromètre enregistreur donne une *humidité* relative de 59° en moyenne. Les *brouillards* sont rares ainsi que la *pluie* qui tombe pendant une quarantaine de jours, par an. L'eau pluviale est, du reste, très rapidement absorbée par le sol perméable.

La *pression barométrique* se maintient, avec une grande stabilité, aux environs de 720 m/m.

L'*ensoleillement* est merveilleux, et la radiation solaire intense (163 jours sans nuages). L'*air* est pur, *l'atmosphère* limpide, et le ciel d'un bleu remarquable.

La *température* moyenne de l'année est celle-ci : 8° en hiver ; 11° au printemps ; 19° en été ; 13° en automne. Cette température donne, en plein hiver aux malades, une *journée médicale* de 9 heures du matin à 4 heures du soir ; et même après le coucher du soleil, l'abaissement de la température n'est pas brusque, mais suit un mouvement lent et progressif.

L'*eau potable* est très abondante et sert même aux usages de voirie.

Tous ces avantages climatériques et la situation méridionale (42°38 de latitude) de Vernet, produisent une végétation magnifique. Lauriers du Portugal, véroniques, néfliers du Japon, oliviers de Bohême, magnolias, palmiers, mimosas, phœnix, grenadiers, orangers, citronniers, agaves, eucalyptus, etc., croissent en pleine terre. Ce sol est vraiment le *Paradis des Pyrénées.*

ACTION PHYSIOLOGIQUE. — Le climat est à la fois tonique et sédatif.

INDICATIONS DU CLIMAT. — Sont justiciables du climat de Vernet : tous les jeunes gens *chétifs*, *malingres*, *anémiés*, *convalescents* ; les *neurasthéniques* ; les jeunes filles *chlorotiques*.

II. — Vernet, station hydro-minérale.

SOURCES. — *Composition.* — Vernet possède un grand nombre de sources émergeant des terrains primitifs, granitiques et schisteux, qui forment les premiers contreforts du massif du Canigou. Onze sources sont utilisées, formant deux groupes : les *sources de la rive gauche du Cady*, au nombre de sept, et les *sources de la rive droite*, au nombre de quatre.

Les sept premières, de thermalité plus élevée (sauf la *Comtesse*), contiennent un peu moins de barégine. On les nomme : *Source du Parc* ou *Nouvelle Source* (66° ; débit 190.000 litres) ; *Vaporarium* (53°) ; *Docteur de Barrera* (52°) ; *Saint-Sauveur* (50°) ; *Elisa* (33°) ; *Santé* (32°) ; *Comtesse* (8°).

Les quatre autres, à thermalité inférieure, forment un peu plus de barégine au contact de l'air. Ce sont les sources : *Ursule* (42°) ; *Dona Amelia* (40°) ; *Providence* (39°) ; *Chemin de Casteil* (35°).

Toutes ces sources débitent environ 300 mètres cubes par jour. Les eaux sont limpides au griffon, presque inodores, de saveur non désagréable. Au point de vue de la minéralisation, elles contiennent du *monosulfure de sodium* (0 gr. 002 à 0 gr. 02) ; des *hyposulfites de sodium* (0 gr. 003 à 0 gr. 005) ; de la *silice* et des *silicates* ; des matières organiques, *barégine ou glairine* (0 gr. 012) donnant à l'eau une onctuosité remarquable. On classe ces eaux : *Sulfurées sodiques*, *hyposulfitées*, *alcalines*, *silicatées*, *riches en barégine*, *thermales et hyperthermales*.

MODES D'EMPLOI. — On utilise l'eau de Vernet :

1° En BOISSON, soit à la buvette qui recueille les quatre sources de la rive droite, près de l'entrée des Thermes Mercader ; soit à la buvette de la rive gauche, dans le hall des Bains des Commandants, qui est alimentée par l'eau des deux sources : *Vaporarium* et *Docteur de Barréra* ; soit au griffon même des sources *Comtesse* et *Elisa*.

2° En TRAITEMENT EXTERNE qui comporte : des *bains* de baignoire, de piscine à eau courante (*merveilleuse piscine romaine*) ; des *bains de pieds* ; des *gargarismes, pulvérisations, humages* ; des *douches* générales et locales (vaginales, rectales, périnéales) ; *douches de Vichy, douches Tivoli* ; des bains de vapeur pour sudations générales ou partielles, etc.

Ces diverses pratiques se font dans deux Etablissements : les *Bains des Commandants* sur la rive gauche du Cady ; les *Thermes Mercader* sur la rive droite.

ACTION PHYSIOLOGIQUE. — L'eau sulfurée et hyposulfitée de Vernet, en boisson, produit une suractivité de la nutrition et une fluidification des matières mucoïdes et albuminoïdes.

Le *traitement externe* (balnéation) détermine une sédation générale et une action spéciale sur la peau (par la silice, les silicates et la glairine).

INDICATIONS PRINCIPALES. — Useront efficacement des eaux de Vernet :

1° Les DOULOUREUX ARTICULAIRES, non seulement les *algiques*, mais encore les sujets atteints *d'arthropathies plastiques* (Vaporarium, Ursule).

2° Les DERMOPATHES affligés de *dermatoses tenaces* : eczéma, impetigo, acné, pityriasis (*Chemin de Casteil, Docteur de Barrera*).

3° Les malades atteints d'AFFECTIONS DES VOIES RESPIRATOIRES CHRONIQUES : laryngites, bronchites, (*Providence*).

4° Les sujets atteints de NÉVROSES.

5° Les SYPHILITIQUES (par cures intercalaires).

INDICATIONS SECONDAIRES. — Ce sont :

1° Les séquelles de traumatismes (entorses, luxations, fractures) avec atrophie musculaire et raideurs articulaires (*Source du Parc*).

2° Les affections du nez, de la gorge et des oreilles (*Parc, Saint-Sauveur*).

3° Certaines dyspepsies (*Elisa*).

4° Les affections gynécologiques des lymphatiques.

CONTRE-INDICATIONS. — S'abstiendront des eaux de Vernet les sujets fébriles, éréthiques ou congestifs.

DISTRACTIONS-EXCURSIONS. — Casino. Théâtre. Concerts. Kermesses. Batailles de fleurs. Sports : tennis, croquet, canotage, pêche à la truite. Chasse à l'izard, au lièvre, au perdreau. Promenades à la Vacherie, ou dans le *Parc* (70.000 mètres carrés), le plus beau des Pyrénées, qui possède un lac entourant une île avec kiosque à musique.

Excursions à l'Alsina, aux Pentes de la Pêne, à la Fontaine d'Amour, aux ruines de Saint-Martin-du-Canigou, à la Tour de Goa, au Château de Montfrey, aux mines de fer spathique de Fillols, à la Vallée de Saint-Vincent, à Villefranche de Conflent ; au Canigou (2.785 mètres) ; au Pla Guillem et Pic des Sept-Hommes (2.500 mètres) ; à Prats-de-Mollo ; à la Cerdagne française et espagnole, etc.

MEDECINS. — MM. Massina, Pagès (ancien chef de clinique de la Faculté de Montpellier) ; médecin anglais : Sillery-Vale (de la Faculté de Paris).

HOTELS. — De 6 à 15 francs par jour.

VICHY
(Allier)

Station hydro-minérale. Spécialisation : Troubles gastro-intestinaux et hépatiques.
Manifestations arthritiques (diabète, obésité, etc.).

A 6 h. de Paris (via Nevers).
A 12 h. de Marseille (via Nimes).
A 3 h. de Lyon (via Roanne).
A 11 h. de Bordeaux (via Limoges)
A 11 h. de Toulouse (via Limoges).
A 11 h. de Montpellier (via Nimes).

SITUATION ET DESCRIPTION. — Chef-lieu de canton du département de l'Allier, Vichy (du mot latin : *vicus calidus* qui signifie bourg aux eaux chaudes) est située sur la rive droite de la rivière : l'*Allier*, au confluent du Sichon. Orientée du nord au sud, la ville est dominée à l'est et à l'ouest, par les derniers contreforts des monts de la Madeleine et de la chaîne des Puys. Devant Vichy coule l'Allier ; du côté opposé à la rivière, se trouvent d'agréables côteaux, pentes affaiblies de la chaîne de montagnes du Forez. Vichy, par la richesse et la vertu de ses eaux, par ses fêtes et ses plaisirs, est devenue la *Reine des Villes d'eaux et des stations thermales*.

POPULATION. — La population fixe, résidente, est de 14.000 habitants ; mais il passe, chaque année, à Vichy plus de 100.000 voyageurs.

ALTITUDE. — Cette ville est à 260 mètres au-dessus du niveau de la mer.

CONSTITUTION DU SOL. — Dans ce pays vallonné et accidenté, le sol formé d'alluvions est sablonneux, avec sous-sol calcaire perméable, facilitant l'absorption rapide des eaux pluviales. Les sources émergent du porphyre primaire, traversent les marnes tertiaires recouvertes d'alluvions quaternaires.

HYGIENE. — L'eau potable provient en grande partie des sources de la Fout-Fiolant, et aussi des drains filtrants aménagés dans les sables de l'Allier, en amont de la ville ; l'eau filtrée est recueillie dans de vastes réservoirs élevés et clos. Les eaux usées, sont drainées par un réseau complet d'égouts, jusqu'à des champs d'épandage situés à 4 kilomètres en aval de Vichy. L'installation pour la désinfection des objets et des locaux est parfaite.

CLIMAT. — Le climat est doux, plutôt sédatif qu'excitant, un peu chaud en été. Le baromètre se maintient en moyenne à 735 millimètres.

SAISON. — La saison *officielle* s'ouvre le 1er mai et finit le 1er octobre ; mais une partie de l'Etablissement thermal est ouvert toute l'année. D'ailleurs, il faut noter ceci : les baigneurs qui recherchent uniquement la cure de Vichy, profiteront avec avantage des mois d'*avril*, *mai*, *septembre et octobre*. Quant aux personnes qui désirent joindre l'agréable à l'utile, elles viendront plutôt en *juin*, *juillet et août*, époque des fêtes.

SOURCES. — Quatorze sources constituent le *groupe principal* de Vichy ; mais il y a environ 80 autres sources, moins importantes, qui forment le *groupe du bassin* de Vichy (Cusset, Hauterive, Saint-Yorre).

Le *groupe principal* se divise en deux catégories : les sources chaudes et les sources froides.

Les SOURCES CHAUDES comprennent par ordre thermique décroissant :

1° *Dôme*, *artésienne*, 60°.

2° *Puits Chomel* (à l'Etat) *naturelle*, 43°. Débit : 130 mètres cubes.

3° *Grande Grille* (à l'Etat) *naturelle*, 41°5. Débit : 51 mètres cubes.

4° *Boussanges*, *artésienne*, 40°. Débit : 200 mètres cubes.

5° *Hôpital*, (à l'Etat) *naturelle*, 33°. Débit : 43 mètres cubes.

6° *Lucas*, (à l'Etat) *naturelle*, 28°. Débit : 43 mètres cubes.

Les SOURCES FROIDES, sont au nombre de huit :

1° *Célestins* (à l'Etat), *naturelle*, 13°. Débit : 150 mètres cubes.

2° *Lardy*, *artésienne*, 23°.

3° *Parc* (à l'Etat) *artésienne*, 21°.

4° *Mesdames*, à Cusset (à l'Etat), *naturelle*, 16°.

5° *Prunelle*, *artésienne*, 16°.

6° *Larbaud*, *artésienne*, 15°.

7° *Hauterive* (à l'Etat), à 7 kilomètres de Vichy, *naturelle*, 14°.

8° *Dubois*, *artésienne*, 11°.

COMPOSITION DES EAUX. — Les eaux de Vichy sont des eaux alcalines fortes dont la minéralisation totale est de 6 à 9 grammes, suivant les sources. Cette minéralisation comprend : 4 à 5 gr. de *bicarbonate de soude* ; 1 gr. environ de bicarbonates de chaux, de magnésie, de fer et de potasse ; 0 gr. 50 de chlorure de sodium ; 0 gr. 30 de sulfate de soude ; du bicarbonate de lithine (0 gr. 02 à 0 gr. 03) ; de l'arséniate de soude ; du fluor (Carles en a noté 0 gr. 018 à la *Grande Grille*) ; de la silice (0gr. 05 à 0 gr. 10), des matières organiques, etc.

Ces eaux contiennent aussi des gaz : acide carbonique libre (400 à 900 centimètres cubes), oxygène, azote et quelques gaz rares : *argon*, *hélium*. Leur radio-activité est en moyenne, de 0,1 milligramme-minute. Le point cryoscopique des *Célestins* est 0,220 (Graux).

La saveur des eaux diffère d'après leur température. On les classe : *Bicarbonatées sodiques fortes*, *chaudes*, *tièdes et froides*, à peu près « *isotoniques* » au sérum sanguin.

MODES D'EMPLOI. — L'eau de Vichy est utilisée :

1° En BOISSON, qui constitue la cure essentielle de Vichy, soit à la source, soit en exportation (on expédie plus de vingt-sept millions de bouteilles par an). Les sources froides servent exclusivement à la boisson, ainsi que quelques sources chaudes (Grande-Grille, Hôpital, Chomel). On absorbe l'eau soit avant, soit pendant, soit après les repas, à la dose moyenne de quatre à six verres de 60 à 120 grammes chacun, et selon l'indication du médecin traitant. L'eau froide se boit généralement avant les repas, en espaçant d'une demi-heure les diverses prises .L'eau chaude est bue plutôt après les repas.

2° La CURE EXTERNE, moins importante, comporte : les BAINS, de baignoires, et de piscines individuelles ou collectives ; on utilise pour les bains les sources chaudes, coupées avec de l'eau ordinaire, et on associe souvent aux bains les DOUCHES SOUS-MARINES, données avec de l'eau minérale à température supérieure à celle du bain. Les DOUCHES-MASSAGES sous l'eau, de Vichy, sont très employées : sur un lit de sangle, s'étend le malade qu'on inonde de toutes parts, avec une douche d'eau en pluie à 35°, à l'aide d'un instrument mobile, tandis que deux personnes expérimentées pratiquent le massage, comme cela se fait à Aix-les-Bains. Le massage est suivi d'une douche générale à température égale ou différente. On utilise encore les DOUCHES SIMPLES générales ou locales, froides, chaudes, écossaises ; les *irrigations intestinales*, *vaginales* ; les *lavages d'estomac* (eau de Chomel), et de *vessie* ; les *gargarismes* ; les *bains de pieds* à eau courante ; les *bains de siège*, à eau courante ; les *pulvérisations* ; les *bains et douches de vapeur* ; les *bains d'acide carbonique* à sec ; les *douches locales d'acide carbonique* ; les *douches nasales et auriculaires ; les inhalations d'oxygène et d'acide carbonique* ; les *bains carbo-gazeux*.

ETABLISSEMENT THERMAL. — Le traitement se fait à l'*Etablissement thermal* qui comprend la première, la deuxième et la troisième classe.

L'ETABLISSEMENT DES PREMIÈRES CLASSES, qui occupe plus de trois hectares, contient : 136 cabines de bains, 13 grandes douches, 24 douches-massages, 36 douches ascendantes, 4 bains de vapeur, 2 grandes piscines chaudes, 3 piscines froides, 8 piscines individuelles avec douches sous-marines, etc. ; et une installation perfectionnée de PHYSIOTHÉRAPIE : *hydrothérapie* complète ; institut de *mécanothérapie Zander* ; service parfait d'*électrothérapie* avec bains Schnée ; bains de lumière incandescente, bains de lumière Dowsing et d'air chaud, etc.

L'ÉTABLISSEMENT DES DEUXIÈMES CLASSES comprend : 110 cabines de bains, 4 grandes douches, 4 douches-massages, 10 douches ascendantes, 1 service complet de bains et inhalations d'acide carbonique, etc.

L'ÉTABLISSEMENT DES TROISIÈMES CLASSES contient : 64 cabines de bains, 4 grandes douches, 4 douches ascendantes, etc.

Enfin, l'*Etablissement mixte de l'hôpital* comprend : 24 cabines de bains de première classe, 16 cabines de deuxième classe, 2 grandes douches, 4 douches ascendantes, etc.

ANNEXES. — L'*Etablissement thermal* comporte des annexes : ce sont les vastes bâtiments connus sous le nom de la *Pastillerie* qui renferme : l'usine pour l'extraction du sel naturel des eaux minérales ; les ateliers de fabrication des pastilles de Vichy-Etat, des paquets de sel de Vichy-Etat, des comprimés de Vichy-État ; et enfin, les magasins d'approvisionnements.

ACTION PHYSIOLOGIQUE. — En BOISSON, l'eau de Vichy a une action multiple :

1° Elle agit sur l'ESTOMAC. Les sources froides et tièdes excitent les fonctions gastriques ; les sources chaudes (prises surtout après les repas) sont sédatives, antispasmodiques.

2° Sur l'INTESTIN. Elle détermine de la constipation (par meilleure assimilation des déchets alimentaires) suivie quelquefois de débâcles diarrhéiques. En résumé, la boisson produit un nettoyage de tout le tube gastro-intestinal, par une action physico-mécanique.

3° L'eau agit surtout sur le FOIE : diminution de volume, antisepsie et désinfection des voies biliaires (Lœper et Binet) ; augmentation du *pouvoir uréopoiétique* (Gautrelet, Mauban) ; modification de la *fonction glycogénique* (Parturier).

4° Elle agit aussi sur le REIN, en provoquant une *diurèse abondante*, *une diminution de l'acidité urinaire* et de l'acide urique (après une augmentation primitive et transitoire).

5° L'action de l'eau sur l'ÉTAT GÉNÉRAL est diverse : quelques malades sont affaiblis par la cure ; d'autres subissent vers le huitième jour, une poussée de *fièvre thermale* (surexcitation, fièvre), qui peut être évitée par une bonne direction médicale, et qui en tout cas, est de courte durée ; la plupart des malades éprouvent la sensation d'un *remontement général* et de *bien-être* (augmentation du nombre des hématies de 1 à 2 millions, surtout après la cure de *Mesdames* ou de *Lardy*). L'eau par son alcalinité rend au sang, son alcalescence normale.

6° Au point de vue de l'ACTION ÉLECTIVE d'une source spéciale sur un organe, il faut ajouter qu'une tradition classique envoyait jusqu'ici les malades des *voies respiratoires* à Chomel ; les *hépatiques*, à la Grande Grille ; les *dyspeptiques*, à l'Hôpital ; les *urinaires* aux Célestins ; *les anémiques* à Mesdames ou Lardy ; les *dermopathes* à Lucas. En pratique, la cure thermale de Vichy n'est pas si simple, et le choix d'un médecin est de toute nécessité pour diriger le traitement rationnel qui évitera bien des mécomptes.

La CURE EXTERNE (bains, douches) produit un décapage de la peau, et débarrasse l'épiderme de la graisse qui englue les pores ; elle favorise ainsi la perspiration cutanée. De plus, les éléments minéraux et les gaz dissous dans l'eau, excitent la peau et facilitent la circulation sous-cutanée. Les *bains tièdes* amènent la *sédation générale ;* les *douches froides* sont *excitantes ;* les *douches chaudes* ou écossaises sont *toni-sédatives ;* les *douches-massages* déterminent de l'*amaigrissement* ; les bains d'acide carbonique *à sec*, et les douches locales d'acide carbonique produisent une *sédation* générale ou locale.

INDICATIONS GENERALES. — Vichy s'adresse aux sujets qui ont des *déviations de nutrition, fonctionnelles ou organiques*, et spécialement aux *arthritiques atteints de perturbations hépatiques ou gastriques.*

INDICATIONS PRINCIPALES. — Ce sont :

1° Les AFFECTIONS DU FOIE (HÉPATOPATHIES) : la *lithiase*

biliaire larvée ou sous forme de dyspepsie ; la *lithiase biliaire confirmée*, pourvu que la crise de colique hépatique soit terminée depuis quelques semaines. On emploiera pour la cure de boisson : *Chomel* et l'*Hôpital* au début, la *Grande Grille* ensuite (avec prudence) ; et pour la cure externe : les bains tièdes à 36°-37°, de 20 à 30 minutes ; ou bien, des douches chaudes ou écossaises suivies d'un bain de pieds très chaud. Pour les lithiasiques vrais, la cure thermale doit être renouvelée pendant plusieurs années consécutives. Sont encore justiciables de Vichy : les *congestions du foie* liées au *paludisme*, *à la diarrhée de Cochinchine*, à la *dysentérie* (cure de boisson avec la Grande Grille et les sources ferrugineuses) ; la *cirrhose de Laënnec*, au début, avant l'ascite ; la *cirrhose de Hanot*, dans ses premières manifestations.

2° Les AFFECTIONS DE L'ESTOMAC (GASTROPATHIES) principalement : les *gastropathies* des *hépatopathes* : l'*hypopepsie* (cure interne avec l'Hôpital associée aux douches froides ou écossaises) ; l'*hyperpepsie* (cure de boisson chaude avec la Grande Grille et Chomel, et grand bain tiède ou douche tiède prolongée) ; l'*ulcère de l'estomac* (cure prudente, longtemps après l'hématémèse ; régime lacté absolu et doses faibles et répétées de Chomel) ; les *dyspepsies gastro-intestinales* avec alternatives de constipation et de diarrhée.

3° Le DIABÈTE des sujets qui font de la *glycosurie* (10 à 100 gr.) par *anhépatie* ou par insuffisance d'assimilation du sucre. Avec la cure de boisson à hautes doses (*Chomel*, *Grande Grille*), associée aux douches froides ou écossaises, la polydypsie, la polyurie, la glycosurie diminuent ou disparaissent rapidement. Le diabète compliqué de tuberculose, de grossesse, d'acétonurie abondante, de maigreur excessive et de dénutrition avec perte des forces, est peu influencé par la cure.

L'*albuminurie* purement fonctionnelle (jusqu'à 3 à 5 grammes d'albumine, mais sans cylindres) qui accompagne quelquefois le diabète, est heureusement influencée par le traitement.

4° La GRAVELLE, surtout la *gravelle urique*. La *gravelle oxalique* est moins indiquée ; et la *gravelle phosphatique*, contre-indiquée. La *gravelle urique* (élimination de sable et de petits graviers) est améliorée par *Célestins*, ou plutôt par les sources chaudes lorsqu'on redoute une colique néphrétique.

5° La GOUTTE, à accès espacés et récents, sans chronicité. Cure de boisson avec l'*Hôpital*. Abstention de bains et de douches.

6° L'OBÉSITÉ ; l'obésité *abdominale* est plus rapidement améliorée que l'obésité générale. Cure de boisson associée aux douches-massages et aux douches sous-marines abdominales.

7° L'ARTHRITISME des gros mangeurs dyspeptiques, migraineux, menant une vie sédentaire, éprouvant des douleurs errantes : *myalgiques*, *névralgiques*, *articulaires*. Cure de boisson (*Hôpital*, *Célestins*) associée aux pratiques externes : douches-massages, bains de lumière, bains hydro-électriques, etc.

INDICATIONS SECONDAIRES. — Se trouveront bien d'une cure à Vichy :

1° Les sujets atteints de toxi-infections : *paludéens*, *alcooliques*, *morphinomanes*.

2° Certaines *utérines*.

3° Certains *dermopathes* dont les affections cutanées : *prurigo*, *urticaire*, *acné*, *couperose*, sont liées à un état général justiciable de Vichy.

CONTRE-INDICATIONS. — S'abstiendront des eaux de Vichy, les sujets atteints :

1° De cancer ; de tuberculose pulmonaire à forme congestive, hémoptoïque.

2° De maladies de la circulation : asystolie, artériosclérose avec hypertension ; anévrysme, phlébite récente.

3° D'affections nerveuses : épilepsie, hystérie (à moins que les crises soient d'origine toxi-alimentaire).

4° D'obstruction des voies biliaires par un gros calcul (nécessité d'une intervention chirurgicale).

5° D'apepsie absolue, même sans cancer stomacal.

6° De goutte avec anémie, cachexie, aortite, albuminurie.

7° De gravelle avec prostatite, néphrite interstitielle et hypertension, ou tendance à l'hématurie.

COMPLEMENT DE CURE. — Cure de régime étroitement surveillée par le corps médical. On ne donne aux baigneurs que les mets autorisés par le médecin traitant.

DISTRACTIONS. — Nouveau Casino. Théâtre : comédie, opéra, opéra-comique, concerts classiques, grands festivals. Promenades au nouveau Parc, à l'ancien Parc, à l'Orangerie. La Laiterie. La Restauration. L'Eden-Théâtre. Parc des Célestins. Concours hippiques. Courses internationales de chevaux. Régates internationales. Sports : tennis, golf, canotage, pêche, tir aux pigeons, courses vélocipédiques, etc.

EXCURSIONS. — Au sommet (1.465 mètres) du Puy-de-Dôme ; à Cusset ; à la Montagne Verte (4 kilomètres) ; à la Côte Saint-Amand (5 kilomètres) ; à Hauterive (6 kil.) ; aux Malavaux (6 kil.) ; à Charmeil (6 kil.) ; à l'Ardoisière (12 kil.) ; au Puy-Grenier (7 kil.) ; au Château de Billy (15 kil.) ; à Randan (16 kil.) ; à Busset (17 kil.) ; à Thiers (36 kil.) ; à Châteldon, Gannat, La Palisse, etc.

MEDECINS. — MM. Alquier, Bargy, Beaudonnet, Bernard, Bienfait, Biernowski, Bignon, Binet, Blancher, Bouet (Mlle), Boussion, Brunet, Cahen, Cara-Hermann, Chabrol, Champagnat, Charnaux, Chevreux, Chopard, Clerc, Clermont, Combet, Cormack, Cornil, Cornillon J., Cornillon A., Cotar, Deléage, Descout, Desgeorges, Desmaroux, Dufourt, Durand-Fardel, Duranton, Fau, Fauchier, Fournier, Frémont, Gannat, Gandelin, Glénard, Grellety, Guinard, Hoppenhendler, Jacquemart, Jardet, Lalaubie, La Mouche, Legou, Linossier, Maire, Margnat, Martin, Masseret, Mauban,

Monod, Nicolas, Nigay, Nivière, Pannetier, Pradignat, Puistienne, Rajat, Rambert, Raymond, Raynes, Roux, Sahut, Salignat, Santelli, Semen, Sérégé, Siems, Sollaud, Surrel, Therre, Tissier, Treille, Vauthey, Vidal, Veillard, Willemin.

HOTELS. — De 5 à 25 francs par jour.

VITTEL

(Vosges)

Station hydro-minérale. Spécialisation : Manifestations de l'arthritisme, goutte, lithiase (gravelle).

A 6 h. de Paris (via Belfort, Chalindrey).
A 13 h. 30 de Marseille (via Lyon).
A 8 h de Lyon (via Dijon).
A 14 h. de Bordeaux (via Paris).
A 18 h de Toulouse (via Montpellier).
A 12 h. de Montpellier (via Lyon).

SITUATION ET DESCRIPTION. — Chef-lieu de canton du département des Vosges (arrondissement de Mirecourt), Vittel est dans un pays vallonné, entouré au Sud par les plateaux des Monts Faucilles ; à l'est et à l'ouest, par les hautes collines de Lorima et de Châtillon, dont les versants sont couverts de vignes ; au nord, par la verte vallée du Vair. L'Etablissement hydro-minéral est situé sur une éminence, à un kilomètre environ de la ville, dans un grand parc de 14 hectares, qui donne l'impression d'un parc anglais se confondant avec les prairies voisines et lointaines.

ALTITUDE. — Vittel est à 350 mètres au-dessus du niveau de la mer.

CONSTITUTION DU SOL. — Couches de calcaire marneux et de glaise ; marnes irisées. Les sources semblent provenir d'une zone intermédiaire entre le muschelkalk et le grès bigarré, et formée de grès dolomitiques et de marnes bigarrées contenant des bancs de gypse.

CLIMAT. — Climat sain et tempéré. Les nuits sont fraîches. Absence complète d'humidité, grâce à la situation privilégiée qui permet un écoulement facile des eaux de pluie.

POPULATION. — Vittel compte 2.250 habitants ; mais cette ville reçoit environ 7.000 visiteurs ou baigneurs, chaque année.

HYGIENE. — Cette station, séparée de toute agglomération urbaine, en plein air et en pleine lumière, possède des eaux pures et un réseau complet d'égouts.

SAISON. — Du 25 mai au 25 septembre. La durée du séjour est de trois à quatre semaines.

SOURCES. — Il y a une vingtaine de sources, toutes plus ou moins minéralisées. Deux seulement sont exploitées et sont expédiées dans le monde entier : la *Grande Source* et la *Source Salée*.

COMPOSITION DE L'EAU. — La GRANDE SOURCE, ou Fontaine de Gérémoy, jaillit au milieu du Parc de l'Etablissement. Elle débite 89 litres à la minute, 129.000 litres en 24 heures. L'eau est froide (11°4), excessivement pure, incolore, transparente, inodore, de saveur fraîche et agréable, légèrement ferrugineuse. Sa densité à + 15° est de 1.002, et son point cryoscopique : 0°035. La minéralisation totale est faible : 1 gr. 739, et comprend 0 gr. 44 de sulfate de chaux ; 0 gr. 43 de sulfate de magnésie ; 0 gr. 32 de sulfate de soude ; 0 gr. 185 de bicarbonate de chaux ; 0 gr. 0014 de bicarbonate de lithine (d'après le Pr. Jacquemin), etc. On la classe : *sulfatée, bicarbonatée mixte, calcique et magnésienne, légèrement lithinée, non gazeuse, froide.*

La SOURCE SALÉE sort des marnes irisées et jaillit au lieu dit « *La Voivre* », à trois kilomètres et demi de Vittel ; elle est amenée à l'Etablissement, dans des conduites en grès de Rambervillers, qui passent profondément sous le sol. Elle débite 90 litres à la minute, 143.000 litres en 24 heures. L'eau est froide (11°), incolore et transparente, limpide et fluide, inodore, de saveur fraîche et moelleuse, *non salée*, malgré son nom. Sa densité à + 15° est de 1004. Sa minéralisation totale est plus élevée : 2 gr. 922, comprenant 1 gr. 421 de sulfate de chaux ; 0 gr. 821 de sulfate de magnésie ; 0 gr. 31 de bicarbonate de chaux ; 0 gr. 034 de silicate de soude, des traces de lithine, etc. On la classe : *Sulfatée calcique, magnésienne, froide.*

MODES D'EMPLOI. — L'eau des deux sources est utilisée presque exclusivement en BOISSON, soit à la station, soit à domicile (on a exporté plus de huit millions de bouteilles en 1910) ; accessoirement, on l'emploie en *traitement externe.*

1° En BOISSON ; on absorbe l'eau le matin à jeun, ou l'après-midi, à cinq heures environ du repas de midi, dans la position debout ou couchée, à doses variables espacées par les intervalles indiqués par le médecin traitant, suivant l'état de perméabilité rénale, de la tension artérielle ,etc. En tout cas, il est bien rare que l'ingestion d'eau commencée par fractions de verre de 300 grammes, dépasse 1.500 à 1.800 grammes par jour.

2° En TRAITEMENT EXTERNE, qui comporte des bains et des douches générales ou locales.

Ces divers traitements se font à l'Etablissement hydro-minéral. En plus des deux pavillons spéciaux de la *Grande Source* et de la *Source Salée*, attenant à une immense galerie de cure couverte, Vittel possède un nouvel Etablissement d'hydrothérapie qui s'élève en arrière du pavillon de la *Source Salée*, et qui comprend une installation complète pour la balnéation et les douches, et pour les pratiques annexes : douches-massages, bains de lumière Dowsing, mécanothérapie, électrothérapie, etc.

ACTION PHYSIOLOGIQUE. — L'action de l'eau de chaque source, en *boisson*, différe sensiblement l'une de l'autre.

La GRANDE SOURCE produit :

1° Une action *eupeptique* et *apéritive*, excitant les fonctions motrices et sécrétoires de l'estomac et de l'intestin.

2° Une action *diurétique* abondante, pourvu que toutes les circulations soient libres, c'est-à-dire qu'il y ait complète perméabilité rénale, hépatique et cellulaire. La diurèse se manifeste dès l'ingestion de l'eau, par l'émission d'une urine claire, à densité faible (1005, 1003, 1001), et dont la quantité dépasse de 200 à 300 grammes le volume d'eau absorbée. C'est la *polyurie* de cure qui cesse 2 à 3 heures après l'absorption du dernier verre. A cette polyurie, fait suite une émission d'urines colorées, de forte densité, contenant une grande quantité de chlorures, de substances azotées, et de fine poussière rouge : véritable *diurèse solide* succédant à la première *diurèse liquide.*

3° Une action à *distance*, se manifestant par un abaissement de la tension artérielle, un certain degré de dilution sanguine (diminution de 500.000 environ du nombre des globules rouges, d'après Monsseaux).

La Source Salée produit spécialement :

1° Une action *cholalogue* et *laxative.*

2° Une action sur la *cellule hépatique* (après le déblayage des voies biliaires) ; la quantité d'urée augmente ; l'indican diminue, le rapport du soufre oxydé au soufre total est accru, le sucre (quand il existe) disparaît ; la dimension du foie se réduit.

3° Un *relèvement de la tension artérielle* des hépatiques hypotendus.

INDICATIONS GENERALES. — Vittel réclame les *lithiasiques*, les *uricémiques*, les *arthritiques.*

INDICATIONS PRINCIPALES. — Ce sont :

1° L'arthritisme et ses manifestations : les *migraines*, les *céphalalgies*, les *névralgies* diverses, résultant d'une auto-intoxication ; les *fluxions articulaires et périarticulaires* des sujets qui n'ont pas de goutte ou de rhumatisme, mais dont les urines présentent un excès d'acide urique ; certaines *lésions eczémateuses*, *certains prurits* dûs à l'auto-intoxication ; l'*obésité* liée à l'insuffisance des combustions organiques, à l'excès d'alimentation ou à la sédentarité. Cure de plusieurs semaines, répétée plusieurs années de suite.

2° La GOUTTE, *héréditaire*, *acquise*, sous toutes les formes et à toutes les périodes (sauf pendant l'accès aigü), mais spécialement la goutte *asthénique*, à accès torpides. Parmi les diverses modalités de goutte, Vittel convient : aux *formes florides* des sujets hypo-azoturiques, en apparence sanguins, en réalité anémiques ; aux *formes viscérales abarticulaires* (goutte pharyngée, oculaire, entéralgique, testiculaire, utéro-ovarienne, veineuse) ; aux *formes associées* à la *lithiase rénale* et à la *gravelle urique*, à la *congestion du foie*, à *l'hypertension artérielle*, à *l'insuffisance hépatique ou rénale*.

3° Le SYNDROME DE L'HYPERTENSION ARTÉRIELLE comprenant : l'*hypertension artérielle fonctionnelle*, dûe à l'accumulation dans l'organisme, de toxines endogènes ou exogènes avec légère imperméabilité rénale (ou phase de présclérose), justiciable de Vittel ; les *affections rénales* ou *cardio-rénales*, quand la perméabilité rénale est suffisante, pour permettre une cure effective par l'eau de la Grande Source ; les *albuminuries* traduisant une irritation du rein plutôt que son inflammation : albuminuries uricémiques, dyscrasiques goutteuses, résiduelles d'infection, digestives, cycliques, orthostatiques, ou liées à la lithiase rénale.

4° La LITHIASE RÉNALE : *héréditaire ou acquise*, *constitutionnelle ou accidentelle*, *urique*, *uro-oxalique*, *oxalique*, *phosphatique*, *sablonneuse* ou *calculeuse* (sauf les calculs rénaux d'ordre chirurgical), ancienne ou récente, associée ou non à la goutte. Les modalités de lithiase rénale qui sont plus spécialement justiciables de Vittel sont : les *crises néphrétiques*, violentes, répétées ; les *gravelles irritables* des sujets en état permanent de « néphrétisme » ; les *gravelles* des malades *anémiques* ou *affaiblis*, enfants, adultes, vieillards ; les gravelles compliquées de *pyélite*. L'*hématurie* rénale lithiasique constitue une contre-indication ; mais l'*hydronéphrose* compliquant la lithiase peut être traitée à Vittel.

5° Les AFFECTIONS DIVERSES DES VOIES URINAIRES : pyélites, pyélo-néphrites, cystites subaiguës et chroniques, troubles fonctionnels de la vessie (cystalgie, spasme uréthral), prostatites subaiguëes ou chroniques.

6° La GLYCOSURIE SIMPLE ; le DIABÈTE ARTHRITIQUE OU

GOUTTEUX, avec un taux de sucre peu élevé, avec absence ou atténuation des grands symptômes diabétiques (polyurie, polydypsie, polyphagie). En un mot, *glycosurie simple*, *diabète par hypohépathie*. On n'adressera pas à Vittel le diabète par hyperhépatie, les diabètes pancréatique et nerveux.

7° Les AFFECTIONS DE L'APPAREIL DIGESTIF et du FOIE : certaines *dyspepsies nervo-motrices* ; la *constipation* simple ou par insuffisance biliaire ; l'*entérite muco-membraneuse* liée aux lithiases biliaire ou rénale, à l'arthritisme uricémique ou à la goutte ; les *congestions du foie* des goutteux et des arthritiques ; les *états cholémiques ; l'inflammation des voies biliaires* (angiocholite, cholécystite) ; la *lithiase biliaire* des sujets débilités, hypoazoturiques ; ou associée à la goutte, à la constipation, à la lithiase rénale ; l'*insuffisance hépatique* dûe à l'insuffisance biligénique (1).

CONTRE-INDICATIONS. — S'abstiendront de la cure de Vittel, les malades atteints :

1° De cancer ; de tuberculose rénale ou pulmonaire.

2° D'affections cardiaques décompensées, de dégénérescence graisseuse du myocarde, d'anévrysme, d'artério-sclérose avancée ou généralisée.

3° D'états congestifs ou hémorrhagiques de l'encéphale.

4° De dilatation gastrique énorme, de sténose pylorique, d'hypersthénie gastrique, ou d'hyperchlorhydrie, d'ulcus.

5° De cirrhose du foie, de néphrite confirmée, avec albuminurie abondante.

6° D'insuffisance de perméabilité rénale ; de rétention incomplète d'urine, dûe à un obstacle exogène ou endogène (rétrécissement serré de l'urèthre, grosse prostate, pierre dans le bassinet ou la vessie) ; d'irritabilité vésicale excessive.

---

(1) Pour les indications, nous avons suivi la monographie du Dr Monsseaux : « *La Grande Source de Vittel* ».

7° De métrorrhagies ; de phlegmasies pelviennes avec collections purulentes.

DISTRACTIONS. — Casino (un des plus beaux de France) construit par Charles Garnier. Théâtre. Concerts. Guignol. Champ de courses. Concours hippique. Vélodrome. Salle d'armes. Sports. Jeux divers : golf-links sur le flanc de la colline de Lorima ; law-tennis, croquet ; tir aux pigeons.

EXCURSIONS. — Variées dans les environs. Chaque semaine, on organise un ou plusieurs trains pour conduire les visiteurs et baigneurs, à Domrémy, Gérardmer, Nancy, etc.

MEDECINS. — MM. Amblard, Bécus, Bontems, Bouloumié, Burais, Claudel, Constant, Finck, Galland-Gleize, Johnston-Lavis, Lhuillier, Monsseaux, Violle Voirin.

HOTELS. — De 6 à 25 francs par jour.

INDICATIONS des stations hydro-minérales et climatiques, d'après les maladies et les syndromes classés par lettre alphabétique (1).

A

Abcès froids. — Ax-les-Thermes, Barèges, Luchon.

Aboulie. — (*Maladie de la volonté*), Divonne.

Acholie. — Vittel (*Source Salée*).

Acné. — (*Disseminata, rosacea*). Allevard, Barèges, Cauterets, Challes, Enghien, Gréoux, La Bourboule, Luchon, Montmirail, Royat, Saint-Christau, Saint-Honoré, Uriage, Vernet-les-Bains.

(*Acné avec un mauvais tube digestif*), Vichy.

(*Acné des goutteux et graveleux*), Martigny.

Adénites. — Ax-les-Thermes, Barèges, Beaulieu, Biarritz, Bourbonne-les-Bains, Challes, Gréoux, Korbous, La Bourboule, Monaco, Saint-Honoré, Salies-de-Béarn, Salins-du-Jura, Salins-Moutiers, Uriage.

(*Adénites ulcérées, suppuratives*), Luchon, Salies-de-Béarn.

Adénoïdes (végétations). — Allevard, Ax-les-Thermes, Biarritz, Cauterets, Challes, Eaux-Bonnes, Enghien, Gréoux, La Bourboule, Luchon, Saint-Honoré, Salins-du-Jura, Uriage.

Adénopathies trachéo-bronchiques. — Allevard, Arcachon, Challes, Enghien, Gréoux, la Bourboule, Mont-Dore, Saint-Honoré, Salies-de-Béarn, Uriage.

Adhérences utérines. — Bourbonne-les-Bains, Salies-de-Béarn, Salins-du-Jura.

Agitation. — Bains-les-Bains, Bagnères-de-Bigorre, Divonne, Néris.

Albuminurie. — Evian, Saint-Nectaire, Santenay, Thonon, Vichy, Vittel.

(*Albuminurie des graveleux*), Capvern, Martigny.

Albuminuriques. — Séjour à Ajaccio, Beaulieu, Cannes, Hyères, Menton, Monaco, Nice.

Alcoolisme. — Divonne.

Algies. — Ax-les-Thermes, Bains-les-Bains, Bagnères-de-Bigorre, Divonne, Saint-Gervais, Vernet-les-Bains.

Amaigrissement. — Divonne.

---

(1) Les indications, dans une nomenclature, étant forcément succinctes, il est nécessaire de se reporter à la description de la station, pour avoir des renseignements complémentaires plus exacts, sur les indications et les contre-indications.

Aménorrhée. — Biarritz (*Thermes salins*), Bagnères-de-Bigorre, Divonne, Enghien, Luxeuil, Saint-Gervais, Saint-Nectaire, Saint-Sauveur, Salies-de-Béarn, Ussat.

Amygdales hypertrophiées. — Allevard, Amélie-les-Bains, Cauterets, Challes, Enghien, La Bourboule, Mont-Dore, Salins-du-Jura.

Anémie (*essentielle*), Bussang, Forges-les-Eaux, Orezza, Pougues, Vals.

(*Anémie symptomatique*), Allevard, Bourbonne-les-Bains, Bussang, Cauterets, Divonne, Forges-les-Eaux, La Bourboule, Montmirail, Orezza, Pougues, Royat, Saint-Alban, Saint-Honoré, Saint-Nectaire, Salies-de-Béarn, Vals, Vernet-les-Bains.

Anémiques. — Séjour à Ajaccio, Arcachon, Beaulieu, Biarritz, Cannes, Hyères, Korbous, Menton, Monaco, Nice, Vernet.

Angiocholite. — Brides, Vittel.

Angine chronique. — Amélie-les-Bains, Bagnères-de-Bigorre, Cauterets, Eaux-Bonnes, Mont-Dore, Luchon.

Angine de poitrine — (*névrosique et vaso-motrice*), Bourbon-Lancy.

Ankyloses. — Aix-les-Bains, Amélie-les-Bains, Bains-les-Bains, Barbotan, Barèges, Bourbon-l'Archambault, Gréoux, Salies-de-Béarn.

Annexites chroniques. — Luxeuil, Saint-Sauveur, Salies-de-Béarn.

Anorexie. — Divonne.

Aortite. — Royat.

Aphonie (*nerveuse*). — Mont-Dore.

(*Aphonie chronique*). — Cauterets (La Raillère).

Appendicite chronique. — Bains-les-Bains, Châtel-Guyon, Plombières.

Artério-sclérose. — Bains-les-Bains, Barbotan, Bourbon-Lancy, Capvern, Euzet, Evian, Royat, Thonon, Vittel.

Arthritisme. — Bourbon-Lancy, Capvern, Divonne, Eugénie-les-Bains, Evian, Korbous, La Preste, Le Boulou, Pougues, Royat, Saint-Gervais, Vals, Vichy, Vittel.

Arthritiques. — Séjour à Ajaccio, Beaulieu, Biarritz, Cambo, Cannes, Hyères, Korbous, Menton, Monaco, Nice.

Arthropathies chroniques. — Aix-les-Bains, Amélie-les-Bains, Ax-les-Thermes, Barbotan, Barèges, Bourbonne-les-Bains, Korbous, Gréoux, La Motte, Préchacq, Saint-Amand, Vernet-les-Bains.

Asthme. — Divonne, Euzet, La Bourboule, Mont-Dore, Saint-Alban.

(*Asthme humide*), Allevard, Cambo, Cauterets, Eaux-Bonnes,

Enghien, Euzet, Luchon, Mont-Dore, Montmirail, Saint-Honoré.
(*Asthme des foins*), Allevard, Eaux-Bonnes, La Bourboule, Mont-Dore, Saint-Honoré.
(*Asthme infantile*), La Bourboule.
Asthmatiques. — Séjour à Amélie-les-Bains, Arcachon, Beaulieu, Cambo, Cannes, Hyères, Menton, Monaco, Nice.
Asthénie générale. — Alet, Pougues, Saint-Nectaire.
Asthénie génitale. — Lamalou.
Ataxie locomotrice progressive. — Lamalou (*troubles moteurs et sensitifs*), Balaruc (*troubles moteurs*).
Atonie gastrique. — Cauterets (*Mauhourat*), Châtel-Guyon, Divonne, Le Boulou, Pougues, Royat, Santenay, Thonon.
Atonie intestinale. — Bains-les-Bains, Cambo, Châtel-Guyon, Pougues, Santenay.
Atrophies musculaires. — Aix-les-Bains, Amélie-les-Bains, Barèges, Bourbon-l'Archambault, Bourbonne-les-Bains, Korbous, La Motte-les-Bains, Luchon.
Attention (*maladie de l'*). — Divonne.
Auto-intoxication. — Châtel-Guyon, Divonne, Eugénie-les-Bains, Evian.

B

Bactériurie. — La Preste.
Basedow (*maladie de*). — Voir goître exophtalmique.
Blépharite chronique. — Allevard, Ax-les-Thermes, Barèges, Challes, Enghien, Gréoux, La Bourboule, Luchon, Saint-Christau, Uriage.
Bradytrophie. — Saint-Nectaire.
Brightisme. — (*Voir albuminurie.*)
Bronchite catarrhale. — Allevard, Amélie-les-Bains, Argelès-Gazost, Ax-les-Thermes, Bagnères-de-Bigorre, Cambo, Cauterets, Challes, Eaux-Bonnes, Enghien, La Bourboule, Luchon, Martigny (*goutteuse*), Montmirail, Royat (*cardiaques et artério-scléreux*), Saint-Honoré, Uriage, Vernet-les-Bains.
Bronchite (*à manifestations spasmodiques*). — Mont-Dore.
Bronchitiques chroniques. — Séjour à Ajaccio, Beaulieu, Cannes, Hyères, Korbous, Menton, Monaco, Nice, Pau, Vernet.
Broncho-pneumonie (*foyers anciens de*). — Mont-Dore.

C

Cardiopathies. — Bourbon-Lancy, Evian, Royat.
Cardiopathes. — Séjour à Ajaccio, Arcachon, Bagnères-de-Bigorre, Beaulieu, Cannes, Hyères, Korbous, Menton, Monaco, Nice.

Carreau. — (*Hypertrophie des ganglions mésentériques*), Salins-du-Jura.
Catarrheux. — Séjour à Ajaccio, Beaulieu, Cannes, Hyères, Menton, Monaco, Nice, Vernet.
Céphalée. — Divonne (*de croissance*), Vittel (*arthritique*).
Cholécystite. — Vittel, Saint-Nectaire (*cholélithiase*).
Cholémie. — Brides, Evian, Saint-Nectaire, Vichy, Vittel.
Chloro-anémie. — Bourbonne-les-Bains, Bussang, Forges-les-Eaux, La Bourboule, Orezza, Pougues, Royat, Saint-Alban, Saint-Nectaire, Vals, Vernet-les-Bains.
Chlorose. — Bussang, Cauterets, Divonne, Forges-les-Eaux, La Bourboule, Orezza, Pougues, Royat, Saint-Alban, Saint-Nectaire, Salies-de-Béarn, Vals, Vernet-les-Bains.
Chlorotiques. — Séjour à Beaulieu, Biarritz, Cambo, Cannes, Hyères, Menton, Monaco, Nice.
Chorée. — Bagnères-de-Bigorre, Divonne, Eaux-Chaudes, Forges-les-Eaux, Lamalou, Néris, Pau, Salies-de-Béarn, Ussat.
Cirrhose (au début). — Brides, Santenay, Vals, Vichy.
Coliques hépatiques. — (*Voir lithiase biliaire*).
Coliques néphrétiques. — (*Voir lithiase urinaire*).
Congestion pulmonaire. — Mont-Dore.
Congestion utérine. — Bagnoles-de-l'Orne, Luxeuil.
Constipation. — Châtel-Guyon, Divonne, Martigny, Miers, Montmirail, Santenay, Vals, Vittel.
Contractures. — Divonne.
Convalescents. — Séjour à Ajaccio, Arcachon, Ax-les-Thermes, Beaulieu, Biarritz, Bussang, Cambo, Cannes, Divonne, Hyères, Korbous, Menton, Monaco, Nice, Vernet.
Coqueluche. — Arcachon.
Coryza chronique. — Allevard, Amélie-les-Bains, Argelès-Gazost, Cauterets, Challes, Enghien, La Bourboule, Luchon, Mont-Dore, Royat, Saint-Christau, Salies-de-Béarn, Uriage.
Coxalgie. — Barèges, Biarritz, Bourbonne-les-Bains, Gréoux, Préchacq, Salies-de-Béarn, Salins-du-Jura.
Crampe des écrivains. — Divonne, Néris.
Crises gastriques (du tabes), Lamalou.
Cuisson (de la peau). — Molitg.
Cystalgies. — Capvern, Eugénie-les-Bains, La Preste, Vittel.
Cystites chroniques. — Capvern, Eugénie-les-Bains, Evian, Forges-les-Eaux, La Preste, Le Boulou, Miers, Thonon, Vittel.

D

Dartres. — La Bourboule, Luchon, Molitg, Saint-Gervais, Uriage.
Débiles (*adultes et enfants*). — Séjour à Ajaccio, Arcachon,

Beaulieu, Biarritz, Cannes, Eaux-Bonnes, Hyères, Korbous, La Bourboule, Menton, Monaco, Nice, Pougues, Saint-Honoré, Salies-de-Béarn, Salins-Moutiers.

Débilité générale. — Bussang, Forges-les-Eaux, Orezza, Pougues.

Déformations fusiformes (*des doigts et des orteils*), Aix-les-Bains

Dermatoses. — Argelès-Gazost, Aulus, Ax-les-Thermes, Barèges, Bagnères-de-Bigorre, Cambo, Cauterets, Challes, Enghien, Eugénie-les-Bains, Gréoux, La Bourboule, Luchon, Martigny, Molitg, Montmirail, Saint-Alban, Saint-Christau, Saint-Gervais, Saint-Honoré, Uriage, Ussat, Vernet, Vichy (*dermatoses liées au mauvais fonctionnement du tube digestif*).

Déviations (*du squelette*), Barèges, Biarritz, Salies-de-Béarn, Salins-du-Jura, Salins-Moutiers.

(*Déviations de l'utérus*), Bourbonne-les-Bains, Saint-Sauveur, Salies-de-Béarn, Salins-du-Jura, Ussat.

Diabète. — Bains-les-Bains, Bourbonne-les-Bains, Divonne, Evian, La Bourboule, Le Boulou, Pougues, Royat, Saint-Nectaire, Santenay, Vals, Vichy, Vittel.

(*Diabète des graveleux*), Capvern, Contrexeville, Martigny, Vittel.

(*Diabète des albuminuriques*), Evian, Saint-Nectaire.

Diabétiques. — Séjour à Ajaccio, Beaulieu, Cannes, Hyères, Menton, Monaco, Nice.

Diarrhée chronique. — Bains-les-Bains, Eugénie-les-Bains, Forges-les-Eaux, Le Boulou, Montmirail, Plombières, Vals (dûe à l'hypopepsie), Vichy.

(*Diarrhée coloniale*). — Alet, Le Boulou, Plombières, Saint-Nectaire, Vals, Vichy.

Dilatation gastrique. — Alet, Cauterets, Vals, Vichy.

Dipsomanie. — Divonne.

Douleurs erratiques. — Aix-les-Bains (*rhumatismales*), Royat (*goutteuses*), Vichy.

Douleurs fulgurantes (*du tabes*), Barbotan, Lamalou, Préchacq, Ussat.

Dysenterie. — Le Boulou, Miers, Vichy.

Dysménorrhée. — Biarritz, Bagnères-de-Bigorre, Divonne, Eaux-Chaudes, Enghien, Luxeuil, Saint-Gervais, Saint-Honoré, Saint-Nectaire, Salies-de-Béarn, Ussat.

Dyspepsie (*atonique*) Cambo, Le Boulou, Miers, Pougues, Saint-Alban, Saint-Gervais, Saint-Nectaire, Santenay, Vals, Vichy.

Dyspepsie (*douloureuse*) Bagnères-de-Bigorre, Le Boulou, Plombières, Saint-Gervais.

(*Dyspepsie hypersthénique*) Alet, Bains-les-Bains, Eugénie-les-Bains, Plombières, Saint-Gervais, Vals, Vichy.

(*Dyspepsie intestinale*) Alet, Châtel-Guyon, Pougues, Saint-Gervais, Vals, Vichy.

(*Dyspepsie des anémiques*) Bussang, Cauterets, Divonne, Forges-les-Eaux, Orezza, Pougues, Vernet-les-Bains.

Dystrophies (*de l'enfance*) Ax-les-Thermes, Cannes, La Bourboule, Monaco.

E

Eczéma (*en général*) Allevard, Argelès-Gazost, Barèges, Cambo, Challes, Enghien, Gréoux, La Bourboule, Luchon, Royat, Saint-Christau, Uriage, Vernet-les-Bains.

(*Eczéma séborrhéique*) Ax, Challes, Luchon, Martigny, Montmirail, Saint-Christau, Saint-Gervais, Saint-Honoré.

(*Eczéma prurigineux*) Bagnères-de-Bigorre, Saint-Christau, Saint-Gervais, Ussat, Vittel.

(*Eczéma non prurigineux*) Barèges, Cauterets (*Pauze*).

Ecthyma. — Barèges, Gréoux, Luchon.

Embarras gastrique chronique. — Miers, Montmirail, Santenay.

Emphysème (*avec catarrhe*) Allevard, Argelès-Gazost, Cambo, Cauterets (*César*), Eaux-Bonnes, Enghien, Gréoux, Saint-Honoré.

(*Emphysème avec ou sans catarrhe*) Mont-Dore, Saint-Alban.

Emphysème infantile. — La Bourboule, Saint-Honoré.

Emphysémateux. — Séjour à Beaulieu, Cambo, Hyères, Nice.

Endocardite (*récente, rhumatismale*) Bourbon-Lancy.

Engelures (*à répétition*) La Bourboule.

Entéralgie. — Bagnères-de-Bigorre, Bains-les-Bains.

Entérite (*aiguë*) Alet, Miers, Montmirail.

(*Entérite chronique*) Alet, Miers, Montmirail, Pougues.

(*Entérite muco-membraneuse*) Alet, Bagnères-de-Bigorre, Bains-les-Bains, Cauterets (*Mauhourat*), Châtel-Guyon, Divonne, Eugénie-les-Bains, Luxeuil, Néris, Plombières, Thonon, Vittel.

Entorse (*suites d'*) Aix-les-Bains, Amélie-les-Bains, Barbotan, Bourbonne-les-Bains, Dax, Gréoux, Préchacq, Saint-Amand.

Epilepsie (*non essentielle*) Argelès-Gazost, Divonne.

Eréthisme nerveux. — Bagnères-de-Bigorre, Bains-les-Bains, Plombières, Pau, Saint-Sauveur.

Erythèmes. — La Bourboule, Martigny, Molitg.

Excitation nerveuse. — Bagnères-de-Bigorre, Divonne, Pau.

F

Faiblesse constitutionnelle. — Bourbonne-les-Bains, Divonne.

Faiblesse génitale. — Divonne.

Faux cardiaques (*dyspeptiques, tabagiques*) Royat.
Faux gastropathes. — Pougues.
Fermentations (*gastro-intestinales*) Alet, Miers, Montmirail.
Fibrome utérin. — Biarritz, Bourbonne-les-Bains, Korbous, La Motte, Luxeuil, Salies-de-Béarn, Salins-du-Jura, Salins-Moutiers.
Fistule osseuse. — Ax-les-Thermes, Barèges, Bourbonne-les-Bains, Gréoux, Salins-du-Jura.
Foie (*congestion du*) Alet, Brides, Capvern, Cambo, Châtel-Guyon, Contrexéville, Euzet, Le Boulou, Martigny, Miers, Montmirail, Pougues, Saint-Nectaire, Santenay, Vals, Vichy, Vittel.
Folliculites. — Luchon.
Fractures (*suites de*) Aix-les-Bains, Bains-les-Bains, Barbotan, Barèges, Bourbonne-les-Bains.
Furonculose. — Gréoux, La Bourboule, Luchon, Saint-Gervais, Saint-Honoré, Uriage.

G

Gastralgie. — Alet, Bagnères-de-Bigorre, Cambo, Cauterets (*Mauhourat*), Eugénie-les-Bains, Forges, Lamalou (*tabétique*), Le Boulou, Néris, Plombières.
Gastro-entérite (*des nourrissons et des enfants*) Alet, Vals, Vichy.
Gastropathies. — Alet, Cauterets, Eugénie-les-Bains, Le Boulou, Pougues, Vals, Vichy.
Glossite (*desquamative, scléreuse*) Saint-Christau.
Glycosurie (*des graveleux*) Capvern, Contrexéville, Evian, Martigny, Vittel.
Goitre exophtalmique. — Bagnères-de-Bigorre, Bourbon-Lancy, Divonne, Salies-de-Béarn, Ussat.
Gorge (*catarrhe chronique de la*), Cauterets (*La Raillère*).
Goutte. — Aix-les-Bains, Ax-les-Thermes, Bains-les-Bains, Bourbon-Lancy, Bourbonne-les-Bains, Cambo, Capvern, Contrexéville, Divonne, Evian, Forges, Korbous, Le Boulou, Martigny, Miers, Montmirail, Pougues, Royat, Saint-Amand, Saint-Nectaire, Santenay, Thonon, Vals, Vichy, Vittel.
Goutteux. — Séjour à Ajaccio, Beaulieu, Cannes, Hyères, Menton, Monaco, Nice.
Gravelle. — Capvern, Contrexéville, Eugénie-les-Bains, Euzet, Evian, Forges, Korbous, La Preste, Martigny, Préchacq, Saint-Alban, Santenay, Thonon, Vals, Vichy (*urique*), Vittel.

H

Hémiplégie. — Argelès-Gazost, Balaruc, Bourbon-l'Archambault, Bourbonne-les-Bains, Néris, Uriage.

Hémophiliques. — Séjour à Hyères.
Hémorroïdes. — Bagnoles-de-l'Orne, Capvern, Châtel-Guyon, Miers, Montmirail, Saint-Gervais.
Hépatites chroniques (*des coloniaux*) Le Boulou, Saint-Gervais. (*Hépatites des impaludiques*) Le Boulou.
Hépatopathies. — Brides, Capvern, Contrexéville, Le Boulou, Martigny, Vals, Vichy, Vittel.
Herpès. — Cauterets, Luchon, Molitg, Mont-Dore, Royat, Saint-Honoré, Uriage.
Herpetico-arthritisme. — Cauterets, Challes, Luchon, Uriage.
Hydarthrose. — Aix-les-Bains, Bourbonne-les-Bains, Préchacq.
Hydronéphrose. — Vittel.
Hyperchlorhydrie. — Alet, Divonne, Eugénie-les-Bains, Evian, Le Boulou, Plombières, Pougues, Saint-Amand, Saint-Gervais (*Gontard*), Royat, Vals, Vichy.
Hyperesthésie cutanée. — Lamalou, Néris, Ussat.
Hyperpepsie. — Pougues, Vichy.
Hypertension artérielle. — Barbotan, Bourbon-Lancy, Capvern, Evian, Royat, Vittel.
Hypertrophie des amygdales. — (*Voir amygdales hypertrophiées*).
Hypochlorhydrie. — Divonne, Pougues, Royat, Santenay, Vals, Vichy.
Hypocondrie. — Bagnères-de-Bigorre, Divonne.
Hypopepsie. — Pougues, Vals, Vichy.
Hyposystolie. — Bourbon-Lancy, Royat (*mitrale*).
Hystérie. — Argelès-Gazost, Bagnères-de-Bigorre, Bains-les-Bains, Divonne, Eugénie-les-Bains, Forges, Lamalou, Néris, Pau (séjour), Saint-Alban, Saint-Sauveur, Ussat.

I

Icthyose. — Ax-les-Thermes, Barèges, La Bourboule.
Ictère. — Vichy.
Idées obsédantes. — Divonne.
Impetigo. — Allevard, Ax-les-Thermes, Bourbonne, Cauterets (*Pauze*), Challes, Gréoux, La Bourboule, Luchon, Saint-Honoré, Uriage, Vernet-les-Bains.
Impuissance génitale (*du tabes*) Lamalou.
Incontinence nocturne d'urine (*des enfants*) Divonne.
Infection urinaire. — La Preste.
Insomnie. — Divonne.
Insuffisance cardiaque. — Bourbon-Lancy, Royat.
(*Insuffisance aortique, mitrale*) Royat ; (*insuffisance mitrale avec hyposystolie arythmique*) Bourbon-Lancy.
Insuffisance hépatique. — Euzet, Le Boulou, Saint-Gervais, Vals, Vichy, Vittel.

K

Kératite. — Ax-les-Thermes, La Bourboule, Luchon, Saint-Christau, Uriage.

Kératose pilaire. — La Bourboule.

L

Laryngite (*aiguë et subaiguë*) Mont-Dore.
(*Laryngite chronique*) Allevard, Amélie-les-Bains, Argelès-Gazost, Ax-les-Thermes, Cambo, Cauterets, Challes, Eaux-Bonnes, Enghien, Gréoux, Luchon, Montmirail, Royat, Saint-Honoré, Vernet-les-Bains.
(*Laryngite tuberculeuse*) Mont-Dore, dans certains cas.

Leucoplasie. — Saint-Christau (*buccale, linguale, vulvo-vaginale*).

Leucorrhée. — Eaux-Chaudes, Enghien, Luxeuil, Saint-Christau, Saint-Nectaire, Saint-Sauveur, Salies-de-Béarn.

Lichen. — Ax-les-Thermes, Barèges, Cambo, Enghien, Gréoux, La Bourboule, Luchon, Montmirail, Royat, Saint-Christau, Saint-Gervais, Saint-Honoré.

Lientérie. — Vals.

Lithiase (*biliaire*) Aulus, Brides, Cambo, Capvern, Contrexéville, Euzet, Evian, Le Boulou, Miers, Saint-Alban, Santenay, Vals, Vichy, Vittel.
(*Lithiase intestinale*) Châtel-Guyon, Pougues.
(*Lithiase urinaire*) Aulus, Capvern, Contrexéville, Eugénie-les-Bains, Euzet, Evian, Le Boulou, La Preste, Martigny, Miers, Saint-Alban, Santenay, Thonon, Vichy, Vittel.

Little (*maladie de*) Lamalou.

Lumbago. — Ax-les-Thermes, Barbotan, Korbous, Martigny, Préchacq.

Lupus (*érythémateux*) Challes, La Bourboule.
(*Lupus tuberculeux*) La Bourboule, Salies-de-Béarn.

Luxations (*suites de*) Aix-les-Bains, Bourbonne-les-Bains, Gréoux, Préchacq, Salies-de-Béarn.

Lymphatisme. — Amélie-les-Bains, Ax-les-Thermes, Balaruc, Barèges, Biarritz (*Thermes Salins*), Bourbonne-les-Bains, Brides-Salins, Bussang, Cambo, Cauterets, Challes, Divonne, Gréoux, Korbous, La Bourboule, La Motte, Luchon, Saint-Gervais, Saint-Honoré, Salies-de-Béarn, Salins-du-Jura, Uriage.

Lymphatiques. — Séjour à Beaulieu, Biarritz, Cannes, Hyères (*Giens*), Menton, Monaco, Nice.

M

Mal de Bright. — *Voir albuminurie ; albuminuriques.*
Mal de Pott. — Biarritz (*Thermes Salins*), Salies-de-Béarn.
Mélancolie. — Divonne.
Ménopause (*troubles de la*) Bourbon-Lancy ; Royat (*ménopause masculine et féminine*) ; Saint-Sauveur.
Ménorrhagies. — Biarritz (*Thermes Salins*), Divonne, Eaux-Chaudes, Forges, Luxeuil, Saint-Sauveur, Salies-de-Béarn, Ussat.
Métrites. — Argelès-Gazost, Ax-les-Thermes, Bagnoles-de-l'Orne, Biarritz, Bourbonne-les-Bains, Challes, Eaux-Chaudes, Enghien, Korbous, La Preste, La Motte, Luxeuil, Saint-Gervais, Saint-Nectaire, Saint-Sauveur, Salies-de-Béarn, Salins-du-Jura, Salins-Moutiers, Ussat.
Métrites douloureuses. — Bagnères-de-Bigorre, Bains-les-Bains.
Migraine. — Divonne, Evian, Martigny, Royat, Vichy, Vittel.
Morbus coxœ senilis. — Bourbonne-les-Bains.
Morphine (*intoxication par la*) Argelès-Gazost, Divonne, Vichy.
Myalgies. — Bourbon-Lancy, Martigny, Royat, Vichy.
Myélites chroniques. — Bagnères-de-Bigorre, Barèges, Lamalou, Uriage (syphilitiques).
Myocardite. — Evian, Royat.

N

Naso-pharyngien (*catarrhe*) Cauterets.
Nécroses. — Barèges.
Néphrite. — Capvern, Miers.
(*Néphrite interstitielle*) Evian, Royat, Thonon, Vittel.
Nervosisme. — Bagnères-de-Bigorre, Bains-les-Bains, Divonne, Eaux-Chaudes, Eugénie-les-Bains, Pau, Saint-Alban, Saint-Sauveur, Ussat, Vernet-les-Bains.
Neurasthénie. — Arcachon, Argelès-Gazost, Bagnères-de-Bigorre, Bains-les-Bains, Divonne (*organique et génitale*) ; Eugénie-les-Bains, Evian, Forges, Lamalou, Luchon, Néris, Pougues, Royat, Saint-Alban, Saint-Gervais, Saint-Nectaire, Saint-Sauveur, Salies-de-Béarn, Ussat, Vals, Vernet.
Neurasthéniques. — Séjour à Ajaccio, Beaulieu, Biarritz, Cannes, Hyères (*Costebelle*), Korbous, Menton, Monaco, Nice, Pau.
Neuro-arthritisme. — Bagnères-de-Bigorre, Bourbon-Lancy, Divonne, Lamalou, Royat, Saint-Gervais.
Neuro-arthritiques. — Séjour à Saint-Gervais.

Névralgies. — Bagnères-de-Bigorre, Bains-les-Bains, Barbotan, Bourbon-Lancy, Bourbonne-les-Bains, Cauterets (*Bois*), Divonne, Lamalou, Luchon, Néris, Royat, Saint-Sauveur, Ussat, Vichy, Vittel.

(*Névralgies utéro-ovariennes*) Bagnères-de-Bigorre, Bains-les-Bains, Luxeuil, Saint-Sauveur.

Névrites. — Bourbonne-les-Bains, Lamalou, Luchon.

Névropathes. — Séjour à Arcachon, Ajaccio, Bagnères-de-Bigorre, Cambo, Divonne, Hyères, Pau.

Névrotrophiques (*troubles*) Bourbonne-les-Bains.

Nodosités d'Héberden. — Bourbonne-les-Bains, Dax.

Nutrition (*troubles de la*) Argelès-Gazost, Royat, Vichy.

O

Obésité. — Aulus, Biarritz, Brides, Capvern, Divonne, Evian, Korbous, Martigny, Miers, Montmirail, Santenay, Vals, Vichy, Vittel.

Ostéomyélites. — Barèges, Bourbonne-les-Bains.

Otite. — Ax-les-Thermes, Challes, Luchon, Salies-de-Béarn.

Ovaralgie. — Néris, Saint-Sauveur.

Ovarites. — La Preste, Luxeuil, Saint-Sauveur, Salies-de-Béarn.

Ozène. — Allevard, Challes.

P

Paludisme. — Cambo, Divonne, Forges, La Bourboule, Le Boulou, Miers, Pougues, Saint-Nectaire, Santenay, Vals, Vichy.

Palpitations (*nerveuses*) Divonne, Néris, Ussat.

Papuleuses (*affections*) Molitg.

Paralysie. — Argelès-Gazost, Balaruc, Barèges, Bourbon-l'Archambault, Bourbonne-les-Bains, Divonne, Lamalou, Salies-de-Béarn.

(*Paralysie agitante*) Divonne, Lamalou, Néris.

(*Paralysie fonctionnelle*) Divonne Lamalou.

(*Paralysie générale, au début*) Luchon, Néris, Pau.

(*Paralysie infantile*) Barèges, Bourbon-l'Archambault, Bourbonne-les-Bains, Lamalou, Salins-du-Jura, Salins-Moutiers, Salies-de-Béarn.

(*Paralysie saturnine*) Barèges.

(*Paralysie traumatique*) Barèges.

Paraplégie. — Aix-les-Bains, Bourbon-l'Archambault, Bourbonne-les-Bains, Lamalou, Néris, Uriage.

Parésie tabétique (*des sphincters*) Lamalou.

Parkinson (*maladie de*) Voir : paralysie agitante.

Peau (*maladies de la*) Voir : dermatoses.

Pelade. — Luchon.

Péri-arthrites. — Aix-les-Bains, Barbotan.

Périmétrites. — Argelès-Gazost, Bourbonne-les-Bains, Challes, Eaux-Chaudes, Korbous, La Motte, Luxeuil, Saint-Sauveur, Salies-de-Béarn.

Périostites. — Ax-les-Thermes, Barèges, Bourbonne-les-Bains, Gréoux, Luchon, Salins-du-Jura.

Pertes séminales (*spermatorrhée*) Divonne, Lamalou.

Pharyngite. — Allevard, Amélie-les-Bains, Argelès-Gazost, Ax-les-Thermes, Cambo, Cauterets, Challes, Eaux-Bonnes, Enghien, Gréoux, Mont-Dore, Royat, Saint-Christau, Saint-Honoré.

Phlébalgie. — Bagnoles-de-l'Orne, Barbotan.

Phlébites. — Bagnoles-de-l'Orne, Barbotan, Bourbonne-les-Bains (*avec lésions articulaires*).

Phobies. — Divonne, Néris.

Phosphaturie. — Saint-Nectaire.

Pituite. — Pougues, Santenay.

Pityriasis. — Ax-les-Thermes, Barèges, Cauterets, La Bourboule, Saint-Honoré, Vernet-les-Bains.

Plaies anciennes. — Argelès-Gazost.

Plaies atones. — Cauterets (*Les Œufs*).

Pléthore abdominale. — Brides, Capvern, Miers, Montmirail, Saint-Gervais.

Pleurésie chronique. — La Bourboule, Mont-Dore.

Plomb (*intoxication par le*) Argelès-Gazost, Allevard, Aulus, Miers.

Polyarthrite ankylosante. — Barbotan.

Polynévrites. — Bourbonne-les-Bains, Lamalou.

Polysarcie. — Biarritz (*Thermes Salins*), Brides.

Présclérose. — Bains-les-Bains, Bourbon-Lancy, Evian, Royat, Thonon, Vittel.

Prétuberculose. — Allevard, Eaux-Bonnes, La Bourboule, Mont-Dore, Saint-Honoré.

Prétuberculeux. — Séjour à Ajaccio, Arcachon, Beaulieu, Biarritz, Cambo, Cannes, Hyères, Korbous, Menton, Monaco, Nice.

Prostatites. — Bagnoles-de-l'Orne, Cambo, Le Boulou, La Preste, Vittel.

Prurit. — Ax-les-Thermes, Bagnères-de-Bigorre, La Bourboule, Luchon, Martigny, Molitg, Saint-Gervais, Saint-Honoré, Uriage, Ussat, Vittel.

(*Prurit vulvaire*) Molitg, Néris, Ussat, Vals (douches d'acide carbonique).

Prurigo. — Ax-les-Thermes, Bagnères-de-Bigorre, Challes, Gréoux, La Bourboule, Luchon, Saint-Gervais, Saint-Honoré, Uriage, Vichy.

(*Prurigo de Hébra*) La Bourboule, Uriage.

Pseudo-hypertrophie cardiaque (*de croissance*) Bourbon-Lancy, Royat.

Psoriasis. — Ax-les-Thermes, Barèges, Cambo, Cauterets (*Pauze*), La Bourboule, Saint-Christau, Saint-Gervais, Saint-Honoré, Uriage.

Psychasthénie. — Divonne.

Psychopathes. — Divonne, Nice (*sans excitation*).

Psychoses douloureuses. — Divonne.

Pulmonaires (*congestions*), Mont-Dore.

Pyélites. — Capvern, Contrexéville, Evian, Forges, La Preste, Martigny, Thonon, Vittel.

Pyélo-néphrites. — Capvern, Evian, La Preste, Vittel.

Pylorisme. — Alet.

Pyodermites. — Luchon.

R

Rachitisme. — Arcachon, Beaulieu, Biarritz, Monaco, Saint-Nectaire, Salies-de-Béarn, Salins-du-Jura, Salins-Moutiers, Uriage.

Raideurs articulaires. — Aix-les-Bains, Amélie-les-Bains, Bains-les-Bains, Barbotan, Barèges, Bourbon-l'Archambault, Bourbonne-les-Bains, Gréoux, Luchon.

Rate (*hypertrophie de la*) Le Boulou, Miers.

Reliquats (*pulmonaires, bronchitiques, pleurétiques*) Allevard, Arcachon, Cauterets, Eaux-Bonnes, Mont-Dore, Pau, Saint-Honoré.

Rein (*affections du*). Capvern, Contrexéville, Evian, La Preste, Le Boulou, Martigny, Thonon, Vittel.

Respiratoires (*affections des voies*) Allevard, Amélie-les-Bains, Argelès-Gazost, Ax-les-Thermes, Bagnères-de-Bigorre, Barèges, Cambo, Cauterets, Challes, Eaux-Bonnes, Enghien, La Bourboule, Luchon, Mont-Dore, Royat, Saint-Honoré, Uriage, Vernet-les-Bains.

Rétrécissement mitral pur. — Royat.

Rhinites (*et rhino-pharyngites*) Allevard, Ax-les-Thermes, Cauterets, Challes, Eaux-Bonnes, Enghien, Gréoux, La Bourboule, Luchon, Mont-Dore, Saint-Christau, Saint-Honoré Uriage, Vals (*rhinite spasmodique*).

Rhumatisants. — Séjour à Ajaccio, Beaulieu, Cannes, Hyères, Menton, Monaco, Nice.

Rhumatisme (*articulaire*) Aix-les-Bains, Amélie-les-Bains, Ax-les-Thermes, Bains-les-Bains, Barbotan, Barèges (*surtout monoarticulaire*), Bourbon-Lancy, Bourbon-l'Archambault, Cauterets (*Les Œufs*), Cambo, Dax, Gréoux, Korbous, Luchon,

Montmirail (*eau sulfureuse*), Préchacq, Saint-Amand, Saint-Nectaire.

(*Rhumatisme chronique progressif*) Ax-les-Thermes, Barbotan, Bourbon-l'Archambault, Dax.

(*Rhumatisme goutteux*) Aix-les-Bains, Ax-les-Thermes, Barbotan, Bourbon-Lancy, Bourbonne-les-Bains, Dax, Préchacq, Royat.

(*Rhumatisme infectieux*) Aix-les-Bains, Ax-les-Thermes, Barbotan, Barèges, Bourbonne-les-Bains, Bourbon-l'Archambault, Dax.

(*Rhumatisme musculaire*) Aix-les-Bains, Amélie-les-Bains, Ax-les-Thermes, Bains-les-Bains, Dax, Gréoux, Korbous, Luchon, Préchacq, Saint-Amand.

(*Rhumatisme nerveux, névralgique*) Aix-les-Bains, Ax-les-Thermes, Bagnères-de-Bigorre, Bains-les-Bains, Barzun-Barèges, Bourbon-Lancy, Eaux-Chaudes, Gréoux, Lamalou, Luchon, Molitg, Néris.

(*Rhumatisme simple ou déformant*) Aix-les-Bains, Barbotan, Bourbonne-les-Bains, Bourbon-l'Archambault, Dax, Préchacq, Saint-Amand.

(*Rhumatisme tuberculeux*) Bourbonne-les-Bains.

Rhumes de cerveau (*chroniques*) Allevard, Ax-les-Thermes, Cauterets, Challes, Eaux-Bonnes, Mont-Dore, Saint-Honoré.

Rhume des foins — (*Voir asthme des foins*).

S

Salpingites chroniques. — Argelès-Gazost, Biarritz (*Thermes Salins*), Korbous, La Preste, Luxeuil, Saint-Sauveur, Salies-de-Béarn, Salins-du-Jura.

Saturnine (*intoxication*). (Voir : intoxication par le plomb).

Sciatique. — Aix-les-Bains, Amélie-les-Bains, Ax-les-Thermes, Bains-les-Bains, Barbotan, Bourbon-Lancy, Bourbonne-les-Bains, Dax, Lamalou, La Motte, Luchon, Martigny, Néris, Préchacq, Saint-Amand.

Sciatique variqueuse. — Bagnoles-de-l'Orne, Barbotan.

Sclérodermie. — Barèges.

Sclérose cardio-rénale (*de Huchard*) Evian, Royat, Thonon.

Sclérose en plaques (*au début*) Lamalou, Néris.

Sclérose linguale. — Saint-Christau.

Scrofule. — Arcachon, Ax-les-Thermes, Barèges, Biarritz, Bourbonne-les-Bains, Bussang, Cauterets, Challes, Gréoux, Korbous, La Bourboule, La Motte, Luchon, Saint-Honoré, Salies-de-Béarn, Salins-du-Jura, Salins-Moutiers, Uriage.

Scrofuleux. — Séjour à Arcachon, Beaulieu, Biarritz, Cannes, Hyères (*presqu'île de Giens*), Monaco.

Scrofulides. — Challes.
Scrofulo-tuberculose. — Arcachon, Argelès-Gazost, Ax-les-Thermes, Biarritz, Challes, Hyères (*presqu'île de Giens*), Korbous, La Motte, Monaco, Saint-Honoré, Saliès-de-Béarn, Salins-du-Jura, Salins-Moutiers.
Séborrhée. — La Bourboule, Luchon, Uriage.
Sequestres. — Barèges, Bourbonne-les-Bains.
Spermatorrhée. — Divonne.
Spondylose rhyzomélique. — Bourbonne-les-Bains.
Squameuses (*affections*), La Bourboule, Molitg.
Stérilité (*féminine*) Eaux-Chaudes, Luxeuil, Saint-Sauveur, Salins-du-Jura.
Strophulus. — La Bourboule.
Surmenage. — Divonne (*physique ou intellectuel*).
Sycosis. — Ax-les-Thermes, Luchon.
Synovites tendineuses. — Aix-les-Bains, Ax-les-Thermes, Bourbonne-les-Bains, Dax, Korbous, La Motte.
Syphilides (*psoriasiformes*) Uriage.
Syphilis. — Aix-les-Bains, Amélie-les-Bains, Argelès-Gazost, Aulus, Ax-les-Thermes, Barèges, Challes, Divonne, Enghien, Gréoux, Korbous, Luchon, Uriage, Vernet-les-Bains.
Syringo-myélie. — Barèges.

T

Tabagisme. — Divonne.
Tabes. — Lamalou.
(*Tabes pré-ataxique*) Barèges, Lamalou, Luchon, Saliès-de-Béarn, Uriage.
(*Tabès avec ataxie locomotrice*) Balaruc, Lamalou.
(*Tabes éréthique*) Hyères, Néris, Pau, Plombières, Royat.
Tachycardie paroxystique. — Bourbon-Lancy, Royat.
Taies superficielles (*de la cornée*) Saint-Christau.
Talalgie. — Bourbon-l'Archambault, Bourbonne-les-Bains, Martigny.
Tarsalgie. — Korbous.
Tics. — Argelès-Gazost, Bagnères-de-Bigorre, Divonne.
Tophi (*rhumatisme goutteux*) Aix-les-Bains.
Torticolis. — Aix-les-Bains, Bourbonne-les-Bains, Korbous.
Toux spasmodique. — Mont-Dore.
Trachéite chronique. — Allevard.
Traumatismes (*suites de*) Amélie-les-Bains, Bains-les-Bains, Barbotan, Barèges, Bourbonne-les-Bains, Korbous, Luchon.
Troubles (*nerveux, de croissance*) Divonne.
(*Troubles nerveux, du cœur*) Divonne.
(*Troubles hystériformes, utéro-ovariens*) Divonne.

Tuberculeux (*torpides*). Séjour à Ajaccio, Beaulieu, Cannes, Hyères (*Giens*), Menton, Monaco, Nice.

(*Tuberculeux hémoptoïques, fébriles*). Séjour à Ajaccio, Arcachon, Cannes (*zone terrestre*), Pau.

(*Tuberculeux éréthiques*). Séjour à Ajaccio, Arcachon, Cambo, Hyères (ville), Pau.

Tuberculides cutanées. — Barèges, La Bourboule, Salies-de-Béarn.

Tuberculose externe (*ganglionnaire*). Ajaccio, Arcachon, Biarritz, Cannes, Hyères (*Giens*), Monaco, Salies-de-Béarn, Salins-du-Jura.

(*Tuberculose osseuse*) Ajaccio, Arcachon, Biarritz, Cannes, Hyères (*Giens*), Monaco, Salies-de-Béarn, Salins-du-Jura.

(*Tuberculose péritonéale*) Arcachon.

Tuberculose pulmonaire (*chronique, apyrétique, torpide*) Allevard, Amélie-les-Bains, Ax-les-Thermes, Bagnères-de-Bigorre, Cambo, Challes, Eaux-Bonnes, Enghien, La Bourboule, Mont-Dore, Saint-Honoré.

Tubo-tympanique (*catarrhe*) Ax-les-Thermes, Cauterets, Luchon.

Tumeurs blanches. — Ax-les-Thermes, Barèges, Bourbonne-les-Bains, Gréoux, Luchon, Salins-du-Jura, Salins-Moutiers.

U

Ulcères. — Argelès-Gazost, Montmirail (*eau sulfureuse*).

Ulcère simple de l'estomac (*en dehors des hématémèses*) Alet, Le Boulou, Vichy.

Uréthrite chronique. — La Preste, Luchon.

Uréthro-cystites. — Capvern, Evian, La Preste, Thonon.

Uricémiques. — Capvern, Contrexéville, Eugénie-les-Bains, Euzet, Evian, La Preste, Martigny, Saint-Amand, Saint-Nectaire, Santenay, Thonon, Vals, Vichy, Vittel.

Urinaire (*névropathie*) La Preste, Saint-Sauveur.

Urinaires. — Capvern, Contrexéville, Evian, La Preste, Martigny, Saint-Sauveur, Thonon, Vittel.

Urticaire. — Ax-les-Thermes, Cambo, Cauterets, La Bourboule, Luchon, Royat, Uriage, Vichy.

Utérines. — Argelès-Gazost, Ax-les-Thermes, Bains-les-Bains, Bagnères-de-Bigorre, Bagnoles-de-l'Orne, Barbotan, Biarritz, Bourbonne-les-Bains, Brides-Salins, Cauterets, Dax, Eaux-Chaudes, Korbous, La Preste, La Motte, Luxeuil, St-Gervais, Saint-Honoré, Saint-Nectaire, Saint-Sauveur, Salies-de-Béarn, Salins-du-Jura, Uriage, Ussat, Vernet-les-Bains.

Utérine (*congestion douloureuse*) Bagnoles-de-l'Orne, Bains-les-Bains, Luxeuil, Plombières.
(*Utérine sclérose*) Luxeuil.

Utérins (*déplacements*) Luxeuil, Saint-Sauveur, Salies-de-Béarn, Ussat.
(*Utérins fibromes*) Voir : Fibromes.

Utéro-ovariennes (*affections*) Luxeuil, Saint-Sauveur, Ussat.

V

Vaginite. — Eaux-Chaudes, La Preste, Luxeuil, Néris, Saint-Sauveur, Uriage, Ussat.

Varices. — Bagnoles-de-l'Orne, Barbotan.

Varicocèle. — Bagnoles-de-l'Orne.

Végétations adénoïdes. — (*Voir : Adénoïdes*).

Vésiculeuses (*affections*) Molitg.

Vessie (*affections de la*) Capvern, La Preste.

Viscéralgie. — Bagnères-de-Bigorre.

Voix (*maladies de la*) Cauterets, Mont-Dore.

Vulvite (*torpide*) Uriage.

Vulvo-vaginite. — (*Voir : Vaginite*).

Z

Zona. — Néris.

APPENDICE

ALGER (Algérie). — Station climatique d'hiver à 22 heures de Marseille (par paquebot), Alger, capitale de l'Algérie, est une ville de 170.000 habitants. Située au bord de la Méditerranée, près de la plaine de la Métidja, Alger est sur une hauteur : le Sahel fleuri.

Climat. — Tempéré. Des collines en pente douce abritent cette ville contre les *vents d'Ouest* fréquents en hiver. Le *vent du Nord-Ouest* ou *mistral* arrive atténué et moins froid, après son passage sur la mer. Le *sirocco* ou *vent du Sud*, débilitant, ne souffle qu'une vingtaine de fois en hiver. La *pression barométrique* varie assez souvent. Les *pluies* sont abondantes et courtes. L'état *hygrométrique* oscille autour de 69°. La *température* moyenne est : en octobre, de 15°5 ; en novembre, de 12°5 ; en décembre, de 12° ; en janvier, de 12°6 ; en février de 13°8 ; en mars, de 15° ; en avril, de 16°, avec transition brusque entre la température diurne et nocturne. Les *brouillards* et la neige sont rares. La *luminosité* et l'*insolation* sont intenses.

La saison s'ouvre en novembre et finit en mai.

Indications. — Le climat d'Alger, *excitant* sur les bords de la mer, et *tonique* sur les hauteurs, loin de la plage, convient : aux *tuberculeux pulmonaires* au début, torpides ; aux sujets atteints de *tuberculoses locales* (ganglionnaires, osseuses, ostéo-articulaires) ; aux *bronchitiques chroniques* ; aux *asthmatiques ;* aux *lymphatiques* et *scrofuleux* ; aux *anémiques*, *chlorotiques*, *débilités*, *surmenés*, *convalescents* d'affections médicales ou chirurgicales ; aux *arthritiques* (rhumatisants, goutteux, diabétiques) ; à certains *cardiopathes et brightiques*.

Contre-Indications. — Les tuberculeux dont l'éréthisme nerveux et circulatoire est trop accentué, éviteront le climat d'Alger.

ANDABRE (Aveyron). — Station hydro-minérale, à 26 kilomètres de Saint-Affrique (ligne du Midi), sur le versant septentrional du massif de la montagne Noire, *Andabre* est située dans la partie supérieure de la vallée du Dourdon et fait partie du groupe des sources de *Camarès*. Altitude : 430 mètres. Climat tempéré. Saison : du 1er juin au 1er octobre.

Sources. — Deux sources, froides, dont les eaux *bicarbonatées mixtes*, *ferrugineuses* et *gazeuses* sont utilisées en boisson, bains et douches.

Indications. — L'eau d'Andabre est très efficace :

1° Dans les affections chroniques du *foie* : congestions, engorgements, coliques hépatiques, ictère.

2° Dans les *dyspepsies* : atoniques, acides, des chloro-anémiques.

3° Dans la *gravelle* urique et le catarrhe vésical.

4° Dans l'anémie, la chlorose, la chloro-anémie.

Contre-Indications. — Les sujets atteints d'affections aiguës, de cachexies (cancer, tuberculose, etc.) s'abstiendront du traitement d'Andabre.

BAGNOLS (Lozère). — Station hydro-minérale, à 10 kilomètres de Mende (ligne de La Bastide à Mende), sur les bords du Lot, à 920 mètres d'altitude, Bagnols dont le climat est un peu rude, offre aux baigneurs une saison courte : du 15 juin au 15 septembre.

Sources. — Quatre sources principales dont la température varie de 31° à 45°. Débit total : 260 mètres cubes. Minéralisation totale : 0 gr. 615, dont 0 gr. 0684 de bicarbonate de chaux, 0 gr. 2265 de bicarbonate de soude, 0 gr. 0148 de sulfate de chaux, 0 gr. 0890 de sulfate de soude, 0 gr. 1428 de chlorure de sodium ; des matières organiques et de l'*hydrogène sulfuré*.

On utilise l'eau en bains de baignoire et de piscine, en douches, étuves, pédiluves à eau courante, et boisson.

Indications. — Bagnols-de-Lozère réclame :

1° Les *rhumatisants* chroniques, ou convalescents d'accès aigüs.

2° Les *cardiopathes*, à lésions récentes d'origine rhumatismale, dont l'endocardite remonte à peu de mois

(Pelon). Les suites d'endocardites infectieuses sont aussi traitées efficacement.

3° Les *dermopathes*, lymphatiques ou scrofuleux.

Contre-Indications. — Ce sont : les affections aiguës, l'asystolie, les anévrismes, la dégénérescence du myocarde.

BARBAZAN (Haute-Garonne). — Station hydro-minérale, sur la ligne du Midi (Toulouse-Montréjeau-Luchon), à 2 kilomètres de la gare de Loures-Barbazan, sur la rive droite de la Garonne, Barbazan jouit d'un climat salubre, à l'altitude de 450 mètres. Les gens de la région viennent y faire une « neuvaine de santé ».

Sources. — Il y en a trois : les sources du Saule, du Sureau, et la source Principale ou de l'Etablissement. Celle-ci est seule utilisée surtout en boisson, à la dose de trois à dix verres par jour. Elle débite 80 mètres cubes environ. L'eau (20°) est limpide, sans odeur, avec arrière goût sulfureux et ferrugineux. Elle contient des sulfates de chaux et de magnésie, des carbonates de chaux et de magnésie, de l'oxyde de fer, etc. On la classe : eau sulfatée calcique et magnésienne.

Indications. — L'eau de Barbazan, diurétique, laxative ou purgative suivant la dose ingérée, convient :

1° Aux *arthritiques*, goutteux, graveleux.

2° Aux *dyspeptiques*, aux constipés chroniques.

3° Aux sujets atteints *d'affections du foie et de la rate* : engorgements hépatiques, lithiases biliaires, fièvres intermittentes, cachexie palustre des coloniaux.

CASTERA-VERDUZAN (Gers). — Station hydro-minérale dans la vallée de l'Auloue, sur un embranchement du Midi, à 18 kilomètres de Condom, et à 23 kil. d'Auch, Castéra-Verduzan est située à 115 mètres d'altitude, et jouit d'un climat excellent. Saison : du 1er juin au 15 octobre.

Sources. — Il y en a trois : la Grande-Fontaine (23°8) ou source sulfureuse (sulfure de calcium et hydrogène sulfuré) ; la Petite-Fontaine (22°) ou source ferrugineuse

(carbonate de fer : 0 gr. 028), et la source Pardailhan (22°). La minéralisation comprend des sulfates de chaux, de magnésie et de soude, et des carbonates ; des gaz : acide carbonique, oxygène, azote, argon, hélium.

L'eau est utilisée surtout en boisson et en bains, dans un établissement situé dans un parc superbe.

Indications. — Castéra-Verduzan dont l'eau agit spécialement sur l'appareil gastro-intestinal, réclame :

1° Les sujets atteints d'*affections douloureuses de l'estomac et de l'intestin* : gastralgies, dyspepsies avec hypochlorydrie, entéralgies, entéro-colites muco-membraneuses, constipation.

2° Les graveleux, les lithiasiques biliaires.

3° Les névropathes, les anémiques, les chlorotiques.

Contre-Indications. — Les hyperchlorhydriques éviteront le traitement de Castéra-Verduzan

CHATEAUNEUF (Puy-de-Dôme). — Station hydrominérale, à 25 kilom. de Riom (ligne Lyon-Bourbonnais), à 6 kilom. de Saint-Gervais (chemin de fer d'Orléans), Châteauneuf est au fond d'une vallée que traverse la Sioule, à l'altitude de 380 mètres. Climat tempéré et régulier.

Sources. — Cette station possède un grand nombre de sources qu'on divise en deux groupes principaux : Grands Bains et Petits Rochers. Température : 15° à 38°. La minéralisation comprend : du bicarbonate de soude, du protoxyde de fer, de la lithine, des gaz : acide carbonique (1 gramme en moyenne, par litre). L'eau est utilisée, dans plusieurs établissements, en boisson et en bains de baignoire ou de piscine.

Indications. — L'eau de Châteauneuf est efficace :

1° Dans la chlorose, l'anémie avec dyspepsie.

2° Dans certaines formes de rhumatisme (bains à 37°).

CHAUDESAIGUES (Cantal). — Station hydro-minérale, à 20 kilomètres de Saint-Flour, Chaudesaigues est à 650 mètres d'altitude dans un pays pittoresque.

Sources. — Les sources débitent un million de litres par jour. L'eau est très chaude : de 52° à 82°. C'est la plus chaude des sources françaises. La minéralisation totale est faible (0 gr. 90) et comprend : 0 gr. 471 de carbonate de soude, 0 gr. 050 de carbonate de chaux ; 0 gr. 06 de chlorure de sodium. On emploie l'eau en bains, douches, étuves, inhalations, pulvérisations, etc., dans un établissement.

Indications. — Ces eaux sont indiquées principalement dans le rhumatisme (surtout musculaire), dans les atrophies consécutives aux arthropathies, et d'après Pelon, dans les affections articulo-motrices chirurgicales.

COUZAN *Sail-Sous* (**Loire**). — Station hydro-minérale, à 400mètres d'altitude, possédant un Etablissement avec baignoires, douches, bains de vapeur.

Sources. — Deux sources débitent environ 45.000 litres d'eau minérale : Fontfort (13°) et Brault (12°). L'eau contient du bicarbonate de soude et une petite quantité de bicarbonate de fer. Elle est utilisée en boisson, et en traitement externe : bains d'eau carbo-gazeuse, douches d'acide carbonique, etc.

Indications. — L'eau de Couzan est efficace dans les dyspepsies et la chloro-anémie.

EVAUX (**Creuse**). — Station hydro-minérale et climatique, sur les confins du Puy-de-Dôme et de l'Allier, entre les deux rivières : la Tardes et le Cher, au centre d'une région montagneuse, à proximité deNéris, Evaux est une petite ville de 3.600 habitants, à l'altitude de 474 mètres. Climat salubre. Saison : du 15 mai au 15 octobre.

Sources. — Une trentaine de sources variant de 48° à 60°, débitent par jour 800 mètres cubes, recueillis dans quatre grands réservoirs qui alimentent l'Etablissement thermal. La minéralisation de l'eau est faible : 1 gr. 63, dont : 0 gr. 83 de sulfate de soude, 0 gr. 20 de chlorure de sodium, 0 gr. 10 de silice ; des bicarbonates alcalins, des fluorures, bromures, iodures, des gaz :

azote et traces d'argon. On classe ces eaux : *sulfatées*, *chlorurées sodiques*, *thermales et hyperthermales*. L'eau d'Evaux est employée principalement en traitement externe (bains, douches, vaporarium), et secondairement en boisson (eau de César, 55°).

Indications. — Ce sont :

1° Les *névroses* : neurasthénie, hystérie, chorée infantile, etc.

2° Les névralgies : sciatique, de la face, du zona.

3° Le rhumatisme des sujets légèrement torpides.

4° Les affections utérines douloureuses : aménorrhée, dysménorrhée.

5° La débilité des enfants nerveux.

Contre-Indications. — S'abstiendront du traitement thermal, les sujets atteints :

De névralgies récentes ; de crises aigües rhumatismales ; d'hypertension artérielle, trop accentuée.

Médecins. — MM. Augier, Bona, Cazy, Darfeuille, De Quintal, Lepage, Touraille.

FUMADES (les) (Gard). — Station hydro-minérale, englobée dans la commune d'Allègre, à 15 kilom. d'Alais, dans une vallée superbe, à 150 mètres d'altitude. La rivière l'Alauzène baigne le parc de l'Etablissement. On arrive à Fumades, par la gare de Saint-Julien de Cassagnas. Climat doux et chaud, pendant l'hiver, grâce à la montagne de Costo-Caudo qui abrite la station contre les vents du Nord et de l'Est. En été, la chaleur est tempérée par de nombreux ombrages et par la fraîcheur des cours d'eau. Saison : toute l'année.

Sources. — Onze sources : Romaine, Pierre, Etienne, Thérèse, Victorine, Roustan, Jean, Julia, Augustine, Claudine, Zoé, qui débitent 500.000 litres par jour. L'eau est froide (8°5 à 13°), claire, limpide sous un petit volume, grise ou verdâtre en masse, avec odeur sulfurée, saveur hépatique, et arrière-goût bitumineux et amer. Minéralisation : sulfates de chaux et de magnésie, bitu-

me, barégine et gaz : acide carbonique, azote, acide sulfhydrique (à dose variée), etc. L'eau est utilisée en boisson et en traitement externe (bains, gargarismes, pulvérisations, humages, inhalations chaudes et froides).

Indications. — Ce sont :

1° Les maladies des voies respiratoires supérieures et inférieures : coryza chronique, rhinite hypertrophique et atrophique, hypertrophie des amygdales, pharyngite granuleuse, laryngite chronique, etc.

2° Les maladies de la peau : eczéma sec ou humide, séborrhée, impetigo, acné, pityriasis, psoriasis, lichen, prurigo, herpès, ecthyma, kératoses, etc.

Contre-Indications. — S'abstiendront des eaux de Fumades : les malades atteints d'affections *aigües* de la peau ou des voies respiratoires ; les cardiopathes décompensés, les artério-scléreux, les albuminuriques.

Médecin. — M. Courrejou.

Hôtels. — De 6 à 15 francs par jour.

GAMARDE (Landes). — Station hydro-minérale, à 15 kil. de Dax, sur la ligne de Dax à Mont-de-Marsan, Gamarde est à 60 mètres d'altitude, dans la vallée du Louts.

Sources. — Deux sources : le Buccuron et Sainte-Marie, à 800 mètres l'une de l'autre, fournissent 200.000 litres par jour. L'eau est froide (15°), sulfurée calcique ; elle est utilisée en boisson et en traitement externe (bains, douches, pulvérisations, inhalations).

Indications. — Les eaux de Gamarde sont très efficaces :

1° Dans les maladies chroniques de l'estomac (dyspepsies, gastralgies), du foie et de l'intestin.

2° Dans les affections de la peau et des voies respiratoires.

GRASSE (Alpes-Maritimes). — Station climatique, à 20 kilom. de Cannes, au pied de montagnes en amphithéâtre, Grasse est à une altitude moyenne de 320 mètres, et compte 21.000 habitants.

Saison : d'octobre à juin.

Climat. — Très doux, résultant de sa topographie. Grasse est abritée des *vents* du Nord-Est et du Nord-Ouest, par des côteaux et des collines. La *température* est assez égale dans la journée, sauf au coucher du soleil où le refroidissement se fait un peu sentir. Le *sol*, déclive, s'oppose à la stagnation des eaux pluviales. Un réseau d'égouts draine au loin, dans un champ d'épandage, les eaux usées. L'eau potable est pure et abondante. Ciel bleu, brouillards rares, neige presque inconnue. Végétation superbe.

Indications. — Le climat de Grasse *tonique* par son altitude, et *sédatif* par son éloignement de la mer et son humidité moyenne, convient :

1° Aux *nerveux excitables* : neurasthéniques, surmenés physiquement ou moralement.

2° Aux *anémiques*, débiles, convalescents.

3° Aux sujets atteints *d'affections respiratoires* : asthmatiques, emphysémateux, prétuberculeux, tuberculeux au début.

4° Aux *arthritiques* : rhumatisants, goutteux.

Médecins. — MM. d'Albiousse, Bausset, Berthier, Bossuet, Bourgeois, Delage, Lebasteur, Monod, Muleur, Perrimond, Philip, Roustan, Vidal.

LA MOUILLERE (Doubs). — Station hydro-minérale, près Besançon, à 260 mètres d'altitude. Saison : du 1er mai au 1er octobre.

Source. — L'eau provient de la source de Miserey qui est amenée à la Mouillère, par une canalisation de trois kilomètres, et qui débite environ 100 mètres cubes par jour. Cette eau saline naturelle est froide (12°), claire, d'une densité de 1.201. Sa minéralisation totale (298 gr.) comprend : 283 gr. de chlorure de sodium, des chlorures divers, du bromure de potassium, des traces d'iodure. On la classe : *eau chlorurée sodique forte, bromo-iodurée.*

L'eau-mère contient par litre : 114 gr. de chlorure de

SANATORIUM BELLECOMBE OUVERT TOUTE L'ANNÉE

Station climatérique d'Hauteville (Ain). Altitude 850 m.

Directrice : **Mme QUINSON**. Médecin-Directeur : **Dr DIEUZEIDE**

Ex-Médecin des Sanatoriums de Bligny

PRIX : Depuis 12 francs par jour

SANATORIUM DE BEAULIEU A CAMBO-LES-BAINS

(Basses-Pyrénées)

STATION DE CHEMIN DE FER : CAMBO-LES-BAINS

Établissement ouvert toute l'année. — Télégraphe, Téléphone. — Eclairage électrique. — Douze chambres : prix de 12 à 20 francs par jour, suivant la chambre occupée.

Pour renseignements, écrire au Dr Hamant, médecin-directeur du Sanatorium de Beaulieu, à Cambo-les-Bains (Basses-Pyrénées). — Consultations exclusivement sur rendez-vous.

LES PURGINETTES

LAXATIF, PURGATIF IDÉAL

ECHANTILLON GRATUIT A TOUTE DEMANDE

PHARMACIE L. VEYRIÈRES, 34, avenue de Courbevoie, ASNIÈRES (Seine). *Téléphone : 396* sodium, 135 gr. de chlorure de magnésium, 6 gr. 85 de bromure de potassium, etc.

On utilise l'eau saline en douches, pulvérisations et surtout en *bains* de piscine ou de baignoire, donnés plus ou moins mélangés d'eau douce (au 1/10, au 1/6, au 1/4, etc.), ou additionnés d'eaux-mères (*action sédative*), dans un établissement bien organisé.

Indications. — Ce sont : les manifestations *du lymphatisme* et de la *scrofule infantile* ; le rachitisme, la scoliose, la paralysie infantile ; les affections gynécologiques des lymphatiques (annexites, pelvi-cellulites chroniques, fibromes, déviations utérines, stérilité, etc.)

Contre-Indications. — Les états aigüs, les cachexies (cancer, tuberculose), les néphrites, l'artério-sclérose s'opposent au traitement de la Mouillère.

LA ROCHE-POSAY (Vienne). — Station hydro-minérale à 22 kil. de Châtellerault (embranchement ligne Paris-Bordeaux), à 80 mètres d'altitude. Climat tempéré.

Sources. — Il y a 3 sources froides (12°), débitant environ 50 mètres cubes. L'eau est alcaline, onctueuse au toucher, radio-active (0,049 d'après Moureu et Laborde). La minéralisation totale (0 gr. 45) comprend : du bicarbonate de chaux, du chlorure de sodium, de la silice (0 gr. 30), des traces de *sélénium* (0 gr. 002). L'eau est employée en boisson (provoquant la diurèse), en bains et en douches tiède, dans un Etablissement neuf et confortable.

Indications. — Ce sont :

1° Les *dermatoses* : l'eczéma prurigineux, sec ou suintant, rebelle au traitement local ; le lichen, l'urticaire chonique.

2° Les *lithiases* : urinaire (gravelle) et biliaire.

LONS-LE-SAUNIER (Jura). — Station hydro-minérale, à 270 mètres d'altitude, Lons-le-Saunier, chef-lieu du Jura, est une ville de 12.000 habitants environ.

Sources. — Deux sources salines : la source de Perri-

gny et du Puits-Salé. L'eau de *Perrigny* contient 319 gr. de minéralisation totale, dont : 305 gr. de chlorure de sodium, du bromure, de l'iodure. L'eau-mère de Perrigny renferme 199 gr. de chlorure de sodium, et 6 gr. 50 environ de bromures. Ces eaux sont utilisées en traitement externe dans un Etablissement bien installé, au milieu d'un parc immense. L'eau du *Puits-Salé* (28°) contient du chlorure de sodium (10 gr. 30), du carbonate de fer (0 gr. 95) de l'acide carbonique. Elle est employée en boisson et en traitement externe dans un établissement spécial.

Indications. — Ce sont : le *lymphatisme*, la *scrofule*, le *rachitisme*, la *scrofulo-tuberculose*, la paralysie infantile, les affections gynécologiques torpides (annexites, fibromes, déviations, etc.).

Contre-Indications. — Les états aigüs ou fébriles, les cachexies, l'artério-sclérose, les cardiopathies décompensées, commandent l'abstention du traitement chloruré.

PIERREFONDS (Oise). — Station hydro-minérale, à 100 kilom. de Paris, sur la lisière de la forêt de Compiègne, Pierrefonds est un village de 2.000 habitants environ, à 85 mètres d'altitude. Saison : du 1er juin au 1er octobre.

Sources. — Deux sources : sulfureuse et ferrugineuse. La *sulfureuse* (12°) contient 0 gr. 015 de sulfure de calcium, 0 gr. 002 d'acide sulfhydrique, du sulfate de calcium et du chlorure de sodium, etc. Elle est utilisée en boisson, gargarismes, bains, douches, pulvérisations.

L'eau *ferrugineuse* (9°) contient du crénate et du bicarbonate de fer. Elle est employée en boisson, chez les anémiques.

Indications. — L'eau sulfureuse de Pierrefonds est efficace :

1° Dans les maladies des *voies respiratoires* : coryza, rhinites, pharyngites, hypertrophie des amygdales, végétations adénoïdes, laryngites catarrhales, granuleu-

ses ; bronchites chroniques avec expectoration abondante.

2° Dans les *dermatoses* : eczéma (avec lichénification), acné, séborrhée, psoriasis, etc.

3° Dans les maladies des organes *génito-urinaires* : blennorrée, métrite, leucorrhée, aménorrhée, des lymphatiques.

4° Dans la *syphilis*. Traitement mercuriel et sulfureux.

Contre-Indications. — Eviteront le traitement de Pierrefonds : les artério-scléreux avec hypertension, les goutteux, les tuberculeux éréthiques, fébriles, ou hémoptoïques.

SAINT-DIDIER (Vaucluse). — Station climatique, à 7 kilom. de Carpentras, à 4 kilom. de Pernes, Saint-Didier jouit d'un climat subméditerranéen, tempéré, toni-sédatif, à 200 mètres d'altitude. Cette station est surtout célèbre par son Etablissement hydrothérapique, créé depuis plus d'un demi-siècle. Sa position à l'abri des vents, dans un des sites les plus pittoresques de la Provence, la douceur et l'uniformité du climat, en font un agréable séjour d'été et d'hiver, recherché par les malades.

Ressources thérapeutiques. — Saint-Didier use de plusieurs ressources :

1° La *physiothérapie*, comprenant : des pratiques complètes d'hydrothérapie (bains, douches variées, bains de vapeur thermo-résineux), d'électrothérapie, de massage.

2° La *diététique*. Régimes alimentaires choisis. Eau de source, exempte de micro-organismes.

3° La *psychothérapie*. Rééducation psychique et fonctionnelle, suivant les méthodes appropriées à l'état des malades.

Indications. — Ce sont :

1° Les *affections du système nerveux* : les névroses et psycho-névroses, les états neurasthéniques, les manifestations hystériques, la psychasthénie : aboulie, obsessions, phobies, manies ; l'anorexie mentale, etc.

LES ÉNERGÈTÈNES VÉGÉTAUX
SUCS PURS DE PLANTES FRAICHES Chimiqt & Physiologiquemt titres
VALÉRIANE
BYLA
41 P.
48 P.
41 P.
Normal
50 P.
Suc de Valériane
SUCS DE SAUGE · DIGITALE · GENET · MUGUET · COLCHIQUE
Chaque flacon 3f.50. LES ÉTABLISSEMENTS BYLA JEUNE A GENTILLY (Seine)

VÉRITABLES
GRAINS
de Santé
du docteur
FRANCK

VÉRITABLES
GRAINS
de Santé
du docteur
FRANCK

2° Les *maladies du tube digestif* ; les gastropathies : dyspepsie nervo-motrice, gastralgie, syndrome de Reichmann ; les entéro-névroses, etc.

3° Les *troubles de l'appareil circulatoire* : palpitations nerveuses, angiospasme, presclérose.

4° Les *intoxications* : tabac, alcool, éther, morphine.

5° Les *maladies générales* : anémie, chlorose, chloroanémie, rhumatisme chronique, etc.

Contre-Indications. — Les affections aigües, fébriles ou contagieuses, les maladies mentales, ne sont pas traitées.

Excursions. — Nombreuses et variées aux environs : Le Beaucet, Venasque, Vallon de l'Ascle, Saint-Gens, la Fontaine de Vaucluse, le Mont-Ventoux, etc.

Médecin. — M. Masquin, directeur de l'Etablissement. Lui adresser toute demande de renseignements pour les conditions de séjour.

Les principaux Etablissements hydrothérapiques et médicaux de Paris et de la Province

---

Paris. — Dr ALLARD Félix, Institut médical des agents physiques 23, rue Blanche.

Paris. — Dr DEFAUT, Maison de Santé médico-chirurgicale, 50, Avenue du Roule, à Neuilly, Paris.

Paris. — Maison de Santé du Dr MEURIOT, fondée par le Dr Blanche, 17, rue Berton (XVIme). Affections mentales et nerveuses.

Ecully, près Lyon. — Clinique médicale du Dr FEUILLADE, maison de régime, Hydrothérapie, Psychothérapie, etc.

Saint-Didier (Vaucluse). — L'Etablissement hydrothérapique est ouvert toute l'année. Dr MASQUIN, directeur.

Saujon (Charente-Inférieure). — *Villégiature médicale, Etablissement thermal.* Saison du 1er mai au 31 octobre. Traitement des maladies nerveuses, des psycho-névroses, des gastropathies et des rhumatismes, Dr DUBOIS, directeur.

Chemins de fer de Paris à Lyon et à la Méditerranée

La Compagnie P.-L.-M. délivre des billets d'aller et retour collectifs, à certaines époques de l'année, avec réduction de prix et durée de validité exceptionnelles, aux familles qui se déplacent collectivement, pour se rendre :

	Parcours simple minimum	Période d'émission	Validité
A. — Aux stations hivernales (1re, 2e, et 3e classes)	150 kilom.	15 oct. - 15 mai	33 jours
B. — Aux stations thermales (billets de saison, 1re, 2e et 3e classes)	150 kil.	1er mai - 15 oct.	33 jours
C1. — Aux stations thermales (billets d'arrière-saison, 2e et 3e classes)	150 kil.	1er sept. - 15 oct.	33 jours
C2. — Aux bains de mer de la Méditerranée (1re, 2e, et 3e classes)	150 kil.	15 mai - 1er oct.	33 jours

Chemins de fer du Midi

La Compagnie du Midi délivre toute l'année des billets aller-retour collectifs, de toutes les gares de son réseau, aux familles qui se déplacent pour se rendre aux stations balnéaires et thermales de son réseau, et ayant à effectuer un parcours simple minimum de 150 kil. Les réductions sur le tarif général sont :

De 20 % pour une famille de 2 personnes (en 2e et 3e classe).
De 25 % — de 2 personnes (en 1re classe).
De 25 % — de 3 personnes (toutes classes).
De 30 % — de 4 personnes —
De 35 % — de 5 personnes —
De 40 % — de 6 personnes —

Durée de validité : 33 jours, non compris les jours de départ et d'arrivée.

PHOSPHATINE
FALIÈRES

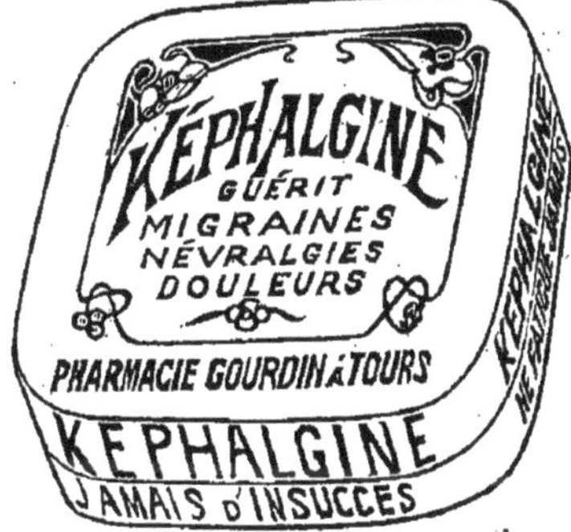
KÉPHALGINE
GUÉRIT
MIGRAINES
NÉVRALGIES
DOULEURS
PHARMACIE GOURDIN à TOURS
KÉPHALGINE
JAMAIS D'INSUCCÈS

TABLE DES MATIÈRES

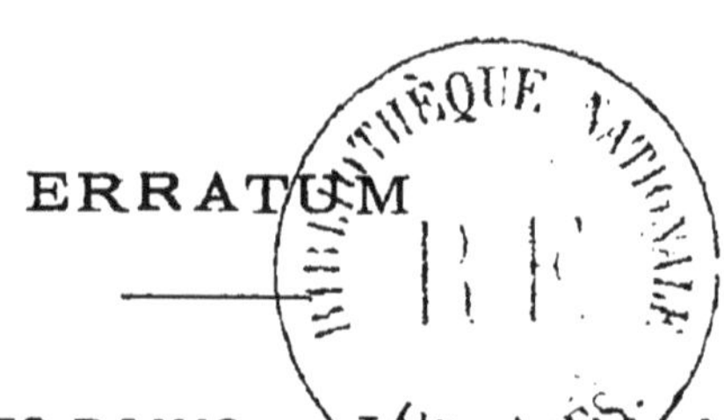

ERRATUM

BOURBONNE-LES-BAINS. — Lire : A 14 h. de Montpellier.

SAINT-GERVAIS. — Lire :

Situation et description. — Chef-lieu de canton, sur les rives du Bonnant, près du confluent de ce torrent avec l'Arve, Saint-Gervais (gare le Fayet, P.L.M.) est en même temps : terminus de la grande ligne venant d'Aix-les-Bains ou de Genève et de Paris, et tête de ligne du chemin de fer électrique de Chamonix et de la nouvelle *Crémaillère du Mont-Blanc*, etc., etc.

MARSEILLE. — IMPRIMERIE MARSEILLAISE, RUE SAINTE, 39.

www.ingramcontent.com/pod-product-compliance
Ingram Content Group UK Ltd.
Pitfield, Milton Keynes, MK11 3LW, UK
UKHW012006240726
13965UKWH00001B/178

9 782012 933545